DAS KLAVIER
UND SEINE MEISTER

OSCAR BIE

DAS KLAVIER
UND SEINE MEISTER

MIT ZAHLREICHEN PORTRÄTS,
ILLUSTRATIONEN UND FAKSIMILES

ZWEITE AUFLAGE

MÜNCHEN
VERLAGSANSTALT F. BRUCKMANN A.-G.
1901

Alle Rechte vorbehalten

AN

Eugen d'Albert

INHALT

Kap. I. Alt-England: — Ein Präludium 1

Die Intimität des Klaviers 1. Königin Elisabeth von England am Spinett 3. Shakespeare und die Musik 4. Die mittelalterliche kirchliche Musik 5. Volkslieder in der Messe 6. Kontrapunktische Volksmusik 7. Das Volkslied und das Instrument 8. Die Orgel und die Laute 9. Das Klavier und die weltliche Musik 10. Italienische Einflüsse in England 11. Englische Musikpflege 12. Die ersten Klavierhefte 13. Art der altenglischen Stücke 14. Das Virginal 16. Geschichte des Klaviers 16. Das Klavichord 17. Das Klavicymbel 20. Die Virginalstücke 23. Thomas Tallis 23. William Bird 24. Dr. John Bull 28. Andere Komponisten 32.

Kap. II. Altfranzösische Tanzstücke 35

England und Frankreich 35. Der Tanz 37. Tanz und Leben 39. Tanz und Bühne 39. Die Tänzerinnen 40. Die Spitznamen 42. Die Associationen 42. Alte Programmusik 44. Die Titel 45. Chambonnières 47. François Couperin 48. Rameau und andere 62.

Kap. III. Scarlattis Spielfreudigkeit 64

Eine Vorrede Scarlattis 64. Sein Leben 65. Sein Stil und das italienische Musikempfinden 67. Die Technik 68. Die Abenteuerlust 68. Die Oper 69. Die Schätzung der Musik 70. Die Kammermusik 71. Die Klavierstücke 73. Frescobaldi und Pasquini 73. Corelli 75. Das Dacapo 77. Scarlattis Sonaten 78. Andere Italiener 81.

Kap. IV. Bach 82

Die deutsche Musik 82. Kuhnau 83. Bach und die Musikgeschichte 84. Das Leben Bachs 86. Sein Gestaltungsprinzip 86. Inventionen und Symphonien 89. Die Toccaten 90. Die Fugen 92. Wohltemperiertes Klavier 94. Die Originalausgaben 94. Die Suiten 96. Die Fantasien 101.

Inhalt

Die Formen 102. Anderes 104. Technik 107. Das Hammerklavier 112. Bach und das moderne Klavier 114.

Kap. V. Die Galanten 117
Die Geschmackswandlung 118. Kenner und Liebhaber 119. Verbreitung der Klaviermusik 119. Notenzeitschriften 121. Die Pianofortefabriken 124. Stein und Streicher 125. Händel 128. Ph. E. Bach 128. Haydn 138. Mozart 140.

Kap. VI. Beethoven 147
Beethoven gegenüber den alten Reichskomponisten 148. Internationales Klavierleben 149. Wiener Pianisten 150. Klavierwettkämpfe 151. Dussek 153. Die Sonate im Zeitgeschmack 154. Beethovens Naturell 155. Die Musik als Sprache 156. Die Motivführung 158. Die Entwicklung der tragischen Sonate 158. Die Formen 164. Die letzten Werke 167.

Kap. VII. Die Technischen 172
Beethovens Technik und Lehre 172. Die Klavierschulen dieser Zeit 173. Die Gruppen der Techniker 179. Das Leben der Virtuosen 181. Konzerte und Improvisationen 183. Die Stücke 187. Klavier und Oper 189. Die Etüde 190. Clementi 196. Cramer 197. Hummel 198. Schnupfen und Klavierspielen 199. Czerny 203. Kalkbrenner 205. Weber 206. Moscheles 208.

Kap. VIII. Die Romantischen 211
Romantik 211. Franz Schubert 212. Robert Schumann 218. Erste Werke 218. Jean Paul 219. Der Davidsbund 221. Seine Privata 222. Die »Neue Zeitschrift für Musik« 224. Davidsbündler-Tänze 224. Karneval 226. Fis-moll-Sonate 227. Phantasiestücke, Etudes symphoniaques 228. Bach und E. T. A. Hoffmann 229. Kreisleriana 231. op. 17 231. Novelletten 232. Mendelssohn 234. Faschingsschwank und Späteres 238. Chopin 239. Seine Art 240. Leben 242. George Sand 243. Werke 245. Spiel 248. Field 249. Chopin'scher Klaviersatz 249.

Kap. IX. Liszt und die Gegenwart 253
Liszt und die drei Künstlertypen 254. Sein Leben 256. Liszt und Thalberg 257. Ein Credo des Klaviers 259. Paganini und Liszt 262. Seine Konzerte 264. Die Werke für Klavier 266. Die Interpreten 272. Virtuosen älteren Stils 273. Rubinstein und Bülow 273. Virtuosen und Lehrer 276. Tausig und d'Albert 278. Moderne Virtuosen 278. Risler 279. Der Beruf des Pianisten 280. Das Klavier ein Lebensfaktor 280. Der Klavierunterricht 281, 282. Die praktischen und theoretischen Schulen 284, 285. Das Monopol der C-dur-Tastatur und die Jankoklaviatur 286. Die heutigen Klavierfabriken 288. Steinway und

Inhalt

Bechstein 290, 291. Das Klavier als Möbel 292. Prachtklaviere 294. Der Markt der Klavierlitteratur 295. Moderne Klavierwerke 295. Alkan 296. Nachromantiker 296. Franzosen 297. Russen 298. Skandinavier 298. Italiener 299. Engländer, Amerikaner 299. Deutsche 299. Jensen 299. Brahms 299. Raff 301. Lebende Deutsche 302. Schlusswort 305.

Nachwort 307
Namen- und Sachregister 308
Verzeichnisse der Abbildungen 315

Guido von Arezzo und sein Protektor Bischof Theodal beschäftigen sich mit dem Monochord. Wiener Hofbibliothek

Alt-England: — ein Präludium

Wir erleben nicht mehr Bayreuther Grundsteinlegungs-Tage. Grosse Tage waren es, als der schöpferische Philosoph der Bühne über der neunten Symphonie das Scepter schwang — eine Versammlung erster Geister, die zitternd den Moment durchlebte, etwas Unerhörtes Wirklichkeit werden zu sehen — wo es einen Rausch des Jauchzens gab, dass Nietzsche von den glücklichsten Tagen spricht, die er gehabt, wo etwas in der Luft gelegen habe, das er nirgends sonst spürte, etwas ganz Unsagbares, aber Hoffnungsreichstes — wir erleben die Tage nicht mehr. Damals stand der Thron der Musik, jener Musik, der Millionen zujubeln, auf der Bühne, die die Öffentlichkeit der Kunst ist. Die lebendige, die neuschaffende Musik hat sich heut wieder in den Konzertsaal geflüchtet, vor die stolzen, aber dünneren Reihen aristokratischer Empfinder. Zwischen den schmerzlich-rohen Triumphen, die die Füller der Konzertsäle den Virtuosen bereiten, sind die neuen Gaben symphonischer Kunst einsame Blumen. Symphonische Dichtungen von Richard Strauss sind zarte und feine Wesen gegen die Dramen Wagners. Es sind Geheimnisse der Seele, eine Kammermusik des Orchesters. Wir haben uns zu ihnen als den höchsten musikalischen Darbietungen unserer Tage vornehm zurückziehen müssen — was ist ein Konzertabend gegen eine Reihe von Theaterabenden? Seit die Bayreuther Fanfaren verklangen, sind wir auch in der Musik kleiner und intimer geworden. Schon geht die Radierkunst der Musik, die Kammermusik, einer neuen Liebe entgegen. Es ist der alte Wellengang. Wie man vom Instrument zum Orchester, vom Beethovenschen ausdruckringenden Orchester zur Wagnerschen, Welten umfassenden Bühne kam, so geht es wieder zurück von der Bühne zur absoluten Musik, erst vor Tausenden von Zuhörern, dann nur vor Hunderten.

Und nun möchte ich das Klavier nur vor zehn hinstellen, nicht im Saal, sondern zu Hause, wo man in der richtigen Dämmerstunde seine kleinen Konzerte geben kann, wo man jede einzelne Person kennt, für die man spielt. Dann ruhe ich mich auf der Intimität des Klaviers aus. Dann strömt aus ihm süsser Harfenton, und perlen die Rosenketten, oder Titanengewalten scheinen ihm zu entrauschen, und meine Seele liegt ganz in den Fingerspitzen. Merke ich da, was das Klavier für ein abscheulich Ding ist, mit der Violine oder gar dem Streichquartett verglichen? Wie es eigentlich so heiser singt und seine Ketten so zerrissen sind und die Seele seiner Melodie ohne den Atem des schwellenden und schwindenden Tones so stockig wird?

Wenn es sich hinauswagt, im Klavierkonzert, auf das Podium des Orchesters, und selbst wenn es sich im Trio und Quartett traulicher mit Streichern oder Bläsern zusammenfindet, wird es — mein Mitleid erwecken. Eine fremde Atmosphäre liegt auf ihm, selbst wenn das Beethovensche Es-dur-Konzert tönt, und eine Kraftlosigkeit lagert darauf, wenn es in der Kammermusik die Melodie der singenden Violine alternierend übernimmt. Aber sobald wir den Klang der Violine und des Englischhorns aus den Ohren haben und dann ohne jede Vergleichung in seine Saiten greifen, wenn wir es ganz in die Stimmung der beiden elektrisierten Hände isolieren, dann erst geht uns seine Seele auf. Jedes gute Ding will unverglichen sein. Ist es kein gut Ding, das ganze Material der Töne vor seinen zehn Fingern zu haben? hineinzugreifen, wirklich hineinzugreifen? und alle Nuancen aller Musik, das Singen, Springen, Flüstern, Schreien, das Weinen und das Lachen unter den Nerven zu fühlen? Alles freilich in den Ton des Klaviers gestimmt, alles in den epischen Ton der modernen Kithara, der die Lyrik der Violine und die Dramatik des Orchesters in seiner Art in sich fasst. In solcher Umfassendheit ist das Klavier drinnen im dämmerigen Zimmer ein seltsamer und lieber Erzähler, ein Rhapsode für den intimen Geist, der sich in ihm ganz improvisatorisch ausgeben kann, und ein Archiv für den Historiker, dem es das ganze Leben der modernen Musik in seiner Allerweltssprache von einem tiefen durchschnittlichen Gesichtspunkt aus wieder aufrollt. So liebe ich das Klavier erst ganz, so ist es treu, ehrlich, echt und allein.

Königin Elisabeth von England sitzt am Nachmittage an ihrem Spinett. Sie gedenkt der Unterhaltung, die sie am Vormittage mit Sir James Melvil gehabt — und eben dieser hat sie uns schriftlich aufbewahrt. Er war — man zählte 1564 — ein Gesandter von Maria Stuart an Elisabeth. Wie Marias Kleider seien, wie ihre Haarfarbe, wie ihre Taille, was sie so treibe — hatte Elisabeth ihn gefragt. Wenn sie von der Jagd zurückkehrt, hatte er geantwortet, giebt sie sich wohl historischer Lektüre hin oder der Musik, denn auf Laute und Virginal sei sie zu Hause. Spielt sie gut? fragt Elisabeth. Für eine Königin sehr gut! lautete die Antwort. Und so sitzt nun Elisabeth am Nachmittage vor dem Spinett und spielt die Variationen der Volkslieder von Bird oder vom Doktor Bull. Sie spielt aus demselben oder einem ähnlichen Notenschrifthefte, das heute im Fitzwilliam-Museum von Cambridge als Queen Elizabeth's Virginal Book niedergelegt ist. Sie merkt nicht, dass Sir James mit Lord Hunsden ihr heimlich zuhören. Als sie sie plötzlich hinter sich stehen sieht, bricht sie das Spiel ab. »Ich pflege«, sagt sie, »nie vor Männern zu spielen, ich spiele nur, wenn ich allein bin, um die Melancholie zu vertreiben.«

Dürer hatte fünfzig Jahre vorher eine Melancholie in seinem berühmten Blatte gestochen, wie sie als grandiose Schwermut zwischen den krausen Geräten der Kunst, der Technik und der Wissenschaft sitzt — draussen im Freien. Es war die vorblickende Angst vor dem Unglück, das im Glücke des Wissens und des Geistes ruht, die Angst vor dem aufsteigenden Zeitalter der Weisheit, der schon Erasmus die Thorheit vorgezogen hatte. Im Hieronymus rettet sich Dürer vor der Melancholie, sein Hieronymus in dem gleichzeitigen Stiche sitzt still und friedlich zu Hause, wo die Sonne durch die Ringelscheiben scheint, wo alle Papierchen und Bücher und Kissen so wohlgeordnet sind, und neben ihm der wundersam schlafende Löwe. Gewiss steht drüben im Winkel seine Hausorgel oder sein Spinett.

Es streicht etwas von Hieronymusstimmung durch die Elisabetheische Musik. Ein Betonen des Volksliedmässigen und des Weltlich-Intimen gegen die gerade absterbende gotische Architektur mittelalterlicher Kontrapunktik, wie Scenen von Volkstypen oder lyrische Scenen, die sich inmitten historischen Ceremoniells im Drama besonders breit machen. Man weiss, welche feine Sehnsucht nach sanften Musikstimmungen durch Shakespeares Stücke geht. Der Herzog in »Was Ihr wollt« liebt das Volkslied, das alte Lied, »alt und schlicht«, das die »Spinnerinnen in der freien Luft, die jungen Mägde, wenn sie Spitzen weben«, singen — »s' ist einfältig und tändelt mit der Unschuld süsser Liebe, so wie die alte Zeit«. Gestern Abend hörte er's, heut will er's wieder hören — ihn dünkt, es lindere den Gram ihm sehr, »mehr als gesuchte Wort' und luft'ge Weisen aus dieser raschen wirbelfüss'gen Zeit«. Und der ihm das Lied singt, ist der Narr, die typische Figur für die Lieblingsgedanken und Lieblingsbeschäftigungen des Volkes, der Narr, welcher in allen Stücken den grössten Schatz lieber alter Volkslieder hat und der gerade in diesem Drama ein ganzes Füllhorn von ihnen ausschüttet. Aber das heiligste Loblied singt Shakespeare der Musik in der Nacht, in der idyllischen Scene zum Schluss des »Kaufmann von Venedig« zwischen Lorenzo und Jessica. Das Mondlicht schläft süss auf dem Hügel, das Liebespaar sitzt im Schweigen vor Porzias Hause und sie lassen die Musik »zum Ohre schlüpfen; sanfte Still' und Nacht stimmt zu den Klängen süsser Harmonie«. Lorenzo versucht es, durch die leise Musik Jessica aufzuheitern, schlecht nennt er einen Jeden, der nicht Musik in sich trüge: welches wie des Dichters Bekenntnis klingt, der einen Shylock, Cassius, Othello mit ihrer Musiklosigkeit gestempelt hat. Porzia kommt in den nächtigen Garten und hört die leisen Klänge, ohne zu wissen, woher sie stammen. Sie empfindet stark den unendlichen Reiz ungesehener Musik, die in Stille und Nacht gebettet ist. Und die ganze Scene wird zu einem Hymnus auf die Intimität musikalischer Abgeschlossenheit, in der der Mensch sein Bestes finde.

Ein solcher Shakespeare stand einst zu Haus am Spinett seiner Geliebten und in seiner musikalischen Empfindung flossen Töne und Liebe zusammen, und die Geliebte wurde zur Musik selbst. Er dichtete sein 128. Sonett:

Als sie Klavier spielte.

Meine Musik, du, wenn Musik du machtest,
Mit zarten Fingern das beglückte Holz berührend,
In feinen Harmonien bezaubertest mein Ohr —
Wie oft hab' ich die Tasten dann beneidet,
Die deine innern Fingerspitzen küssten,
Derweil errötend meine armen Lippen,
Die solche Ernte einzusammeln hofften,
Voll Neid bei dem hochmütigen Holze standen.
So sanft berührt zu werden, würden sie
Gleich ihren Stand und Stellung gleich vertauschen
Mit diesen tanzend holzgeschnitzten Spähnen,
Darüber leichthin deine Finger gleiten,
Das tote Holz beglückend, nicht lebendige Lippen.
Drum reiche, gönnst du liebend ihm Genuss,
Die Finger ihm, die Lippen mir zum Kuss.

(Frei nach Fr. Förster, Shakespeare-Jahrbuch II.)

Im Elisabetheischen Zeitalter beginnt das Klavier zum erstenmal in der Welt eine Rolle zu spielen. Die englische Klaviermusik erlebte, wie die ganze englische Musik damals, eine rauschende Blüte, um ebenso schnell aus dem Völkerkonzert zu verschwinden, auf Nimmerwiedersehen. Glückliche Umstände trafen zusammen. Es kam eine gewisse Ruhe, ein Ausruhen auf der Kunst, über die Londoner Gesellschaft, und in solchen Perioden zieht die Kunst gern in die Intimität des Hauses. Die Niederlande hatten Jahrhunderte hindurch die Musik beherrscht, aber die Tonkunst, welche unter den Sternen von Dufay, Okeghem und Josquin de Près dahingerauscht war, blieb officiell im Dienste der Kirche. Sie stellte die rasche Entwicklung der kontrapunktischen Stimmenvereinigung dar, wie sie sich als selbständige

Alt-England: — Ein Präludium

Orlando Gibbons, Altengländer.
Nach Grignons Stich in Hawkins'
History of Music

Musik aus den Figurationen gebildet hatte, die sich am Ende des ersten Jahrtausends an den Cantus firmus des gregorianischen Melodienmaterials anzusetzen begannen. Um die gregorianischen Pfeiler hatte sich eine Mathematik von Regeln, Proportionen, ein System von musikalischen Gewölben, Symmetrien, Verkröpfungen aufgebaut, darin der ordnende Weltgeist zur Wirklichkeit geworden schien. Da gab es noch keine Melodie, deren Kontur eine einheitliche war, keine Harmonie, deren Entwicklung eine vorausgesehene war, keine singende Stimme, die auf dem Gerüst begleitender Accorde ruhte. Die Stimmen liefen nach den Gesetzen ihrer Tempi, alle gleich wert vom Sopran bis zum Bass, und die Harmonie war nur ihr zufälliger Durchschnitt. Das Instrument dieser grossen heiligen Musik war die menschliche Stimme, zuerst ganz nur Träger des Tones, dann allmählich hie und da eine subjektivere Herzlichkeit verratend. Und doch hatte diese gewaltige Arbeit der Stimmen einen nicht zu unterschätzenden Ausdruckswert; die höchste Mathematik als Weltbild war von der Gewalt eines elementaren Naturschauspiels.

Wenn sich die Kunst aus den Hallen solcher Elementarität in intimere Kreise zurückziehen soll, müssen bestimmte soziale Bedingungen vorhanden sein. Das Haus muss blühen.

Man begann das alte Volkslied etwas mehr zu beachten. Das Volkslied widersprach der Kontrapunktik, denn es war reine Melodie, so wie wir sie heute verstehen, und es war im Rhythmus der Disposition wohlgeordnet, in Viertakten und Achttakten. Kontrapunktik und Volkslied konnten sich doppelt miteinander vergleichen: entweder nahm jene diese auf, oder diese jene. Man weiss, was dabei herauskam, wenn die Kontrapunktik das Volkslied aufnahm: zu jeder Zeit werden im späteren Mittelalter Volkslieder, auch recht gemeine, in Messen und Motetten als Motive oder canti fermi in das Stimmengewebe einbezogen; ja es werden die Kirchengesänge auch nach ihnen benannt und wir stossen haufenweise auf Messen, deren Titel

Die Kontrapunktik und das Volkslied

»l'homme armé«, »malheur me bat«, »o Venus« den untergelegten Volksliedern entsprechen. Aber diese werden natürlich ganz in den Rahmen der Stimmen-Mathematik hineinprojiciert, ihr Duft wird ausgepresst, sie sind kontrapunktisch stilisiert, und weit entfernt, ein geduldetes weltliches Element zu bedeuten, wie Ambros unter Vergleichungen alter Landschaften in religiösen Bildern meinte, verraten sie im Gegenteil den klaren Mangel an weltlichem Sinn, sie sind der beste Beleg für den starren kontrapunktischen Geist, dem der Inhalt der Melodie so gleichgültig ist, dass er sie nicht einmal erfindet.

Der andere Fall: das Volkslied setzt sich seinerseits mit der Kontrapunktik auseinander. Da die Kontrapunktik der Zeitstil ist, hat das Volkslied keine andere Wahl, als sich ihre Mittel anzueignen. Es entsteht als feierlichste Form dieser Aneignung das Madrigal, das volksmässige Texte mehrstimmig, aber sehr kunstvoll behandelt. Es erschöpft den Bedarf besseren Geschmacks an weltlicher Musik im 16. Jahrhundert, Sammlungen wie die Arcadelt'sche hatten einen aussergewöhnlichen buchhändlerischen Erfolg, und es ist kein Zufall, dass es sich gerade in England, dank den Bemühungen einer Madrigal-Society, bis heute gehalten hat. Doch das Volkslied widerstrebte zu sehr der Chorbearbeitung, um sich in dieser Kunstform lange und überall heimisch zu fühlen. Es drängte nach Einzelgesang oder nach Wortlosigkeit; in diesem Falle konnte es noch kontrapunktisch bleiben und wurde einfach Tonstück; in jenem gab es die Kontrapunktik ganz auf zu Gunsten der Obermelodie, wie es in hunderten von alten Melodien in der weiten Welt lebte. Diese alten Volkslieder, wundersamer Herkunft in ihrer schlichten melodiösen Wohlgeordnetheit, sind schliesslich die Ahnen der modernen Musik geworden. Indem sie das monodische Prinzip betonten und dem Ausdruck seinen Wert gaben, den er in aller anfänglichen Musik hatte, gewöhnten sie die Ohren an die Reize der wohl konturierten Melodie und zwangen zu dieser eine ebenso wohl konturierte Harmonie zu setzen. So bereitete sich die grosse Entdeckung der monodischen Oper um 1600 in Italien vor.

Aber in dem wunderbaren Schauspiel, das die Emanzipation des weltlichen, des Volkslied-Prinzips in der Musik des 16. Jahrhunderts darbietet, kam als zweiter Förderer das Instrument hinzu, mit seiner grösseren Freiheit der Menschenstimme gegenüber. Die Chor-Kontrapunktik entwickelt sich in die Zukunftsmusik hinein auf den zwei Wegen des monodischen Gesanges und der instrumentalen Vielstimmigkeit, die sich ganz naturgemäss ergänzen. In demselben Masse, als die Vokalmusik seelenvoller und individueller wurde, gewann die absolute Instrumentalmusik an Bedeutung. Zwei Bewegungen, die sich notwendig bedingen. Wie die Monodie eine Art Sieg der Logik des Ausdrucks über die Metaphysik der Vielstimmigkeit war, so war dieses selbe auch die Übertragung der Kontrapunktik auf das Instrument. Wenn der Narr mit Junker Andreas und Junker Tobias einen Kanon singt »Halt's Maul, du Schelm«, so macht er schon seine Witze darüber, dass in dem doppelten Wiederholen dieser Worte eine komische Unmöglichkeit liegt. Liess man nun solche Kanones und andere kontrapunktische Verarbeitungen von Volksliedern auf Instrumenten und ohne Worte hören, so war die musikalische Logik gerettet. Das Instrument eröffnet dem Volkslied und volksliederartigen Tanz innerhalb des kontrapunktischen Stiles neue verheissungsvolle Bahnen, und dieses Prinzip der Volksmusik, nachdem es jahrhundertelang in der fast unbeachteten schlichten Melodie unter der Winterdecke der Kontrapunktik sich erhalten hatte, wird seiner unermesslichen Kräfte auf einmal inne. Noch mehr: hier war auch der Boden gegeben, auf dem das Volkslied in seinen langen Auseinandersetzungen mit der Kontrapunktik allmählich diese überwand und sein Prinzip neu und klar herausentwickeln konnte. In der Oper begegnen wir dem plötzlichen Bruch mit der Kontrapunktik: an der Plötzlichkeit litt dann diese Kunstgattung, indem sie ungesund fortwährend von den Höhen der Bühnenreformation zu den Niedrigkeiten des Virtuosentums hin und her pendelte. Die Instrumentalmusik vermied diesen plötzlichen Bruch, sie hat die Kontrapunktik in sich aufgenommen, verarbeitet und aus ihr sich selbst gefunden — und so ging sie einer viel stetigeren, einer wunderbar steigenden Entwicklung entgegen.

Welches Instrument eignete sich am besten zur Wiedergabe des kontrapunktischen Spiels der Stimmen? Die Orgel stand dem Chorgesang am nächsten. Sie hatte geblasene und gehaltene Töne. Und wir sehen auch die Orgel langsam in den Wettstreit mit dem Kirchen-

Gonzales Coques, junger Gelehrter und Frau

Cassel. Niederländisch, 17. Jahrhundert

chor treten. Erst plumper, dann immer leichter kontrastieren und kontrapunktieren ihre Stimmen. Als Ersatz für den gesungenen Chor zeigt die Orgel auch direkte Uebertragungen von Motetten Josquins und Orlando Lassos. In dem Augenblicke aber, wo die Orgel sich darauf besinnt, dass sie keine Vokalmusik, sondern ein Instrument ist, beginnt sie — zu schnörkeln. Allerlei »Leufflein« und Koloraturen setzen sich an und schliesslich ist man sogar stolz darauf, von der Herren Komponisten und Autoren Praescripto abgewichen und den Satz aufs beste koloriert zu haben. Ein Präludium und eine Fuge in solcher Manier erschien den Zeitgenossen schon bitter genug, um sich darüber aufzuhalten: so laufen sie, schrieb Hermann Finck, bisweilen eine halbe Stunde lang mit den Fingern über die Tasten herauf und herunter, und hoffen auf diese Weise durch jenen anmutigen Lärm mit Gottes Hilfe das Grösste zu erreichen, fragen nicht, wo Meister Mensura, Meister Tactus, Meister Tonus und sonderlich Meister bona Fantasia bleibe. Die Orgel beanspruchte alle Kräfte, um sie von diesen Auswüchsen zu heilen, einer Kinderkrankheit allzu früher instrumentaler Entwicklung. Sie wurde dadurch immer mehr zu einem Instrument der Kirche. Dort sitzen manche deutsche und italienische Meister des 16. Jahrhunderts, die wir im Anfang Klavier und Orgel gleicherweise verehren sehen, bis eine innere Neigung sie ganz der Orgel gewinnt. Diese Ueberwinder des Klaviers haben die Orgel gerettet, aber auch isoliert.

Neben der Orgel kam die Laute in Frage, die so lange Zeit das erste Hausinstrument gewesen war, obwohl sie mit ihren auf wenigen Saiten gerissenen Tönen nicht sehr ergiebig sich zeigen konnte. Man hatte den Gesang auf ihr begleitet und auch früh schon Bearbeitungen mehrstimmiger Musik für sie gesetzt; immer ahmte die Laute da den kontrapunktischen Stil in einer einfacheren Art nach und bisweilen accentuierten sich einige Stellen mit harpeggienartig dazwischengeworfenen Accorden. Ob die Laute eine Stimme begleitete, ob sie die Volksmelodie selbst in sich aufnahm, also absolute Musik produzierte, sie zeigte doch, gerade infolge der Dürftigkeit ihrer Mittel, einen eigenen Stil, wie sie auch neben der Orgel eine eigene Notenschrift hatte. Es war nicht angängig — wie wenn zum Beispiel die »Pfeifer« nach der Erzählung Benvenuto Cellinis einfach eine chorale Motette instrumental ausführten — auf der Laute jede einzelne Stimme genau beizubehalten. Ein instrumentaler Stil bildete sich, man gewöhnte sich an das Genügen dieser Toneinheit, man schrieb Tänze für die Laute, wie Hans Judenkunig in seinem Lautenbuche »ein Hofdantz, Pauana alla Veneciana, Rossina ein welscher Dantz« und ähnliches bringt. Mit der Zeit werden alle berühmten Stücke, wie heute für Klavier, für die Laute eingerichtet — Encyklopädien erscheinen, wie 1603 der zehnbändige Thesaurus des Besardus nec non praestantissimorum musicorum, qui hoc seculo in diversis orbis partibus excellunt, selectissima omnis generis cantus in testudine modulamina continens. Feine Figuren kommen auf, die in Frankreich und Italien gleich schöne Namen erhalten, während der deutsche Lautenspieler sich gegen diese komplizierten Lehren der battements, tremblements, flattements, gegen diese passagio largo, stretto, raddopiato weidlich ereifert. So viel aber die Laute auch leistete, eine ganze, volle Aufnahme des bestehenden Musikkörpers in das Haus konnte sie nicht bezwingen.

Die schwere Kirchlichkeit der Orgel und die leichte Weltlichkeit der Laute mussten sich in einem Instrumente vereinigen, das beweglich genug war, um die Linienführung der Stimmen noch leichter als im Chore zu bewerkstelligen, und ohne Beschränkung die ganze Tonskala so weit umfasste, dass man die Grenzen des Stimmenspiels nach oben und unten beliebig ausdehnen konnte. Es musste ein leicht transportables Ding sein, eine Abbreviatur selbst der Orgel. Das Klavier bot sich dazu an, in dem Orgel und Laute eine fruchtbare Ehe eingingen.

Dies ist die Stellung und Bedeutung des Klaviers in dem grossen Freiheitskampfe des weltlichen Musikprinzips, der das 16. Jahrhundert erfüllt. Damit fängt auch die Geschichte des Klaviers an, wie gleichzeitig die Geschichte des Orchesters beginnt. Das Orchester blüht überall da, wo das Klavier blüht, und dieses, wo jenes. Die Einzelinstrumente als Gesamtkörper, und das Einzelinstrument, welches einen Gesamtkörper darstellen kann, sind Erscheinungsformen derselben Bewegung: der Übernahme der kirchlichen chormässigen Tonübung in die Sphäre der Weltlichkeit, wo statt der wie eine Uhr ablaufenden Kontrapunktik das gebundene System von Harmonien, die feste Organisation der Melodien allmählich die Herrschaft sich aneigneten. Das Orchester bekam seine Thätigkeit bei der öffentlichen Aufführung, das Klavier übernahm die Förderung der neuen Musik im Hause. In Venedig hatten schon früh in der Kirche die Instrumente sich unter die Sänger gemischt, bald blüht auch die Kammermusik. In Frankreich war später das Hoforchester von auserlesener Bedeutung, bald darauf erhebt sich das Klavier zu seiner Bedeutung. In Neapel blühte mit der italienischen Oper das Orchester auf, kurz darauf erscheint Meister Scarlatti am Klavier. In Altengland war das Orchester mit besonderer Liebe bedacht, und so erlebt auch das Klavier dort seine erste Blütezeit.

Venedig mit seiner früh entwickelten Instrumentalmusik war von deutlichem Einfluss auf London, wo man sich ja nicht nur in sozialer und topographischer Hinsicht vielfach an die mächtige Lagunenstadt erinnerte, sondern auch thatsächlich gern von italienischer Kunst beeinflussen liess. Die Liebe Heinrichs VIII. zur Musik und namentlich zu netten Musikern war noch von einem gewissen Amateurcharakter gewesen, wie auch seine berühmte Sammlung von Instrumenten. Aber etwas Musikpraxis gehörte fortan zum Handwerk der englischen Könige. Als Elisabeth den Thron bestieg mit ihrer ausserordentlichen Neigung zu italienischer Renaissance, wetteiferte man mit Venedigs Kultur. Wenn 1561 eine Tragödie des Lord Buckhurst mit einleitenden Pantomimen und Orchestermusik gegeben wird, wo zum I. Akt Violinen, zum II. Hörner, zum III. Flöten, zum IV. Oboen, zum V. Trommeln und Pfeifen verzeichnet stehen, müssen wir an die Individualisierung der Instrumente denken, die damals den Venezianern aufging. Das Orchester der Königin Elisabeth zeigt freilich teilweise noch stark die mittelalterliche Physiognomie: am meisten sind Trompeten darin (16) und 3 Pauken stehen zu ihnen in gutem Verhältnis. Es ist die alte, offizielle, rauschende Festmusik. 8 Violinen, 1 Laute, 1 Harfe, 1 Dudelsack, 2 Flöten und 3 Virginale sind in der durchschnittlichen Zahl die verhältnismässig schwächeren Vertreter des intimeren Orchestertyps. Die Abschätzung geht aus den Gagen gut hervor: Die Laute erhielt 60 ₤ Gehalt, die Violine 20, die Sackpfeife 12. Immerhin wird hier etwas ganz Aussergewöhnliches an Verschiedenheit der Tonkörper geleistet, die durchaus zur Individualisierung drängen mussten. Die volle Individualisierung trat in der Kammermusik, oder wie man damals sehr schön sagte, »stillen Musik« ein, die in England zu einer massgebenden Gattung ausgebildet wurde. Prätorius, wenn er in seinem grossen musikalischen Buche vom Jahre 1618 Zusammenstellungen von »Lautenchören« aufzählt, die ja mit ihrem Klange sehr zum Klavier gereizt haben müssen, nennt diese Art Kammermusik bezeichnenderweise »Englisches Konzert«: »Die Engelländer nennens gar apposite à consortio ein Consort, wenn etliche Personen mit allerley Instrumenten, als Klavicymbel und Grossspinett, grosse Lyra, Doppelharff, Lautten, Theorben, Bandorn, Penorcon, Zittern, Viol de Gamba, einer kleinen Diskant-Geig, einer Querflöt oder Bockflöt, bisweilen auch einer stillen Posaun oder Racket zusammen in einer Compagny und Gesellschafft gar still, sanfft und lieblich accordiren, und in anmuthiger Symphonia mit einander zusammen stimmen«. Konzert und Consort werden hier identisch gebraucht. Im festlichen Orchester herrschten die Bläser vor, in der stillen Musik die Saiteninstrumente; das Klavier hatte in beiden Arten seine Stelle. Denn noch lange bildet das Klavier, auch während es sich schon als Einzelinstrument emanzipiert, einen Teil von Orchestervereinigungen. Der Kapellmeister sass noch zu Hasses Zeit in Dresden am Klaviere.

Unter solchen Umständen ist die Blüte des altenglischen Klaviers kein Wunder, und man versteht, wie es gerade dort zuerst seine Mission erkennen mochte. Die Kunstresonanz war gross genug, um eine schleunige Entwicklung zu fördern. Die Musikpflege war nicht nur weit verbreitet, sondern auch uralt, so dass der alte Musikschriftsteller Tinctoris sogar den Anfang aller kontrapunktischen Musik ausdrücklich nach England verlegt. Die Kompositionen des 13. Jahrhunderts konnten schon durch eine Anmut der Melodie, Einfachheit des Rhythmus und Modernität der Harmonie weit aus ihrer Zeit herausragen, wie man von dem Kanon »Sumer is cumen« des Mönchs von Reading (vor 1226) rühmen darf. Es ist merkwürdig; den Engländern eignete von jeher ein popularisierender, vereinfachender, mendelssohnisch-plastischer Hang in der Musik. Er hat sie gross und zugleich — klein gemacht. Gross, indem sie dadurch zu einer Zeit, da die ganze musikalische Welt noch mit der kontrapunktischen Systemlosigkeit von Melodie und Harmonie rang, fähig waren, in systematischer, plastischer Gestaltung dem neuen siegenden weltlichen Prinzip vorzuarbeiten. Und klein — indem sie von dem Augenblicke an, da dieses Prinzip allgemein wurde, in der Bequem-

Dirk Hals, Dame am Klavier

Amsterdam. Niederländisch, 17. Jahrhundert

lichkeit seiner Ueberlieferung stehen blieben und gut gesinnte Naturen, wie Händel und Mendelssohn, vom Auslande als Ideale sich verschrieben.

Madrigale aus Elisabeths Zeit klingen uns schon so vertraut, dass sie Ambros mit geradezu populärem Erfolge, nach der J. J. Maier'schen deutschen Sammlung, in Prag aufführen konnte. Die breite Liebenswürdigkeit des Engländers in dem alten, alle Trivialität deckenden Gewande gewinnt noch heute. Bei den Klavierstücken geht es uns ähnlich. Wir freuen uns über die phänomenale Klarheit in der musikalischen Gestaltung und lieben sie, weil sie dennoch archaisch einherkommt. Sie strömen einen Duft aus, dessen populäre Süssigkeit sich mit der Herbheit des naiven Stils gut mischt. Indem wir ein klein wenig trivial sein dürfen, erheben wir uns sofort in der Bewunderung, dass diese Werke ganz aus ihrer Zeit fallen und an modernem Geiste selbst die vielgerühmten gleichzeitigen Stücke des G. Gabrieli und der anderen Venezianer übertreffen.

In diesem London, das Venedig so ähnelte und nacheiferte, fallen uns die ersten Klavierhefte auf, die als solche in der Welt gesammelt wurden. Sie stehen nicht etwa vereinzelt da. Wir lesen auf dem Titel einer schon 1560 in Lyon erschienenen S. Gorlier'schen Sammlung von Chansons, Madrigalen und Tänzen: Premier livre de tablature d'Espinette. Wir hören von Prätorius, dass die Bezeichnung »für ein Instrument«, die sich oft auf alten Werken findet, nicht beliebig zu verstehen, sondern auf das Klavier zu beziehen sei. Aber so in ganzen Trupps, ausdrücklich als Klavierstücke, treten hier in England zuerst mehrere Sammlungen auf, die aus einer besonderen Blüte dieses Musikbetriebes hervorgingen. Um 1500 schon stossen wir auf die ersten altenglischen Klavierstücke. Auch eine Volkslied-Variation ist gleich dabei, die »Hornpipe« des Aston. Ein Sammelmanuskript im Britischen Museum, das »Mulliner-Buch« (Mulliner war Magister der St. Pauls-Schule) bringt uns das erste derartige Bündel von Klavierwerken verschiedener Meister aus der Mitte des 16. Jahrhunderts. Den grössten Ruhm besitzt das Queen Elisabeth's Virginal Book, dessen Manuskript ein bedeutender Schatz des Cambridger Fitzwilliam-Museums ist und das jetzt eben in einer sorgsamen Übertragung auf unsere Notenschrift bei Breitkopf & Härtel erschienen ist. Wenn es auch nach der Zeit der Königin Elisabeth geschrieben sein mag, reicht es doch in seinen 300 Stücken bis zu den ersten und frühesten Männern dieser Schule, den Tallis, Bird, Farnaby, Bull zurück. Dann das Buch der Lady Nevell mit Stücken von Bird, die Tablature Mr. Dr. John Bull und viele andere solcher Manuskriptbündel. Zweifellos hatten vornehme musikalische Herren und Frauen ihre zu eigenem Gebrauch so hergestellten abschriftlichen Sammlungen der beliebtesten Stücke. Aber bald ging man zum Druck über. 1611 erschien als erstes kupfergestochenes Notenwerk in England die Parthenia, or the Maydenhead of the first Musicke that ever was printed for the Virginalls. Composed by three famous masters: William Bird, Dr. John Bull and Orl. Gibbons, Gentilmen of his Majesties most illustrious Chappel. Von dieser Sammlung veranstaltete im Jahre 1847 die Londoner Musical Antiquary Society eine vielfach angefochtene moderne Ausgabe. Aus diesem ganzen Material gewann jüngst wieder E. Pauer, dessen Vorträge über die Geschichte des Klaviers eine grosse Berühmtheit erlangten, sein Sammelwerk Old English Composers, das allerlei besondere Stücke von Bird, Bull, Gibbons, Blow, Purcell und dem späteren nicht uninteressanten Arne in modernisierter Form vereinigt.

Dreierlei Art sind die Stücke. Entweder freie Fantasien, auch direkt Fancy genannt, wie man sie sonst unter dem Namen Prelude, Preambule oder auch Toccata (das heisst einfach: Stück) für Orgel und Laute komponierte. Sie sind in ihrem Gerüst fugenartig, aber von vielen Läufen unterbrochen und umschlungen. Oder man nahm den Cantus firmus einer Kirchenmelodie und bearbeitete ihn nach bewährter Art in fugiertem und figuriertem Stil. Oder endlich — und dies ist der häufigste Fall und der klaviermässigste Satz — man reihte eine Zahl Variationen aneinander, auch Gruppen von Variationen, wenn das Thema mehrsätzig war. Das Thema selbst ist ein Volkslied oder ein Tanz. Die Volkslieder, wie sie zahllos durch England und Schottland flogen, sind unerschöpflich und heute noch von frischester Wirkung, sie geben dem ganzen Stücke ihren straffen und melodischen Rhythmus. Die Tänze — im geraden Takt Pavane, im ungeraden Gaillarde genannt — heissen häufig nach edlen Herren und werden in den Variationen mit denselben verehrungsvollen Guirlanden bekränzt, wie die Lieder. Weswegen verbergen sich diese Künste? — sagt Junker Tobias lachend zu dem tanzkundigen Junker

PARTHENIA
or
THE MAYDENHEAD
of the first musicke that euer was printed for the VIRGINALLS
COMPOSED
By three famous Masters William Byrd, D: John Bull & Orlando Gibbons. Gentilmen of his Ma:ties most Illustrious Chappell

Ingrauen by William Hole

Lond: print: for M: Dor: Euans. Cum priuilegio. Are to be sould by G. Lowe printe in Loathberry

Titelblatt der ersten englischen gestochenen Klaviermusik. 1611

Andreas — weswegen hängt ein Vorhang vor diesen Gaben? Bist du bange, sie möchten staubig werden? Warum gehst du nicht in einer Gaillarde zur Kirche, und kommst in einer Courante nach Hause? Mein beständiger Gang sollte ein Pas à rigaudon sein; was kommt dir ein? Ist dies eine Welt darnach, Tugenden unter den Scheffel zu stellen? Ich dachte wohl, nach dem vortrefflichen Baue deines Beines, es müsste unter dem Gestirn der Gaillarde gebildet sein.

Das Klavier, für welches jene Engländer ihre Stücke schrieben, hiess Virginal. Das Virginal war eine besonders handliche Art des Spinetts, aber es ist nicht anzunehmen, dass man es zu Ehren der Jungfräulichkeit der Königin so benannte, die man mit tausend Anspielungen zu achten wusste. Der Name ist älter. Möglich, dass es so hiess, weil seine kleine Form sich für junge Mädchen besonders eignete. Man findet auf alten Bildern fast nur Frauen am Klavier sitzend. »Virginal« kommt in Italien ebenso vor. Auf das Gebiet der Nomenklatur alter Tasteninstrumente wollen wir uns nicht begeben. Wir interessieren uns nur so weit für die Geschichte des Instrumentes, als sie die Grundlage bildet für die Entstehung der Litteratur selbst, die uns menschlich nahe tritt. Um die mittelalterlichen Klaviernamen des Exaquir, des Dulce melos, der Symphonia schwebt ein mystisches Dunkel. In alten Dichtungen tauchen spanische, französische, vor allem englische Interessen auf für geheimnisvolle Klavierformen. Wir können kaum durch den Nebel sehen. Man lese in Hipkins englischer Geschichte des Pianoforte, der letzten und besten Darstellung der Technik und Entwicklung des Instruments. Um so lieber möchte ich's kurz machen. Die Geschichte des Klavierinstruments ist eine sehr komplizierte Materie, wenn man lang ist, und eine sehr klare Sache, wenn man kurz ist, ohne darum falsch zu werden.

Das Klavier ist eine Vereinigung von Harfe und Tastenmechanismus. Die harfenähnlichen Instrumente, auf denen man mit dem Plektron die Saiten riss, sind so alt wie alle Musik und treten bei den primitiven Kulturvölkern schon in den allerverschiedensten Formen auf. Der Mechanismus der Tasten, welcher durch ein bequemes, für die menschlichen Finger berechnetes Hebelwerk geblasene oder gerissene Töne zum Klingen bringt, ist nicht ganz so alt, da er ja ein kleines Erfindergenie voraussetzt, aber alt genug, um nicht mehr genau datiert werden zu können. In Europa finden wir

Tastenorgeln schon in den ersten nachchristlichen Jahrhunderten. Die Anwendung der Taste auf das Saiteninstrument vollzog sich am Monochord. Das Monochord, ein schon den ältesten Musiktheoretikern geläufiges Werkzeug, war ein Brett mit einer darauf gespannten Saite, an der man die Intervalle durch mathematische Teilung klar machen und klingen lassen konnte: die Hälfte ergiebt die Oktave, zwei Drittel die Quinte, drei Viertel die Quart, vier Fünftel die grosse Terz und so fort. Das einfache Monochord erweiterte sich im zweiten Jahrtausend nach zwei Seiten: musikalisch und technisch. Musikalisch, indem man statt einer auch drei oder vier Saiten spannte, um den Zusammenklang, nicht mehr bloss den Nacheinanderklang der Intervalle herauszubringen, wie ihn die nach der Polyphonie sich entwickelnde christliche Musik verlangte. Und technisch, indem man statt des fortwährenden Verschiebens des die Saite teilenden Stegs Tasten anbrachte, die durch einen Metallstift die Saite an der gewünschten Stelle teilten und zugleich zum Klingen brachten. Waren es 20—22 Tasten und nur wenige Saiten, so mussten natürlich verschiedene Tasten dieselbe Saite teilen und klingen lassen, wodurch das Zusammenanschlagen mehrerer Töne in bestimmte Grenzen gewiesen war. Obwohl mehrsaitig, hiess das Instrument doch noch Monochord, Einsait. Allmählich wuchs die Anzahl der Tasten und in steigendem Verhältnis die Anzahl der stets gleich langen Saiten. So ungefähr ums Jahr 1450 mag das Klavier diese älteste Form des Monochords erreicht haben. Sie diente wesentlich didaktischen Zwecken. Virdung, der Abt von Amberg, der 1511 seine getutschte — verdeutschte — Musica mit Illustrationen herausgab, bestätigt diese Entwicklung des Monochords bis zur ersten richtigen Klavierform: dem Klavichord. Klavichord ist nichts anderes als das eben beschriebene mehrsaitige und vieltastige Monochord. Man liess nur mit der Zeit das widersprechende »Mono« weg und setzte das »Klavi« ein, an clavis, Schlüssel, sich anlehnend — die Taste ist der Schlüssel, der die Orgelpfeife aufschliesst und die Saite vibrieren lässt.

Das Klavichord bot ein eigentümliches Ausdrucksmittel dar: Die »Bebung« der Töne, die durch einen leichten Nachdruck der Taste erreicht wurde, ein seelenvoller, wie klagender, enger Triller, der nur hier möglich war, wo der Stift des Hebels die Saiten erst teilte, also den Ton erst schuf, der im Augenblick erklang. Ein

Alt-England: Ein Präludium

Aus dem Weimarer Wunderbuch: Klavichord um 1440. Eine der ältesten Darstellungen

kleines Nachlassen bewirkte ein Minimum von tieferem Ton, ein kleines Nachdrücken ein Minimum von Erhöhung: noch die deutschen Klavierspieler des 18. Jahrhunderts mochten diesen zarten Effekt selbst gegen die Vorzüge des modernen Hammerklaviers nur schwer aufgeben. Der Tastenmechanismus hatte sich hier zum erstenmal beseelt. Wie beschränkt waren die alten acht Tasten der Drehleier, des Lieblingsinstruments vor der Popularität der Laute, wo durch eine Kurbel die Saiten gestrichen wurden, die die Tasten in Töne abteilten — ein uralter Kompromiss von Klavier und Violine. Wie roh war die Tastenbehandlung der Orgel noch im 14. Jahrhundert, wo man nach dem Bericht des Prätorius die Claves mit den Fäusten schlug. Dann hebt sich die Mechanik rasch und die starke Zunahme der Tasten am Klavichord zeigt uns, wie schnell ihre Beherrschung wuchs. Der Fall der Taste war leicht, der schnell verklingende Ton forderte zu Verzierungen heraus, die sich auf dem Klavichord leichter spielen, als auf unserem schweren Hammerklavier. Noch lange erreichte die Zahl der Saiten diejenige der Tasten nicht, erst im 18. Jahrhundert begegnet man Klavichorden, die zu jeder Taste ihre Saite haben. Diese nennt man bundfrei, jene gebunden. Es ist klar, dass die gebundenen Klavichorde nicht jeden Zusammenklang erlaubten: aber

Das Klavichord 19

gerade die hier unmöglichen Zusammenklänge waren ja Dissonanzen, die die ältere Musik im Einklang noch vermeidet. C und Des zusammen anzuschlagen, konnte getrost unmöglich sein, weil es auch stilistisch noch nicht gewagt wurde. Aber auf ganz alten Klavichorden ist auch der Einklang von C und E unmöglich, und das giebt manchen Wink für die Beurteilung ältester Stücke.

Als Kasten auf Tische zu stellen, später auch mit eigenem Fussgestell, häufig im Deckel und an den Seiten bemalt, die Tasten auch mit Schildpatt und Elfenbein belegt, hält sich das Klavichord bis zum Anfang des 19. Jahrhunderts. Obwohl man die Saiten dann verdoppelte, obwohl man im Anschlag stärkere und schwächere, festere und weichere Nuancen erzielen konnte, vermochte es doch in seiner gar zu naiven Klangart der reissenden Entwicklung nicht standzuhalten. Heutzutage ist es hier und da für historische Amateure wieder gebaut worden, nachdem in England Hipkins, in Amerika Steinert auf seine intimen Reize hingewiesen hatten. Hipkins führte es einer zahlreichen Zuhörerschaft vor, Steinert schrieb über die Renaissance von J. S. Bachs Art das Klavichord zu spielen. Gerade dass es Sammler-

Aus dem Weimarer Wunderbuch: Primitives Spinett, um 1440.
Eine der ältesten Darstellungen

Gegenstand wurde, beweist seine praktische Erledigung im Zeitalter der Virtuosität. Das Klavier hatte 1000 Jahre gebraucht, um zum besseren Monochord zu werden, 500 weitere Jahre, um ein Klavichord zu sein, noch 250 Jahre, um die Klavicymbelformen auf die Höhe zu bringen und noch 150 Jahre, um zum Steinway und Bechstein emporzublühen.

Das Klavicymbel stellt eine zweite Form des Klaviers dar, die mit dem Jahre 1400 ungefähr ihre Laufbahn beginnt. Ihre Erfindung steht unter dem deutlichen Einfluss der Orgel. Man verlangte, da man die Orgel zu Hause durch das Klavier zu ersetzen begann, nach den stärkeren Accenten dieses grossen Blaseinstruments. Das Klavichord konnte das nicht leisten. Eine neue Technik musste helfen: man liess die Saiten, statt sie teilend zu berühren, reissen, mit Federkielen reissen, die aus den Docken am Ende der Tastenhebel seitlich herausstanden. Dazu mussten die Saiten nun freilich gleich ihre bestimmte Tonhöhe, also ihre bestimmte Länge haben. Diese Mechanik des Reissens und die Abmessung der Saiten geben dem Klavicymbel zum Unterschied vom Klavichord seinen Charakter. Der Ton wird rauschend, metallen-glänzend, fest und doch klirrend, ja, er wäre romantisch zu nennen, wenn er auf die Dauer seinen poetischen Duft halten könnte, den er für uns zuerst durch seine Fremdartigkeit gewinnt. Ein Übelstand war gleich da: der Ton war unfähig zu Nuancen, unfähig, wie beim Klavichord, stärker, schwächer oder gar bebend zu werden. Da gab die Orgel guten Rat. Man machte Register, wie bei dieser; durch Züge oder Schiebungen richtete man eine Abwechslung ein zwischen einfacher bis dreifacher Saite für einen Ton, die drei Stufen vom Piano bis zum Forte darbot, oder man schob durch ein Register einen Leder- oder Tuchdämpfer über die Saiten und erhielt so einen Lautenzug, oder man vereinigte gar diese Möglichkeiten durch doppelte, übereinander angeordnete Klaviaturen, auf denen man geteilt stärker und schwächer spielen konnte. Das ergab Dutzende von Kombinationen. Die Saiten im Einton oder in der Oktave, die Register durch Handzüge, durch Pedale, durch Schlittenschiebung der Klaviatur, die Formen viereckig, tafelförmig oder in der Flügelgestalt der abgemessenen, nach der Höhe kürzer werdenden Saiten, die Kasten kleiner oder mit prächtigen Gestellen, wie sie schon die erste berühmte Klavierfabrik, die Ruckers

Ein Konzert, gestochen von H. Goltzius (1558–1617)

in Antwerpen am Ende des 16. Jahrhunderts, lieferte. Die Liebe der Renaissance zur Bemalung der Möbel und zum Materialluxus nimmt sich eifrig der Klaviere an. Ein Spinett des Metropolitan-Museums ungefähr aus dem Jahre 1600 überrascht durch die stilvollen Darstellungen des Königs David, wie er die Harfe spielt, und verschiedener kleiner Konzerte, in Gesang und Kammermusik. Es ist ein aufrechtstehendes Spinett, Klavicytherium genannt, die Urform unseres Pianinos, die auf ein gutes Alter zurückblickt. Hipkins beschreibt aus dem Donaldson-Museum ein solches Klavicytherium, das bis 1500 oder noch früher zurückzudatieren ist, mit Buchsbaum-Untertasten, Intarsia-Obertasten, und Messingkielen zum Anreissen der Saiten, die den Feder- und Lederkielen vorangehen. Die Namen, oft mit einander verwechselt, richteten sich nach den Formen: Virginale hiessen die kleineren Kasten; Spinette alle Klavicymbel mit je einer Saite pro Ton; Kiel-Flügel, in Italien Gravicymbal, in England auch Harpsichord, in Frankreich Clavecin, die grösseren Instrumente. Die Tastatur, zuerst in der untersten »kurzen« Oktave unvollständig, breitete sich allmählich von drei bis zu fünf Oktaven aus. Die Tonfülle war ergiebiger, aber der Anschlag schwerer. Für eine schnelle Entwicklung eines rationellen Fingersatzes war er nicht förderlich. Die Klaviertechnik geht sehr langsam ihren Weg von den tippenden Fingerspitzen bis zur heutigen Gelenkigkeit, die den Arm bis zum Ellbogen in Anspruch nimmt. In der ersten wichtigen Klavier- und Orgelschule, die Girolamo Diruta um 1600 in Venedig unter dem Titel Il Transilvano, sopra il vero modo di sonare Organi e stromenti di Penna« herausgab, fand man zwar schon Regeln über den Gebrauch der Finger, die Haltung der Hände und den Unterschied von Orgel- und Klavierspiel; aber noch 50 Jahre später kennt Lorenzo Penna in seinen Albori musicali« keine andere Regel, als dass die Hand hoch zu stehen habe, und dass bei der aufsteigenden Rechten und der absteigenden Linken abwechselnd dritter und vierter Finger, umgekehrt aber dritter und zweiter Finger zu benützen sei. Diese Benutzung der Mittelfinger blieb eine Eigentümlichkeit Italiens, vielleicht im Zusammenhang mit den schwereren Klavicymbeln. In England dagegen, wo man das leichtere Virginal liebte, wird auch schon der fünfte Finger, selbst der Daumen hineingezogen. Einige alte handschriftliche Bezeichnungen lassen darüber keinen Zweifel.

Es sind die Anfänge moderner Spieltechnik, aber doch nur die Anfänge. Der Daumen, als untersetzender Finger, ist noch lange enfant terrible. Es ist noch die alte Zithertechnik, auf die Tasten übertragen. Das eigene Wesen der Tastentechnik findet erst Bach.

Erstaunlich ist, was auf dem Virginal mit den geringen Mitteln die Meister der altenglischen Schule wagten. Man fühlt es, wie sie dies Instrument lieben, welches ihnen unwillkürlich den Weg in das Neuland der Musik, in die straffe Rhythmik und Disposition der weltlichen Musikanschauung erleichterte. Es finden sich zwar in den Virginalbüchern Stücke des berühmten Amsterdamer Organisten Sweelinck, und Sachen von Orlando Lasso in Bearbeitungen, auch allerlei Übertragungen italienischer Werke, aber die Perlen sind doch die Volkslieder-Variationen und die Tänze. In der gleichzeitigen venezianischen Instrumentalmusik ist das Verhältnis ein umgekehrtes. Dort schleppen sich in den Ricercari, den Toccaten, den Preambeln noch die schweren ungelenkigen Harmonien des Mittelalters, die mollluskenartig in Quintenfortschritten und Querständen hintereinander herkriechen und von einer krausen Figuration durchwildert sind, nur gegen die Schlüsse einem klareren formalen Gedanken nachgebend. Erst beim jüngeren Gabrieli wird die Rhythmik durchsichtiger. In England lassen die reichen Lieder und Tänze keine Molluskenharmonien zu, sie zwingen alles Figurenwerk der Variationen in ihren einfachen Bau, sie reizen mit ihrer klaren Melodie zu einer ebenso klaren Harmonie und sie werden durch den schnellen und leichten Ton des Virginals in einen Satz gebracht, der, um leben zu können, tausend einfach gedachte Nuancen ersinnen muss. Mit alten Lautentänzen verglichen, die ja auch die Straffheit des Baues wahren mussten, ist hier ein blühendes Feld, eine Welt-Entdeckung. Die Erfahrungen der Orgel geben dem Stimmenlauf ungefähr sein Gepräge, die Erfahrungen der Laute seine Klangfarbe — aber das Kind beider Eltern ist selbständig und voller Zukunft.

Wie rhythmisch sehen sich schon manche Stücke des Altmeisters dieser Schule, Thomas Tallis, an — er war Organist unter vier Königen, Heinrich VIII., Eduard VI., Marie und Elisabeth und starb 1585. Da ist ein zweistimmiger Kanon, in Linien, die sofort übersichtlich sind und die von Sequenzenwiederholungen, welche schon seit den Zeiten älterer Kirchenmusik ein deutliches Symptom des gesteigerten rhythmischen Bewusstseins sind, reichlich Gebrauch machen. Allmählich tritt zu dem Kanon ein laufender Bass, er klopft gleichsam erst zweimal an, bis er ganz ungehindert daherrollt, und so wird das Bild für das Auge schnell fasslich. Das Auge ist ein guter Beurteiler in diesen alten Stücken. Ohne von dem Archaismus, der das Ohr vielleicht ermüdet, zu sehr direkt angegriffen zu werden, sieht es in einer gewissen Distanz die geistige Arbeit des Komponisten. Es sieht die grossen und kleinen Kurven der Stimmenkonturen, sieht die Folge der kanonischen Einsätze, sieht die Klammern, unter denen lange Läufe zusammengefasst werden sollen, sieht die Freude an der Klarheit der Notenmuster. Wirklich wie ein fein gesticktes, sorgsam gesäumtes Muster blickt sich so ein einfach gearbeiteter und mit gebrochenen Accorden schon reichlich operierender Satz an, zum Beispiel die Figuration des Felix namque, die Tallis als drittes Stück im Fitzwilliam-Virginalbuch hat. Die Nuancen der Begleitungsformen freuen sich ordentlich ihres ornamentalen Daseins.

Der Schüler des Tallis, William Bird, der von 1538 oder 46 bis 1623 lebte, wäre als der Vater der modernen Klaviermusik zu bezeichnen, wenn nur diese englische Schule überhaupt irgend welchen tieferen Einfluss auf die Kunst geübt hätte und nicht so weltverlassen in der Musikgeschichte dastände. So nennen wir ihn den Ersten der Klaviermeister. Von Beruf natürlich auch Organist und Sänger in der königlichen Kapelle — wo für jeden Singen und Spielen im Dienst abwechselte — hatte er noch eine gute Nebeneinnahme in dem Monopol auf Notendruck und Notenpapier, das erst dem Tallis, dann ihm von Elisabeth verliehen war. Ein glücklicher Mensch war er nicht; unter den religiösen Verfolgungen seiner Zeit scheint er besonders schwer gelitten zu haben. Von dem Stundengeben dieser alten Klavierspieler ist in den Quellen kaum die Rede — aber eine indirekte Quelle, die Musikstunden in der »Widerspänstigen Zähmung« lehren uns, dass der häusliche Unterricht eine nicht ungewohnte Bethätigung der Musiker war.

Der Archivar aller Klavierlitteratur, Prosniz, in seinem ›Handbuch der Klavierlitteratur« nennt die Musik Birds ziemlich plump und geschmacklos, und der alte Weitzmann in seiner »Geschichte des Klavierspiels« gab zu, dass sie sinnreich und künstlich gearbeitet sei, tadelt sie aber doch als schwerfällig und ohne Anmut.

Seite aus der „Parthenia", dem ersten englischen gestochenen Klaviernotenheft. 1611

Das ist das Los aller Mischstile. Wenn man die natürlich noch vorhandenen Spuren älteren Musikstils, wie den Taktwechsel und die Harmonienschwammigkeit in der Fantasie Nr. 8 des Virginalbuches oder die Querstände in dem interessanten 60. Stück vom Gesichtspunkt der neuen Musik betrachtet, sind sie schwerfällig und plump. Aber man muss sich bei solchen Dingen das moderne Auge abgewöhnen. Die mittelalterliche Musik ist ja keine Vorstufe zur neueren, sondern etwas ganz anderes. Sie ist malerisch, wie diese plastisch ist. Wenn man in ihre Molluskenhaftigkeit der Harmonien und ihre Unklarheit der rhythmischen Disposition hineinhört, so muss man sich das rhythmische Lineal der modernen Musik ganz abgewöhnen, man muss das Molluskenhafte und Unklare als Gewolltes nehmen, man muss ohne vorausgefühlte Grenzen dieses Gewebe von Stimmen, Ton für Ton geniessend, nachschleichen, so ganz weich und ganz in Farbe, dass der Schluss erschrickt. In der That ist der Schluss dieser Stücke mit seinem formalen Zwang, unter dem sich die Harmonien und Stimmen stets straffer gruppieren, ein Widerspruch gegen ihr eigenstes Wesen, ein Verlassen des malerischen Prinzips und zugleich der Keim zu dem kommenden Stil. Mehr als man glaubt, ist die allermodernste Ausdrucksmusik mit dieser Weltanschauung der Tonkunst verwandt.

Wir freilich sehen Bird mit Recht vor allem unter dem modernen Gesichtspunkte an, da wir, Fortschritte der Geschichte untersuchend, nicht dem Alten, sondern dem Neuen, dem Wachsenden nachgehen. Aber gerade unter diesem Gesichtspunkt bietet er solche Überraschungen, dass man jene absprechenden Urteile erst recht nicht begreift. Ich habe meine stille Freude daran, seine empfundenen, nicht gerechneten Harmonien, wie das plötzliche D-dur in dem famosen Liede »John come kiss me now« (Nr. 10 des Virginalbuchs), die feinen parallelen Legatostellen ebenda, die allmähliche Änderung der Melodie, die wachsende Kompliziertheit, die nie gewöhnlichen Variationen, die Abwechslung der Hände, die rhythmischen Verwicklungen hier zu beobachten: in der neunten Variation laufen ganze Achtel, punktierte Achtel und die Melodie nebeneinander. Immer sieht man wieder neue Eingebungen, die das Klavier entzündet. Das Prelude Nr. 24 hat einen strammen Bau. Die Passamezzo-Pavane und -Gaillarde Nr. 56 und 57 bieten gebrochene Accorde als echtes Klaviermotiv und feinste kanonische Wiederholungen durch die thematisch gegebene Abwechslung der F- und G-Tonart: wie zierlich macht sich in der siebenten Gaillarden-Variation das absteigende d c a, wechselnd mit dem e d h. Überhaupt schöpft Bird eine Menge Einfälle aus solchen schrittweise nebeneinanderliegenden Tongruppen. Wenn F und G oder C und D in regelmässiger Korrespondenz mit ihren Accorden sich ablösen — das brummt manchmal unten wie die Brummsaiten der Drehleier oder die Quinten des Dudelsacks — z. B. in dem Stück über »The woods so wild« (Nr. 67) oder gar in dem Kanon über »The bells«, wo auf C und D und immer wieder C und D ein üppig wucherndes, glockenklingendes Stimmenspiel sich aufbaut, wie auf den Accorden der Chopinschen Berceuse, dann fühlt man die Freude dieser unerschöpflich gestaltenden Erfindungskraft über der allergeringsten harmonischen Basis. Die reiche Klaviertechnik von »Fortune« (Nr. 65), der Figurenreichtum von »Mistress mine« (Nr. 66), die Harmonienschritte der Passamezzotänze Nr. 56 und 57 bleiben in der Erinnerung. Aber obenan stehen seine beiden modernsten Klavierstücke: die Variationen über »Carmans Whistle« (Nr. 58) und der »Sellingers Round« (in erweiterter Form Nr. 64, bei Pauer in engerer Fassung), die oft wieder populär gemacht wurden und in der Pauerschen Sammlung mit modernen Vortragszeichen versehen sind.

»The Carmans Whistle«, ein Fuhrmannslied, ist eine vollendete Volksmelodie. Vier Takte, Schluss in Haupttonart. Wiederholung, Schluss in Dominante. Ablaufender zweiter Teil, je zwei Takte viermal. Die Rhythmik ist nicht gewöhnlich, punktiert und synkopisch. Eine der Melodien, die tagelang im Ohre nachsummen. Bird setzt gleich zu Anfang zum dritten und vierten Takt den ersten und zweiten im Kanon, es macht sich ganz schlicht. Dann kommen Harmonien von der Klarheit eines Rameau, mit feinsten Durchgangstönen. In den Variationen mischen sich Figuren hinein, die leicht kanonisch arbeiten, bald Legato mit der Freude des Hinüberziehens verwandter Töne, bald in diatonischen Ketten, die sich graziös aneinanderfügen, bald in Staccato-Läufen, die die Melodie singend über sich tragen. Zuletzt greifen vollere Accorde ein, die die Linie des Themas leise verändern. Vom ersten bis zum letzten Ton ist keine Wendung, die dem modernen Ohr fremd wäre.

Alt-England: Ein Präludium

Dr. John Bull nach dem Caldwall'schen Stich in Hawkins' History of Music. 26 jährig. 1589

Bewegter ist das Sellinger-Rondo. Sein Thema ist ein wiegender Sechsachteltakt, leicht durch die Harmonien der Tonika, der Ober- und Unterdominante sich schlingend. Ein zarter Legendenton, wie in der ersten Partie der Chopin'schen F-dur-Ballade, zu dem dies Stück wie ein Prototyp steht. Die erste Variation behält den Rhythmus bei und bricht nur die Harmonien. Ihre leichte Fugierung wird bestimmter in der zweiten Variation, die zum Schluss laufende Sechzehntel einlässt, wie es Bird oft liebt, am Schluss der einen Variation die nächste motivisch vorzunotieren. Die Sechzehntel gehen in Terzengängen auf und ab oder schlingen sich bald durch beide Hände, während Melodie und Begleitung ihren Sechsachtelgang fortsetzen, dass der Aspekt fast ein Schumann'scher wird. In den weiteren Variationen hält wieder die Achtelbewegung den Stamm, harmonisch immer üppiger, durchschlungener von Sextengängen und Korresponsionen. Im Jahre 1580 wurde dieses — vielleicht erste vollendete Klavierstück geschrieben, das seine Zeit ganz überwunden hatte.

Neben William Bird steht Dr. John Bull, der von 1563 bis 1628 lebte. Es sind zwei Typen, die beiden Typen, die durch die ganze Klaviergeschichte gehen: Bird, der intimere, feinsinnige, schlichtere Geist, Bull, das wilde Genie, der blendende Virtuose, der unruhige Tollkopf und rohere Künstler. Es ist merkwürdig, wie diese beiden Typen gleich auf der Schwelle der Klavierkunst nebeneinander stehen.

John Bull ist schon zu 19 Jahren Organist der Hereford-Kathedrale und zu 22 Jahren Mitglied der königlichen Kapelle. Im nächsten Jahre wird er Baccalaureus der Musik in Oxford, drei Jahre später ist er Musikdoktor von Cambridge und von Oxford. Als Thomas Gresham 1596 seine Akademie in London gründet, wird er erster Lektor der Musik, auch ohne dass er nach den Statuten sich lateinisch habilitiert. Länger als fünf Jahre hielt er es nicht aus. »Gesundheitshalber« reist er ins Ausland. Sein Spiel erregt hier das grösste Aufsehen, der französische, der spanische, der österreichische Hof reissen sich um ihn. Wie um alle späteren Virtuosen, rankt sich auch um ihn der Mythus. Es entsteht eine Anekdote, dass ihm ein Kapellmeister in St. Omer als aussergewöhnliches Musikkuriosum einen vierzigstimmigen Satz zeigte. Bull, nicht verblüfft, soll ihm sofort noch vierzig Stimmen dazu gesetzt haben. Der Kapellmeister starrt ihn an und hält ihn für den leibhaftigen Teufel. Als er nach sechsjähriger Abwesenheit nach England zurückkehrt, sträubt sich der Herr Teufel gegen jeden Zwang. Den Akademieposten giebt er auf, die Stelle in der königlichen Kapelle verwirkt er sich, da er 1613 ohne Bewilligung wieder abreist. Vier Jahre später finden wir ihn als Organisten von Notredame in Antwerpen, wo er 1628 stirbt.

Aus den Anhaltspunkten seiner Biographie ergiebt sich das Bild eines ebenso unruhigen wie ehrgeizigen Lebens. Wie das stille Walten eines mittelalterlichen Malers zu dem prächtigen Betrieb eines der Welt- und Fürstenmaler des 17. Jahrhunderts, so mag sich Bird zu Bull verhalten haben. Und Bulls Werke verraten manches von der Art eines eleganten Faiseurs. Er liebt nicht so stark wie Bird die ursprüngliche Frische der Volkslieder und Tänze, er arbeitet seine Stücke nicht so unmittelbar in einer jungfräulichen Reinheit aus. Die Nebensache wird ihm die Hauptsache, das Figurenwerk wächst zu einer erdrückenden Üppigkeit empor und beide Hände wetteifern in der Bewältigung der schwierigsten und dicksten Passagen. Oft bieten die Stücke ein groteskes Bild dar, wo innerhalb der leittonlosen, harten alten Harmonik Sechzehntelläufe, punktierte Rhythmen, schnell eingeschobene Accorde, vierfache Nachahmungen, synkopische Nachschlagenoten, gemischte Zwei- und Dreitakte ein wildes, wucherndes, fletschiges Durcheinander aufweisen. Das Auge blickt wie auf eine indische Superlativornamentik, wo inmitten des Liniengeschlinges ein rein menschlicher Zug fast fremd erscheint. Aus dem ersten Stück des Elisabeth-Virginalbuchs, den Bull'schen 30 Walsingham-Variationen, die Bird später so viel einfacher durchführt, schaut der ganze Virtuose heraus. Es sind 30 richtige Studien über Figurenmotive, die dem Bull natürlich zu Dutzenden auf einmal einfallen. Die Sechzehntel irrlichterieren in ihren raffiniertesten Läufen, sie gleichen unendlichen Ketten, da sie die Tonleiter hie und da pikant mit Sexten- und Septimensprüngen unterbrechen, um sie im selben Lauf höher oder niedriger anzuknüpfen. Die Verzierungen sind reichlicher als bei Bird, sie lösen fast schon nach der Manier Couperins die Linien der Stimmen in ihr Sfumato auf. Das Klavier mit seinen abgerissenen Tönen drängte ja noch mehr als die Orgel zu solchen Pralltrillern, Schleifern und Mordenten, die dem Klange eine scheinbar längere Dauer leihen. Sie geben bis zur deutschen Klassik hin der Physiognomie des Klaviersatzes ihr Gepräge. Ich nannte sie schon sfumato. Wie in der Malerei die scharfe Kontur des Körpers allmählich der grösseren Naturwahrheit zu Liebe weggelassen und von Lionardo dann sogar durch dies spezifisch malerische Verwischen des Sfumato, das rund um die Ecke sehen lässt, ersetzt wird, so bilden die Verzierungen in diesen Zeiten, da das Klavier seine eigenen Ausdrucksmittel sucht, eine willkommene Möglichkeit, seine dünnen Konturen im Stile des Instruments zu verwischen, bis schliesslich die dadurch gewonnenen Figuren und Figürchen als festes Motivenwerk, als positive Errungenschaft die Linien der Klaviermelodien bestimmen. Auch in diese alte Welt der Verzierungen, über die Dannreuther in seiner Musical Ornamentation Aufschlüsse giebt, können wir uns nur mit einem inneren Ruck versetzen, wir müssen sie durch die Spielerischkeit dieser Musik hindurch empfinden, wir müssen die Stücke möglichst auf alten leichten klirrenden Spinetten spielen. Unser schweres und ernstes Hammerklavier verträgt sie nicht, dort klingen sie zu gravitätisch und zu wichtig. Und da sie der Durchschnitts-Klavierspieler überhaupt nicht bewältigen kann, hat sie Pauer in seiner Neuausgabe auch meist fortgelassen.

Die fliegenden Finger des Doktor Bull mussten nun, so äusserlich sie auch manchen Kirchengesang und manchen Tanz variierten, immerhin unter den Klavierfiguren Entdeckungen machen, sie mussten die Technik und ihre Möglichkeiten erweitern, wie dies auch der schlimmste Virtuose dann später gethan hat. Und so finden wir in seinem wuchernden Walde gar manches Zukunftsreis: viel gebrochene Dreiklänge, die sich sogar in Gegenbewegungen beider Hände frischgemut durch allerlei Quintenfolgen erlustieren, dann viel und gern zerlegte Oktaven, wie sie noch Beethoven so liebte, weiter öfteres Übersetzen der linken über die rechte Hand, durch das die Stimmführung ein breiteres Feld erhielt, und endlich zahlreiches Repetieren desselben Tones für sich oder mitten im Lauf, ein echtes Klaviermittel, dem zu liebe man ja später sogar die neue Repetiermechanik erfand. Auch in harmonischer Beziehung läuft dem wacker stimmenbiegenden Bull manche Neuerung unter, wie die heimlichen Nonenaccorde in dem gar mächtigen Schluss des Preludes Nr. 43 im Virginalbuch oder die kühne enharmonische Verwechslung in dem 51. Stück, einer Bearbeitung des ut, re, mi, fa, sol, la, welches Thema von g an immer um einen Ganzton inmitten des dicken Figurenwerks steigt, bis das cis einfach zum des wird.

Man weiss von einem Lautenbuche des Bull, das sich in Wien befindet und in lieblicher Reihenfolge hintereinander — es erinnert Ambros an den Theaterzettel der Hogarth'schen »strolling actresses« — folgende gemischte Stücke bringt: »Miserere mei«; »Galliarda«; »La chasse du Roy«; »Salve Regina«; »Fantasia«; »Canon perpetuus, carens scriptura, notulis in systemate positis scriptus« und so weiter. Man darf darüber nicht gar zu schlimm denken. Auch das Virginalbuch machte bunte Reihe. In der Zeit der Variationen — variatio delectat. Es sind ja Sammlungen für den Hausgebrauch, die darum für den Urheber kein Zeugnis von Mangel an charakteristischem Organ zu sein brauchen. In dieser Epoche befreit das Instrument die Menschen von der Korporations-Gruppenseligkeit des Mittelalters. Und ich finde sogar, dass gerade Bull in einigen Stücken einen bemerkenswerten Sinn für Charakteristik gezeigt hat. Er hat einmal eine einfache Dudelmelodie e f e d e f d c, die »les Buffons« heisst, nicht schlecht im Possenreisserstile variiert. Zuerst Accorde mit einfacher gebrochener Begleitung, dann hopsende Sechzehntelfiguren, dann volksmässiger Kanon, dann recht gute Sextenschleifer, und in ähnlicher Weise bis zu dem wie gewöhnlich stärker harmonisierten Schluss, in dessen Wendungen sich freilich seine Unplastik gegenüber einem Bird offenbart. Schlagender noch ist die Wirkung in seinem bekanntesten Stück, den Variationen über das frische, waldfröhliche Lied von »the Kings Hunt«, aus dem Hörner- und Trompetenromantik herüberklingt. Von dieser Romantik geht etwas durch seine Figurationen. Besonders die Hornmotive des zweiten Teils benützt er zu einer längeren, in Naturtönen sich wiegenden Variation, die einfach und voll Charakter ist. Das Blühen von Quartenläufen, wie er sie auch in der Gaillarde Nr. 17 des Virginalbuchs benützt, und die systematische klare Anordnung von Nachschlageaccorden in der Linken, die er auch zum Schluss der 11. Gaillarde anwendet, machen sich hier besonders charakteristisch: man glaubt, trabende Pferde und winkende Tücher in alter Technik zu sehen. Es gelang ihm ein gutes Jagdstück. In musikalischer Beziehung, wie am besten seine etwas linkischen Variationen über das so fein melodische Juwel-Volkslied (Virginalbuch 138) zeigen, kann er dem divinatorischen Bird niemals an die Seite gestellt werden, aber sein Sinn für Charakteristik und für Technik hat das Klavier fördern können. Beide Vorzüge sind Folgen seines Schaffens, das in der Wirkung ganz aufging. Das Klavier brauchte jene Naturen, und auch diese.

Das durch seine Charakteristik merkwürdigste Stück dieser Schule ist das dritte des Virginalbuches, eine Phantasie John Mundays, die nichts geringeres darstellt als: den Witterungswechsel. Über seine Abschnitte, die ohne thematischen Zusammenhang in langsamen, in punktierten und in rollenden Rhythmen miteinander abwechseln, schreibt er in dieser Reihenfolge je viermal »Schönes Wetter«, »Blitz« und »Donner«. Statt »schönes« steht auch einmal »warmes« Wetter und den Schluss bildet ein langsamer Satz, der »Klarer Tag« überschrieben ist. Die Charakteristik ist freilich recht äusserlich geraten und das letztemal rollt der Blitz fast wie der Donner. Aber als Symptom ist diese Neuerung nicht zu übersehen, sie zeigt uns das Bewusstsein der Charakteristik und die steigende Intimität des Klaviers. Technisch scheint Bull Schule gemacht zu haben. Von den Mitarbeitern des Virginalbuchs sehen wir Ferdinand Richardson, der eine klare Stimmführung hat, Giles Farnaby, einen Mann von freier Weltlichkeit, Orlando Gibbons, Peter Philips vielfach in seinen Spuren wandeln. Farnaby schreibt schon Stücke für zwei Virginale, überrascht mitten im Wulst seiner Technik durch eine hübsche Spagnoletta und gelangt oft zu interessanten modernen Durchgangsaccorden, wie aufsteigend b fis d a, wo aus b a, aus d c wird. In Accorden steht Peter Philips, der viele Orlando Lassostücke im Virginalbuch bearbeitet hat, in erster Linie. In der Pavane Nr. 76, die 1592 datiert ist, hat er zum Schluss unerhört einfache abwechselnde Dreiklänge, in der Gaillarde dazu operiert er mit den allerschönsten Vorhaltaccorden und in der Galiarda dolorosa (Nr. 81) trägt er chromatische Farben auf, dass man sieht, wie viel er auf seinen italienischen und niederländischen Reisen von der aufblühenden Kunst des Kontinents gelernt hat. Der Geist Birds lebt nicht so kräftig fort. Das anonyme 14. Stück des Virginalbuchs ist ein famoser Alman (Allemandetanz), der in der Körnigkeit seines Satzes an Bird erinnert, und seine Wirkung, wie so oft, aus Eintonschritten melodiöser Motive holt.

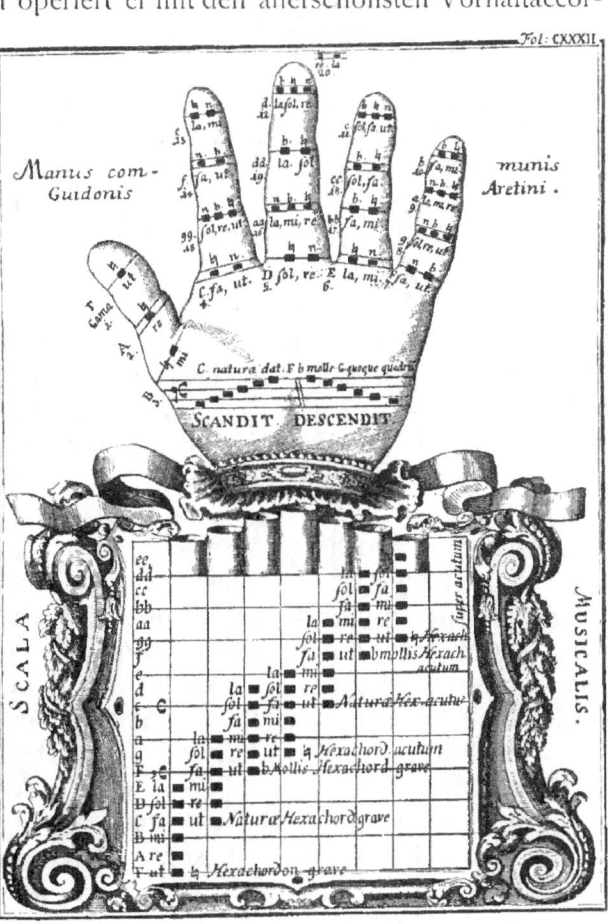

Sogenannte Guidonische Hand mit einer früher sehr verbreiteten Aufzeichnung der Scalen

Überhaupt stehen die als »anonym« bezeichneten Stücke in ihrem schlichten musikalischen Charakter Bird am nächsten. Mit diesen und den Birdschen wird der Laie am besten sein Studium des Fitzwilliam-Buches beginnen, das ihm jetzt in moderner Schrift (allerdings mit Beibehaltung der alten langen Notenwerte) zum erstenmal den Weg zur alten englischen Litteratur öffnet: ohne moderne Bearbeitung. Kleine Stücke, wie der Alman John Bulls »Duke of Brunswick« (Nr. 142) oder Birds Malt's come downe (150) werden ihm ein immer noch brauchbares Etudenmaterial liefern. Er wird sich langsam in diese verschollene Welt eingewöhnen. Dann werden ihm harmonische Überraschungen, wie sie John Bull in seiner Galiarda 186 oder in 188 der Anonymus bietet, eine angenehme Brücke sein, er wird gern diese alten Volksweisen, die mehr als einmal die Formen von Humperdincks »Hänsel und Gretel« vorausnehmen, in ihrem alten Gewande aufsuchen, er wird den originalen Erdduft solcher Stücke wie Birds Queene's Alman (172) oder des Earl of Oxford-Marsches (259) mit Interesse in Vergleich stellen zu den ähnlichen künstlichen Gebilden im Sang vom »Held Tristan«; er wird ein stilles Vergnügen haben an den naiven Charakterstücken einer Birdschen Volta (155) oder seines Rowland (160), über dem mit all den altertümlichen Querständen ein goldener Glanz der Legende liegt. Die Lieder und Tänze werden dabei stets voranstehen, die übrigen Bearbeitungen, all die sich windenden Tonschlangen um ein Miserere oder eine Scala als cantus firmus, bleiben gern zurück, und die freien Fantasien werden in der Klarheit der Disposition und der harmonischen Führung durch die Toccata des grossen Holländers Sweelinck, die als 96. Stück aufgenommen ist, glänzend geschlagen: hier weht schon Bachscher Geist. Allmählich verwischen sich die Grenzen der Individuen für uns, zumal wenn wir sehen, wie ein Stück des Thomas Morley über »Goe from the window«, dessen Melodie er selbst teilweise in seiner Nancie dann benützt, in demselben Virginalbuche fast unverändert später dem John Munday zugeschrieben wird. Mit John Blow, Henry Purcell, Thomas Augustine Arne mündet in den nächsten Generationen die englische Klaviermusik in den allgemeinen kontinentalen Strom, bis sie ganz versandet und die Nahrung sich von aussen zuführen muss.

D'Anglebert nach Mignard

Altfranzösische Tanzstücke

Englands selbständiger Musikruhm ruht, den Abendstern Purcell ausgenommen, ganz auf dieser alten Zeit, so dass man dort auch früher zur Musikgeschichte geführt wurde, als in den Ländern, wo der Quell weiter floss. Selbst einen nennenswerten Einfluss hat die altenglische Musik nicht gehabt. Sie steht wie ein halb noch mittelalterliches Präludium vor der eigentlichen Geschichte des Klaviers. Es regen sich die Kräfte, welche die Zukunft haben, aber sie sind noch nicht in die Linie gebracht, die sich stetig und einheitlich fortsetzt. Dieser Weg beginnt vielmehr in Frankreich, er einigt sich dann mit einem zweiten Wege, der aus Italien kommt, und führt als grosse Strasse, breiter und belebter, durch deutsche Länder — bis in unsere Tage.

Oskar Fleischer hat in seinem Buche über Gaultier, den grossen französischen Lautenspieler, versucht, englische und französische Beziehungen im 17. Jahrhundert herzustellen. Aber was er den älteren Gaultier, den Begründer der eifrigen französischen Lautenschule, in England, wo er Hoflautenist war, holen lässt, sind nur Angelegenheiten des Vortrags, sind die Verzierungen. Die Verzierungen, welche in England ohne jede Specification mit / oder // bezeichnet wurden, haben dann unter den französischen Lautenisten ihre genauere Ausbildung erfahren. Freilich hat jeder einzelne seine privaten Vorstellungen davon, jeder Lautenist und jeder Klavierist giebt einen neuen Codex dieser Agréments heraus, aber der Grundstock bleibt doch derselbe und es ist möglich, dass die Verzierungen auf englische Anregung hin in die Lautenmusik und von dieser in die Klaviermusik aufgenommen wurden, um sich bald über die ganze musikalische Welt zu verbreiten. Wer also glaubt, dass die Agréments, die wie Heuschrecken auf den altfranzösichen Kompositionen sich lagern, ein Specifikum dieses Landes wären — galanter Stil! — irrt sich. Das Specifikum liegt ganz wo anders: es liegt in der Form, im Tanze.

Die englische Klaviermusik hatte sich am Liede aufgerichtet. Sie hatte vom Liede die melodiöse Kontur und die straffe Disposition gewonnen, zwei wichtige Erfordernisse der fortschrittlichen Musik. Aber sie hatte die Bearbeitungen dieser Stücke noch in einer Manier vorgenommen, die an das Mittelalter der Musik erinnerte. Die Form der ewigen Variation war aus der Idee des Figurierens hervorgegangen, die das Wesen mittelalterlicher Musik ausmachte, und die Stimmensetzung hielt sich im grossen Ganzen in fugiertem Stil, in kanonischen Nachahmungen, die ebenfalls ein Faktor mittelalterlichen Musikgestaltens waren. Das frühe Blühen der englischen Musik, ihre Zusammenhänge mit der alten niederländischen Vokal- und Orgelkomposition, hatten bewirkt, dass die Form noch zum Teil in Traditionen steckte, wo der Inhalt schon in die Zukunft winkte. Selbst Tänze bearbeitete man in dieser zum Zeitstil gewordenen Manier. Frankreich hat ein so entgegengesetztes System, dass dort die Form der Variation und der durchweg fugierte Klaviersatz genau so selten werden, wie es drüben das einfach harmonisierte Lied war.

Man erkennt in diesem Zusammenhange am besten die eigentümliche präludirende Haltung Altenglands. Die Virginalbücher sind ein Vorspiel der Klaviergeschichte, das auf der Grundlage breiter Altmeisterlichkeit das erste schüchterne Blühen moderner Gedanken zeigt. Die Engländer variieren, wie es die alte Kontrapunktik gelehrt hatte. Sie benehmen sich in diesen Variationen, wie wenn ein altmodisch gekleideter Mensch durchaus einen eleganten Schritt probieren will. Sie können sich gar nicht genug darin thun. Niemals hat ein Musikerstamm so viel variiert, wie dieser. Wenn der Variationsgedanke in der modernen Musik über alle Lieder- und Tanzvariationen hin, über Bachs und Beethovens Variationen bis hinunter zu den Opernfantasien, von Chopins graziösem Spiel bis zu Schumanns symphonischen Etüden in hundert Gestalten und Inhalten sich lebendig erwiesen hat, so weiss man kaum noch, dass die Engländer diese Art einst als eine geschlossene Kunstgattung gepflegt haben. Und zwar thaten sie es schon derartig frei, dass sie sich nicht mehr scheuten, innerhalb des Variationsverlaufes das Thema selbst unkenntlich zu machen. Zweifellos wirkten sie weiter. Sie wirkten auf den Niederländer Sweelinck. Sweelinck wirkte auf den Deutschen Scheidt, auf den Italiener Frescobaldi. Die Variationsform begann sich mit der Suite zu mischen, sie führte in Norddeutschland, wo protestantische Bedürfnisse sie unterstützten, noch länger als im Süden ein selbstständiges Leben. Aber immer nur als das Erbe einer alten Übung, die Causa movens einer Geschichte konnte sie nicht werden. Man vergisst die Engländer. Man kennt ihre Namen kaum noch, man lässt ihre Notenmanuskripte liegen. Das Präludium ist zu Ende, die grosse Fuge der Geschichte beginnt, in der ein Stein sich über den andern baut. Die neue Zeit bricht an.

Die Erlösung kam in Frankreich dadurch, dass man einen Ausgangspunkt gewann, der von allem Vokalen möglichst entfernt war. Der Tanz, obwohl es auch gesungene Tänze gab, hatte sich doch früh mit dem rein instrumentalen Satz befreundet. So ganz à plaisir de gorges, wie der Gargantua' des Rabelais sagt, hat man ihn nie behandelt. Der Tanz hatte die straffe Disposition mit einer straffen Harmonik gemeinsam, er reizte nicht sehr zu den kontrapunktischen Stimmengewinden, die das Lied aus der verwandten Sphäre der Chormusik sich leichter zulegt. Und wenn man die ersten

Instrumentaltänze aus dem 16. Jahrhundert mit den mehrstimmig geschriebenen Tänzen der alten Liederbücher, dem »Rattenschwanz«, »Kranichschnabel«, »Fuchsschwanz«, »Katzenpfote«, »Pfauenschwanz«, vergleicht, so sieht man, wie schnell hier das Instrument auf eine klare und lichte Stimmenführung Einfluss hatte. In Frankreich besonders erfreut sich der Tanz seit alter Zeit grosser Liebe, man setzt ihn früh auf die Laute und das Klavier, man kennt wenig andere Instrumentalstücke. So gewöhnte man sich daran, ein Stück von geschlossenem musikalischen Charakter, melodiös einfach harmonisiert, im Rhythmus characteristisch, knapp in der Disposition, als Stück an sich zu lieben, nicht als Vorwurf für Variationen und Figurationen. Darum wurde das französische Klavierstück fruchtbarer als das englische, musikalischer und entwicklungsfähiger.

Der Tanz ist der Lieblingsgedanke französischer Musik, und französische Tänze schlingen ihren Reigen an der Wiege aller Instrumentalmusik. Wir können sehr weit zurückblicken. Der Buchdrucker Attaignant in Paris, der älteste Notendrucker Frankreichs, giebt um 1530 allerlei Notenhefte heraus reduict de musique en la tabulature du jeu d'Orgues, Espinettes, Manicordions und so ähnlich. Man wundert sich heute, wie Herr Attaignant aus der »Musik« seine Stücke in die Tastentabulatur von Orgeln, Spinetten und Monochorden übertragen konnte. Aber »Musik« hiess ihm eben aller Gesang, und der Gesang war bis dahin alle Musik. Wenige Jahre darauf schrieb der deutsche Musikschriftsteller Agricola:

> Drumb lern singen du kneblein klein
> Itzund in den jungen jarn dein
> Recht nach Musicalischer Art
> Las aber keinen vleis gespart.

Denn die Musica, hatte er früher einmal gesagt, ist das Fundament, darausher fliessen alle Instrument. Attaignant war einer der ersten, der aus dieser Musica Übertragungen für Tasteninstrumente machte, ja nach dem Stande unseres Wissens war er der erste, der überhaupt für Tasteninstrumente drucken liess. Auf seinen Titeln steht zum erstenmal das Wort Spinett und Clavichord, wenn auch mit den Ansprüchen der Orgel vereinigt. Und es ist nun merkwürdig, dass die Tänze in seinen Büchern die Hauptrolle spielen. Da guckt der

Claude Gillot, Entwurf zu einem Spinettdeckel

Franzose schon heraus. Gaillarden, Basstänze, Branles, Pavanen sind in einen klaren und verhältnismässig guten harmonischen Satz gebracht, ohne viel Stimmengeschlinge, und oft, wie besonders in einer reizenden F-dur-Gaillarde, von entzückender, volksmässiger Naivetät. Nicht zu viel Schleifer oben, nicht zu viel Brummer unten, und alles fein für das Instrument zugeschliffen.

Hundert Jahre später beherrscht der Tanz die französische Musik — nicht bloss die Musik, sondern das Leben. Die Formen des gesellschaftlichen Verkehrs, wie sie in dieser Epoche zum allgemeinen Gebrauch Europas am Hofe der Pariser Fürsten ausgebildet werden, sind von dem grossen Rhythmus des Tanzes bestimmt. Das Gehen und Kommen, das Verbeugen und Sichsetzen, das Komplimentieren und Lächeln, die ganze Freude an der Formschönheit konventioneller Lüge, es ist überall der leichte und doch gebundene Schritt, das schauspielernde und doch mitteilsame Wesen des Tanzes. Sich bewegen — aber aus Liebe an der Form dieser Bewegung; sich aussprechen — aber aus Liebe an den feinen gemessenen Linien des Geistes. Leben — aber schön leben!

In der Lautenmusik zieht der Tanz seine unaufhörlichen Couranten und Sarabanden, auf der Bühne giebt er den Rahmen für die Lieblingsvorstellungen der Zeit. Pomona wird 1671 aufgeführt, Perrins und Camberts erste französische öffentliche Oper: Ochsentreiber und Feldarbeiter schlingen darin schon ihre Reigen. Der grosse Lully, fruchtbarster Komponist der edel-langweiligen französischen Nationalopern, ist ohne die Schule des Tanzes nicht denkbar. Seine Töne finden sich bei jeder nur möglichen Veranlassung zu den beliebten drei- oder vierteiligen Tanzrythmen zusammen, bald versteckt in Arien und Vorspielen, bald offen als eingeschobene Tänze. Die Beweglichkeit der Stimmen nimmt dadurch von Jahr zu Jahr zu, und da Lully bereits am Klavier komponiert, so eignen sich viele seiner Tänze für Klavierarrangements, die man auch frühzeitig besorgt. Lully ist der strengste Lehrer im Einstudieren der Operntänze. Stil und Schule des Tanzes heben sich in Paris zu solcher Höhe, dass sie, wie die Gesellschaftsformen, der ganzen Welt massgebend werden — denn Frankreich, schrieb Mattheson, ist und bleibet die rechte Tantzschule. Nach Lully, der für die Entwicklung des charakteristischen Tanzes viel gethan hatte, steigt diese Kunst rapide. Die Herzogin von Maine erfindet die Pantomime: auf ihren berühmten Festen, den Nuits de Sceaux, lässt sie 1708 die letzte Scene des vierten Aktes vom Corneille'schen »Horace« pantomimisch unter Musikbegleitung darstellen.

Schon Lully hatte es gewagt, Tänzerinnen einzuführen, nachdem vorher die Männer auch in Frauenrollen getanzt hatten. Damit ist die Epoche der berühmten Danseuses eröffnet, die einem natürlichen Gesetze zufolge derart in den Mittelpunkt der öffentlichen Interessen treten — Castil Blaze hat die Liste derer veröffentlicht, die grandes ou riches dames wurden —, dass man sich mit der Kunst des Tanzes und der des Gesanges ganz in gleicher Liebe beschäftigen konnte: wie ja auch Gesang und Tanz nicht immer getrennte Berufe waren. Die Prévost sehen wir damals den ersten Solotanz probieren, den sie zu einem Violinsolostück Rebels erfindet. Wir sehen die Kostümscherze einer Pélissier, die, weil sie die ganze Garderobe der verstorbenen grossen Tragödin Adrienne Lecouvreur angekauft hat, in dem Opernballet »Le Carneval et la Folie« hintereinander als Jocaste, Marianne, Zenobia, Chimene, Roxane, Paulina, Celimene, Agathe, Elvire erscheint. Wir sehen den Star der Camargo aufsteigen, die nach ihrer Premiere in dem Ballett »Caractères de la danse« ein Entzücken aller Welt, eine Entdeckerin getanzter Opernarien, eine Schöpferin von Moden, eine unumgängliche Bildungssache wurde. Und alle überstrahlt die grosse Sallé mit ihrer edlen Figur, ihrem schönen Wuchs, ihrer vollendeten Anmut, ihrem ausdrucksvollen und wollüstigen Tanze — wie sie Castil Blaze beschreibt, der sprühende Historiker der französischen Theater. Die Sallé tanzt nicht nur, sie dichtet auch Tänze. Einen »Pygmalion« erfindet sie, wo die Göttin-

Statue lebendig wird und in einer längeren psychologischen Pantomime sich mit dem Bildhauer auseinandersetzt: er lehrt sie das Menschentum durch die gemessenen Bewegungen des Tanzes. Die Sallé hat dieses Ballet erst in London und dann in Paris aufgeführt, und der Londoner Berichterstatter des Mercure de France« schreibt seiner Zeitschrift von dem ungeheueren Eindruck der neuen Kunst. Denn die Sallé hatte endlich noch den letzten Rest des veralteten Balletts, das anachronistische Zeitkostüm, abgeworfen, um ganz im Sinne einer darstellenden Tanzkunst wirken zu können. Sie wagte«, sagt der Mitarbeiter des Mercure, »ohne Rock und Taille zu erscheinen, mit aufgelösten Haaren, ohne jeden Schmuck. Sie war über dem Korsett und Unterrock nur mit einem einfachen Musselinkleid bedeckt, nach dem Muster einer griechischen Statue drapiert.« Die Sallé scheint ihren Tanz, fern von aller Virtuosität, nur als künstlerische Darstellung betrieben zu haben; sie kannte keine Sprünge, Entrechats und Pirouetten, und Voltaire sang von ihr im Vergleich mit der Camargo:

> Ah Camargo, que vous êtes brillante!
> Mais que Sallé, grands dieux, est ravissante!
> Que vos pas sont légers, et que les siens sont doux!
> Elle est inimitable, et vous êtes nouvelle:
> > Les Nymphes sautent comme vous,
> > Et les Graces dansent comme elle.

Der Tanz erobert alles. Selbst öffentliche Zeremonien — die messe de révérences hiess ballet des écrevisses — werden im Tanzschritt vorgenommen. Liebe und Lebenslust in ihrem ersten damaligen Empirerausch schwärmen auf den leichten bezaubernden Rhythmen des Tanzes. Wir sehen die grossen üppigen Maskenbälle der Oper entstehen, denen neue Reize gegeben werden, dadurch dass man neue Tänze einführt: les Calotins, la Farandoule, les Rats, Jeanne qui saute, Liron-Lirette, le Poivre, la Furstemberg, le Cotillon qui va toujours, la Monaco, — alte Lieder von gemeiner Volksherkunft oder, wie edle Weine und Gerichte, nach Städten und Geschlechtern genannt, die als Tänze nun ihre Legitimation auf dem Parkett erhielten. Wie uralt ist diese Verbindung von Lied und Tanz, wo der Name des Liedes dann auf dem Tanze haften bleibt — ein Prozess, der sich in unseren Chantants noch täglich wiederholt.

Die berühmten Tänzerinnen erhalten charakteristische Spitznamen. Die ältere Duval du Tillet heisst la Constitution, weil ihr Vater ein berühmter konstitutioneller Kleriker war; die jüngere ist unter dem Namen Kirchenkalender beliebt. Die Mariette heisst la Princesse, aus intimeren Gründen. Auch Tänzern ging es so. Die drei Brüder Malter nannte man Vogel, Teufel und Kleine Hose. Ich erwähne das, weil man so manche bizarre Überschrift eines Klavierstückes aus damaliger Zeit nicht mehr so bizarr finden wird, wenn man an diese gutfranzösische Epithetomanie denkt. Die amüsanteste Geschichte wurde von einem Fräulein Cléron erzählt, die in den demimondänen Kreisen, aus denen sie wegen ihrer Schönheit und verführerischen Kunst an die Oper kam, gar nicht anders als Zappelliese (Frétillon) genannt wurde. In der Oper begrüsst sie sehr liebenswürdig ihre neuen Kolleginnen und schliesst ihre Ansprache: »Ich werde mich stets bemühen, Ihnen angenehm zu sein; aber wer mich nur einmal Frétillon nennen sollte, kann darauf rechnen, dass ich ihm die beste Ohrfeige appliziere, die er je in seinem Leben erhalten hat.« Fräulein Cléron ist ein kleiner Raufbold, fügt der Erzähler hinzu, sie ist im stande, ihr Wort zu halten.

Aus dem Tanze heraus muss man die altfranzösische Klaviermusik verstehen. Alle ihre Stücke fast sind Tänze, selbst wenn sie sich nicht als Tänze geben. Sie nehmen die zahlreichen existierenden Formen des Tanzes auf und sie bilden sie gern in den vorgeschriebenen Bahnen weiter aus. Aber zu diesem formalistischen Prinzip sehen wir ein zweites treten: das symbolische. Die Stücke bedeuten etwas, je weiter das Jahrhundert vorrückt. Als ob man sich damit über den Mangel an Inhalt trösten wolle, der dem Tanze an sich anhaftet, liebt man es, in Titeln und Dedikationen allerlei Beziehungen anzudeuten, die dem Stücke eine bestimmtere Physiognomie geben, einen greifbareren Ausdruckswert. Man brauchte dabei nicht bloss an die alten Liednamen anzuknüpfen, die auf den Tänzen ruhen blieben, man hatte hundert andere Associationen zur Verfügung. So tanzlustig man war, so associationslustig war man auch. Spitznamen und Anspielungen flogen nur so von den leicht lächelnden Lippen, und Abstrakta konkret zu nehmen, dazu hatte man täglich die schönsten Anregungen. Die beste Anregung war die Bühne mit ihrer darstellenden Musik, die Bühne, welche die Franzosen schon in mittel-

Jan Steen, le maître de musique

London. Niederländisch, 17. Jahrhundert

alterlichen Zeiten so leidenschaftlich liebten, dass uns von dem Trouvère Adam de la Hale aus dem 13. Jahrhundert dramatische Liederspiele mit feinsten Chansons erhalten sind, die wie Blumen mitten in ihrer Zeit stehen und so tief ins Volksleben eindrangen, dass das Liedchen der Marion Robin m'aime noch heute im Hennegau gesungen werden soll. Die Feen, die schon bei diesem mittelalterlichen Opernkomponisten und -Dichter ihre Rolle spielen, hatten in der französischen späteren Oper ihre reiche Nachfolge an Wesen symbolischer Bedeutung. Bei Lully gar wimmelt es von abstrakten Figuren, Göttern, Halbgöttern, Personifikationen, die in kleinen Aufzügen und grossen Arien für die möglichste Charakteristik der Musik zu sorgen haben. Aber was zum Beispiel die als Chor auftretenden Guten und Bösen Träume, die Nymphen und Korybanten im »Atys« an charakteristischer Musik leisteten, musste durch die grossen Ballette noch übertroffen werden, die Himmel und Hölle in den Kreis ihrer Darstellungen zogen. Le Triomphe des Sens, les Voyages d'Amour, les Génies, le Triomphe de l'Harmonie, les Talents lyriques ou les Fêtes d'Hebe, les Caractères de la Folie, le Pouvoir de l'Amour, l'Ecole des Amants sind Titel von Opern und Balletten jener Zeit, die reichlich dafür sorgen mussten, musikalische Dinge unter Vergleich mit sinnlichen Vorgängen zu stellen; aus den Listen der aufgeführten Ballette und Opern von Lully bis ins 18. Jahrhundert spricht die deutliche Zunahme der fêtes, der Rokokovergnügungen, der cytherischen Bilder Watteaus und der idyllischen Kunst der feinen Porzellane auf der Bühne. In solchem Milieu gewöhnen wir uns daran — wir nehmen ein wenig die berühmte Phantastik nach des Zeitgenossen Callot Manier hinzu — die ungemeine Vorliebe für direkte Beziehungen der Klavierstücke auf bestimmte Personen oder Dinge zu verstehen. Wir begreifen das grosse musikgeschichtliche Ereigniss: der Tanzform einen Inhalt von Vorstellungen zu geben. Doch hier müssen wir überhaupt von der Programmusik reden.

»La Bataille« heisst eine Pavane voll lustiger Trompetensignale und Hornechos, die Tielman Susato in seine Tanzsammlung 1551 aufnahm; kurz vorher enthielt ein Züricher Lautenbuch Tanzlieder mitsampt dem Vogelgesang und einer Feldschlacht . Der Vogelgesang, überhaupt die Tiernachahmung, die Schlacht und alles, was Gegeneinanderschreien, was eine komische Kontrapunktik war, bietet der

Programmusik des 16. Jahrhunderts reichen Stoff. Noch ehe ein Italiener die berühmte Chorfuge schrieb, in der die Schüler mit komischer Benutzung des zerstückelten kanonischen Stimmensatzes dem wütend drein schreienden Lehrer qui, quae, quod deklinierten, waren kontrapunktische Keifereien an der Tagesordnung. Jannequin, der Franzose, schilderte in mehrstimmigen Chansons die Schlacht von Marignano, die Einnahme von Boulogne, den Krieg, die Eifersucht, den Weiberklatsch, die Hasenjagd, aber auch den Gesang der Vögel, die Lerche und die Nachtigall. Weitherum hört man in der gleichzeitigen Musik die Terzen des Kuckucks, die Gackerdaktylen der Henne, die chromatischen Miaus der Katzen, die Triller der Singvögel. Das kühnste Wagnis — ein alter »Till Eulenspiegel« — war vielleicht des Eckard (1589) Darstellung des Getümmels auf dem Markusplatz zu Venedig, wo die Edelleute, die Bettler, die Ausrufer, die Krieger sich in einem künstlichen Kontrapunkt ihrer Typen zusammenfinden. Die Programmusik genoss also im 16. Jahrhundert einen internationalen Ruf, wie sie ja überhaupt nicht etwa eine Errungenschaft moderner Kunst, sondern so alt ist, wie alle Musik: wir hören schon von dem Seesturm, den der Grieche Timotheos auf der Kithar malte, und das Stück des Timosthenes, in dem nur durch Flöten und Kitharen der Kampf des Apollon mit dem pythischen Drachen dargestellt war (Rufen, Kämpfen, Zischen, Siegen), hatte einen antiken Weltruhm. Programmusik tritt zu allen Zeitaltern ausgebildeter Musik auf, immer als Nebenerscheinung, als äusserstes Hinüberblicken in das andere Land, niemals als ein etwa revolutionierender musikalischer Prozess. Sie bezeichnet ein Non plus ultra des Ausdrucksbedürfnisses der Musik, die in der rein musikalischen Form sich nicht mehr Genüge thun kann und durch aussermusikalische Titulaturen sich unwillkürlich zu rechtfertigen sucht. So stand ein Timosthenes auf dem höchsten Lugaus antiker Hymnen-Musik, ein Jannequin auf dem der mittelalterlichen Chormusik, ein Berlioz auf dem der modernen Instrumentalmusik.

Diese Psychologie der Programmusik kann man an der französischen Instrumentalkunst des 17. und 18. Jahrhunderts trefflich verfolgen. Nun handelt es sich nicht mehr um Chöre mit konkretem Text, sondern um die absolute Musik abstrakter Instrumente. Von dem ersten absoluten Orchester-Programmstück, dem »Sturm« in der Maraisschen Oper »Alcyone«, bis zu dem Klavierheft des François Dandrieu contenant plusieurs Divertissements dont les principaux sont les caractères de la guerre, ceux de la chasse et la fête de village, von den Lautentänzen des Gaultier bis zu den Klavierstücken des Rameau — ist es nichts als ein Drang der entwickelten Tanzform, mit dem wirklichen Leben in Beziehung zu treten, der zu den zahllosen Taufnamen der Stücke anreizt. Einst hatten die Tänze ihre Namen von den Liedern genommen, jetzt als absolute Tonstücke werden sie so nuancenreich, so üppig an allerlei charakteristischen Figuren und Harmonien, dass der Komponist unwillkürlich an gewisse Vorgänge des Lebens, an Personen, Charaktere, Stimmungen, Landschaften sich erinnert fühlt und seine reiche Associations-Fähigkeit benützt, daraus dekorative Titel zu bilden. Die Musik, welche auf der Höhe der überlieferten Tanzformen angelangt ist, schlägt aus dem Formalen in das Charakteristische über. Wie Berlioz' Fee Mab« nur eine Fortbildung Beethovenscher Scherzi ist, keine vom Himmel gefallene Musik, die etwa im Shakespeare entdeckt wurde, so sind die Stücke des grossen Klavieristen Couperin, ob sie Stimmungsüberschriften haben oder Personennamen, nichts als fortgebildete Tänze, die den Komponisten, weil sie so reich waren, an das Leben selbst mahnten. Couperin schreibt eigenhändig, dass er mit seinen Stücken Porträts gebe, die auch anderen, denen er sie vorspiele, gut die Züge der betreffenden Modelle zu reproduzieren scheinen. Aber es ist klar, dass er sich für einen Porträtisten nur halten konnte, weil seine Musik reich genug war, ihrem in tausend Formen flutenden Strom durch gewisse Beziehungen zum wirklichen Leben festere Grenzen und stets eine klare, angenehme Silhouette zu geben. Wie alle Programmusiker, ist auch er es, nicht aus Armut an musikalischer Erfindung, sondern gerade aus Reichtum. Die Franzosen sind ein Volk, das in der Fülle der Formen schwimmt und das den eigenen Zauber formaler Auffassung an allen Dingen, sozialen und künstlerischen, geniesst. Auch die musikalischen Formen, melodiöse, harmonische und rhythmische, wucherten in der Hand des Franzosen so üppig, dass gerade er zu allen Zeiten, von Jannequin bis St. Saens, zum Programmusiker werden musste — um sich zu retten.

Doch sind mit dieser Hinweisung auf den Wert der Programmusik für den Franzosen die Gewohnheiten der Titulaturen von

Klavierstücken nicht ganz erklärt. Es kam noch eine alte dekorative Überlieferung hinzu. Schlagen wir den Prachtband von Lautenstücken des berühmten Denis Gaultier auf, der mit der Hamiltonsammlung in das Berliner Kupferstichkabinett kam. Barock heisst er Rhetorique des Dieux, weil nur Götter so ergreifend durch die Musik reden könnten, und barock setzt er allerlei Titel über die Stücke wie Phaeton foudroyé, la Panegirique, Minerve, Ulisse, Andromede, Diane, la Coquette virtuosa, Atalante, Mars superbe, Cleopatre amante, Artemise ou l'oraison funèbre, le Triomphe, Apollon Orateur, Diane au bois, la Caressante, Cephale, l'Heroique, Orphee, Echo, l'Homicide, Junon ou la Jalouse, Narcisse und mehrere Tombeaux, womit man allgemein Dedikationen an Verstorbene bezeichnete. Wenn man diese Stücke des 16. Jahrhunderts mit ihren Namen vergleicht, so gehört eine etwas übereilige Phantasie dazu, wirkliche Programmusik zu finden. Von irgend einer Darstellung des Inhaltes ist keine Rede. Minerva, Echo und die Coquette haben mehr gemeinsam, als sie je ahnten. Die Titel sind nichts als dekorative Stempel, wie man etwa über irgend ein Liebesgedicht die Gemme einer sandalenbindenden Aphrodite abdrückt. Allgemeine Beziehungen sind schliesslich immer bei der Hand und es ist sehr amüsant zu lesen, wie der Herausgeber der Sammlung sich bemüht, die Namen zu erklären, ohne irgend welchen Versuch zu machen, auf Einzelheiten einzugehen. Zu der Homicide, der »schönen Mörderin«, wie das Stück auch anderweitig genannt wird, schreibt er erklärend: »Diese Schöne giebt den Tod jedem, der sie sieht und hört; aber dieser Tod ist so unähnlich dem gewöhnlichen Tod, dass er der Anfang eines Lebens, nicht sein Ende ist.« Deutlicher kann nicht gesagt werden, dass man in dem Stück keine Darstellung sah, sondern dass der Titel nichts als eine Selbstschmeichelei in dem geschwungenen Faltenkleide des Barocken war. Schon der alte Gaultier, der Begründer dieser Lautenschule, hatte solche dekorative Titel gekannt, vielleicht hat er sie zuerst gebraucht: le canon, la conquérante, les larmes du Boset ou la volte, l'immortelle, le loup etc. Dieser Wolf, hiess es da gewiss, ist kein gewöhnlicher Wolf, sondern er heult so musikalisch, dass er eigentlich ein Mensch ist.

Die Lautenspieler haben die Sitte dekorativer Titel zu einer allgemeinen gemacht, aber die Tonmalerei darin muss immer sehr mager gewesen sein. Sonst hätte sich einige Jahrzehnte später der alte Historiker der Laute, Baron, darüber nicht so aufregen können, indem er schreibt: »Gallot hat seinen Piècen dergestalt fremde Namen gegeben, dass man sehr nachdenken muss, wie sie mit der Sache connectiren, zumahl wenn er den Donner und Blitz (— wir denken an jenes alte englische Klavierstück!—) hat auf der Lauten exprimiren wollen, nur ist es schade, dass man nicht darzu geschrieben, wenn es wetterleuchtet und einschlägt... Man wird selten eine Frantzösische pièce finden, da nicht zum mindesten ein Nahme von einer gallanten Dame dabey stehet, nach welcher, wenn es ihr gefallen, das Stücke genennet worden .

Die Klavierspieler nahmen diese Sitte um so lieber auf, als ihnen ihr vollgriffiges und nuancenfähiges Instrument erlaubte, die Titel aus ihrer dekorativen Scheinexistenz zu erlösen und zu wirklichen Programmusik-Überschriften zu erheben. Wir sehen diesen merkwürdigen Prozess deutlich vor sich gehen bei jenem in einsamer Grösse aufragenden Klavierspieler Chambonnières, der durch die Einführung der Klaviersuite, durch den klaren Klaviersatz seiner Tänze, durch die erste, mehr realistische Anwendung jener Titel, durch die ganze Feststellung der von nun an gültigen Physiognomie des Klavierstückes eine epochale Stellung verdient. Er ist nicht mehr, wie William Bird, der Anfang moderner Klaviermusik, sondern ihr wirklicher Vater, von dem bis zum heutigen Tage eine gerade, ununterbrochene Linie sich zieht.

Jacques Champion de Chambonnières entstammte einer alten Organistenfamilie und wurde am Beginn des 17. Jahrhunderts geboren — nur das Todesjahr 1670 scheint festzustehen. Titon des Tilliers, der 1732 seinen wohl archivarisch fundierten Parnasse français« schrieb, erzählt von ihm, dass er sehr gut Orgel, aber noch eigenartiger Klavier spielte und dass seine Stücke sowohl wie seine Technik einen bedeutenden Ruf genossen. Ludwig XIV. habe ihn daher zu seinem Hofklavierspieler ernannt und seine Piècen seien in zwei Heften erschienen, die noch in damaliger Zeit bewundert wurden. Die Drucke dieser Stücke sind nun heute sehr selten geworden, aber der grosse französische Musikhistoriker Farrenc hatte das Glück, ein Exemplar in seinen Besitz zu bekommen, und er hat sie in seiner berühmten Sammlung älterer Klaviermusik, dem Trésor des Pianistes, neu herausgegeben. Es sind, während Attaignant noch seine Tänze nach ihren Gattungen zusammenband, nunmehr nach dem Muster der Lautenisten gemischte Folgen von Tanzstücken, in einem einfachen Satze, aber mit den zeitüblichen Verzierungen. Die Reihenfolge ist noch nicht so ausgewählt, wie in den späteren Suiten, und Couranten stehen oft mehrmals hintereinander. Die Führung der Melodienlinien hat noch einen gewissen unberührten Reiz, sie packt nicht, aber sie schmeichelt. Das kanonische Element tritt nur in den Gigen, Tänzen im Dreitakt von lebhafter Bewegung, stärker hervor. Jedes Stück hat seine Tanzüberschrift, und einige der Stücke haben daneben noch ihre besonderen Titel: la Dunkerque, la Verdinguette, la toute Belle, Iris oder bestimmtere Bezeichnungen wie die Barrikaden, die jungen Zephirwinde, die Bäuerin, und eine dreiteilige Pavane mit langsamem Schluss heisst »die Unterredung der Götter«. Wohl erkennt man den Zephir und die Bäuerin auch in der Musik wieder. Aber die volle Befreiung von dem dekorativen Rahmenwerk des barocken Titularstils war noch nicht erreicht.

Der Mann der grossen That war François Couperin, den seine Zeit le Grand genannt hat. Der heutige Klavierspieler kennt seinen Namen kaum noch, und doch sind es erst 200 Jahre, dass man ihn mit derselben Ehrfurcht aussprach, wie den Namen Molières und Watteaus. Ein lebhaft blickender Herr, soweit die ungenügenden Porträts ihn schildern, mit den halblangen Perrückenhaaren, galant und verschmitzt zugleich, aber von einer gewissen pfäffischen Strenge, lässt er die leichten Finger über die hundert Verzierungen seiner Spinettstückchen gleiten, in höflichem Erstaunen über seine Berühmtheit und ahnungslos, dass sich auf seinen Schultern einst eine ganze grosse Kunst aufbauen soll. Die Tänze, welche er in mancherlei Erinnerungen an Erlebnisse für sich aufschrieb, die Preludes, die er für seine zahlreichen Schüler als Übungsstücke notierte, die kleinen Konzerte, die er für die sonntäglichen Kammermusikabende bei Ludwig XIV. komponierte — auf das Drängen seiner Freunde giebt er sie endlich im Druck heraus und überwacht mit peinlicher Sorgfalt den schwierigen Stich. Wenn wir diese Drucke heute vornehmen, sind wir gerührt von der freudigen Naivetät dieser Kunst, von der graphischen Unbeholfenheit, mit der die Noten über die Fünflinien der Systeme klettern, von der Sehnsucht nach Seele, die aus den fein gestochenen liebenswürdigen Vorreden spricht. Seine

Porträts glaubt er getroffen zu haben, wobei er dankbar sein Instrument um seiner Intimität willen kost, seine Vortragsbezeichnungen, das Gaiement und das Tendrement und das Sans lenteur (er fürchtet stets die Lenteur beim Klavier) und alle die anderen von ihm eingeführten Wegweiser der Auffassung entschuldigt er mit dem Satze, dass die Stücke doch wohl etwas auszudrücken schienen, was sich in genaue Worte fassen lasse. Trotz aller Pedanterie des Lehrens appelliert er

Fr. Couperin le Grand

schliesslich an das feine musikalische Gefühl, das schon den richtigen Weg des Vortrags finden werde, und trotz aller Hinweise auf das seelische Moment der Musik ist er ein strenger Schulmeister der Form und Technik. Ein starkes Stilgefühl inmitten freiheitlicher Regungen begrüsst uns, wie in der gleichzeitigen Baukunst die spielerische Freiheit des Rokoko sich mit den strengsten klassicistischen Schulvorschriften seltsam mischt.

Der alte Chambonnières hatte seinen Onkel Louis Couperin — auch die Couperins waren eine weitverzweigte Musikerfamilie — auf merkwürdige Weise entdeckt. Die drei älteren Brüder Couperin brachten, da sie in der Nähe der Besitzung des Meisters wohnten, diesem eines Mittags ein Ständchen. Chambonnières wurde aufmerksam, fragte nach dem Komponisten, brachte ihn nach Paris und gründete so den Ruf der Couperins, aus deren Familie der grosse Vollender seines Werkes hervorgehen sollte. François wurde 1668 geboren, verlor aber schon zu 10 Jahren seinen Vater. In dem Organisten von

St. Jacques-la-Boucherie, Tomelin, findet er einen Lehrer und Pflegevater. Sein Leben, wie es überliefert wird, erscheint einfach und trocken: er wird Organist von St. Gervais und Kammerklavierist des Königs und stirbt 1733. Aber die Widmungen seiner Werke sprechen eine lebendigere Sprache: ein Lebenskünstler und Weltmann steigt da herauf, der von den edlen Frauen verzärtelt wird und ihnen mit galanten Worten die Hand küsst. Wir sehen ihn inmitten des reichen und sprühenden gesellschaftlichen Lebens der Pariser Salons, die damals ihre hohe Bedeutung zu gewinnen anfingen, wir sehen ihn als bewunderten Künstler bei Hofe, wo er in der Kammermusik mitwirkt, beim Herzog von Bourgogne, dem Dauphin, bei Anna und bei Louis Alexander von Bourbon, wo er Unterricht erteilt und jährliche 1000 Frank-Pensionen erhält. Ein homme des femmes hält er die Frauenhände für geeigneter zum Klavierspiel als Männerhände, und er hat auch die klavierspielenden Damen in seiner eigenen Familie zum erstenmal sanktioniert: seine Tochter Margarete Antoinette wie seine Cousine Louise spielten bei Hofe, Margarete unterrichtete sogar die Prinzessinnen und wurde offizielle königliche Kammer-Klavierspielerin: in Frankreich jedenfalls, vielleicht aber überhaupt die erste Frau, die in solcher Stellung gewirkt hat. Mesdames Clavecinistes, votre patronne.

Die Musik Couperins hat etwas von dieser Fraulichkeit, sie ist eher »Virginal«-Musik, als die, welche einst Königin Elisabeth in ihrer stillen Kammer spielte. Nur ist ihre Grazie nicht eingeschlossen, sie ist sich ihrer bewusst und sie kokettiert. Es ist der grosse Stil der Grazie, den die französische Kultur des 18. Jahrhunderts hat: Ein Spinett steht auf einem glatten Parkett und die Damen mit ihren schalkhaften Augen und stumpfen Näschen, wie sie die aufblühende Pastellkunst in leichten Farben festhielt, sitzen ringsherum, über allerlei wohlbekannte Beziehungen lächelnd. Es ist sehr leichte, unterhaltsame Musik; Musik, bei der die Gedanken auf schimmernden, spiegelnden Geleisen von selbst weitergleiten. Kurze Stücke, Couranten mit ihren lebhaften, wenig gebrochenen Dreirythmen, Allemanden in behäbigem und vielverschlungenem Viervierteltakt, Menuette mit ihren zierlichen, melodiösen Dreiviertelpas, Chaconnen und Passacaglien, die auf langsam schreitenden Bässen ihre pikanten Tongebäude errichten, Sarabanden in ihren Tripelschritten von interessanter Nationalfärbung,

Terborch, Konzert

Berlin. Niederländisch, 17. Jahrhundert

Gavotten mit dem feinen Wiegen der Hüften im sanften Zweitakt, die huschenden, fugierten Gigen oder all die vielen anderen Stücke, die unausgesprochene Tänze sind, sie geben dem Ohre angenehme Ergötzung ohne Arbeit. Die Rondoform nimmt eine Vorzugsstellung ein; aus einem alten Rundtanze mit Refrain wird sie immer mehr Klavierstück. Sie scheint die Sonaten-Zukunft, die in ihr noch ruht, zu ahnen. Ihr Thema, wie ein Ritornell, kehrt wieder zwischen den eingeschobenen Sätzen, den »Couplets«; aber die Couplets stellen sich selten in einen bewussten Gegensatz zum Thema, meist nehmen sie seinen Rhythmus oder den Charakter seiner Melodie und spielen mit ihnen, bis sie geschickt und reizvoll wieder in das Thema selbst zurückgleiten. Eine eiserne Strenge thematischer Durchführung giebt es da nicht, aber ein feiner, koloristischer Sinn hält die Teile zusammen. Couperin ordnet nicht nach irgend einem Schema der Tanzsuite, er bindet Tanz und Nichttanz, einteiliges und mehrteiliges Stück zu einem Bouquet zusammen, das er unter dem Gesamttitel Ordre, oft mit einer höflichen Vorrede umwickelt, seinen Damen darbietet. 27 solche Ordres hat er in vier Heften Klavierstücken von 1713—1730 erscheinen lassen.

Die Musik Couperins ist so einfach wie möglich. Doch muss man ihren Klang nicht von den ernsten Hammerklavieren unserer Zeit beurteilen, die selbst im Lächeln eines brillanten Laufes von einer gewissen Zurückhaltung sind. Nein, die Spinette, welche umgekehrterweise selbst im Ernste ein freudiges Rauschen, eine mystische Orgie klingender Gläser haben, sie sind das Instrument dieser spielerischen Musik. Meist in zwei Stimmen, deren eine die Rechte, die andere die Linke spielt, gleiten die Stücke vorbei; und wenn diese Stimmen sich einmal zu Accorden und Accordwandlungen binden oder wenn, was noch seltener der Fall, volle Accorde, am liebsten harpeggiert, dazwischenstehen, so ist das doch alles von einer Weichheit, dass man an den Ursprung der französischen Klaviermusik von der süssen Laute her gemahnt wird. Aber Couperin hat sich entwickelt: in den letzten Ordres gewinnen seine Stücke an Grösse; wuchtigere Gedanken, schwerere Empfindungen eines kleinen Beethoven drängen hervor; das Spielerische und die Verzierungen treten zurück und die Stücke haben die Kontur eines Meisters, der Jahrzehnte von Musik in sich erlebt hat. Aus der flauen Linie der Melodien zur Zeit Lullys hat

Couperin, durch Eleganz und Grazie gehoben, feinere und reizvollere Wendungen zu bilden gewusst, sowohl neckische Hüpfermelodien, in denen lustige Volkslieder wieder aufzuleben scheinen, als Melodien von sinnigem Gesang, in denen Mozarts Seele im Keime eingeschlossen scheint. Mit Vorliebe schreitet er diatonisch dabei vorwärts, und jene Übersicht über die Gesamtkontur des Stückes, die einer älteren Generation noch so oft fehlte, ist ihm so gewiss, dass er die Sechzehntelläufe der »Papillons« mit unnachahmlichem Geschick durch die sämtlichen Takte auf- und abwiegen lässt. Doch seine Melodien schämen sich ihrer Nacktheit, sie ziehen das Blumengewand der Verzierungen an, oft bis man ihre Glieder kaum noch erkennt, wie bei dem »Sang der Matelots«. Da giebt es die bekannten kurzen oder langen Vorschläge von unten und von oben, die Pincés, die Ports de voix, die Tremblements und die ganze Musterkarte von Ornamenten, die damals grösser war als sie es heute ist, und trotz der strengen Vorschriften der Klavierkomponisten vielfach der Willkür der Spieler unterworfen blieb. Couperin giebt seinem ersten Bande die Tafel seiner Verzierungen bei, wie es damals fast jeder Komponist that; aber er besteht dringend auf ihrer genauen Ausführung. Für heutige Spieler sind seine Agréments nichts weniger als angenehm. Sie scheinen unseren Sinn für den reinen Gang der Stimmen zu stören und fallen uns in ihrer Überfülle lästig. Aber man muss sie mit historischen Fingern spielen und die Psychologie ihres Ausdrucks zu verstehen suchen; sie geben dem kurzen Klavierton eine eigene Bedeutung, sie sind wie laufende Bohrer, die den Ton tiefer in das Relief des Stückes bohren, den einen mehr, den anderen weniger, bis die Schattenwirkungen entstehen, die im Material des Klaviers zu Ausdruckswirkungen werden. Könnten wir Couperin spielen hören, würden wir gewiss die reine Stimme deutlicher, als wir ahnen, vernehmen, hier und da ganz leicht von tieferen oder helleren Schatten der Verzierungen umgeben, die ihr Bild plastisch hervortreten lassen. Eine Technik, die uns mit dieser ganzen Musikauffassung verloren ging. Oder hat sie Risler, wenn er mit entzückender Anmut diese alten Franzosen spielt, uns ganz wiedergegeben? Couperin mühte sich, sie auf den höchsten Stand zu bringen. Er liess bisweilen ein kleines tempo rubato eintreten, er nahm der einen Note am Schluss etwas von ihrer Dauer, gab der

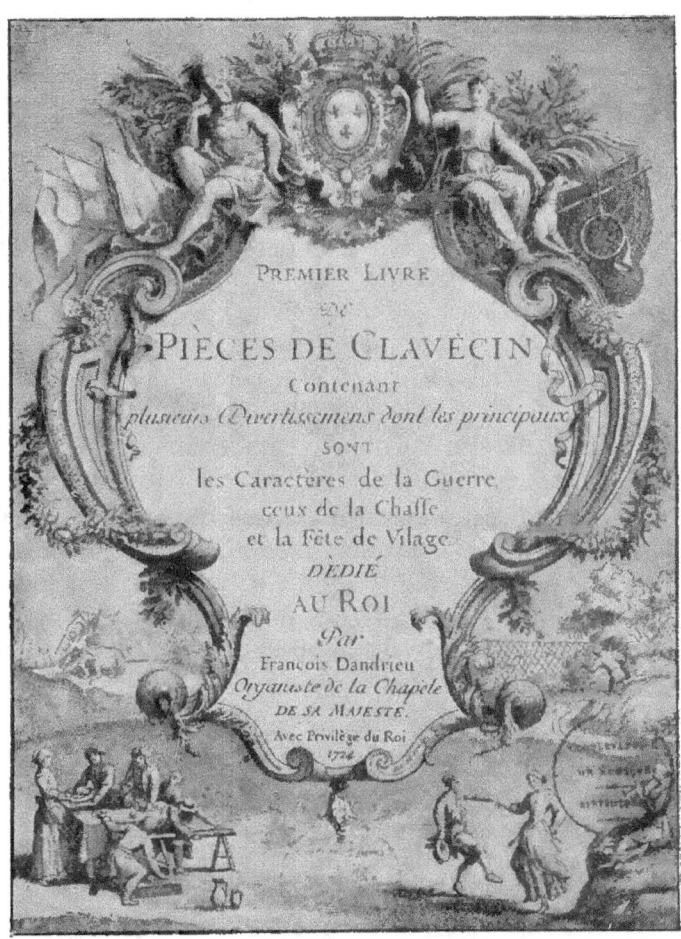

Titel eines Dandrieu'schen Klavierheftes

andern am Anfang eine ganz kurze Atempause und erfand für jene Art das Zeichen der Aspiration, für diese das der Suspension. Hier war das Bestreben ein ähnliches, wie bei den Pralltrillern und Vorschlägen — statt des Rahmenschattens der Verzierung hebt die kleine Pause, wie ein weisser Bildrand, den betreffenden Ton und giebt ihm dadurch die Bedeutung und mit der Bedeutung den Ausdruck. Später aber, in den letzten Ordres, muss Couperin das Unzulängliche dieser Bezeichnungen gefühlt haben; die Aspirationen und Suspensionen lassen bemerkenswert nach und dagegen tritt das Zeichen) auf, mit dem er einfach eine zusammengehörige musikalische Phrase abtrennt, um dem Gefühl des Spielers den seelenvollen Vortrag zu überlassen. So müht er sich um den traditionellen Verzierungsstil und seine Beseelung, während die übrigen musikalischen Eigenschaften seiner Stücke auf dem einfachsten Wege der Entwicklung sind. Die Freiheit der Motive wächst, Tremolobegleitungen, punktierte Sexten, interessante Sequenzen, spielende Kontrapunktik, besonders in den Stücken für zwei Klaviere oder in den Pièces croisées für ein Klavier mit zwei Tastaturen, – es entstehen unerschöpflich neue Gebilde. Dabei vereinfacht sich die Harmonisation gemäss dem Gange der ganzen musikalischen Entwicklung, und Couperin moduliert, wie ein Volkslied, nach den verwandten Tonarten der Ober- oder Unterquinte in Dur und Moll. Durch seine Vorliebe für Wiederholungen kurzer Figuren auf wechselnden Bässen – ein echt modernes Motiv – oder durch kühne Führungen von Durchgangsnoten – in der Sarabande »la Majestueuse« steht es d fis g a einmal übereinander – treffen sich interessante Harmonien, die besonders gern in den Allemanden zu schweren, satten Accordfolgen, schon an Bach mahnend, sich zusammenfinden.

Das Theater des Couperin ist bunt und reich; die Vorstellungen, die wir auf diesem Theater unter den zahllosen Titeln der Stücke sehen, geben ein Weltbild. Einige der Figurinen sind auch uns nicht fremd; andere lernen wir schnell kennen; ein paar bleiben uns unverständlich, da sie allzu subjektive Beziehungen versinnbildlichen. Aber sie geben alle den Stücken einen persönlichen Wert und einen intimen Reiz, wie ihn Goyas Blätter haben, und sie geben dem Klavier seine grosse Bedeutung als Interpreten dieser intimen persönlichen Kunst.

La Nanette begrüsst uns mit ihrer lustigen trällernden Melodie, la Fleurie ist feiner und wiegt sich vornehm auf reich verziertem Sechsachteltakt, la Florentine blüht in graziösem, leichtem Spiel schneller Triolenfiguren, la Garnier aber hat die Tracht der verschränkten Barockzeit mit ihren schweren Falten noch nicht abgelegt. La Babet ist »nonchalamment« vergnügt und la Mimi hat ein Temperament, dem die vielen Schleifchen und Spitzchen der

Verzierungen kaum folgen können. Beruhigend und kontrapunktisch gesittet wirkt la Conti (ou les Graces incomparables), und la Forqueray (ou la Superbe) hat eine Physiognomie von fast akademischer Strenge. Viele Frauen ziehen so in pastellierten Porträts vorüber, es amüsiert uns die Divine Babiche, ou les amours badins und die belle Javotte — jadis l'infante, aber die schönste im Gesange der Melodie ist Soeur Monique, ein sinnig zartes Wesen, und die schönste im Bau

Titel eines alten Klavierheftes mit Bearbeitungen italienischer Arien

ist la Couperin — vielleicht Cousine Louise — die sich in einem meisterhaften, marmoredlen, leichtfugierten Satze vorstellt.

Es folgen die Scharen der Namenlosen. Zuerst die Nonnen, die zarten Blonden im ersten Mollteil und die Brünetten dann in Dur. Darauf die hübschen und melodienreichen Vertreterinnen von Landschaften, die Ausonienne, Bourbounoise, Charleroise, Basque. Die Bezaubernde, die freilich im Laufe der Zeit von ihrem Zauber viel einbüsste. Die Arbeiterin, welche forsch ihre Läufe vollendet, der es aber darin die Fleissige noch überthut. Die Schmeichlerin und die Wollüstige sind ein verhältnismässig zahmes Paar. Die Finstere ist scharf gezeichnet, mit ihren düsteren Stossläufen und den dumpfen, vollen Accorden. Die Traurige trägt die leise Sentimentalität aller archaischen Melodien zu Gesichte. Der Kobold schwirrt in Terzenschleifern vorüber. Gleich dahinter kommen die »Grau-Gekleideten« mit ihrem gewichtigen Trauermarsch. Fuchsschwänzchen hat trippelnde gebrochene Accorde, die »Einzige« zeigt ihren Launenwechsel in der schnellen Folge von Vivement und Gravement, die Fürstin der Sinne, die Erfrischende, die Verführerische, die Insinuante, die Intime, die Galante, die Süsse und Pikante, die Treuherzige, die Gefährliche, die Kühne, die Visionäre, die Mysteriöse mit ihren chromatischen Abstiegen, die Zerstreute mit ihren plötzlichen Sechzehntel-Rucken — es ist eine endlose Reihe. »Le Turbulent« ist einer der wenigen Männer dabei.

Am ergiebigsten sind die allgemeinen Stimmungsbilder. Sie schildern Empfindungen, sie schildern Charakterfiguren, Tiere, Pflanzen, schildern Landschaften, gewerbliche Betriebe, allerlei Ausschnitte des Lebens, die oft auch mit den beliebten antiken Namen tituliert werden. So führt uns »Diana« mit ihren hellen gebrochenen Accorden in den Wald, und bald darauf — im zweiten Teil — hören wir ihre Fanfaren klingen, während in der »Jagd« romantischere Töne angeschlagen werden. In einer breiten, cellomässigen, idyllischen Romantik singen die »Waldgötter« und die »Satyrn« tanzen, nachdem sie sich ähnlich vorgestellt haben, eine melodisch sehr pikante Bourrée. Die »Amazone« stürmt in Terzenschritten daher, die eine auffallende Ähnlichkeit mit dem Leitmotiv der Walküren haben, und »Atalante« stürzt in laufenden Figuren vorüber, die sich oft zu Parallelismen finden. Hymen und Amor singen ein gemeinsames Hochzeitslied, jener im ersten Teil gesetzter, dieser im zweiten zarter und galanter. Das »cytherische Glockenspiel« tönt von der seligen Insel herüber, in Pendelbewegungen auf und absteigend, von Glissatoläufen belebt — in les timbres nahm sich Couperin noch einmal das Motiv vor.

Die Bienen schwirren und drehen sich um einen Punkt, die Schmetterlinge flattern in entzückenden Triolen vorbei, die Fliege surrt und tanzt um ihre eigene Melodie herum, der scheue Hänfling rast durch unruhige Triolen, die klagende Grasmücke zirpt in unendlichen naturalistischen kurzen Vorschlägen, der Aal schlängelt sich

bald enger, bald weiter, die Amphibie kriecht, bald punktiert, bald legato, sich windend durch Taktreihen von Schubertscher Länge, die Nachtigall singt bald in Liebe ihre sehnsüchtigen accents plaintifs und die schnellen und schnelleren Schlusstriller, oder sie schlägt »als Sieger« freudiger und hoheitsvoller. Dazu steigen blühende Lilien auf, in zarten, sich hinaufschmiegenden Figuren mit lieblichen Zierblättchen, und das Schilf rauscht sein ewiges Rauschen zur Melodie, der Mohn verbreitet eine wunderbare geheimnisvolle geweihte Stimmung mit vielen harpeggierten langsamen Soloterzen, und Guirlanden schlingen sich festlich über die Balken kanonischer Gerüste.

Das Leben entfaltet sich in seinem ganzen Reichtum. Hier sehen wir das rollende Spiel der »Wogen«, dort das »Rieseln« der Bäche und ihr Plätschern und das Zwitschern der Vögel, ein Vorspiel des langsamen Satzes der Pastoralsymphonie, dann wieder wird durch den Namen la Bontemps ou l'étincelante auf wohlige Empfindungen des Frühlings und Schönwetters angespielt, ein kleines Waldweben umgiebt uns und im zweiten Teil — les grâces naturelles — löst sich eine der sinnigsten Melodien Couperins los, von Mozart'scher Keuschheit. Dort wieder steigt die blühende Landschaft von St. Germain en Laye auf, oder wir geniessen strotzende Obstgärten, aus denen Dudelsackmusik tönt. Die Schnitter nahen mit lustigem Sang, die Possenreisser in Moll und die Possenreisserinnen in Dur heben ihre vergnügten Tanzbeine, die Taschenspieler erscheinen und machen ihre Touren, dass man Spiel und Ablösen und Ineinander der linken und rechten Hand kaum unterscheiden kann, die Strickerinnen nesteln ihre rollenden Sechzehntel zusammen bis zu den am Schlusse fallenden Maschen«, das Klippklapp der Klöpplerinnen — tic, toc, choc; tic, toc, choc — pendelt fröhlich in gebrochenen Accorden einer pièce croisée hin und her; und gar die Milchfrauen von Bagnolet haben ihr Lokalstückchen. Dort peitscht das »Klatschweib«, Jannequin'schen Angedenkens, ihre schnellen, sich übersprudelnden Motive; da necken sich die kurzen rollenden Läufe der famosen kleinen Windmühlen; hier humpelt ein lustiger Lahmer daher; dort wackelt und nickt ein bizarrer, synkopischer, plötzlich schneller, plötzlich langsamer Chinese. »Der mit dem drolligen Körper« macht seine Sprünge, die zerrissenen, und daneben steht die Idylle der Dodo »oder die Liebe in der Wiege« und eintönig wiegt sich in der pièce croisée ihr

Bass hin und her. »Irrende Schatten« huschen gespenstisch in traurig nachklingenden Schritten mitten durch dies Leben hindurch.

Die gefühlvollen Sentiments mit schönen Vorhalten, das lange Legatowiegen der Idées heureuses, die Regrets und wieder die in Musik lustwandelnden Amusements, die wundersamen Langueurs tendres, die überlangen Charmes, die Agréments mit ihren agréments, die frohe Diatonik der verschiedenen Morgenstimmungen, die leichten Tändeleien der Bagatelles, des Petit Rien, der Brimborions, die »aufschwung«-artige Saillie: es sind innere Reflexe, welche nicht ganz die klare Sinnlichkeit und Realistik der äusseren Erlebnisse haben.

Am stolzesten wirken diese, wenn sie sich zu grossen Gemälden, zu Cyklen zusammenthun.

Die kleinen Alter kommen heran in vier Figurinen: erster Satz die synkopische Muse naissante, zweiter die wiegende Enfantine, dritter die schwärmerische Adolescente, vierter die Delices im Cellogesang, wie ihn Couperin für die besten Ergötzlichkeiten liebt.

Oder die grossen Schäferfeste, mit den dudelnden Musetten, der von Taverni, der von Choisy, und den leichten wiegenden Rhythmen.

Oder das fünfaktige Ballet der »Fasten der grossen und alten Menestrandise«. Akt I der wuchtige Schritt der Notabeln und Geschworenen, Akt II ein Dudellied der Leiermänner und Bettler, Akt III ein lustiger Tanz der Jongleure, Springer, Hanswurste mit ihren Bären und Affen, Akt IV ein Duo der Verrückten und Hinkenden, Akt V Auflösung der ganzen Truppe durch Betrunkene und Tiere: furiose Sechzehnteletüde.

Dann der Cyklus der Alten und Jungen Herrn: jene gemessen, diese vergnügt und in Dur die Tanzmeister nachahmend, die in Moll einen Mittelsatz darstellen.

Vor allem aber das Urbild des Schumann'schen Karnevals »les Folies françaises ou les Dominos«: die Jungfräulichkeit in »unsichtbarem« Domino, die Scham in rosafarbenem, die Feurigkeit in rotem, die Hoffnung in grünem, die Treue in blauem, die Ausdauer in leingrauem, die Sehnsucht in violettem, die Koketterie in ganz buntem Domino, die alten Galans und ihre Wirtschafterinnen in Purpur und Herbstfarbe, die wohlwollenden Coucous in Gelb, die schweigende Eifersucht im dunklen Maurengrau, die Verzweiflung in Schwarz. Der Roman schliesst mit der synkopischen l'âme en peine — Aschermittwoch. Die äussere Form ist die eines zeitgenössischen grossen Ballets, die innere Form ist die Variation sämtlicher Stücke über einer Harmonienfolge, der Inhalt sind allerlei

LOUIS MARCHAND
Organiste du Roy.

damals wohlverstandene Anspielungen, die Charakteristik ist mit rechtem Geschick durchgeführt, die Sätze sind noch kürzer als gewöhnliche Couperin'sche Klavierstücke.

Die Preludes, welche Couperin seiner »Art de toucher le clavecin« beigab, nannte er — ihrem Vortrag ad libitum gemäss — die »Prosa« der Klavierlitteratur. Diese Tänze und Bilder waren ihm die »Poesie«, die gereimte und rhythmische. Und gerade ihre formale Vollendung war für die Zukunft der Klavierlitteratur wichtig. Wir sehen die Formen sich auswachsen. In seinen besten Stücken winkt die Sonate schon herüber. Die Fülle von Motiven, wie sie in dem prächtigen

Rondo la Favorite ihm einfallen, und in der grossartigen Passacaille, seinen beiden besten Stücken, wird anderwärts thematisch gebändigt. In der Aufnahme des Hauptthemas zu Beginn des zweiten Teiles der Stücke, in der rhythmischen Ähnlichkeit zwischen dem Rondomotiv und seinen Couplets, in so mancher thematischen Durcharbeitung, wie sie z. B. »la Trophée« mit ihrem merkwürdig modernen Sonatenstil zeigt, liegt die Hoffnung der thematisch arbeitenden Musik der Folgezeit. Dazu kommt sein steigender Sinn für Zusammenschluss mehrerer Stücke: die vielen langsamen zweiten Stücke, oder die Volkstänze, wie Polonaise, Sezile, Musette, die die Schlussteile einer Gruppe bilden, die Wiederholung erster Stücke nach den zweiten, die Dreiteilung in Ernster-bewegt, Langsamer, Leichter-bewegt, wie sie besonders »la Triomphante« und »les Bacchanales« zeigen, das sind ebenso die Keime der zukünftigen Sonatenanordnung, wie die strengere Thematik der Keim des Sonatenspiels war. Es hat stets seinen grossen Reiz, das natürliche Herauswachsen von Formen, die uns fast absolut erscheinen, in den Frühlingszeiten der Kunst zu beobachten.

Seine »L'art de toucher le clavecin«, im Grunde das erste Schulwerk, welches überhaupt für Klavier allein erschien, gab Couperin 1716/7 heraus und widmete sie dem Könige. Es war ein bedeutungsvoller Schritt: keine Lehre von den Noten mehr, sondern eine Lehre der Technik und des Vortrags. »Die Methode, welche ich hier gebe«, sagt Couperin im Vorwort, »ist einzig und hat nichts mit der Tabulatur zu thun, die nur eine Wissenschaft von Zahlen ist, ich handle hier prinzipiell über alles, was sich auf gutes Klavierspiel bezieht. Ich glaube, dass meine Bemerkungen klar genug sind, um den Kennern zu gefallen und denen, die es werden wollen, zu helfen. Wie es einen grossen Unterschied zwischen Grammatik und Deklamation giebt, so ist eine Unendlichkeit zwischen der Tabulatur und der Art, gut zu spielen ...« Eine solche allgemein-musikalische Tabulatur und Grammatik war trotz mancher fortschrittlichen Gedanken das 1702/7 erschienene Werk des Saint Lambert gewesen, das in seinem ersten Teil »Principes du clavecin« im Grunde nur wenige Zeilen dem eigentlichen Klavierspiel widmet und den zweiten Teil »de l'accompagnement« auch auf Orgel und andere Instrumente ausdehnt. Dem Couperin liegt es schwer am Herzen, dass man seine Erfahrungen billige und zur Schule mache. Die Eltern der Zöglinge,

Ein Duell

sagt er später, müssten das unbedingte Vertrauen zum Lehrer haben und dieser die äusserste Strenge walten lassen. Der Lehrer nimmt sogar den Klavierschlüssel mit, damit ohne seine Aufsicht nicht gespielt wird. Der Couperin'sche Schüler sitzt mit wagerechtem Unterarm vor dem Klavier, Ellbogen, Hand und Finger in einer Linie — die Finger also ganz flach aufliegend. Er hat den Körper ein ganz klein wenig nach rechts gewendet, den rechten Fuss ein wenig herausgestellt. Um Grimassen beim Spielen zu vermeiden, stellt er öfters einen Spiegel vor sich auf, in dem er sich lächelnd beobachtet. Ein Stab über den Händen reguliert zeitweise ihre gleiche Höhe; die hohe Handhaltung macht den Ton sofort hart. Alles allzuscharfe oder allzuleichte Blicken ist unangebracht, vor allem das Kokettieren mit dem Publikum; man blicke so leicht, als ob man gar nicht beschäftigt wäre. Und obwohl beim Vortrag schliesslich alles auf Erfahrung, Geschmack und Empfindung ankommt, so giebt es doch Regeln der Ausführung, die man sich anzueignen hat. Couperin bricht vielfach mit dem Fingersatz seiner Vorgänger und zu den Beispielen, die er für seine neue Art giebt, schreibt er gläubig in einer eingerahmten Anmerkung: er sei überzeugt, dass wenige Personen in Paris sich die alten Regeln in den Kopf gesetzt hätten, da Paris das Zentrum alles Guten sei. Von Stufe zu Stufe schwierigere Etüden, nach der Ausdehnung der einzelnen Figur geordnet, und Bezeichnungen von Fingersätzen füllen das übrige Heft. Der Fingerwechsel auf einem Ton, die Vermeidung gleicher Finger im Nebeneinander, die häufigere Anwendung des Daumens zum Untersetzen sind dabei die Charakteristika: sie alle sind Symptome für das Bestreben, einen klaviermässigen Legatostil zu bilden, sie sind die äusseren Anzeichen für die Überwindung der Laute. Der Horror vacui geht durch die ganze Couperin'sche Lehre vom Klavier: die Verzierungen, die Vermeidung allzulanger Notenwerte, der gebundene Fingersatz — alles ist die Systematisierung der Tugenden, die aus der Not des kurzen Klaviertons entsprossen. Er führt einmal eine reizende, kleine, fugierte Allemande an, im flüssigsten Stil beider gegen einander arbeitenden Stimmen, um zu zeigen, was auf dem Klavier »gut klinge« und opponiert dabei gegen die einseitigen gebrochenen Accorde italienischer Sonaten, deren leichten Stil er sonst hochhebt. »Das Klavier hat seine Eigenheiten, wie die Violine die ihren. Wenn sein Ton nicht schwellen kann, wenn die Battement-Wiederholungen eines Tons ihm nicht passen, so hat es andere Vorzüge: die Präcision, die Sauberkeit, das Brillante und den grossen Umfang.« Vielleicht war Couperin der erste, der ein ganz reines Ohr für das Klavier hatte.

Gegen ihn treten ältere und jüngere Zeitgenossen zurück: le Begue, d'Anglebert, Loeilly, Marchand, Dandrieu, Daquin und selbst der strahlende Rameau, der berühmte Opernkomponist und Begründer der modernen musikalischen Theorie. Es ist jetzt erwiesen, dass Rameau seine ersten Klavierstücke schon 1706 herausgegeben hat, sieben Jahre vor Couperin. Aber diese Stücke haben noch nicht die Physiognomie seiner späteren Werke, nur eine hübsche Gavotte in A-moll fällt als etwas Besonderes auf. Der spätere Rameau ist viel freier und entwickelter wie Couperin, dessen Werk er am erfolgreichsten fortsetzte — mehr Ausbauer als Epigone, kein Pfadfinder, aber ein Wegverschönerer. Wie kräftig sind seine Allemanden, wie hübsch seine Gigen, wie glänzend ist die Durchführung der Thematik in den Cyclopes und den Trois Mains, welche Fülle von Erfindung steckt in seinen Variationen zu Gavotten, Gigen und zu den prächtigen Niais de Sologne; wie wunderbar melodiös ist seine l'Enharmonique, welche reife Realistik birgt sich in der »Henne« und dem »Aufruf der Vögel«, wie klar, einsichtig und keimfreudig ist seine reiche Technik! Es giebt bei ihm musikalische Gedanken von ergreifender Hellsichtigkeit und es giebt melodische und harmonische Wendungen, die einem lebelang in den Ohren bleiben. Von den zwanziger bis zu den sechziger Jahren hat man allerlei neue und immer wieder neue Bände seiner Stücke gemacht — sie waren so beliebt, wie sie es noch heute sein würden, wenn das Publikum diese entzückenden Sächelchen besser kennte. Hoffentlich reizt dazu die elegante Neuausgabe, die St. Saëns soeben besorgt hat.

So wird der Ruhm des Klaviers im Paris des beginnenden 18. Jahrhunderts geschaffen, und seine Zukunft gegründet. Es ist wie eine Symbolik der Geschichte, dass aus der im 17. Jahrhundert durchaus herrschenden Geigerzunft, die ein Geigerkönig führte, erst die Tanzmeister aus Gründen der Selbständigkeit austreten, und dann die Organisten und Klavieristen, die gar behaupten, ein Musiker sei nur der, welcher ein Instrument mit voller Harmonie spielte. Das

Orchester ging seine eigenen Wege, die grande bande des violons und die petits violons aus der Zeit Lullys hatten seinen Stamm gelegt. Das Klavier wurde wieder sein Gegenpart und sammelte den Tonkörper auf seine Tasten. Ein intimer, persönlicher Dolmetscher musikalischer Empfindungen, stellt es am liebsten seine Sache auf sich selbst. Hoch wächst sein Standesbewusstsein, der Clavecinist will auch als Accompagnateur nicht mehr Aschenbrödel spielen, das musste ein Couperin empfinden: »Welche Ungerechtigkeit! Er ist der letzte, den man in den Konzerten lobt. Die Klavierbegleitung ist wie das Fundament eines Gebäudes, das alles hält und von dem doch niemand spricht.

Rameau geht spazieren.
Alter Stich. Nicolas-Manskopf'sche Sammlung,
Frankfurt a. M.

Alter Stich nach Wagnigers Zeichnung: Der wahre Musiker steigt über die Scala des Kontrapunktes immer höher (plus ultra) zu dem Engelskonzert (legitime certantibus). Aus der Basis und dem Fundamentum trägt man die Töne ins Goldfeuer. Die Feinde brechen oben den Tritonus, die Quinta falsa und die Nona; man schiesst Pfeile gegen den schreibenden Künstler, (volenti nil difficile), aber sie zerbrechen am Schild der Minerva (österr. Adler)

Scarlattis Spielfreudigkeit

Domenico Scarlatti, wie es scheint, der grösste Klavierspieler, den Italien je besass, eröffnete eine Sammlung von 30 Sonaten, die in Amsterdam erschien, mit folgender Vorrede: »Erwarte nicht, Dilettant oder Professor, wer du auch seiest, in diesen Kompositionen irgend eine tiefere Empfindung, es ist nur ein geistreiches Scherzen der Kunst, zu dem Zwecke, dich in der Selbständigkeit auf dem Klavier zu üben. Ich will kein Aufsehen machen, habe keinen Ehrgeiz, man verlangte es von mir, dass ich die Stücke veröffentlichte. Nun vielleicht sind sie dir garnicht so unangenehm, und dann werde ich um so lieber anderen Aufträgen nachkommen, dir in einem leichteren und abwechslungsreicheren Stile zu Gefallen zu sein. So nimm die Sachen

Eine Vorrede Scarlattis

mehr als Mensch, denn als Kritiker — dann wirst du dein eigenes Vergnügen nur erhöhen. Um von dem Gebrauch der beiden Hände zu reden: D bezeichnet dritta, die Rechte, M manca, die Linke. Lebe glücklich!«

Merkwürdig, wie hier in kurzen Worten das ganze Wesen der italienischen Klaviermusik wiedergegeben ist:
— Frisches fröhliches Künstlerblut,
— die Rücksicht auf das Liebhabertum,
— Freude am Klang und an der Wirkung,
— äusserliches, etüdenartiges Verarbeiten geistvoller Motive,
— die Betonung beider Hände als konzertierender Bestandteile, wie man Konzerte (»Wettbewerbe«) zweier Violinen längst kannte und liebte, die den Klavierstücken Vorbilder in Form und Inhalt wurden. — Das sind die bezeichnenden Merkmale italienischer Klavierkunst und das ist die Peripherie ihres Wirkungskreises. Scarlatti aber ist in unserer Betrachtung der erste Klavierkomponist, dessen Stücke heute noch in den öffentlichen Konzerten eine, wenn auch kleine ständige Rolle spielen. Liszt hatte ihn gern und bearbeitete seine Katzenfuge, Bülow hat ihn für eine seiner Neuausgaben gewählt. Czerny gab bei Haslinger 200 seiner sogenannten Sonaten heraus, nachdem vorher die Hinterlassenschaft des Meisters zum nicht geringen Teile in handschriftlichem Privatbesitz, beim Abbé Santini in Rom und anderwärts, bestanden hatte. Das Stechen und Drucken von Noten war noch bis tief ins 18. Jahrhundert hinein eine Seltenheit, selbst bei vielumworbenen Künstlern. Zumal kleine einfache Klavierstücke schrieb man sich in den meisten Fällen privatim ab. Die Form dieser Notenverbreitung ist in unserer Zeit, wo der Druck alles demokratisiert hat, nicht verloren gegangen, sondern aristokratisch geworden. Wenn Wagner sich die Neunte Symphonie oder wenn ein Gelehrter sich ein altes unveröffentlichtes Notenwerk abschreibt, so liegt darüber der eigene handwerkliche Reiz liebhaberischer oder wissenschaftlicher Sammelkunst, eine Handarbeit im Zeitalter der Maschinen.

Domenico Scarlatti, der berühmte Sohn des nicht minder berühmten Opernkomponisten und Führers der neapolitanischen Schule Alessandro Scarlatti, hat auf alten Porträts ein überraschend ernstes und strenges Gesicht, fast ein schulmeisterliches. Ist auch viel Schulmeisterei in seinen Stücken, so denke ich mir ihn doch frischer, froher, lebens- und sinnenlustiger, als ihn dies Gesicht zeigt; denn seine »Exercitien« gehen in galanten Schritten und sind viel zu geistvoll, um pedantisch zu werden. Sein Leben bietet den Typus des allverehrten, renomméefrohen Künstlers, dessen Musterexemplar der Zeitgenosse Händel war, und es spricht aus seiner Biographie keine geringere Beweglichkeit als aus seinen Stücken. Schüler seines ruhmumrauschten Vaters, inmitten der temperamentvollen, melodieliebenden, schnellbegeisterten Neapler Welt, geht er bald nach Rom, um Jünger des grossen Theoretikers Gasparini und des grossen Orgel- und Klavierspielers Pasquini zu werden. Zu 26 Jahren, 1709, in Venedig lernt er Händel kennen, dem er in lauter Bewunderung wieder nach Rom folgt. Zehn Jahre bleibt er hier, wird Kapellmeister der Peterskirche und macht sich durch geistliche Werke einen Ruf. Im elften Jahre finden wir ihn plötzlich in London als Klavicymbalist der italienischen Oper, wo sein »Narciss« aufgeführt wird. Ein Jahr später gar in Lissabon, wo ihn der König von Portugal zu fesseln sucht: er giebt der Prinzessin Unterricht. In dieser Zeit durchdringt Europa der Ruf seines Klavierspiels und seiner Klavierkompositionen, und er gilt als der erste Virtuose seiner Epoche. Es zieht ihn wieder nach Italien zurück, und von Italien wieder nach Spanien: in Madrid bleibt er von 1729 als hochangesehener Mann, Ritter des Ordens von Santiago, Kammerklavierspieler der Königin. Diese Königin aber war die nämliche Prinzessin von Asturien, der er einst in Lissabon Stunden gegeben hatte. Ihr widmete er seine ersten gedruckten Stücke, die er mit jener hübschen Vorrede einleitete. Er ist 1757, wieder in Neapel, gestorben.

Gegen die französische Klaviermusik verhält sich die italienische, wie sich Bull zu Bird verhielt, wie der Virtuose zum Poeten: Bei Scarlatti suchen wir vergeblich nach irgend welchen inneren Motiven, überhaupt nach einem Bedürfnis des Darstellens; seine kurzen Stückchen sind nichts als Klangstücke, geschrieben aus Liebe zum brillanten Klaviertone und aus Interesse für irgend eine feine technische Wendung. Es sind keine paradiesischen Wesen, die, ihrer nackten Schönheit unbewusst, über grüne Wiesen wandeln; es sind Athleten, die aus ihrem Körperbau Gewinn ziehen und das Turnen zu einer hohen, sich selbst genügenden Kunst erhoben haben. Man bewundert sie, wie man eine Akrobatentruppe gediegenen Charakters sieht — nicht zu viel — aber immer in einer gewissen Freude auf die nächste interessante und ungewöhnliche Tour. Man bewundert die Meisterschulung ihrer Technik, die systematische Ausbildung ihrer Eigenwirkungen, man freut sich, dass sie niemals einer unechten Gefallsucht zuliebe aus der Rolle ernster Artisten fallen, und man bleibt mit dem Herzen kalt. Jungfräulich noch erscheint diese erste Blüte der absoluten Virtuosität, die sich nicht mehr an Lieder oder Tänze heftet, und an dieser ihrer Reinheit wächst uns der Sinn für die Kunst der schönen Mechanik, die Kunst der ›Technik an sich‹, die der Historiker des Klaviers vor der Kunst der inneren Musik nicht verachten darf.

Der Scarlatti'sche Stil ist ein echtes Produkt italienischen Musikempfindens. Der Italiener ist nicht geboren zu schwierigen kontrapunktischen ›vergeblichen Kützeleien der Ohren‹, auch nicht zu tief innerlichen Ergüssen oder symbolischen Geheimnissen, er ist sinnlich durch und durch, die Spiel- und die Klangfreudigkeit ist das Leben seiner Musik, wie die Linien- und Farbenfreudigkeit das Leben seiner Malerei. Es geht ein Rausch des absoluten Tones durch die Messen seiner Kirchen, die Opern seiner Theater, die Kammermusik seiner Salons. Die Klangfreudigkeit wurde die Mutter aller musikalischen Ruhmesleistungen Italiens. Sie schuf die Virtuosenschaft, die das Spiel um seiner selbst willen liebt, sie schuf die dramatischen Chöre, mit denen die venezianische Schule ihre Laufbahn beginnt, sie schuf die über der Harmonie schwebende Melodie, mit deren Entdeckung in der Florentiner Oper die siegreichste Schlacht für das neue weltliche Prinzip geschlagen wurde. Aus Liebe zum Klange lösten die Venezianer die Instrumente von der mittelalterlichen Korporativgemeinschaft los und gaben ihnen einzeln Wert und Bestimmung; aus Liebe zum Klange führte Frescobaldi die Orgel, Corelli die Violine, Scarlatti das Klavier zu unerhörten technischen Leistungen. Und der bel canto der menschlichen Stimme wurde fast zu einer Instrumentalfertigkeit; so wenig Einfluss hatte das Wort. Sie berauschten sich an der Thematik, welche im Gegensatz zur Kontrapunktik nicht in der Bearbeitung, sondern in der Verarbeitung eines Motivs ihr neues Ziel suchte; sie entzückten sich an der Dacapo-Wiederholung von Konzertstücken und von Arien, gegründet auf dem psychologischen Gesetz der höheren Wirksamkeit jeder wiederholten

Musik; sie tummelten sich in der Mannigfaltigkeit der Formen, in denen Gelegenheit zu jeder Art von Musik, zu jedem Tempo, jedem Rhythmus, jedem Ausdruck sich bot. In allem war die sinnliche Liebe des Italieners zur Musik, die in der Mannigfaltigkeit die Freiheit der Kunstbethätigung und in dieser Freiheit die Einheit des thematischen Aufbaues und der formalen Wiederholung folgerecht ausbildete.

Das technische Können wird in Venedig eher geschätzt als irgendwo. Bis 1318 reichen die Namens-Verzeichnisse der Organisten in der Markuskirche zurück, man ehrte den Künstler und nicht nur den Beamten in ihnen, man unterbrach sie nicht, wie noch lange in Florenz, durch Klingelzeichen, wenn sie ihre Stücke zu lange ausdehnten. Die künstlerische Emanzipation, wie wir sie in unserm Jahrhundert beim Dirigenten ähnlich erlebten, machte in Venedig damals der Instrumentalmusiker durch, und wie heute mit der Behandlung des Dirigenten die Orchester an Ansehen wachsen, so wuchs damals die instrumentale Musik. Im Anfang des 17. Jahrhunderts nimmt ein Frescobaldi als Orgel- und Klavierspieler schon eine so bedeutende Stellung ein, dass es hiess, kein Klavierspieler sei angesehen, der nicht nach seiner neuen Manier spiele; und Tausende von Menschen hören ihm in der Peterskirche zu, als er dort sein erstes Konzert giebt. Wie Frescobaldi in der ersten Hälfte des 17. Jahrhunderts, so ist Pasquini der grosse Orgel- und Klavierkönig der zweiten Hälfte. In Italien, Österreich und Frankreich wie ein Fürst behandelt, erhält er die stolze Grabesinschrift: Organist des Senats und Römischen Volkes, S.P.Q.R. Mit Scarlatti erreicht das Klaviervirtuosentum seine Höhe, und es sind vielmehr Geiger, die sprachlosen Rivalen der Sänger, welche den Typus des italienischen Instrumental-Virtuosen bis in unsere Zeit fortgetragen haben: Corelli, Vivaldi, Locatelli, Tartini, Paganini.

Es ist eine wollüstige Hingabe an die isolierte Musik, eine Eifersucht auf die Schönheit der Poesie, die die Italiener selbst heute unter Wagner'schen Einflüssen noch nicht ganz verloren. Die sieghafte Beherrschung des absoluten Tones ist ihre Grösse und ist der Keim ihres Unterganges. Das Virtuosentum ist das Gepräge ihrer Kunst und ihres Lebens. Man muss sie in dem ganzen leichtsinnigen Temperament ihrer Existenz nehmen. Man vergleiche den Typus italienischer Musikbohème mit dem französischen. Welcher verführerische Glanz ist in den Schicksalen eines Bononcini, der die unerhörtesten Erfolge seiner Opern in Wien erlebt, die Königin Sophie Charlotte als Klavierspielerin in der Aufführung seines »Polifemo« zu Berlin sieht, in London mit Händel in einen Wettkampf voller Intriguen und sogar hochpolitischen Einmischungen gerät, bald darauf in einer Konkurrenz als ganz gemeiner Plagiator eines Lottischen Madrigals entpuppt wird, mit einem Alchimisten nach Paris geht, von ihm um das ganze Vermögen beschwindelt wird und vielleicht bis zu seinem 90. Jahre sich noch kümmerlich ernähren muss.

Frescobaldi

Was ist dagegen Rameaus bestrafte Jugendliebe und schwierige Erreichung des glücklichen Hafens, oder die Liebesanekdoten, die dem in Paris verjagten, aber lächelnd zurückkehrenden Marchand angehängt werden? Der gefährliche Glanz des italienischen Bohèmetypus ist der passende Rahmen der sinnlichen, schnellebigen, momentfrohen Musik.

Sie mussten die Oper erfinden: die Oper, wo alles sich schnell zur Schau stellt, Sänger, Dekorateure, Musiker und das Publikum. Ohne den Begriff der Oper ist keine italienische Musik zu verstehen, und es ist kein Zufall, dass sie damit jahrhundertelang im Vordergrunde standen. Man kennt die fruchtbaren Missverständnisse, unter denen die italienische Oper um 1600 entstand. Ein Kreis von Platonschwärmern in Florenz will die antike Tragödie erneuern und fordert einige Musiker zur Komposition monodischer Gesänge mit Begleitung auf: sie meinen damit antik zu sein und handeln doch nur aus dem allermodernsten Bedürfnis heraus, das längst zur isolierten Melodie drängte. Die schüchtern-zarten Gesänge, die daraus entstehen, nehmen die Venezianer und dann die Neapolitaner als ein willkommenes Material auf, daraus Formen rauschender Virtuosität zu bilden: bis ein Jomelli mit seinen schmetternden Koloraturen über die traurigernsten Worte schliesslich wieder bei demselben »laceramento della poesia« anlangt, den der Florentiner Neuerer Caccini einst fanatisch als Unsinn des alten mehrstimmigen Gesanges bekämpft hatte. In kürzester Zeit macht die Oper den Weg der Freuden und Leiden des Virtuosentums durch. Der süsse Klangreiz einer melodietragenden Stimme, die sich den engen Konturen der Poesie anpasst, ist in den alten vestalischen Arien des Caccini und Peri. Die Freude an der Mannigfaltigkeit der Form, einem Wechsel kleiner, verschieden rhythmisierter Teile der Arie, lebt in den Gesängen des Venezianers Cavalli, so dass man an die Tempowechsel der alten Instrumentalstücke, der Toccaten, Fantasien und Kanzonen erinnert wird. Doch schon regt sich die Eitelkeit. Die »Einlagen« beginnen ihr freches Gesicht zu zeigen, zuerst Lieder, die in einen losen Zusammenhang mit der Handlung gebracht werden, dann ganze Konzerte, die mit den Schneidern, Architekten, Dekorateuren in den Textbüchern angezeigt werden, samt Titeln und Orden der Virtuosen. In Neapel wird die noch so musikalische Musik der Venezianer allmählich zur müden und starren Form und süssen spielerischen Nichtigkeit. Die feste Gestalt der Arie tritt auf, jetzt ständig da capo geschrieben; sie wechselt ermüdend mit begleiteten Recitativen; die Chöre treten zu Gunsten der Solisten zurück; — es ist dieselbe auf Virtuosität bequem eingerichtete, typische Form, in der eine Sonate Scarlattis sich von einer Toccate Frescobaldis und Pasquinis unterscheidet. Die Ursprünglichkeit ist überwunden, die Eleganz hat die Uniform geschaffen, in der sich das freie Spiel der Technik behaglicher einrichten kann. Der substantive Stil ist wieder einmal zum adjektiven geworden: der Gegenstand ist von seiner Form besiegt. Mit Alessandro Scarlatti beginnt die virtuosere Oper Neapels, er ist der Vater jener Kunstgattung, die man seither unter dem Namen »italienische Oper« begreift: Textverachtung, Koloraturenwesen, Hegemonie der Arie, Entzücken am Instrument der menschlichen Stimme. In den Formen seiner Koloraturen entdeckt man die Passagen Domenicos wieder, in seinen Dacaposätzen und den Instrumentalwiederholungen vokaler Partien die Wirkungen Domenicos mit Wiederholungen kürzerer oder längerer Taktgruppen. In dem »Allessandro nelle Indie« des Neapolitaners Leonardo Vinci singt der Held Arien voller Schleifer, Synkopen, rückender Harmonien, freier Septimen, die dem Kenner Scarlatti'scher Sonaten eine unleugbare Familienähnlichkeit zu haben scheinen. Alter Schutt trägt neue Keime: von den schwerhängenden Texten losgelöst, führen die leichten Spiele der Stimmen in den Klavierstücken ein frisches, jugendliches Leben voller Zukunft.

Klavierunterricht

Dresden. Holländisch, 17. Jahrhundert

Die italienische Kammermusik

Die Isolierung der Stimme und des Instrumentes, die sinnliche Freude am Klang fördert die Kammermusik und den Kammerstil. Die Kammermusik fördert die Mäcenaten aus vermögenden Häusern und den hohen Dilettantismus, der ein fruchtbarer Faktor alles Kunstfortschrittes ist. Das römische Musikleben zieht seine Kräfte von dem praktischen Interesse der Päpste, von den Konzerten und Opern in den Häusern der Aristokraten. Ein venezianischer Edler, Benedetto Marcello, wird zu einem vornehmen, beliebten Komponisten, Dichter, Satiriker. Ein römischer Edler, Emilio del Cavalieri, war zum Begründer des modernen Oratoriums, zu einem fortschrittlichen Opernkomponisten, vielleicht zum allerersten Komponisten der Gesangs-Monodie geworden. Vincenzo Galilei, der Vater des Astronomen, war durch seine Monodien in jenem florentinischen Kreise von Platonikern bekannt geworden, in dem durch dilettantische Anregung die Oper entstand, und schrieb ein Werk über die Technik und Applikatur aller Instrumente.

Die Musik im Hause ist in Italien nicht gar zu intim, sie ist stolz, prächtig, auch eitel. Wie die verweltlichte Kirchenmusik, wie die Virtuosenoper geht sie gern auf Wirkung und lebt durch den Beifall. Sie hängt meist an der Person und weiss wenig von der stummen Verständigung der Seelen. Eine feine aristokratische Musikliebe geht schon durch das mittelalterliche Italien. Zahlreich sind die Namen der Edeln und Edelinnen, die die Kunst der Laute nach dem Gehör beherrschen: eine Notenschrift war noch nicht da. Im Decamerone ist es neben der Novellistik Gesang, Lautenspiel mit Viola, Tanz und Chorrefrain, womit sich die lustige Gesellschaft die Zeit am liebsten vertreibt.

Die Musik der Tänze und Lieder und Spielstückchen, die bald auf dem Klavier eine gute Heimstätte findet, ist ein Kind der Welt, und sie hat alle Gefahren der Eitelkeit und des Leichtsinns in den Augen eines so ernsten Theoretikers, wie des Pietro Bembo. Er schreibt 1529 an seine Tochter Helena, die wie viele ihrer Standesgenossinnen in den Erziehungsklöstern Klavierunterricht nehmen will: »Was Deine Bitte betrifft, das Monacord spielen lernen zu dürfen, so erwidere ich darauf, da Du es Deines zarten Alters wegen noch nicht wissen kannst, dass sich das Spielen nur für eitle und leichtfertige Frauen schickt; ich aber wünschte, dass Du das liebenswürdigste und reinste Mädchen der Erde wärest. Auch würde es Dir wenig Vergnügen und Ruhm verschaffen, wenn Du schlecht spieltest. Um aber gut zu spielen, müsstest Du dieser Übung zehn bis zwölf Jahre widmen, ohne je an etwas anderes denken zu können. Überlege einmal selbst, ob sich das für Dich schicken würde. Wenn nun Deine Freundinnen wünschen, dass Du spielen lernen möchtest, um ihnen Vergnügen zu machen, so sage ihnen, Du wollest Dich vor ihnen nicht lächerlich machen, und begnüge Dich mit den Wissenschaften und den Handarbeiten.«

Hundert Jahre später stehen wir in der Blüte der Kammermusik. Den monodischen Kirchengesängen des Viadana setzte der wundervolle Carissimi die blühende »Kammerkantate« an die Seite, das halb dramatische, halb lyrische Lied des 17. Jahrhunderts. Und Steffani gab seine berühmten Kammerduette dazu. Genau ebenso erging es der Instrumentalmusik: zu der Sonata da chiesa in ihrem freien, selbständigen Stile kam die Sonata da camera, als Suite beliebter Tanzformen, und die Concerti liessen mehrere Instrumente zu einem begleitenden kleinen Orchester aufspielen. Man hat vor allem die Möglichkeit, so bequem auf dem Klavier nach dem bezifferten Bass Monodien und Konzerte zu begleiten, und das wiederum trägt nicht wenig zu der siegreichen Entwicklung des Melodien-Gesanges bei. Das Klavier aber als Soloinstrument sonnt sich in dem Glanze des Kammerstils, wo Brillanz, Handfertigkeit und Formengewandtheit nicht minder bewundert werden als die vielen kleinen geistreichen Einfälle, die man in der grossen Musik vielleicht noch nicht wagt.

Unter all den Tonwerkzeugen, die sich in Italien selbständig machen, steht das Klavier freilich mit an letzter Stelle. Von seinen ersten selbständigen Regungen an, im Venedig des 16. Jahrhunderts, bis zu der vollen Freiheit eines Scarlatti, verstreichen anderthalb Jahrhunderte. Das Klavier war teils im Orchester zu sehr beschäftigt, teils von der Orgeltechnik zu abhängig. Im Orchester steht es schon bei den ersten Opern des Peri; bei Monteverde, dem ersten Orchestergenie der Welt, finden wir zwei Klaviere, rechts und links von der Bühne. Sie dienen zur Begleitung von Einzelgesängen, oder zur Harmoniefüllung des Orchesterkörpers, neben kleinen Orgeln. Der Opernkomponist schreibt in der Regel nur den bezifferten Bass, nicht selten auch schon einige der melodischen Stimmen dazu; der Dirigent stellt danach die Partitur fertig und überlässt den einzelnen noch freie Improvisationen im Koloraturgeschmack, die der regulär gebildete Musiker nicht zum Nachteile des Ganzen ausdehnen wird.

Die reinen Klavierstücke aber führen ein eigentümlich abhängiges Leben. In jenem venezianischen Kreise der Willaert, Gabrieli, Merulo, wo man zuerst Instrumente emanzipierte, wo man sie kühn in die Kirchenmusik hineinnahm und auch Solostücke für Orchester oder für

Nähkasten-Virginal.

doppelt auseinander zu nehmen,

von Valerius Perius Romanus 1631 gebaut. Sammlung de Wit, Leipzig

Tasteninstrumente vierseele noch gegiebt Farbe und Stücken der beiden Merulo lebt noch fast lichen Regungen die sche, schwimmendund selten festigt Ahnungen straffer gebauter Harmonie, tigen England schon vorfanden. schrieb, ist die Klabunden. Die Orgel Führung an. In den Gabrieli und des ungetrübt von weltalte kontrapunktimalerische Weise sich das Bild zu den Thematik und wohldie wir im gleichzeiso hoffnungsvoll Noch bis zu Frescobaldi, der als ein Markstein in dieser Entwicklung dasteht, geht der Sinn der Italiener viel zu sehr auf die absolute Musik, als dass eine angewandte Musik, wie in England und Frankreich, durch die notwendige Anlehnung an Lieder und Tänze die Instrumentalstücke hätte frühzeitig modernisieren können. Kanzonen bearbeitet man in leichtfugiertem Stil; die sogenannten Ricercari stellen eine andere freiere Fugenform dar; die Toccaten, Capricci und Fantasien sind bunte Versuche, allerlei Tempi und Spielarten in einem Stück zu vereinigen. Man sucht nach typischen Formen und giebt sich dabei einer ungebundenen Formlosigkeit hin, die alle diese Stücke bei ihren geringfügigen Unterschieden gemeinsam haben. Accordzusammenstellungen, kanonisch sich antwortende Läufe, freier Wechsel der Tempi, pikante Anwendung der neu entdeckten chromatischen Möglichkeiten, allerlei theoretische Untersuchungen am Instrument, die in einem enharmonisch-chromatischen Klavier, dem »Archicembalo« Vicentino's gipfelten, Untersuchungen, die recht deutlich die Bedeutung des Klaviers für die moderne Musikanschauung zeigen, — das interessiert alles viel mehr, als Charakteristik und Ausdruck. Alle diese Ricercari, Kanzonen, Fantasien, Toccaten und Sonaten sind »Sonaten«: Spielstücke, die um ihrer Töne und Technik willen da sind und, wie schon Couperin von ihnen sagt, nicht um einer Seele oder eines Inhalts willen. Die Tanzsuiten und die Variationen über Lieder, die mit der Zeit an Beliebtheit zunehmen, schärfen auch hier den musikalischen Formgeist; aber diese Stücke sind niemals zur herrschenden Gattung geworden, sondern die freie Form der Fantasie galt allezeit als die eigentlich dominierende Gestalt des besseren Klavierstücks. Die Krystallisierung ist schon bei Frescobaldi zu beobachten, dessen Kanzonen und Fugen nicht nur zum erstenmal den uns geläufigen guten Fugenstil zeigen, sondern auch in ihrer häufigen Dreiteilung, in ihren schneller werdenden Tempi den modernen Dispositionsgeist verraten, der auch die Teile der ganzen Instrumentalfantasie unter ein bestimmtes Gesetz der Anordnung stellt.

Bei Pasquini, in der zweiten Hälfte des 17. Jahrhunderts, sind wir an der spürbaren Grenze von Orgel und Klavier. Bisher war die Orgel in allem massgebend gewesen. Der ganze Aspekt der Klavierstücke war ein orgelmässiger. Die alten Venezianer hatten häufig »für drei oder vier Stimmen« geschrieben und das Instrument ganz in Belieben gestellt; Frescobaldi hatte kaum ein Stück für Klavier allein bezeichnet. Der Schüler Merulos, Diruta, hatte 1597 bis 1609 einen Dialog über die beste Art Orgel und Klavier zu spielen geschrieben, hatte freilich schon auf die besondere Art des Klavierspielens hingewiesen, aber alle seine Vorschriften über die wagerechte Handhaltung, die »guten« und »schlechten« Finger (der zweite und vierte sind »gut« und kommen auf gute Taktteile), über die Verzierungen und ihre Ausführungen sind in erster Linie unter Hinblick auf die Orgel geschrieben, mit deren Loblied sein Buch beginnt. Frescobaldi hatte zu seinen Stücken allerlei Anweisungen über den Vortrag gegeben, die auf eine feine musikalische Natur, aber noch nicht auf ein scharfes Organ für das Klavier schliessen lassen. Pasquini erscheint in Wahrheit als der rechte Emanzipator des italienischen Klaviers. Er hat für das Klavicymbel auch allein geschrieben, er hat in seinen Figuren und Spielarten schon echten Klaviergeist, er stellt nicht mehr Accordstellen und Passagenstellen nebeneinander, sondern mischt aus beiden den eigenen Klavierstil, er hat die Teile seiner »Sonaten«, die schnelleren und langsameren, auf reine Thematik gebracht und klar nebeneinander abgesetzt und er versucht, wie in seinem

Italienisches Cembalo, aus einem Kloster. 18. Jahrh. Cypressenholz. Deckel bemalt mit Klosterhauskonzert und Landschaft. Um den Kasten Amoretten und Guirlanden. Sammlung de Wit, Leipzig

Capriccio über das Kuckuck-Terzenmotiv, allerlei charakteristische Klangeffekte dem Klavier zu entlocken, noch wild und wirr, aber voll von lenzfroher Ursprünglichkeit.

Soweit ist das italienische Klavier, als die Geige ihren Siegeslauf beginnt, um bald eine so führende Stellung einzunehmen, dass das Cembalo nichts besseres thun kann, als die Erfahrungen der Violine sich zu nutze zu machen.

Die thematisch knappen Sonaten und Konzerte des Altmeisters der Violine, Corelli, die wunderbar ariosen Stücke des Vivaldi, die geistvollen Suiten des Locatelli: in diesen Violinwerken hat sich aus den vereinigten Erfahrungen der freien Toccaten und der gebundenen Tänze zuerst die Form des italienischen Instrumentalstückes gefunden. Corelli, der schon 1713 starb, war eine der seltenen Erscheinungen in der Kunstgeschichte, die auf den Gipfel einer Epoche gelangen, ohne dort in klassischer Lapidarität zu erfrieren. Seine heute noch sinnlich berauschenden Stücke, die man sich noch im Blumenschmuck der improvisierten Koloratur vorstellen muss, sind Höhepunkte im monodischen Stil der jungfräulichen italienischen Musik, sind melodiös die frischesten Tänze und Arien, die um 1700 überhaupt geschrieben wurden, voll von unerhörter Erfindung und von einer rhythmischen Freiheit, die die Beethoven'schen Scherzi vorausnimmt, sie sind die Werke eines formalen Genies. Aber sie erstarren niemals in der Form, wie die Opernouverturen — in Frankreich meist langsam, schnell, langsam angeordnet, in Italien meist entgegengesetzt —, die schon früh eine stereotype Form ihres freien Satzes gefunden hatten. Es steht die Sonate bei Corelli noch in der vollen Blüte ihrer Mannigfaltigkeit. Es giebt unter seinen zahlreichen Stücken nicht viele, die genau dieselbe Anordnung der Sätze und ihrer Tempi oder der verschiedenen Tänze aufweisen, selbst die Zahl dieser Sätze schwankt, dass man kaum eine Regel aufstellen kann. Langsame Sätze beginnen, oder stehen mitten darin, oder schliessen, oder schieben sich — eine modernisierte alte Erinnerung — in wenigen Takten zwischen die Allegros und Vivaces. Es ist, unter formalen Gesichtspunkten, dieselbe rhythmische Freiheit, die Beethoven, aus innerlichen Gründen, wieder in seinen letzten Sonaten und Quartetten einführte. Alles ist von einem zierlichen, feinen, thematischen Filigranwerk zusammengehalten. Seltener, wie in der IV. Sonata da chiesa und der III. Sonata da camera, ist eine gewisse thematische Verwandtschaft zwischen den einzelnen Sätzen zu beobachten; aber innerhalb eines Satzes ist der thematische Gedanke so durchgeführt, dass er mit den natürlichen Modulationen und den zerstreuenden Zwischenpassagen folgerecht bearbeitet wird. Der Satz zerfällt in zwei Teile, die Dacapo gespielt werden; der zweite Teil beginnt mit dem modulierten Hauptmotiv des ersten; einigemal findet auch, wie in der Allemande des X. Konzertes und im Allegro des XII. eine richtige Rückkehr ins erste Thema statt. Diese Verbindung des Dacaposystems mit der Themenmodulation, zwischendrin das Miniatur-Dacapo der sich nachahmenden konzer-

```
De ces grands Maitres d'Italie                                    1. Scarlatti
Le Concert seroit fort joli,      CONCERT    De deux cœurs que ta chaine lie   2. Farini
Si le Chat que l'on voit icy                 C'est anvy, petit Dieu d'Amour,   3. Marini
N'y vouloit Chanter sa partie.    ITALIEN.   Que quelqu' Animal chaque jour    4. Locatelli
                                             Vient troubler la douce harmonie. 5. Lanzetti
                               6. Le Chat (ie Scarelli) chantant
                                  sa Partie Italienne
```

Alter Stich mit Scarlatti am doppelmanualigen Gravicembalo und bekannten Zeitgenossen. Parodie auf die unerhörten Erfolge des berühmtesten italienischen Castraten Cafarelli. – Aus der Nicolas-Manskopf'schen musikhistorischen Sammlung, Frankfurt a. M.

tierenden Violinen, besonders die beliebten Schlusswiederholungen von Takten, die in Forte und Piano abwechseln: das sind die Bauelemente der Scarlatti'schen Sätze geworden.

Das Dacapo wird das Gerüst dieser formalen Musik. Heute ist es unpsychologisch, damals war es naturgemäss. Man müsste einmal die Geschichte der Musik-Wiederholung schreiben. Sie wäre freilich die halbe Geschichte der Musik. Melodie-Wiederholungen begegnen uns ja schon in griechischen Noten; auf dem Prinzip der imitatorischen Wiederholung baut sich der kontrapunktische Stil des Mittelalters auf; die Thematik gewinnt dann neue Wirkungen aus den Teilwiederholungen, aus der stückweisen Verarbeitung der Themen; der Fortschritt lag weiter in der thematischen Auffassung ganzer Takte, ganzer Taktgruppen, ganzer Sätze, die schliesslich — ob Arien oder Sonaten — dacapo genommen werden. Das ist die letzte Stufe der thematischen Musik, die die kontrapunktische abgelöst hat. Wir heute befinden uns in einer, sagen wir motivischen Periode der Wiederholungen. In Anlehnung an alte Anfänge der Programmusik, durch Beethoven stark vorbereitet, tritt in der idée fixe, dem Leitmotiv, welches je nach den dargestellten Situationen sich ändert und nuanciert, eine ganz neue Form der psychologischen Wirkung von Wiederholungen zu den früheren hinzu: die modern innerliche. Tief im Wesen der Musik begründet, ist das Wiederholungs-Prinzip zu allen Zeitaltern ein immer verändertes, immer neu geborenes Charakteristikum des Standes der Tonkunst gewesen.

Es hat der italienischen Sonate seinerzeit einen ähnlichen Halt gegeben, wie die Rhythmik des Tanzes dem französischen Klavierstück. Aber es musste erst die ganze Emanzipation der Thematik aus der Kontrapunktik und die ganze Verselbständigung der Thematik sich abwickeln, ehe das einzelne Stück auf seiner formalen Höhe angelangt war. Aus der Kontrapunktik, als einer Arbeit, löst das italienische Ohr die Thematik, als ein Vergnügen am Motiv und seiner Führung. Aus den weichen Formen alter Toccaten und Capricci werden engere Fugensätze mit knappen, begrenzten Themen, die der alte Francesco Turini 1611 schon Sonaten nennt. Sie füllen sich mit dem Passagenwerk der Soloinstrumente, klingen in schmiegsamen Melodien auf, gehen in den gemessenen Schritten der Tänze und kreisen in den Wiederholungen von Motiven, Gruppen, Sätzen. Wohin ein Rameau in seinen Cyclopes durch Erweiterung der Rondoform gelangt, vielleicht unter dem leichten Einfluss von Sonaten, gelangt der Italiener durch Formalisierung des freien Spielstückes, unter dem Einfluss der Tänze. Die Form ist es, auf die alles von allen Seiten zustrebt.

Scarlatti hat in seinen Sonaten fast nur einsätzige Stücke. Die zweisätzigen Gruppen der Sonaten 122 und 123 (bei Czerny) sind Ausnahmen. Man könnte die Stücke zu Sonaten in Corelli'scher Art kombinieren, wenn man nicht Mangel an langsamen Sätzen litte, die Scarlatti für das brillante und bewegliche Klavier nicht gern schreibt. Der Bau der Sätze ist von jener vollkommenen Freiheit, die in dieser Frühzeit des musikalischen Formzeitalters noch herrscht. Wenn man will, kann man schon ein erstes und zweites Thema wie im Prototyp öfters unterscheiden, aber die Ahnung dieser späteren typischen Form der Sonaten-Exposition ist noch so verschleiert, dass man in manchem Stücke mit demselben Rechte unter den melodiöseren oder passa-

gierten Stellen fünf bis sechs Themen gewinnen könnte. Alles ist im Fluss, aber doch ist der thematische Gedanke nie ausser acht gelassen. Die Motive schütteln sich aus, und doch geht fast nie eines unverarbeitet verloren. Alle nur möglichen Anordnungen lassen sich beobachten. Die Sonate 110 hat einen völlig heterogenen Mittelsatz, in der Sonate 111 wechselt ein Moderato mit einem Presto und beide werden in grösserer Ausarbeitung wiederholt. Andere Sonaten haben wieder durchweg denselben Rhythmus der Bewegung. In der Regel schliesst der zweite Teil des Satzes, nur in anderer Tonart, wie der erste, nachdem er auch wie der erste, nur wieder in anderer Tonart, angefangen hat. Oder Teil II beginnt mit irgend einem andern Motiv von Teil I, oder auch ganz neu. Die Anfänge beider Teile sind meist strammer in der Thematik, ihr weiterer Verlauf meist freier. Die Durchführung eines Hauptmotivs, die später den zweiten Teil der Sonate beginnt, ist hier noch an gar keine Stelle gebunden. Nicht selten wird sie schon im ersten Teil erledigt, wie in der 169. Sonate, die ihr Daktylus-Trochäus-Motiv gleich zuerst, bald härter, bald weicher, so herannimmt, dass für den Anfang des zweiten Teiles nur eine kurze Erinnerung übrig bleibt. Die achte Sonate diene als ein Beispiel für den Bau: Läufe von fünf Sechzehnteln in A-moll — fugierte Viertel-Bewegung, steigend diatonisch, chromatisch herablaufend — Gruppen mit verminderten Septimenaccorden sich senkend bis nach C, Schluss in dem Fünf-Sechzehntel-Motiv. Teil II: Dieses Motiv von C, über G-moll nach D-moll mit Zwischenschiebung jener Viertel-Figur, — Entwicklung wie am Schluss des ersten Teiles, von D-moll nach A-moll zurückkehrend.

Der formale Bau ist Wesen und Eigentümlichkeit der italienischen Sonate. Ihre Technik ist ihr blühendes Leben. Eine unerschöpfliche Brillanz, ein reiner Klaviersatz ist in den Scarlatti'schen Stücken. Die tausend Möglichkeiten, welche der Klaviertechnik entspriessen, stehen vor dem Auge des Meisters, und der Glanz der Geschäftigkeit ist über seine Stücke gebreitet, die uns leicht und spielend, mit der süssen Bequemlichkeit eines rollenden Bahnrhythmus, vom Anfang zum Ende lockt. Die Vorhaltketten wie in den Arien der »Rosaura« seines Vaters Alessandro, die Abwechslungen der Hände, wie der Wettbewerb konzertierender Violinen, die Freude an rückenden Achtelterzen und -sexten als harmonischer Begleitung, wie in den Stücken des Corelli, langanhaltende Töne mit kurzen Sprüngen, die von den Violinen hergenommen zu sein scheinen — und doch alles vom Klavier aus gesehen, vom Klavier neu geboren. Es ist wenig Gesang bei Scarlatti und eine singende Phrase wird gern sofort mit brillanten Verzierungen wiederholt; denn das Legere steht dem Spinett besser als das Ariose. Meist rollen die beiden Hände in zweistimmigem Satze dahin, in reinem, gutem Satze, ohne viel stützende Harmonien der Verlegenheit. Ein Feuerwerk entwickelt sich. Tiefe Basstöne werden schnell hineingerissen, hohe Terzen fliegen auf, Terzen und Sexten werden hineingepickt, enge Harpeggi schwellen unter Hinzunahme aller möglichen leitereignen Töne zu monströsen Bündeln an, Oktaven werden frisch hineingehauen, in Gegenbewegungen steuern die Hände auf einander zu, von einander weg, sie teilen sich in Accordketten, sie nehmen sich abwechselnd dieselben Accorde, dieselben Gruppen, dieselben Töne ab, Unisonoläufe rauschen dazwischen auf und nieder, chromatische Tonleitern wischen hindurch, dann verblüffen ruhig stehende Phrasen oder Obernoten auf den wechselnden, ab- und aufsteigenden Bässen (eine Art oberer Orgelpunkt), harte Septimen nebeneinander, repetierende Töne, Synkopeneffekte, parallele Sechzehntelläufe mit ausgreifenden Seitentönen, wie man sie von Bach kennt, der scharfe Wechsel von Dur und Moll, den auch die neapolitanischen Opern so lieben, die kühne Charakteristik durch plötzliche Generalpausen, Modulationen von überraschender Fixigkeit durch Verwendung chromatischer Schritte, nicht zu viel Verzierungen, ein feiner Tonsatz von den strengsten Fugen bis zu den freiesten Bourrées, Pastorales, Fanfaren: das ist die Welt Scarlatti'scher Klavierstücke. Das Federklavier kennt noch nicht die Anschlagsnuancen des Hammerklaviers und seine Technik wird auf die drei Hauptpunkte zu sehen haben: Fassung des musikalischen Gedankens im leichten, beweglichen Stil des Klaviers, wirksame Verkettung beider Hände und Ausnutzung der Möglichkeiten, die aus der geteilten Bewegung der einzelnen Hand hervorgehen. Diese drei Hauptprobleme, was die Finger können, was die Hände können und was das Klavier kann, löst Scarlatti mit der ganzen Leichtigkeit seines italienischen Musiktemperaments. Sein Stil entfaltet sich bis zu den muntersten Kreuzungen der Hände, die er freilich seiner zunehmenden Korpulenz wegen, sagt man, später eingeschränkt hat; und seine Ideen blühen zu einer pikanten, oft bizarren Frische empor, wie nicht zum wenigsten im Fugenthema g b es fis b cis (aufsteigend), das er seinem berühmtesten und vielleicht prächtigsten Stücke, der »Katzenfuge«, untergelegt hat. Die Legende kennt eine Katze, die, über das Klavier huschend, diese kühn kombinierten Töne ihm vormachte.

Alberti, dessen Vorliebe für die bequemen gebrochenen Accordbegleitungen diesen den Namen »Alberti'scher Bass« verschaffte, der allzu trockene, rechnende, erfindungsarme Durante, der anständige Galuppi, der flache Porpora, der feine Paradeis und der späte Turini, unter allen Italienern der glänzendste Epigone Scarlattis: das sind die Hauptnamen derer, die am italienischen Klavier markant beschäftigt sind. Sie nehmen zwei und mehr Sätze zu einem Werk zusammen, sie kombinieren Tanz- und Sonatenstücke, sie gehen neuen melodischen und rhythmischen Reizen nach, aber sie gruppieren sich alle um oder hinter den Domenico Scarlatti, ihren Heros, der die reine, die italienische Klangfreude am Klavier als erster und grösster erschlossen hat.

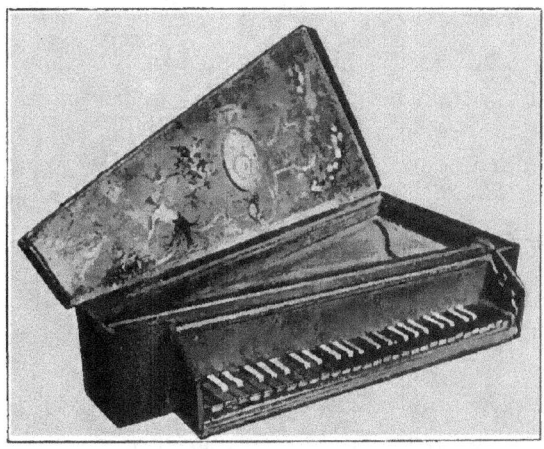

Oktav-Spinett (eine Oktave höher gestimmt). 18. Jahrhundert.
Sammlung de Wit, Leipzig

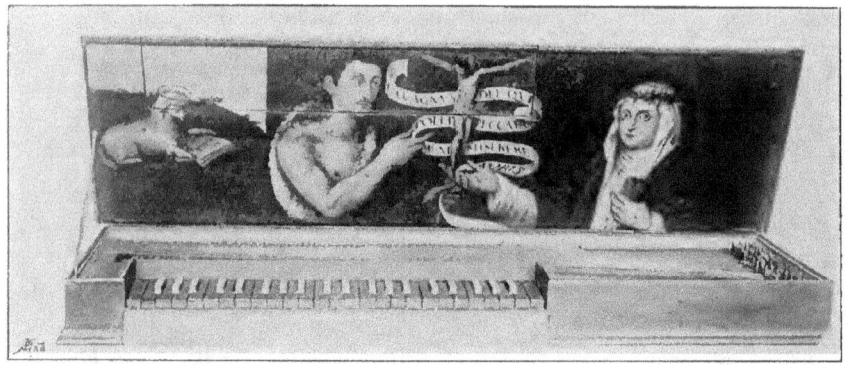

Deutsches Klavichord, gebunden, 17. Jahrhundert. Sammlung de Wit, Leipzig

Bach

Als Scarlatti von seinem spanischen Ruhm noch nichts ahnte, kurz nachdem Couperins erste Stückchen erschienen waren, im Jahre 1717, machte der Pariser Clavecinist Marchand eine Reise nach Deutschland. Am polnischen Hofe zu Dresden entzückte er durch sein Spiel und es kam zu einem famosen Wettstreit mit einem Weimarer Organisten, Johann Sebastian Bach. Marchand hatte vor dem Könige, der sich dem französischen Geschmack zuneigte, Variationen in seiner leichten Manier improvisiert. Bach belauschte ihn und nahm die erste Gelegenheit wahr, über dasselbe Thema in seiner Art zu improvisieren. Vielleicht hörte ihn Marchand heimlich, vielleicht erzählte man ihm davon — jedenfalls die Leute schürten den Wettstreit. Bach sandte an Marchand eine Aufforderung zu einem öffentlichen Musikturnier, das im Hause des Grafen Flemming stattfinden sollte. Marchand sagte zu. Bach erschien kampfbereit; aber wer fehlte, war sein Gegner. Er hatte schon am Morgen mit der Extrapost Dresden verlassen.

Wer war dieser Bach und was war das plötzlich mit der deutschen Musik? Man hatte nicht zu viel von ihr im Auslande gehört und, wenn man sich die deutschen Tabulaturen der älteren Zeit ansah, konnte man nur ein ehrliches, aber plumpes Ringen wahrnehmen. Im 16. Jahrhundert, etwa als man auch in weiteren Kreisen von den grossen Vokalkompositionen des Isaac und Senfl vernahm, meldete sich bei Gabrieli in Venedig ein Nürnberger, Namens Leo Hasler, als Schüler, und man hörte dann von seinem Ruhme am Wiener und Dresdener Hofe. Im nächsten Jahrhundert erschien wieder ein Deutscher, Johann Jakob Froberger, bei dem Italiener Frescobaldi in Rom und auch von seinem Ruhme am Wiener Hofe hat man dann gehört; er kann nicht unpopulär gewesen sein, denn ein Netz von Anekdoten umspannt ihn. In Frobergers buntem Leben und in der bunten Mischung seines Stils spiegelt sich zuerst die deutsche Komposition wieder. Deutschland wird ein Sammelbassin italienischer und französischer Einflüsse. Neben dem Nürnberger Pachelbel hatte namentlich Johann Krieger viel zur Emanzipation des Klaviers beigetragen. Neben Froberger hatte besonders Fischer den Zusammenhang mit der französischen Schule aufrecht erhalten. Max Seiffert, der letzte Historiker des Klaviers, hat in seiner Geschichte der Klaviermusik ein glänzendes, in vielen Punkten neues Bild dieser deutschen Sammelarbeit entworfen, die uns nun wie eine geschäftige Vorbereitung erscheint zum Empfang des Messias.

Der Ruhm italienischer Sonaten und französischer Suiten war so selbstverständlich, dass der Leipziger Organist Kuhnau, als er seine Sammlung erster richtiger deutscher Klavierstücke um 1700 herausgab, sich in seinen geschwätzigen Vorreden weidlich darüber aufregte, dass man doch jetzt, wenn man wolle, auch in Deutschland gute Musik haben könne, die sich der fremden an die Seite stellen lasse: »wie ja auch in Deutschland jetzt Orangen und Citronen blühen!« Der treffliche Kuhnau wagte es über ein Stück nach dem Muster der italienischen Sonata da camera, obwohl es nicht für Violine, sondern für Klavier geschrieben, den Titel »Sonate« zu setzen und man sagt, dass er damit die erste Klaviersonate schuf. Aber diese Sonate hatte mit der späteren populären Form dieses Namens doch nichts gemeinsam, sie war eine Vereinigung mehrerer Sätze in verschiedenen Tempi, wie die Suite eine Vereinigung mehrerer Tänze war, und die Rameau'schen Cyclopen stehen dem späteren Typus näher als diese. Die Kuhnau'schen Suiten und Sonaten sind sehr nette Klavierstückchen, ein wenig in dem jugendlichen Fehler befangen, jedes Thema zu Tode zu hetzen, aber klar und rollend und fingermässig, schlicht in der Empfindung und vorblickend in der Technik. Das kurioseste Werk hat jedoch Kuhnau in seinen »Biblischen Historien« hinterlassen, wo er nach dem Muster damaliger Programmusik und unter Beifügung der Erklärungen allerlei biblische Geschichten, wie Tötung des Goliath, Kurierung des Saul, Jakobs Heirat, Hiskias' Genesung, Gideons Geschichte und Jakobs Tod in »Sonaten«-Form auf dem Klavier illustriert. Doch ist Kuhnau so wenig wie Froberger oder ein anderer ein wirklicher Vorläufer Bachs. Bach erdrückt so die Arbeit seiner Ahnen, dass man kaum sagen kann, er stehe auf ihren Schultern.

Konrad Pau(l)mann, der erste deutsche Tonsetzer für Tasteninstrumente, blind. † 1473. Nach einer modernen Wintter'schen Zeichnung

Selbst mit andern Wundern der Kunstgeschichte ist Bach schwer zu vergleichen. Denn es giebt kaum eine Erscheinung, die mit ihrer ganzen Kunst so einfach identisch ist, wie Bach mit der Musik. Dem Michelangelo musste Rembrandt fehlen und dem Rembrandt Monet, aber dem Bach fehlt weder Beethoven noch Schumann noch Wagner. Ich glaube, wenn der liebe Gott das, was dann auf der Welt »Musik« genannt wurde, in sinnlicher Form den Menschen hätte darbieten wollen, dass er ihnen dann das Werk Bachs gegeben hätte. Es sind darin die tiefsten Geheimnisse musikalischer Polyphonie, wie die letzten Stufen eines dekadenten Ausdrucks; es ist die Mystik des Mittelalters darin nicht weniger als die Perspektive der Zukunft. Aber Inhalt und Form gehen nicht auseinander, wie sie es in der Geschichte thaten; sie sind identisch, sie sind ein und dasselbe, wie sie im Begriff der Musik sind. Ein einziges Mal vielleicht in dieser Welt ist das Ding an sich lebendig geworden, ist die Divergenz zwischen Begriff und Sein aufgehoben. Man kann die Musikgeschichte auf Bach hin schreiben; zeigen, wie sie sich zu ihm in convergierenden Strömen entwickelt hat und wie sie von ihm aus wieder divergierte nach ihren grossen Einseitigkeiten hin. Man könnte beweisen, wie sie um Bach pendelt, zu Bach kommt und von Bach geht im Laufe der Jahrhunderte, so wie man bei der bildenden Kunst zeigt, wie sie von der Natur geht und zu der Natur kommt.

Originalhandschrift Frobergers.
Aus einer Suite mit eigenen Randzeichnungen

Bach führte das stillste Leben, das man sich denken kann. Er hat keine Reisen nach Rom und Paris gemacht, er lernte die musikalische Litteratur durch Studieren und Abschreiben kennen. Ein echter »alter Meister«, mit ernstem, ein wenig saurem Gesicht, sitzt er inmitten seiner grossen Familie, in der ihm zwanzig musikalische Kinder heranwuchsen, und komponiert zum Unterricht und für sich, ohne viel davon gedruckt zu sehen. Sein Ruf dringt nicht weit, seine Kühnheiten erwecken nicht zu viel ehrende Feindschaft, auf seinen wechselnden Stellen in Arnstadt, Weimar, Köthen, Leipzig hat er wenig Gelegenheit, sich in glänzender Hofgunst zu sonnen. Nur ein Moment sticht hervor: Friedrich der Grosse erhält mitten in einem seiner Konzerte die Fremdenliste von Potsdam, er unterbricht das Spielen und sagt zu seinen Offizieren: »Meine Herren, der alte Bach ist gekommen«. Bach wird sofort zu ihm geholt, im Reisekleid improvisiert er über ein Thema des Königs, dessen Ausführung er später als »Musikalisches Opfer« ihm zusandte. Wenn sich zwei Grosse treffen, rieselt ein Schauer über die Erde.

Mit der Erscheinung Bachs wendet sich die ganze Musikgeschichte nach Deutschland. Und gar die Klaviermusik, so weit sie von irgend einer Bedeutung, ist von diesem Augenblick an deutsch. England, Frankreich, Italien versinken teils allmählich, teils auch plötzlich.

Bachs Klaviermusik ist eine geschlossene Welt, ein Spiegelbild seiner ganzen Musik. Wie die Natur in jedem Blatt ganze Natur ist, so ist Bach in jedem Stückchen, wie in jeder Gruppe seiner Werke, der ganze Bach. So ist es das erstemal gekommen, dass das Klavier einen ganzen grossen Menschen interpretiert hat. Bei den alten Engländern verkörperte es den ganzen Tonsetzer, bei Couperin wohl den ganzen Menschen, aber einen, der nur tanzte, bei Scarlatti einen ganzen Klavierspieler, bei Bach nun die ganze Innerlichkeit eines Menschen, von dem man nicht weiss, ob der Horizont der Musik oder des Geistes grösser ist. Das war der erste Höhepunkt des Klaviers.

Das natürliche Gestaltungsprinzip, aus dem Bach schafft, die Einheit seines Wesens ist der kontrapunktische Gedanke. Man kann Musik schreiben, in der jede einzelne Stimme als selbständige Linie behandelt ist und die Kunst der Zusammenfassung dieser Einzellinien die höchste Ausbildung erreicht, wie auf einem Holbein: das ist Kontrapunktik. Oder man kann eine Musik schreiben, in der auf einer fortschreitenden Basis begleitender Harmonien, ohne viel Rücksicht auf Stimmenreinheit, eine oberste hell beleuchtete Melodie läuft, wie auf einem Ribera: das ist der Stil des Accompagnements. Bachs Grundwesen liegt in jenem kontrapunktischen Verfahren. Er denkt die Stimmen gegeneinander, und in demselben Augenblick, da er ein Motiv hinsetzt, ist ein zweites oder drittes Motiv da, das sich mit diesem kontrapunktisch umarmt.

Aber dennoch hat er auch den Accompagnementstil in sich aufgenommen. So wenig, als man ihm je eine Verlegenheit an Melodie nachsagen kann, hat er die Harmonie des neueren weltlichen Musikstils beiseite gelassen, vielmehr er hat seine Kontrapunktik ganz nach deren Gesetzen geführt. Die gemeine italienische Begleitung freilich mit darüber singender Melodie hat er so gering geachtet, wie je ein besserer Musiker. Wenn er sie anwendet, geschieht es in sehr diskreter Weise, und das reich verzierte Arioso läuft über dem stark beweglichen Continuo-Bass in so feiner Fügung, dass es mehr an einen figurierten kontrapunktischen Satz erinnert, als an eine leichtfertige Singstimme, die vom Cembalo per Generalbass begleitet wird.

Indem er die Kontrapunktik durch den Kontrast eines Arioso, das Fundament eines Basses und das moderne System des Harmoniennetzes verweltlicht, hat er die Vorzüge beider Musikstile in einem und bietet eine Vereinigung zweier Epochen, die unendliche Aussichten eröffnen musste.

Zwei oder mehr Stimmen laufen nebeneinander. Sie werden aufgefasst in ihren Beziehungen zu einander. Da wird der einfache kontrapunktische Satz, der sie gut zu einander stimmt und ihren Rhythmus gut ineinander einfügt, bald nicht mehr genügen. Die Beziehungen, auf die es ankommt, werden am besten betont, wenn sich die Stimmen ein wenig nachahmen. Aus der leichten Imitation wird der strengere Kanon und endlich wird auch die Reihenfolge der kanonischen Wiederholungen genauer geregelt. Das Ideal ist dann ein Satz, in dem jede Note jeder Stimme ihre imitatorischen Beziehungen hat und das Ganze so innig zusammengebaut ist, dass man keinen Stein herausnehmen kann, ohne dass es einfällt.

Wir beobachten Bach bei dieser Arbeit. Er arbeitet leichter, eleganter oder schwerer, massiver, nicht nach Willkür, sondern nach seinem Gegenstand. Er hat ein Prélude vor, in dem ein leichtes Nebeneinanderlaufen der Stimmen seinem Sinne entspricht: Imitationen wachsen wie von selbst hier und da hinein. Dann ist es die Schlussgige einer Suite, in der ein schnellfüssiges Sechsachtel-Thema doch mit einer gewissen kanonischen Strenge bearbeitet werden soll, die der ganzen Suite einen solideren Abschluss giebt. Dann wieder ist es ein langsamer, sich in den Stimmen verschlingender Satz, wie er nach den ersten präludierenden Takten der Fis-moll und der C-moll-Toccata steht: die Stimmen nehmen sich die klagenden Themen gegenseitig ab, ohne feste Regel genauer Reihenfolge, absichtlich wundersam verschwimmend und in den Harmonien weich fliessend, ohne jedes erkennbare Gerüst, fast wie ein märchenhafter Nachklang mittelalterlicher Kontrapunktik. Oder endlich es ist eine rechte Fuge, die wie ein Monument dazustehen hat: es giebt kaum einen überflüssigen Spielton, in geregelter Reihenfolge treten die Stimmen mit dem einfachen oder doppelten Thema nacheinander vor, immer in der Quinte und Quarte abwechselnd imitierend, mit strenger Wahrung der Grundtonart, und zum Schluss, wo noch grössere Festigung verlangt wird, in Engführungen oder Verbreiterungen des Themas stolz und stramm sich aufwölbend.

Bach hat uns ein Klavierwerk hinterlassen, in dem wir die einfachste Gestalt, die der kontrapunktische Gedanke bei ihm haben konnte, vollendet beobachten können. Es sind die 15 »Inventionen« und die 15 »Symphonien«, die er als Manuskript mit dem Titel versah: Auffrichtige Anleitung, Wormit denen Liebhabern des Clavires, besonders aber denen Lehrbegierigen, eine deutliche Art gezeiget wird, nicht alleine mit zwei Stimmen reine spielen zu lernen, sondern auch bey weiteren progressen mit dreyen obligaten Partien richtig und wohl zu verfahren, anbei auch zugleich gute inventiones nicht alleine zu bekommen, sondern auch selbige wohl durchzuführen, am allermeisten aber eine cantable Art im Spielen zu erlangen, und darneben einen starken Vorschmack von der Composition zu überkommen. Verfertiget von Joh. Seb. Bach, hochf. Anhalt-Cöthenischen Capellmeister. Anno Christi 1723.

Die Inventionen und Symphonien 89

Es spricht die ganze Behaglichkeit der Zeit aus diesem Titel, und es ist gut, sich heute wieder von dieser Behaglichkeit möglichst viel anzueignen, um den Genuss dieser 15 zweistimmigen Inventionen und 15 dreistimmigen Symphonien sich nicht zu schmälern. Noch heute braucht Bach die Art der lehrbegierigen Liebhaber, die das

Vergnügen mit Fleiss düngen und im Nachempfinden mitempfinden. Wer sich Baches-würdig ans Klavier setzt, findet in diesen 30 einfach kontrapunktischen Stücken eine kleine Sammlung von Kostbarkeiten. Von der eleganten Arbeit des Kanonischen wird er bald eingenommen sein, wenn seine Finger erst die gehörige Stimmenklarheit errungen haben; aber von dem in allen Farben schillernden Charaktergehalt dieser Einsätzer wird er nie mehr losgelassen werden. Meisterzeichnungen, die in wenigen Strichen ganz grosse Dinge skizzieren; Atelierblätter, die so voller Studium sind, dass sie das ganze Leben bannen. Die schwermütige F-moll-Invention, die barocke in B-dur, von den Symphonien die in den zwei Oberstimmen so seltsam klagende in Es-dur, oder die chromatisch-schmerzliche in F-moll, die neckisch punktierte in G-moll, die graziöse in A-dur, deren Spuren man in so vielen Nachfolgerwerken verfolgen kann, und die rhythmisch so frei singende in H-moll mit den Harfenschlägen, in der sich Beethoven und Chopin ungeboren zu treffen scheinen. Schon diese kleinen 30 Charakterstücke waren ein Unikum in der zeitgenössischen Litteratur, und sind es eigentlich heute noch.

In diesen Phantasiestückchen ist der Fugengedanke im kleinen angewendet: in den Toccaten ist er es im grossen. Die Klaviertoccaten Bachs sind freie Stücke in jener wunderbaren Vielseitigkeit der Gestaltung, die eine Musik besass, welche noch nicht in konventionellen Formen erstarrt war. Wenn man sich zu den Inventionen und Symphonien ans Klavier setzt, spitzt man die Finger wie zu einer Miniaturarbeit. Setzt man sich aber zu den Toccaten hin, so legt man die Arme breit aus und schüttelt die Hände, in einer »gewissen grossartigen Freiheit« — hätte man zu Bachs Zeit gesagt. Diese Toccaten sind unendlich zu lieben wegen ihrer improvisatorischen Haltung, die aus dem Präludiengang die Fughetta herauswachsen lässt und zwischen die Strenge der Imitationen das Spielerische vergnüglicher Technik streut. Unerschöpflich in der Form ihrer Formlosigkeit stehen sie als die grossen Muster jenes echten Klavierstiles, der vom Improvisatorischen immer ein gut Teil haben wird, an der Schwelle der modernen Litteratur.

An den Toccaten kann man sehen, wie Bach den Fugengedanken organisch emporwachsen lässt; sie bieten die Psychologie der Fuge reiner als die reinen Fugen.

Fis-moll-Toccata: die Finger spielen präludierend über die Tasten, allmählich langsamer, die Gänge stückeln sich in Motive, die sich leicht imitieren, bis sie auf einem festeren Bass zur Ruhe kommen. Der Augenblick der Lyrik ist da und die Seele spricht sich in einem langsamen Satze aus, der sich fugenartig verwebt, bald frei im eigenen Harmoniengewebe schwebend. Ein Staccatomotiv bricht hinein, schnell krystallisieren sich rollende Sechzehntel herum, es wächst und schwillt in dreistimmiger Fuge an, lockert sich, wird leichter und geht in eine opernmässige Fröhlichkeit über, sich überkugelnd in Wiederholungen, die uns heute für die geringe Bedeutung gerade dieses Motivs fast zu breit scheinen. Ein Zögern, und in der gewonnenen Frische taucht das erste chromatische Adagiomotiv als lebendig fliessende Fuge wieder auf, bald vierstimmig fortstürzend, in Geschäftigkeit schliessend.

D-dur-Toccata: Freudige Präludien in Tonleitern, die in Accorde und Tremoli auslaufen. Frischer Einsatz eines kapriciösen Motivs, das mit spielenden Figuren untermischt seinen Weg läuft. Ein Zögern in Adagio; klagende ziehende Melodien, von Tremoli frei accompagniert; sachte geht es in eine ruhige dreistimmige Fuge über, die wieder zu präludierenden Gängen führt, zu sprechenden Recitativen, zerrissenen Accorden, bis die grosse wilde Triolenjagd sich in ihrer Fugengewalt herüberwälzt, jenes D-dur-Stückchen, das in Inhalt und Technik der ganze — Schumann ist. Zerfliesst in Gänge, schliesst sinnend.

Und so erkennt man leicht die Seelenentwicklung der inhaltsschweren C-moll-Toccata, die fast ganz von einer entzückend gebauten Fuge sich beherrschen lässt, und der Toccata in D-moll mit ihrem rührend schönen Adagiosatze, der in G-moll mit dem bacchantischen Schlusse, der leichtfüssigen in G-dur und der unvergesslichen in E-moll mit ihrer krystallklaren Schwermut. Sie alle sind gebaut auf Innerlichkeit, von einer grandiosen Intimität, wie sie nur Beethoven noch dem Klavier anvertraut hat, und von einer Seelenaussprache, die kein Programmatiker unseres Jahrhunderts in seiner Art übertroffen hat. Die Fuge aber ist in ihnen seelischer Inhalt geworden und in ihre Form ist alle Sprache der Musik restlos aufgegangen. Man sieht sie kommen, wachsen und gehen.

Wer an den Toccaten die Psychologie der Bach'schen Fuge erschaut hat, wird sie in seinen reinen und absoluten Fugen nicht mehr verkennen. Eine Bach'sche Fuge — das klingt unserm Laien wie der Inbegriff alles Akademikertums. Aber nie sind Fugen geschrieben worden, die weniger akademisch entwickelt sind, die so ganz aus der Seele fliessen. Man nehme nur die Fuge nicht als Selbstzweck, nicht als nackte Architektur — man bemühe sich, den Geist ihrer Entfaltung aufzudecken, und man wird staunen über die unendliche Mannigfaltigkeit inneren Musiklebens, die in diese Form gegossen ist. Das Wesen der Bach'schen Fuge ist gerade ihre Loslösung von aller Architektur, ihre Überwindung der Mathematik zu Gunsten seelischer Entwicklungen. Die Form der Fuge, jene bekannte Reihenfolge und Steigerung der kanonischen Einsätze, ist ihm ein Gegebenes, ohne dass er übrigens je daraus ein starres Prinzip gemacht hätte. Aber mit diesem Material arbeitet er so, dass er die Entwicklung des Stückes ganz in den Dienst des Charakters stellt, den ihm das Fugenthema bietet. Das Thema ist die Überschrift und das Stück ist sein Inhalt.

Sein Genie offenbart sich in der Erkenntnis der tausend Entfaltungsmöglichkeiten, die in seinen Themen liegen, den diatonisch rollenden, den pausendurchsetzten, denen mit den scharfen Septimencäsuren, den choralmässig schreitenden, den launisch punktierten und namentlich denen mit dem schlechten Takteinsatz und den kühnen Konturen, die so neugierig machen und erst am zehnten Takte ganz deutlich in ihrem Rhythmus hervortreten, und die er so liebte, weil sie der kommenden Entfaltung den besten Stachel geben. Der Laie gewöhne sich ab, Fugen zu fürchten. Die Fuge in der grossartigen Bach'schen Form, mit jener unerhörten Kunst aufgebaut, die die erste C-dur-Fuge des Wohltemperierten Klavieres zeigt oder die Cis-moll-Fuge mit ihren drei allmählich übereinander geschichteten Themen, oder mit jener stupenden Leichtigkeit sich abrollend, wie wir sie an der grossen berühmten A-moll-Fuge täglich bewundern müssen, — diese Fuge ist eine notwendige Sprache der Musik, wie es die Melodie ist, eine jener Natursprachen, die nicht verschwinden können. Sie zu erfassen, ganz in sich aufzunehmen, bis die mehrstimmige oder gar mehrthematische Entwicklung einer Fuge auf ihren Charakterwert hin durchsichtig vor dem Auge steht, das ist ein Genuss des musikalischen Gourmands, der sich mit wenigen Dingen vergleichen lässt. Die Spielbarkeit Bach'scher Fugen ist, ohne zu leicht zu sein, doch so im Geiste des Klaviers, dass die Finger bald ihre erste Zaghaftigkeit verlieren und das Wesen ihrer Bewegung in dem Werke bald wie in einem Spiegel wieder erkennen. Und eine unendlich frische Belebung steigt aus dieser Bethätigung herauf, wo keinerlei Täuschung, keinerlei Dilettantismus, keinerlei Überflüssigkeit ihre Stelle hat.

Die XV. Sinfonia von Joh. Seb. Bach. Kgl. Musikbibliothek, Berlin

Der grosse Künstler, dem die »Phantasie« eine Voraussetzung ist, arbeitet nicht an dieser, mag sie auch der Menge als Hauptsache erscheinen, er arbeitet an der Form, die dieser Arbeit bedarf. Wir sehen Bach durch sein ganzes Leben an der Fuge arbeiten und das encyklopädische Werk, über dem er gestorben ist, die »Kunst der Fuge«, zeigt uns Höhepunkte dieser Gestaltungskraft, die schwindeln machen. Ausser einigen verstreuten Fugen hat er eine Elite, aus verschiedenen Altern, in den beiden Bänden des Wohltemperierten Klaviers gesammelt, wo für jede Dur- und Moll-Tonart jedes Halbtons doppelt mit einem Prélude und einer Fuge gesorgt ist: eine äussere Anordnung, die teils nicht ausser dem Geschmack der Zeit lag, teils auf den Nebenzweck des Werkes sich zurückführt, eine nun endgültig eingeführte temperierte Klavierstimmung, in welcher zu Gunsten der Bequemlichkeit kleine akustische Fehler gemacht werden, für alle Tonarten gleichmässig lehrreich auszunutzen. Man hatte es nicht schwer herauszufinden, dass die Einheitlichkeit der beiden Bände dieses Werkes nicht sehr gross ist, und selbst Spitta, der verdienstvolle Bachbiograph, der in alle seine Notenbände eine höhere Einheit zu bringen sucht, muss die Stilverschiedenheiten und Interpolationen des Wohltemperierten Klaviers zugeben. Es verliert dadurch nichts. Die schillernde Vielseitigkeit seines Inhalts verträgt selbst die auseinander liegenden Stile (— die ja schliesslich gar nicht so weit auseinander liegen —) und die künstliche Zusammenschweissung von Préludes und Fugen, die ursprünglich nicht aufeinander hin komponiert waren. Niemand wird sich ernstlich an einer etwas zu dickflüssigen Fuge, etwa mit einem tiefen Pedalton zum Schluss, in diesem Zusammenhange stossen, und niemand wird verkennen, wie wundervoll die Préludes zu einander und zu manchen Fugen stehen. Das Ganze gewinnt etwas von dem Charakter alter populärer Sammelepen, wie Homer oder die Bibel. Bachs Autograph des I. Teiles trägt die Jahreszahl 1722, vom II. Teil giebt es überhaupt kein vollständiges Autograph. Und diese Bibel des Klavierspiels ist erst zwei bis drei Menschenalter nach ihrer Entstehung, im Jahre 1799, das erstemal gedruckt worden.

Wenn man sich die sechs Werke ansieht, die als Originalausgaben zu Bachs Zeit gedruckt wurden, so sprechen sie deutlich über den Geschmack der Zeit. Im Jahre 1726—30 erschien ›Der Klavier-

Seffners Bachbüste

Mit Benutzung des Originalschädels gearbeitet

übung erster Teil« mit den Suiten, die unter dem Namen Partiten bekannt sind. Aus dem Jahre 1735 haben wir der Klavierübung zweiten Teil, welcher das italienische Konzert und die »Ouverture nach französischer Art« (auch eine Suite) enthält. Aus dem Jahre 1739 den dritten Teil, in dem sich neben vier Klavierduetten Orgelchoräle finden, wobei zwischen Orgel und Klavier so wenig scharf unterschieden wird, wie zu allen Zeiten vor der Erfindung des Hammerklaviers. Der vierte Teil aus dem Jahre 1742 enthält die grossen Variationen für Klavicymbel mit zwei Tastaturen. Ausserdem ist 1747 jenes »Musikalische Opfer« erschienen, in welchem das Thema Friedrichs II. bearbeitet wurde; und 1752, zwei Jahre nach Bachs Tode, kam noch die »Kunst der Fuge« heraus. An den Druck der »Kunst der Fuge« konnte er erst in seinen letzten Jahren gehen, als die Bach'sche Fuge in der Welt schon etwas galt. Das »Musikalische Opfer« war durch die Protektion des grossen Königs gedeckt. Alle übrigen Klavierstücke, deren Druck sich ihm zu lohnen schien, sind leichteren Genres: Suiten und Konzerte, »denen Liebhabern zur Gemüts-Ergetzung« — wie auf dem Titel steht. Die drei Typen der grossen Bach'schen Kontrapunktik, die Miniatur-Invention, die freie Toccate und die absolute Fuge waren, wie sie es noch heute sind, für einen zu intimen Kreis bestimmt, als dass sie die Popularität von Tänzen und Konzerten erreichen konnten.

Ist Bachs Grösse in jenen Werken einsam, so ist sie in diesen lieblich, und wir lernen seine zweite Seite kennen. Es ist ein zweiter Stil. Statt der strengen kanonischen Durchführung ein leichtes Rücksichtnehmen der Stimmen aufeinander, statt des hohen Kothurns eine liebenswürdige Weltlichkeit. Noch ist der kontrapunktische Gedanke das Gerüst des Baues, aber dazwischen sind einfach harmonisierte Rosenketten von Melodien eingeflochten oder es wetteifert das Klavier sogar mit dem Arioso einer Violine. Zwischen den Extremen des ersten Satzes der »Chromatischen Fantasie« mit ihren freien Rhythmen, Arpeggi, Recitationen und Gesangsstellen, und des zweiten Satzes, der regulären Fuge, — Extreme, die die beiden Grenzen Bach'scher Stile bezeichnen, giebt es eine unendliche Fülle von Spielarten, in denen bald das kontrapunktische, bald das ariose Element stärker hervortritt. Wir sehen Bach in dieser zweiten Gruppe seiner Klavierwerke, den Suiten und Konzerten, bis in die reizenden Gefilde italienischer sinnlicher Musik hinübergehen. Aber es ist wunderbar, wie er auch nicht einen Augenblick seinen ungewöhnlichen Geist und seine nie zufriedene Gestaltungsfreudigkeit verloren hat. Das ist der ganze Unterschied zwischen der ursprünglichen Tiefe einer Bach'schen Suite und der mondänen Legerität einer Händel'schen.

Es giebt von Bach drei grosse Gruppen von Klaviersuiten: die sogenannten Partiten, die einzigen, welche zu seiner Zeit im Druck erschienen, die sogenannten englischen Suiten und die sogenannten französischen. Die Partiten, welche Bach zuerst einzeln veröffentlichte, müssen, als das erste durch den Druck verbreitete Werk dieses Autors, alle Welt in höchstes Erstaunen gesetzt haben. Es war ein Geniesprung sondergleichen, die Emporhebung einer überlieferten Kunstform zu ganz unerhört neuen Gebilden, ein Gewitter von Geistesblitzen über einer Landschaft, die man längst von Franzosen und Italienern gepachtet glaubte. Noch heute gehören die Partiten zu der auserlesensten Klavierlitteratur und ich begreife nicht einen Augenblick, wie man sie nicht den englischen und französischen Suiten um ein beträchtliches vorziehen mag. In keinem Buche ist der Musik ihre Zukunft ahnungsvoller prophezeit worden: in der B-dur-Corrente Chopin, in der B-dur-Gige Schumann, in der C-moll-Sinfonia Beethoven, im C-moll-Rondeau und Capriccio Mendelssohn, im A-moll-Scherzo Mozart zu erkennen, ist keine blosse Spielerei.

Die Partiten sind über das übliche Schema der Suiten (Allemande, Corrente, Sarabande, Gige) so herausgewachsen, wie Beethovens Sonaten über das Sonatenschema. Sie haben eine traditionelle Form vergeistigt und neu belebt. Die Suite, welche am Ende des 17. Jahrhunderts konventionell wird, erfährt durch den Bach'schen Geist ihre Erhöhung, um dann im wesentlichen stehen zu bleiben, bis später Schumann eine ähnliche Form zum Ausdruck moderner Empfindungen wählt. Nachdem die Suite erledigt ist, wird die Sonate auf dieselbe Art zur starren Form, um dann von Beethoven in denselben modernen Geist übergeführt zu werden. Bach hat das Glück und den Geist, die traditionelle Suite in die Vergangenheit zu rücken, die konventionelle Sonate in der Zukunft dämmern zu sehen. So ist das Tanzstück wie das freie Stück bei ihm frisch und beweglich geblieben. Suite und Sonate waren ja nur verschiedene äussere Wege, eine Einheit in mehrere Stücke zu bringen. Dort lehnte man sich an die alten Tanzbündel an, ohne je an das Tanzen zu denken; hier erfand man für den ersten Satz eine praktische Form und reihte Adagio, Scherzo und Rondeau schliesslich nicht anders an, wie Sarabande, Menuett und Gige. Die Geschichte dieser Einheitsversuche der Klavierstücke, von den ersten englischen Variationen an über Couperins Ordres zu Bach'schen Suiten, italienischen und deutschen Sonaten, Chopin'schen Albums, Schumann'schen Scenen, Liszt'schen Epen ist nicht zu wichtig zu nehmen. Das Klavier drängt noch mehr als das Orchester zu Kleinstücken, aber der Geist wünscht ein Mittel, sie zu verbinden.

Wollte man eine auffallende Beweglichkeit als Charakteristikum der Partiten annehmen, so würde man wohl einen Zug treffen, durch den sie sich von den französischen Suiten unterscheiden, aber bei weitem nicht ihre Qualitäten erschöpfen. Schwere Stimmungen, launige Capricci, entzückende Tanzpas, ariose Gesänge, alles ist in diesem Werke eingeschlossen, auf dessen Seiten man fühlt, wie der Bach'sche Geist das letzte, dessen er sich selbst für fähig hält, darbieten will. Und in diesen einleitenden Préludes, Toccaten oder Sinfonien, in diesen fliessenden Allemanden, gleitenden Correnten, schweren Sarabanden, filigrangearbeiteten Gigen, in diesen zahlreichen Intermezzisätzen als Burlesken, Rondeaux, Airs, Menuetten, Passepieds giebt es geniale Wendungen, die sich typisch dem Gedächtnis einmeisseln. Ich denke an die Veilchenketten der ganz aus der Art schlagenden B-dur-Gige, an den blendenden Bau des C-moll-Capriccios, das statt einer Gige die Partite schliesst, an die D-dur-Arie, in der die ganze Grazie des 18. Jahrhunderts lebt, an die rhapsodisch-kühne D-dur-Sarabande, an die Farben der einleitenden E-moll-Toccata, den Schwung der Allemande darauf, den schweren Glanz der Sarabande und die übermütigen Synkopen der Gige.

Die sechs englischen Suiten, deren Zusammenstellung von Bach als sicher gelten kann, stehen zwischen den sechs gedruckten Partiten und den sechs französischen Suiten, deren Vereinigung im Bach'schen Sinne nur wahrscheinlich, nicht sicher ist. »Englische« Suiten soll man sie genannt haben, weil sie für einen Engländer bestellt waren; der ursprüngliche Titel scheint »suites avec prélude« gewesen zu sein. Denn die englischen Suiten haben, wie die Partiten, jede eine nicht kleine Einleitung, welche einen fugierten Stil hat, ohne dem strengsten

Fugengesetze zu gehorchen. Auch die Intermezzi finden sich so zahlreich, wie bei den Partiten. Aber jene höchste geistige Kraftanstrengung fehlt ihnen; sie sind graziöser und galanter. Diese Stimmung kommt namentlich den einleitenden fugierten Sätzen und auch den mittleren Tanzstücken zu gute, und wer mehr ein Spiel der Töne als den grandiosen Geist sucht, wird hier vielleicht reichere Ausbeute finden, als in den Partiten. Hübsche, volksliedmässige Sarabanden, entzückende Bourrées, echte Rokokogavotten, zierliche Menuette, das unglaublich fein gearbeitete Passepied in E-moll — das steht alles so dicht nebeneinander, dass man sich kein sprühenderes Album feiner Tänze aus dem 18. Jahrhundert denken kann. Es ist wahr, in der Wiener Schule beim jungen Muffat und andern ist in diesen Tänzen ein leichter, wiegender Ton, der an die ersten Anfänge der schönen Wiener Tanzmusik mahnt; aber sie sind auf die Dauer, wie die Händel'schen, zu flüchtig und flach, als dass man mit jener ausserordentlichen Liebe zu ihnen immer zurückkehren könnte, wie zu Bach'schen Tänzen. Die sind so vollsaftig von Erfindung, dass sie in Jahrhunderten nicht verblassen konnten. Die hüpfende Unterstimme der D-dur-Gavotte in der D-moll-Suite, der vielgestaltige Gesang einer D-moll, einer E-moll, einer A-moll-Sarabande, die Filigrankontrapunktik des E-moll-Passepieds, der freche Übermut der A-moll-Bourrée, der Rausch des A-moll-Préludes, das selbst zu einem Reigen wird, — welche tiefe Ursprünglichkeit in all diesen Stücken, wo zwischen der Psychologie und der Automatie der Wiederholungen so wunderbar die Grenze gewahrt ist.

Wie die französischen Suiten zu ihrem Namen kamen, ist schwer zu sagen. Französischer als die englischen sind sie nicht, denn sie sind ebenso bachisch wie diese. Ohne Préludes und ohne gar zu viel Intermezzi oder Doubles (variierte Wiederholungen) sind sie von staunenswerter Vielseitigkeit, und besonders die Allemanden, als erste Sätze jeder Suite, bieten eine solche Mannigfaltigkeit der Gestaltung, dass ihnen schliesslich nichts als der viergeteilte Takt gemeinsam ist. Das Lied in der Sarabande und der Tanz in den Intermezzi treten in gleicher Bedeutung auf, wie bei den englischen Suiten, und ein leichter Ton geht hindurch. Am leichtesten in der E-dur-Suite, die mit ihrer rollenden Allemande und Courante, der singenden Sarabande, der stelzbeinigen Gavotte, der charakteristischen Polonaise, der neckischen

Klavicymbel der Maria Theresia mit venezianischem Schweller

Bourrée und der fröhlichen Gige ein Museum der Heiterkeiten ist. Die fliessende Courante darin fällt auf, denn gerade in den Couranten dieser Suiten mit ihren schweren altmodischen Bewegungen will uns des öfteren die seltene Gelegenheit scheinen, in der wir Bach schon zopfig finden müssen. Dann wollen uns auch die Verzierungen nicht mehr behagen, die scharenweise auf diesen Noten sich niedergelassen haben. Bach hat aber die Verzierungen, so wenig er sich von ihnen auch emanzipieren durfte, schon nicht mehr mit der Strenge altfranzösischer Klavecinisten gehandhabt. Wenn wir die verschiedenen Handschriften seiner Werke vergleichen, sehen wir die Unsicherheiten und die Änderungen. Bischoff in seiner vorzüglichen kritischen Ausgabe Bach'scher Klaviermusik, die bei Steingräber erschienen ist, hat daher nur diejenigen Verzierungen gross stechen lassen, die zweifellos immer von Bach gespielt wurden. Der Geschmack wird sie an einigen Stellen, aus Gründen der Symmetrie und der Thematik, ergänzen, aber verwirrend viel sind es dann nicht mehr.

Unter den Suiten, die nicht in diese Sammlungen gehören, erinnert man sich gern der hübschen Tänze und Intermezzi zum Beispiel in der Es-dur-Suite und namentlich jener in H-moll mit der Ouverture nach französischer Art (langsam – Fuge – langsam), die im zweiten Teile der »Klavierübung« als Stück für zwei Manuale erschien. Sie bietet unter den vielen Intermezzi, nach Art der Orchesterpartiten, eine Gavotte, welche zu den auserlesensten Tänzen im graziösen Stil des vorigen Jahrhunderts gehört. Von den Klaviersuiten geht es zu den Klaviersonaten, die noch im Sinne der italienischen Kunst, mit Tänzen untermischt, freie Vereinigungen von verschiedenen Sätzen darstellen – das gesangreiche Andante der D-moll-Sonate und ihr letzter, gleichsam einstimmig abschnurrender Allegrosatz sind Perlen. Einen Schritt weiter führen die Fantasien mit Fugen: namentlich die polyphone in A-moll, die recitativische »chromatische« und die konzertierende in C-moll, zu der die Fuge nicht vollendet ist. Diese drei Fantasiesätze sind geradezu Bach'sche Vermächtnisse an die Zukunft geworden: in der, durch unendlich feine Melodieführung gehobenen Polyphonie der glanzvoll daherrauschenden A-moll-Fantasie trifft uns Meistersingerstimmung, in der chromatischen Fantasie mit ihren breiten Erzählungen und dem grandiosen Schlussorgelpunkt scheint uns das Klavier mit der Freiheit eines Dramas reden zu wollen, in der bedeutsam aufgebauten C-moll-Fantasie steckt das ganze formale Talent der Instrumentalkomponisten im ausgehenden 18. Jahrhundert.

Die drei Prachtfantasien neigen naturgemäss zum konzertierenden Stile hin, der die Kontrapunktik teils ganz zu Gunsten eines Accompagnato aufgiebt, teils nur in den leichten Dienst sorgsam gearbeiteter Stimmführung stellt. Das Problem, dem Klavier allein ein ganzes Konzert anzuvertrauen, hat Bach in seinem berühmten »Italienischen Konzert« gelöst — italienisch im Gedanken des Konzertvortrages, wie er sich dort an der Violine namentlich entwickelt hat, italienisch in der Form eines von zwei schnelleren Sätzen eingeschlossenen langsamen, die sich für die Violine (halb im Wettstreit mit dem Tutti, halb im Interesse der Solovirtuosität) als die praktischeste herausgestellt hatte. Bach hat im italienischen Konzert die Aufgabe, ein zum Vortrag geeignetes Klavierstück in mehreren Sätzen zu schreiben, so unvermittelt vollkommen erfüllt, dass die grossen Sonaten einer späteren Zeit nichts Wesentliches mehr haben dazu thun können. Der erste Satz ist eine geniale Vereinigung vollgriffiger Motive, die an Tutti-Effekte erinnern, spielender Sechzehntelfiguren und melodiöser Stellen auf rückender Achtelbegleitung, die wie das zweite lyrische Thema von Sonaten anmuten. Der langsame Satz ist ein grosses recitativisches Lied auf einer berceusenartigen Begleitung, von so feinem Baue, dass man an die Konturen alter primitiver Bilder sich erinnert glaubt — es ist die zarte Grazie archaistischer Linie, ähnlich wie in dem doppelstimmigen verschlungenen Arioso des H-moll-Préludes oder in dem krausen Gesang des E-moll-Préludes (Wohlt. Kl. I). Der dritte, wieder schnellere Satz löst alles in ein heiter gebundenes Spiel flüssiger Stimmen auf, über deren eleganten Bau keiner der grossen Formalisten hinausgegangen ist: flüchtige Gänge rauschen zwischen Accorden auf und nieder, duftige Tropfen fallen herab und die Stimmen küssen sich in Wohllaut.

Die ganze Vielgestaltigkeit der Musik am Beginn des 18. Jahrhunderts spricht aus den Klavierwerken Bachs. Noch ist nicht der Sonatensatz mit seiner Zweithematik und der Durchführung im Mittelteil zum verehrten Schema geworden und alle Kräfte, die an dieser Form allmählich gearbeitet haben, sind in ungestörtem Spiele thätig, um sich bald in dieser, bald in jener Kombination von Sätzen und Satzteilen geltend zu machen. Man liebt die Thematik, man giebt einer Reihe von Suitensätzen auch ähnliche Anfangsmotive, man nimmt Motive früherer Teile in späteren wieder auf, aber dieser Drang zur Einheit wird keine Fessel für die Form, treibt nicht zur starren Schablone. Es giebt eine Fuge mit einem Präludium von Bach, die in Es-dur (Wohlt. Kl. I), welche vielleicht das zarteste Beispiel dieser fessellosen Motiveneinheit bietet: das Prélude, welches viel länger als die Fuge ist, beginnt mit Sechzehntelfiguren, deren Charakteristikum melodiös gehaltene Septimen- und Sextenschritte sind; hinter diesem einleitenden Teil beginnt nach Toccatenart eine Art langsame Fuge, welche das eben gehörte Motiv bedächtiger und enger umwandelt, und schliesslich in einem dritten Teil sich mit jener Sechzehntelfigur mischt; den vierten Teil bildet sozusagen die Fuge, die jenen Septimenschritt als Hauptcäsur verwendet und das Spiel in einem geschäftigen und frischen Tone zu Ende führt. Die motivischen Verwandtschaften sind nur gefühlsweise vorhanden, aber sie sind da und geben der Formfreiheit dieses Stückes eine eigene Strenge. So wird man in vielen Bach'schen Stücken, von den direkten thematischen Motiven abgesehen, diese indirekte Assonanz finden, die aus einem allgemeinen Einheitsgefühl geboren, schliesslich ein feinerer Rahmen des Stückes ist, als alle äusserliche Zusammenschnürung.

Und ähnlich geht es mit dem Bau der Stücke. Die Spuren zum späteren Sonatensatz findet man damals allenthalben. Man findet sie nicht minder in Tanzformen wie in freien Sätzen. Es war zu natürlich, den Anfang des Stückes am Schluss zu wiederholen, ein etwaiges zweites Thema dann in die Grundtonart zu transponieren und dazwischen die Hauptmotive in einer Art Durchführung auszuarbeiten. Aber so lange man, wie es in dieser Zeit geschah, noch wesentlich an der zweiteiligen Form des Stückes, eventuell mit Dacapo jedes Teiles, festhielt, verdichteten sich die Teile der Durchführungen und Repetitionen nicht so fest, dass nicht der frei gestaltenden Phantasie ein reiches Feld bunter Formen übrig geblieben wäre. Bachs Phantasie war scharf genug, jeder dieser im Augenblick sich bildenden Formen eine naturwüchsige elementare Festigkeit zu geben, und eine Toccata von ihm, obwohl alle verschiedengestaltet sind, oder ein

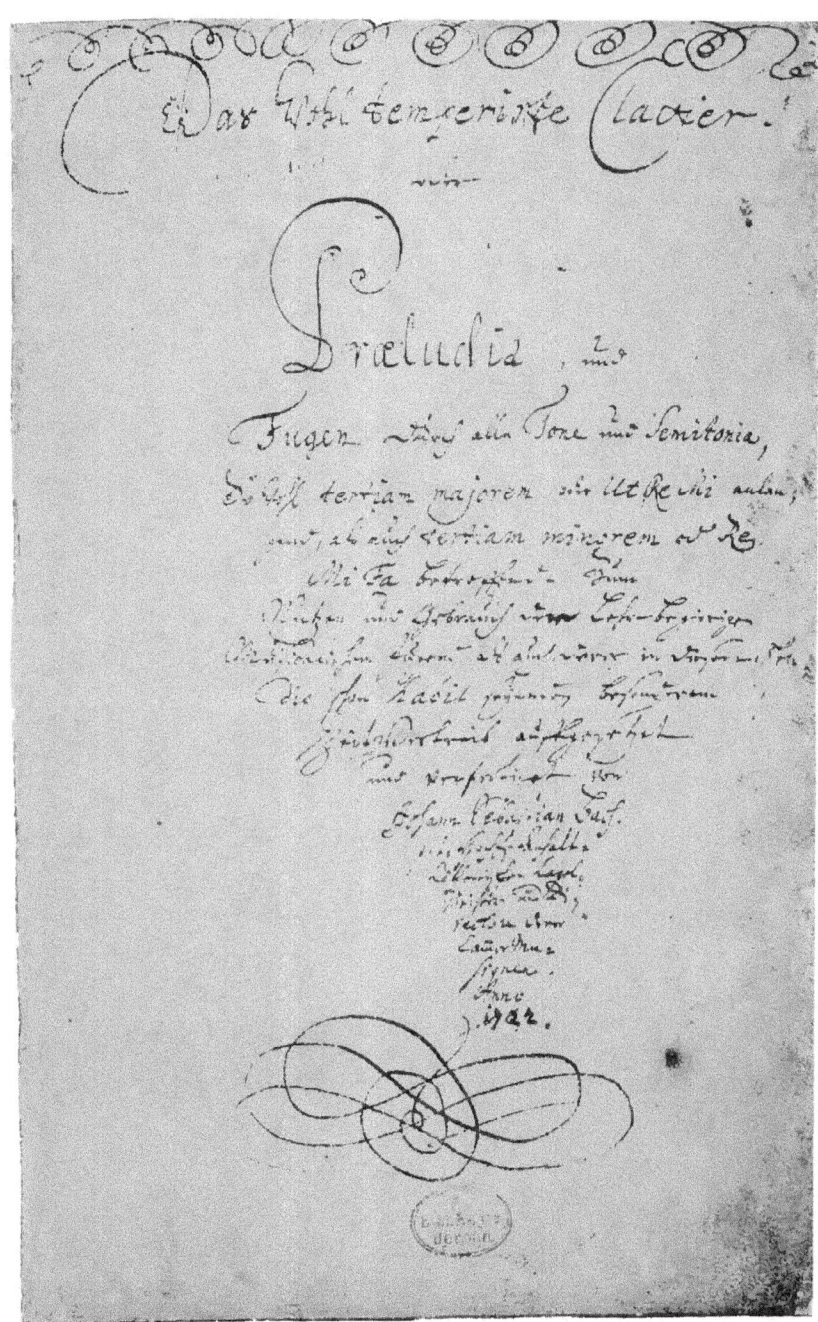

Titelseite des Bach'schen Manuscriptes zum Wohltemperierten Klavier

Kgl. Musikbibliothek, Berlin

Fantasiesatz, wie der so sonatenähnliche in C-moll, ist so sicher und selbstverständlich gebaut, dass uns die spätere einförmige Sonate wirklich eher als eine Armut, denn als Stilfestigung erscheinen muss.

In einem zweistimmigen Prélude hören wir finstere Mächte sprechen, es rauscht auf und nieder und zittert in schaurigen Tremoli; plötzlich bricht aus dieser Romantik wie ein wilder Vogel ein Triolenlauf hervor, der sich bald in klagender Chromatik wieder senkt, von einem zweiten und dritten gejagt, die in einer grandiosen stürmischen Fuge ihren Tanz aufführen. Das ist das unvergessliche Bild der D-moll-Fuge mit ihrem Prélude aus dem zweiten Teil des Wohltemperierten Klaviers. Und zu solcher unendlichen Charakteristik bietet die Bach'sche Freiheit im Bau und in der Zusammenfügung der Stücke unausgesetzt Gelegenheit. Da nicht eine Form, sondern ein Stil Grundlage der Komposition ist, bleibt ihr kein Gebiet verschlossen. Vielleicht zeigen die Bach'schen Préludes diese Freiheit am ausgiebigsten. Denn das Prélude ist nicht einmal eine Art Form, wie die Toccate, sondern es ist nur ein Stück vor dem Stück, eine Stimmungsmacherin, wandelbar und gestaltenlos. Das Prélude kann eine Toccate sein wie eine Sonate, eine Sinfonie wie eine Invention, es kann in ariosem Stil seine Oberstimme über dem Continuo daherrieseln lassen und es kann in vollgriffiger Polyphonie daherbrausen. Es kann den Rhythmus und die Taktsymmetrie der Tänze haben und kann in recitativischer Freiheit ohne den Gedanken einer Wiederholung reden. Die Fülle der Möglichkeiten, welche Bach in der Motivenarbeit, im Bau, im Stil zur Verfügung standen, spiegeln sich in den Préludes wieder, von der reellen Fuge bis zur galanten Spielerei. Wer sich das seltene Vergnügen macht, bloss die Préludes des zweiten Wohltemperierten Klaviers hintereinander durchzunehmen, wird die ganze Frühlingsfrische geniessen, in der die ungebundene Musik dieser zukunftsfreudigen Zeit sich auslebte. Und er wird, wie der feine Beobachter der Natur, gerade an diesen noch unverdorbenen Gestalten die grosse Harmonie und natürliche Einheit bewundern, die das junge Leben der Gebilde einschliesst. Als Blüte dieses Frühlings will mir immer das E-dur-Prélude des ersten Wohltemperierten Klaviers erscheinen, eines der delikatesten Stückchen, die jemals für Klavier geschrieben wurden. Im behaglichen Zwölfachteltakt beginnt das Gedicht mit einem genial erfundenen tändelnden Allegrettothema, das sich auf zwei Stimmen stützt, die aber bald kanonisch an dem Frohlocken teilnehmen. Man ist im Spiele der heiteren Gedanken auf die Dominante der Quintentonart gekommen und von diesem Fis ruht man mit neckischer Wendung ein wenig auf D und gar G aus, bis man sich ebenso schnell durch eine Chromatenkette wieder in H sieht. Die Ruhe der Dominantenstimmung benutzt man zu entzückenden kleinen Modulationen, auf denen sich Seligkeiten zu wiegen scheinen. Unter schönen Bindungen auf Fis-moll angelangt, geht es mit einem Juchzerlauf spornstreichs über H und E nach A, wo nun das Spiel des Anfangs in seiner ewigen Heiterkeit sich genau wiederholt, auch mit der neckischen Extratour, die hier nach C stattfinden muss, bis hinter den chromatischen Perlen ein schumannisch sinniger Schluss in wenigen Takten über Cis und A die Frühlingsode in das letzte E zurückführt.

In formaler Beziehung ist darum von den Späteren nichts Wesentliches geleistet worden, dessen Keime nicht bei Bach schon da wären. Ja selbst für die Programmusik auf dem Klavier, die Kuhnau mit seinen biblischen Historien so kurios versorgt hatte, ist er in seiner Jugend mit einer Komposition eingetreten. Er besingt den Abschied seines Bruders. Der erste Adagiosatz in anapästischen Rhythmen giebt die Schmeichelung der Freunde wieder, um denselben von seiner Reise abzuhalten. Es ist Zeit, dass eine Fuga kommt, und diese ist die Vorstellung unterschiedlicher Casuum, die ihm in der Fremde könnten vorfallen. Ein klagend arioser Satz auf einem Generalbass, mit viel Chromatik, ist ein allgemeines Lamento der Freunde. In einem vollgriffigen Intermezzo kommen sie, weil sie doch sehen, dass es anders nicht sein kann, und nehmen Abschied. Jetzt singt der Postillon seine Aria, durch Oktaven-Peitschen unterbrochen, und da aller guten Dinge Ende eine Fuge ist, hört man über dem Posthorn, mit Peitschenepisoden, eine solche vierstimmig sich aufbauen. So weit wie Froberger, der Räuberüberfälle, Rheinüberfahrten, ja Rauswerfereien auf dem Klavier getreulichst darstellte, oder Kuhnau, der den Betrug des Laban mit Trugschlüssen und den Zweifel des Gideon mit dem Probieren eines Chorals wiedergegeben hatte, ging der junge Bach zwar nicht, aber diese Art der Programmusik nahm ja überhaupt im 18. Jahrhundert genau so ab, wie sie im 19. wieder zugenommen hat.

Clavicytherium aus dem Museum Donaldson

Wenn man Spitta glauben will, hätte schliesslich Bach auch eines jener Charadenstücke hinterlassen, die im Geschmack der Zeit lagen: die Fuge über seine Buchstaben B A C H. Aber die Komposition erscheint doch zu flach und ledern, als dass man sich dafür entscheiden könnte. Es ist ja in der Philologie oft eine falsche Methode, das Flache den Grossen absolut absprechen zu wollen. Da aber für die B A C H-Fuge Bachs Autorschaft gar nicht bezeugt ist und er sonst niemals wieder mehrere so geistlose Seiten hintereinander geschrieben hätte, wird man ihn wohl nicht damit zu belasten brauchen.

Wie man in Bach schon alle Möglichkeiten der grossen Formen der folgenden Jahrhunderte findet, so findet man in ihm auch alle Keime des zukünftigen Ausdrucks, des Rhythmus, der Harmonien und Melodien. Nichts verkehrter, als diese Musik für akademisch ausdruckslos zu halten. Nur ist der Ausdruck in jene Kontrapunktik gebannt, die ihm das Impressionistische nimmt und dafür die Linien der Meisterschaft giebt. Man wird heute noch vergeblich nach ausdrucksvolleren Klavierstücken suchen, als in einigen Préludes des Wohltemperierten Klaviers enthalten sind: in dem wundersam dekadenten Cis-moll, in dem H-moll voll ruhiger Klage, im Es-moll mit seiner grandiosen Schwermut, im B-moll mit seinem Orgelernst, oder aus dem zweiten Teil im F-dur mit seiner Meistersingermelodik. Es giebt keine grössere Abwechslung an Charakteren, als sie eine Zusammenstellung der Fugenthemen aus diesem Werke bieten würde, und nur ein paar Seiten darin blättern, heisst eine Fülle von Inhalten an sich vorbeiziehen lassen, die nicht bald ein musikalisches Buch auf so engem Raume birgt. Im Dienste des Ausdrucks entfalten sich die Motive zur Architektonik der Fugen, entfalten sich die Rhythmen, deren weise Anlage man sich nur an einem Stücke wie dem G-dur-Prélude (Wohlt. Kl. I) klar mache, entfalten sich die Harmonien von ihren einfachen Folgen im berühmten C-dur-Prélude (Wohlt. Kl. I) oder Cis-dur-Prélude (Wohlt. Kl. II) zu den komplizierten Vorhalten und Bindungen im B-moll-Prélude (Wohlt. Kl. I) oder in der H-moll-Fuge (Wohlt. Kl. I) über dem so wunderschmerzlichen Thema, dass man in den Zeiten der furiosesten Septimenaccorde keine kühneren Accorde antreffen kann. In Bach, sagt einmal Marpurg, wären die verschiedenen guten Talente von hundert anderen Musikern vereinigt gewesen.

Bach spielte sehr ruhig. Die Technik begann in seiner Zeit immer mehr vom Schlagen ins Hämmern überzugehen, das Übereinanderkriechen der Finger, wie es noch der neben Bach und Händel als Klavierspieler gar angesehene Mattheson übte, wich einem systematischen Untersetzen, und der Daumen, den Bach bei den vorigen Generationen fast nur zu grossen Spannungen hatte verwenden sehen, begann seine bedeutende Rolle als Verbindungsfinger. Spitta hat die Reste Bach'schen Fingersatzes und die Angaben, die im Lehrbuche seines Sohnes Philipp Emanuel stehen, sehr nutzbringend verglichen und ein Bild von der Technik Johann Sebastians entrollen können, das in seiner Grandiosität zu seinem Werke recht wohl stimmt. Ein durch unerhörte Praxis und Begabung ausgebildetes System von untersetzenden Fingern, nicht bloss dem Daumen, sondern auch den mittleren Fingern, und zwar in der Regel so, dass nur ein grösserer Finger über einen kleineren gehen darf: Das gäbe wohl eine Technik, welche, wie das Werk Bachs, Tradition und Zukunft in gipfelnder Klassik einte. Von ihr wäre unsere Daumentechnik, die im wesentlichen auf Philipp Emanuel zurückgeht, ebenso nur als eine Einseitigkeit geblieben, wie die ganze nachfolgende Kunst gegen Bach die grosse Einseitigkeit wurde. Aber es ist schwer, sich über diese Dinge ganz klar zu werden. Vor der Zeit der Schulen war die Klaviertechnik ganz auf die Person gestellt und dem Nachlebenden ist die Rekonstruktion so unmöglich wie beim Mimen.

Wollte ein strebsamer Philologe gar versuchen, aus den Bach'schen Stücken seine Klaviertechnik, soweit sie etwa auf die musikalische Gestaltung gewirkt hätte, zu rekonstruieren, würde er bald innehalten. Denn wenn man diese Litteratur sieht, weiss man, dass dem Meister eben alles möglich war und dass er um einer Technik willen nie einen Gedanken formte. Er ist ein vornehmer Geist, der nicht für jedweden schreibt, und darum kann er rücksichtslos schwer schreiben; aber die Schwierigkeit ist schliesslich nie gegen den Sinn der Klaviertechnik, und ist nur von der Faulheit nicht zu überwinden. Er hat dann wieder famose glatte Stücke geschrieben, wie Prélude und Fuge in A-moll (bei Steingräber VII Nr. 29), die, wie irgend ein dankbares Salonstück, viel schwerer klingen, als sie sind. Und daneben wieder Stücke, die aus Freude über die Fülle möglicher Techniken und neuer Gedanken geboren sind. Dazu gehört, wenn sie echt ist, die Fantasie in A-moll (bei Steingräber VII Nr. 8), in der ein rein technisches Feuerwerk losgelassen wird, von kurzen Leiterketten für beide Hände, von Accord- und Oktavenschaukeln, von Schleifermotiven mit überraschenden Durchgangseffekten, Sextengängen mit Ober- und Unterbegleitern und melodischen Phrasen mit nachgeschlagenen Harmonien. In erster Linie aber stehen hier die berühmten, schon von Bach gedruckten »Goldberg'schen« Variationen, zum Teil für zwei Manuale bestimmt, ein Musteralbum von 30 technischen Gedanken, in denen vom Arioso bis zum Canon, vom Grave bis zum Presto alles an Tonmaterial enthalten ist, was Bach zur Gestaltung seiner Ideen jemals herangezogen hat: — die 29. Variation, welche auch auf einem Manual gespielt werden konnte, bringt ineinandergreifende Accorde, die Liszt vorbereiten. Auch in der Technik reicht seine Genialität über Jahrhunderte.

Man kann nicht geradezu behaupten, dass Bach das Klavier gänzlich individuell behandelt hätte, aber er hat es doch individualisiert. Im Anfang des vorigen Jahrhunderts, wo das Klavier doch noch zumeist ein begleitendes Instrument war, wo es im Orchester die grundlegenden Harmonien hielt, selbst wenn daneben ein anderes Klavier als konzertierend auftrat, kann auch das Genie das Instrument nicht aus dieser korporativen Auffassung lösen, ohne gegen den ganzen Geist der Zeit zu handeln. Es ist wunderbar, wie Bach ihm den Charakter des Generalbassinstruments liess und es doch so sehr verselbständigte. Es hat bald die halbe Natur der bindsamen Orgel, wie man ja auch Orgelstücke noch zugleich für Klavier dachte, bald hat es den Pizzicato- und Lauf-Charakter der Laute, wie auch Bach sein formell interessantes Es-durstück, Präludium, Fuge und Allegro (bei Steingräber VII Nr. 30), als Prélude pour le luth ò Cembal titulieren konnte. Aus den Traditionen der Laute und der Orgel wächst hier das eigene Wesen des Klaviers zusammen, und in der Einhaltung des fruchtbaren Mittelweges zwischen den nuancenärmeren Extremen lag seine Zukunft. Wie individuell Bach das Klavier ansah, geht aus den Stücken hervor, in denen es sich mit Flöte, Gambe oder Violine vereint, oder aus den Klavierkonzerten mit einem, zwei, drei, ja vier Klavieren, unter denen das C-dur- und das D-moll-Konzert mit drei sich bald mischenden, bald isolierenden Klavieren Gipfelpunkte darstellen für diese ältere, nicht solo-virtu-

Pedalklavichord. Beide obere Klavichorde: zweichörig im 4' Ton; das Fussklavier: vierchörig zwei Saiten im 16' Ton, zwei im 8' Ton. Johann David Gerstenberg, Orgelbauer zu Geringswald hat uns gemacht. 1760. Sammlung de Wit, Leipzig

osenmässig ausgebildete Form des Konzerts. Aber noch deutlicher wird seine Einsicht in den direkten Übertragungen, die er von Violinstücken für das Klavier gemacht hat; in freiester Weise interpoliert er Mittelstimmen, die pedalartig zusammenhalten, Verzierungen, die den Gesang der Melodie klaviermässig ausziehen, oder schnell vibrierende Oberstimmen, die langgehaltene Violintöne ersetzen. Und durch diese Einsicht in die Eigennatur des Klaviers wird es immer fähiger, nicht nur aus sich selbst zu sprechen, sondern auch die übrige musikalische Litteratur in bequemer und selbständiger Übertragung in weitere Kreise zu verbreiten. Bach, in seiner grossen Vorliebe für dieses Instrument, das ihm so oft den Ausgangspunkt musikalischer Gedanken bildete, hat zu einer solchen Dolmetschmission des Klaviers nicht das wenigste beigetragen. Und langsam gewöhnte sich die Welt daran, die Musik nicht mehr per chorum, sondern per instrumentum zu verstehen.

Man fühlt es in diesem Augenblicke: es musste ein technischer Fortschritt kommen, um die Ausdrucksfähigkeit des Klaviers auf die Höhe der geistigen Ansprüche zu heben. Die Frage zwischen Klavicymbeln und Klavichorden war immer noch nicht ganz entschieden; in romanischen Ländern waren jene mehr beliebt, in Deutschland diese. Auf jenen liessen sich die grossen Wirkungen besser machen, bei diesen lobte man den seelenvolleren Ton und das dankbare Motiv der Bebung. Bach hat viel — unter anderem das Wohltemperierte Klavier — für das Klavichord geschrieben, das noch sein Sohn Philipp Emanuel dem Klavicymbel vorzog. Aber er hat sich den anderweitigen Vorzügen des volleren und breiteren Kielinstrumentes so wenig entziehen können, dass er Stücke für Kielflügel mit zwei Manualen und mit Registern für Forte und Piano veröffentlichte. Diese Register für Forte und Piano waren der einzige Behelf, um den an sich gleichmässigen Ton des Cymbels zu schattieren, reihenweise zu schattieren, wie bei der Orgel, so dass man auch auf dem oberen Manual eine Melodie lauter, auf dem unteren eine Begleitung leiser spielen konnte. Bei Kuhnau sehen wir das Forte und Piano, welches er wohl einfach durch Anschlag auf dem Klavichord erzielte, als Ausdrucksmittel verwendet: in den »Biblischen Historien« ist soeben Jakob von Laban betrogen worden, indem er ihm Lea statt Rahel zur Frau gegeben hat — »der verliebte Gatte ist zufrieden«, wie ein Menuettsatz uns schildert, aber »das Herz prophezeit ihm ein Unheil«, der Satz schleppt und schleppt, wird piano und più piano, plötzlich ermannt Jakob sich wieder (forte), nach einigen Takten schläft er ein (piano), erwacht wieder (forte), schläft endlich ganz ein (piano). In seinem Italienischen Konzert hatte Bach dann einen noch viel spezialisierteren Gebrauch davon durch Register gemacht, er hatte laute und leise Stimmen gemischt und je nachdem oben oder unten forte oder piano hinzugeschrieben. Man hat hierbei, und auch ähnlich bei dem »Echo«-satz der mit »Ouverture à la manière française« bezeichneten Bach'schen Suite, an solche Prachtklavicymbel gedacht, wie eines das Berliner Instrumentenmuseum (als angeblich Bachisches) bewahrt. Da ist jeder der vier Saitenchöre durch einen Registerzug abzustellen, ausserdem sind die beiden Manuale zu koppeln und endlich ist noch ein leiserer Lautenzug vorhanden.

Bei den Formen des Klavicymbels und des Klavichords muss man deutlich unterscheiden zwischen den einfacheren Instrumenten, die für jeden Ton nur eine Saite haben und den komplizierteren, die für jeden Ton mehrere Saiten, zwei bis vier, zur Verfügung stellen. Das Klavichord wurde seltener für solche grossen Wirkungen herangezogen — ein Beispiel ist das Gerstenberg'sche Instrument im de Wit'schen Besitz, das ausser zwei oberen Klavichorden mit je zwei Saiten für den Ton noch eine Pedalklaviatur nach dem Muster der Orgeln hat, die mit vierchörigen Tönen operiert. Dagegen sind an dem Klavicymbel hunderterlei Versuche gemacht worden, um die Tonschattierungen recht mannigfaltig zu gestalten. Diese grossen Klavicymbel, unsere deutschen Kielflügel, bei den Engländern Harpsichord genannt, treten geschichtlich ebenso früh auf wie die einfachen Spinette. Im 17. Jahrhundert erleben sie eine Ruhmeszeit durch die ausserordentlichen Leistungen der belgischen Instrumentenbauerfamilie Ruckers, deren Thätigkeit von 1590—1659 zu verfolgen ist. Hipkins zählt heute noch 70 vorhandene Klavicymbel aus dieser Fabrik auf. Es sind Musterbeispiele des alten individuellen Instrumentenbaues. Kostbare Stücke, die mit liebevoller Malerei geschmückt sind, und jedes vom andern verschieden.

Die Mischung der Saiten mit zuklingenden Oktaven, die Registerzüge, die bald einen Teil der Saiten, bald verbundene Saitengruppen ertönen liessen, bald die Saiten frei hielten, bald sie dämpften, die Verstärkungen der Resonanzböden, die Materialverschiedenheiten in den Saiten, indem man die tieferen aus Messing, die höheren aus Stahl herstellte, die Einfügung von Bläserspielen nach dem Muster der Orgel, die Ledertangenten statt der messingnen — all das waren Versuche, den Ton zu veredeln und zu nuancieren, die wie berichtet wird, bis zu 250 möglichen Permutationen führten. In ständigem Gebrauch hielten sich nur die Registerzüge für Forte und Piano, und später die Jalousieschweller, die mit Pedalen regiert wurden und ein stufenweises Crescendo und Decrescendo zuliessen. Der berühmteste dieser Schweller hiess der »venezianische«, eine Erfindung Schudi's, der im 18. Jahrhundert neben Kirckmann den Londoner Klavierbau repräsentiert. Hier öffnet sich über den Saiten ein ganzes System von parallelen Jalousien, die vom Pedal langsam auf und zu bewegt werden, wodurch sie den Ton stärken und schwächen. Man hat die Erfindung baldigst auf die Orgel übertragen. Zwischen Orgel und Klavicymbel besteht ein Kartell, das diesem Instrument nicht günstig war, weil es zu Vergleichen aufforderte, statt dem Klavier seine eigene Welt zu schaffen. Erst mit einer eigenen Spieltechnik konnte die letzte Emanzipation von der Orgel erreicht werden. Man kann noch weit in die klassische Litteratur hinein, sogar bei Beethoven, gewisse Satzmanieren und dynamische Wirkungen finden, die von einer Orgelanschauung bestimmt werden. Czerny und Hummel haben als Erste diese Erinnerung ganz fallen lassen.

Die Lösung des Problems war das moderne Hammerklavier, wo die Saiten nicht mehr gerissen, sondern mit Klöppeln geschlagen werden, so dass jede Nuance des Anschlags im Finger ruht. Die Geschichte des Hammerklaviers ist eine echte Erfindungsgeschichte. Während man sich abmüht, das Problem durch theoretische Berechnungen zu lösen, liegt es längst in einer ungeahnten Weise gelöst vor, und diejenigen, die nun langsam an der praktischen Verwertung arbeiten, werden persönlich vergessen, bis eine sachlich genügende Erfahrung mit einem Male die neue Erfindung populär macht. Das Schlagen der Saiten mit Klöppeln war beim »Hackebrett« längst in Brauch. Im Anfang des 18. Jahrhunderts machte ein Künstler viel von sich reden, er hiess Pantaleon Hebenstreit, der das Hackebrett so vollendet spielte, dass man ob der neuen Klangwirkung ganz erstaunt war. Möglich, dass sein Erfolg die Veranlassung war. Jedenfalls taucht in Italien im Jahre 1711 ein Instrument Namens Pianoforte auf, weil es sowohl piano wie forte spielen liess, verfertigt von Bartolommeo Cristofori, das in den jetzt wieder hervorgeholten Schriften deutlich als Hammerklavier geschildert wird. Cristofori hatte als Kustos beim Fürsten Ferdinand von Medici eine vorzügliche Sammlung belgischer, französischer und italienischer Flügel unter sich, deren Studium ihn sicherlich gefördert hat. Sein Hammerklavier, das zuerst noch eine primitivere Technik zeigt, nähert sich in den Hauptsachen dem modernen System, ohne doch wegen seines ungewohnten Tones und Anschlages in den folgenden Jahrzehnten irgend welche grösseren Erfolge aufweisen zu können. Es zeigt vor allem schon deutlich die Auslösung der Hämmer, das heisst ihr Herunterfallen, während die Taste noch niedergedrückt ist, wodurch

Das Hammerklavier

allein das Fortschwingen der Saiten ermöglicht ist. Die Saiten fortschwingen zu lassen, nachdem sie der Klöppel berührt hat, bis die gehobene Taste wieder den Dämpfer darauf legt — dies war die epochemachende Erfindung. Auf dem Hackebrett konnte man den Ton nur mit Hämmern erregen, jetzt konnte man ihn auch mit Dämpfern stillen. Die Taste wurde ein Hebel von doppeltem Zweck. Cristofori konnte nicht ahnen, dass ihm eine italienische Gesellschaft in unserer Zeit, als Erfinder des weltbeglückenden Pianoforte, im Nationalheiligtum von Florenz, der Santa Croce, ein Denkmal setzen würde.

Neben Italien nahmen auch Frankreich und Deutschland die Erfindung des Hammerklaviers für sich in Anspruch. In Frankreich stellt sich im Jahre 1716 Marius als der Erfinder vor, doch erscheint seine Thätigkeit dunkel und zweifelhaft. In Deutschland behauptete ein gewisser Schröter 1717 die Erfindung gemacht zu haben; doch giebt es gute Gründe, um sie zu bestreiten. Von Cristofori selbst existieren heute noch zwei Klaviere: das eine, 1875 restauriert, mit $4^1/_2$ Oktaven, steht im New-Yorker Metropolitanmuseum und trägt die Inschrift: Bartholomaeus de Christophoris Patavinus Inventor, faciebat Florentiae, MDCCXX. Das zweite, von 1726, gehört der Sammlung Kraus in Florenz. Es hat nur vier Oktaven C—c^3. Man sieht an diesen kleinen Tastaturen, die nach alter Gewohnheit ungern über den Umfang der vokalen Musik hinausgingen, wie langsam sich das Klavier in die Höhe und Tiefe ausdehnte, die instrumental erreichbar und wünschenswert war.

Die Klaviere Cristoforis und seiner Schüler blieben recht vereinzelt. Als die neue Technik populär wurde, war er längst ein vergessener Mann. Der Aufschwung datiert von dem berühmten Instrumentenbauer Gottfried Silbermann in Sachsen, bei dem auch Friedrich der Grosse eine Anzahl Instrumente bestellte. Sie stehen heute noch in Potsdam, und Hipkins, dem wir die Aufklärung dieser Verhältnisse verdanken, hatte bei ihrer Untersuchung gefunden, dass sie sich so deutlich an die Cristofori'sche Mechanik anlehnen, dass man anzunehmen hat, Silbermann sei von einem solchen Modell ausgegangen. Silbermann hatte jedenfalls das Verdienst, in einer glücklicheren Zeit als Cristofori an der Vervollkommnung des Hammerklavieres so eifrig gearbeitet zu haben, dass von ihm an seine steigende Verbreitung und die ganz allmähliche Verabschiedung des Klavicymbels und Klavichords datiert werden darf. Noch dieser Gottfried Silbermann hatte ein Cimbal d'amour konstruiert, das den so hochgeschätzten »einsamen, melancholischen, unaussprechlich süssen« Ton des Klavichords durch eine klug ersonnene Mechanik in seiner Wirkung erhöhte. Aber seinen späteren Ruhm hat das von ihm liebevoll behandelte Pianoforte begründet. Er hatte einen guten Zuchtmeister bei dieser schweren Arbeit: Joh. Seb. Bach. Als er sein erstes Exemplar Bach brachte, fand es dieser in der Höhe zu schwach und zu schwer zu spielen. Silbermann liess sich dadurch erst ärgern, dann anspornen. Er verkaufte zunächst keine weiteren, und hat so lange daran gebessert, bis ihm endlich der alte Bach, wie uns Agricola berichtet, »völlige Gutheissung« gab.

Wenn wir heute Bach auf unserem raffiniert entwickelten Hammerklavier spielen, so reden wir uns ein, dass er in diesem reichen Klange erst recht zur Geltung komme. Die Einredung ist nicht so ganz falsch. Rauschte auch seinem Ohre im Cembaloklang etwas von der gewohnten Feierlichkeit der Orgel, so ist doch in seiner Musik ein Ruf nach einem ausdruckvollen, nuancenreichen Instrument, das er so wenig besass, wie Beethoven das Orchester zu seinen Ideen wirklich besessen hat. In jedem grossen Tonschöpfer lebt ein Übermass von Gestaltung, dem die Instrumente der Zeit nicht genügen und dem ebenbürtig zu werden sich die Instrumente sofort anstrengen. Weil Berlioz war, wurde das moderne Orchester. Weil Bach war, wurde das Pianoforte, das die Nuancen seiner Seelenmusik gerechter wiederzugeben weiss. Ich denke zum Beispiel an das unvergessliche Thema des Cis-moll-Préludes aus dem ersten Band des Wohltemperierten Klaviers. Das Klavichord konnte es nur in einer gewissen dünnen Klage wiedergeben, das Spinett in einer steifen Starrheit. Aber was für Physiognomien zeigt das Motiv im Lauf des Stückes! Da hat es den langsam atmenden Rhythmus eines edlen Seufzers, da den Augenaufschlag einer hoffenden Cäcilie, da den schweren Drang einer Märtyrer-Seele, da die heilige Wut einer letzten ehrlichen Anklage, da die süsse Müdigkeit christlicher Demut. Und mit diesen Farben erst baut sich das Stück zu einem weiten Bilde auf, das von Entsagungen über Schmerzen zu Entsagungen führt, mit diesen Farben ist jede Zeile, jede Note des ewig sich daher windenden Themas dynamisch belebt. Das Stück rief sehnsüchtig nach einem Instrument, das in jedem angeschlagenen Ton zu einer neuen Nuance fähig war. Alles, was Bach sich erträumte, gab ihm das Hammerklavier, welches das zarte Seelchen des Klavichords zu einem ungeahnten reichen Leben weckte und die mechanische Kraft

Bundfreies Clavichord von Chr. G. Hubert. Bayreuth 1772.
Sammlung de Wit, Leipzig

des Klavicymbels plötzlich zu einer persönlichen machte. Die Stimmen des Fugatosatzes konnten persönlich von einander abgehoben werden, jede Linienwendung im grossen Gewebe konnte aus der persönlichen Seele heraus im Augenblick motiviert werden. Was unter den heiligen Gesetzen Bach'scher Musik in der Tiefe der Brust schlummerte, fand in dem neuen Instrument seinen rückhaltslosen Interpreten. Ich weiss nicht, vielleicht ist es keine Tragik der Geschichte, vielleicht ist es gerade ihre Weisheit, dass Bach nicht dazu kam, diese letzten feinen Dinge auf seinen Klavieren wiedergeben zu können. Ein ungelöster Rest macht die herbe Grösse jeder Kunst. Und wirklich, als das

Hammerklavier nun schön und fertig war, da war auch die Bach'sche Kunst vollbracht und sie kam nicht wieder.

Wir heute sind ja nur die Gemeinde dieses Priesters. Gemeinden genügt nicht der Geist des göttlichen Wortes, sie müssen es vor ihren Sinnen haben. Darum dürfen wir uns auf dem Pianoforte die ewige Hygiene der Musik retten, die dieser Bach bedeutet und immer mehr bedeuten wird, je reifer wir werden.

Philipp Emanuel Bach in seiner Hamburger Zeit

Die Galanten

Nun lag der grosse Koloss Bach da. Der Schwerpunkt ging nach Deutschland, aber es fragte sich, welche Wege nun eingeschlagen werden würden. Auf Bach konnte alles gebaut werden. Es konnte eine grosse Periode der Kontrapunktik kommen, wo die Stimmen auf der neuen weltlichen Basis dieselben Verschlingungen noch einmal durchlebten, die sie in anderer Weise im Mittelalter der Musik durchgemacht hatten. Es konnte eine Periode der grossen Suiten kommen, wo in ungeahnter Vielseitigkeit die Tänze sich erweiterten, sich vertieften, sich bunter färbten. Es konnte der hohe pathetische Stil fortgeführt werden oder es konnte der intime Ausdruck mit seinen kleinen Freuden der Pflege sich empfehlen. Die freie Form konnte noch freier, die gebundene noch gebundener werden. Die Kontrapunktik konnte verlassen, die konzertierende Spielerei anmutiger entwickelt werden. Zu allem hatte Bach Grund gelegt, und Neigung und Geschmack der Zeit mussten bestimmen, was zu wählen war.

Der Geschmack der Zeit ging vom Pathos und von der Kontrapunktik weg ins Gefilde der Grazien. Die Monotonie der geraden Linie konnte durch die Kraft gebogen werden, aber auch durch Tändelei — das hatte man in den Unterschieden der barocken und der Rokoko-Epoche erlebt. Die Musik bot dasselbe Schauspiel. Gegen den energischen Schwung der Konturen im zweiten Satz des Italienischen Konzerts ist die Sonate des Philipp Emanuel Bach Rokoko, an die Stelle der ernsten Freude an der kühnen Kurve der Linie tritt die galante Lust an ihrer scherzhaften Biegung. Die Leidenschaft schämt sich ihrer Nacktheit und bietet das amüsante Schauspiel ihrer Selbstbezwingung in der konventionellen Form. Die Lust schreit nicht, sondern lächelt nur in den graziösen Schwingungen der Septimennuancen. Die Laune ist die wahre Herrscherin und in improvisierten Ergüssen, in sprechenden Pausen, in pikanten Sprüngen, in verblüffenden Enharmonien, in motivischen Verbildlichungen schüttelt sie dasselbe Material anmutig vor die Hände der schönen Spielerinnen, das kurze Zeit vorher noch so »kennerhaft« sich zu gestalten wusste. Wo die schweren Kanones der Stimmen ihre Bahnen zu vollenden pflegten, ist ein frohgemutes Scherzen und Bekomplimentieren zu bemerken; die Imitation wird kokett und Dux und Comes lieben den idyllischen Verkehr. Man schätzt die Formen des Accompagnato und stellt kleine niedliche Gebäude her, die auf interessanten Fundamenten ruhen und oben voll neckischer Verzierungen sind. Mit dem Ohr des feinen Dilettanten hört man nicht mehr so sehr in die Mittelstimmen hinein, deren alte Logik auch öfters zu Gunsten vielstimmiger Accordaccente schwindet, sondern man hört hinauf zur Melodie, zur Oberstimme und entfaltet deren ganze Reize — hunderterlei Geheimnisse des Melodienreizes werden offenbar und mit der Behaglichkeit zieht man sie auseinander, zu der man sich jetzt die Zeit nehmen darf. Und bei all dieser launischen Erleichterung der Musik bleibt derselbe ergötzliche Widerspruch, wie bei den Bildern und den Bauten dieser Zeit, der Widerspruch zwischen innerlicher Freiheit und der Sehnsucht nach einer festen Form. Die äussere Form soll ersetzen, was früher die innere bot, und doch will man aus den neuen freien Gestaltungen diese Form erst gewinnen — man will nicht Suitenbünde, man will den Typus des freien Satzes, des Stückes, der Sonate. Es ist für uns dasselbe Schauspiel, als wenn wir die Lebensorgane des Hogarth und

Greuze in gestellten Moralcyclen sich bethätigen, oder neben den spielerischen Bauten vitruvianische Bücher geschrieben sehen. In der Musik kam es nicht ganz zu jener ausschliesslichen Formherrschaft, die die französische Revolution über die bildende Kunst gebracht hat. Es ist wichtig, zu erkennen, dass dies nur dadurch möglich war, dass die Musik sich von Frankreich emanzipiert hatte. In Deutschland konnte Beethoven dreinschlagen.

»Kenner« und »Liebhaber« ist der Unterschied, auf den es immer mehr ankommt. Die Tabulaturae und Apparatus für Kenner verschwinden langsam und die Titel, welche Liebhaber anlocken sollen, werden häufiger. Das Bach'sche »denen Liebhabern zur Ergetzung« über den Suiten und Konzerten, spricht aus mehr als einem Titel. Man liest: »Die auf dem Klavier spielende und das Gehör vergnügende Cäcilia«, oder »Manipulus musices oder eine Hand voll Zeitvertreib vors Klavier«, oder »die beschäftigte Muse Clio«, oder gar »Gemüths- und Ohrergötzende Clavierübung in sechs leichten nach heutigem Gout gesetzten Galanterie-Partien, meistens für Frauenzimmer componirt«. Am kürzesten hat es ein gewisser Tischer auf einigen Suiten ausgedrückt: »Das vergnügte Ohr und der erquickte Geist«. Als die möglichste Verfeinerung dieses Geschmacks, der auf das grosse Publikum rechnet, erscheint Philipp Emanuel Bach, der seine Sonaten auf dem Titel auch »leichte« oder »für Damen« nannte und sich, so sehr er auch darum von den Zopfigen befeindet wurde, offen dazu bekannte, das leichte Genre als eine zukunftsreiche Musik systematisch eingeführt zu haben.

Wie die Fürsten im 17., wie die Bürger im 19., so sind die Adeligen im 18. Jahrhundert die vornehmsten Mäcenaten der Kunst, und unter ihrer Obhut bildet sich zuerst auch ein bestimmt geprägtes musikalisches Gesellschaftsleben heraus. Auch hier, in der Musik, ist der Adel das gar nicht genug zu schätzende Mittelglied geworden zwischen der höfischen Kunstblüte und jener Verallgemeinerung der Kunstinteressen, die den Fond aller zukünftigen Entwicklung bilden zu wollen scheint. Noch in dem didaktischen Musikerromane, den der alte Kuhnau 1700 unter dem Titel »Der musikalische Quacksalber« schrieb, vermissen wir den Typus des Amateur-Mäcenaten. Im Hintergrunde, unsichtbar, steht der Fürst, der die Kapelle erhält; im Vordergrunde giebt es nur Musiker und Quacksalber. Der Laie, welcher kein Quacksalber ist, der vornehme Dilettant gewinnt erst in dem anbrechenden Jahrhundert seine Bedeutung, und in kurzer Zeit leisten die Konzerte, die in den Salons der Fürnberg, Esterhazy, Schwarzenberg eingerichtet werden, mehr für die gedeihliche Entwicklung der Kunst, als selbst der Betrieb an einem streng musikalischen Hofe, wie derjenige Friedrichs des Grossen in der ersten Zeit war. Die grossen Höfe, wie Dresden und München, beginnen etwas zu verlieren, die kleinen etwas zu steigen, und die Adelshöfe, die den kleinen Fürstentümern nicht unähnlich sind, sorgen in England, in Italien, überall für Förderung und Verbreiterung. Den Adelshöfen beginnen es bald die Patrizierhäuser nachzumachen; aber erst, nachdem die Revolution den Adel gebrochen, tritt das bürgerliche Mäcenatentum vornhin. Das Klavier musste in dieser Verschiebung der Verhältnisse seine bedeutende Rolle spielen. Es entwickelte sich seiner gesellschaftlichen Natur nach immer mehr von einem Begleit- und Hilfsinstrument zu einem selbständigen Zentrum des Salonlebens und auch des bürgerlichen Abends. In dieser Zeit erst, unter den galanten und dankbaren Stücken der Generation von 1750—1800 ist es wahrhaft populär geworden. Der alte Bach war noch der ernste Fachmusiker gewesen, der nur nebenbei galanten Anwandlungen nachgab. Zu seiner Zeit war noch das »Setzen« der Musik und das Spielen nicht so scharf getrennt. Das Höchste leistete der Klavierspieler, wenn er über ein gegebenes Thema Variationen oder Fugen improvisierte. So sind die Improvisationen Sebastian Bachs gewesen; der Geist der Improvisation, der in Philipp Emanuels Werken lebt, ist ein anderer; die Hand folgt direkt dem inneren Empfinden, sie baut leicht und einfach, und sie spielt um des Spieles, nicht um der Kunst willen. Ehe die Kunst des Klaviers ganz vergesellschaftet wurde, war der Bruch zwischen Setzen und Spielen nötig; das Reproduzieren musste ein Zweig für sich werden. Der Dilettant, der die Kunst nun immer mehr erhält, ist des Setzens nicht mächtig, aber er will die Werke der anderen, der Meister, die sich nun häufen, durch sein kleines Orchester hören oder auf seinem Hausorchester, dem Klavier, selbst spielen. Opernauszüge will er haben, Bearbeitungen von Konzerten und viele hübsche kleine Stücke. Die alten »Klavierbüchlein«, die wir von dem Elisabethischen Virginalbuch bis zu den Heften der Kinder Bachs verfolgen können, hören nun allmählich auf. Statt der Abschriften mit ihrem seltenen persönlichen Charakter tritt der Druck immer häufiger hervor, der die musikalischen Schätze demokratisiert. Schleunig bessert sich der Notenstich im 18. Jahrhundert, vereinfachen sich die Schlüssel und die Schriften. Die Verzierungsmanieren werden immer strenger und überlassen dem Spieler immer weniger Freiheit in ihrer Anwendung. Und während früher die Lehrbücher das Setzen und das Spielen nicht immer zu trennen brauchten, ist seit Couperin das Lehrbuch des blossen Spieles immer häufiger geworden und hat Philipp Emanuel, auf dessen Buch man das gesamte moderne Klavierspiel nicht mit Unrecht zurückführt, der Lehre vom Spielen erst acht Jahre später einen zweiten Teil vom Generalbass folgen lassen.

Die Ausdehnung des musikalischen Interesses brachte es auch mit sich, dass sich die Notenzeitschriften in einer Weise häuften, die uns heute gar nicht mehr geläufig ist. Sie gehen zwar meistens nach einigen Jahren wieder ein, aber schliesslich liegt uns doch in so einem Jahrgang ein gutes Durchschnittsbild der musikalischen Neigungen vor. Ich habe hier — es gab Musikalisches Allerley und auch Vielerley und auch Mancherley — von der letzten Zeitschrift einen Band neben mir, der 1762 bei George Ludwig Winter in Berlin erschien; mit gutem Stich und hübschen Rokokoleisten. Sehr amüsant und charakteristisch ist die hoffnungsvolle Einleitung, an der man auch die Haltlosigkeit der deutschen Sprache vor unseren Klassikern studieren kann. »Die Musik«, sagt der Herausgeber, »dient entweder den Kenner, er mag ein natürlicher oder gelernter sein, mit ihrer Kunst bloss nur zu ergötzen, so wie ein wohl gebautes Haus, ein regelmässig angelegter Garten vergnüget; oder sie ist die Sprache der Empfindung. So rauschen Racheschwangere Töne, so schleppt sich die Traurigkeit auf den Sayten, so wirft der Zorn feurig die Luft, so wallet die Freude im Aether, so seufzet der zärtliche Ton Freundschaft und Liebe, und so bringen die belebten Töne Lob und Dank aus dem vollen Herzen, und auf den Zungen der Menschen zu dem Sitze der Allmacht, und theilen die Wolken.«

Der gute Mann in seiner fürchterlichen Beredtsamkeit will nun im folgenden namentlich von der legeren Art recht viel bringen, also im Sinne der von uns bezeichneten dilettantischen Gattung. Die Heftchen erschienen jede Woche und die Fortsetzung ging immer, oft an der spannendsten Durchführungsstelle, ins neue Heft hinüber, wie bei jeder klugen Zeitschrift. Die Autoren stehen nicht immer darüber, nur wenn sie sehr bekannt sind. Unter diesen Bekannten sind viele, deren Namen der Geschichte nicht im Gedächtnis blieben, Modekomponisten, die jede Zeit hat. Aber es ist auch Philipp Emanuel Bach dabei und Kirnberger und mancher andere aus der grossen Bachschule. Das meiste ist für Klavier, und die Opernarien, die sich finden, sind so gesetzt, dass die Gesangsstimme, unter der der Text steht, von der Rechten gespielt wird und die füllenden Orchesternoten in dem oberen System klein geschrieben sind. Dann wieder kommen allerlei Volkslieder. Es weht ein französischer Geist durch diese Blätter, ein galanter Unterhaltungsgeist, und die kleinen Charakterstücke, wie sie die Franzosen unter prägnanten Überschriften so liebten, mischen sich zahlreich in die nach italienischer Konzertmanier verfassten Sonaten und Rondi. Unter die Charakterstücke ist stets an der betreffenden Stelle, wie bei den Biblischen Historien des Kuhnau, der erklärende Programmtext gedruckt. So werden in einem Stück »La Spinoza« die Durchführungen wie philosophische Grübeleien über ein Thema bedeutet. Zwei Stücke »die Verwunderung« und »die jugendliche Freude« kann man sich selbst erklären. Dann wieder »klagen zwey Freunde bei einem Glase Wein« und durch Führung und Gestaltung zweier Stimmen, in der Rechten und in der Linken, wird dargestellt, wie sie nach einander reden, sich Trost zusprechen, Mut bekommen und auf ein freundliches Gesicht des Glückes warten. Das Spassigste ist ein kurzes Klavierstück »Ein Kompliment«, das meist zweistimmig folgenden geistvollen Inhalt zu schildern hat: »Wenn Sie sich wohl befinden, so soll es mir lieb sein. — Vielmehr freue ich mich, dass ich Sie so wohl sehe (:|: wird wiederholt). — Ich habe gehört, dass Sie unpass gewesen sind, es thut mir leid. — Dem Himmel sei Dank, ich bin wieder hergestellt. — Aber Sie beschämen mich, ich werde schon Platz nehmen, erlauben Sie mir. — Sie zerren sich herum, wer den Stuhl heranbringen soll. — Hier setzt man sich nieder. — Ich empfehle mich — und ich empfehle mich zu ihrer Freundschaft.«

In eben dieser Epoche, da das Klavier erst wahrhaft populär wurde, ist auch seine Bauart schnell und stetig verbessert worden. Damals trennten sich die beiden Systeme, das der sogenannten englischen und das der Wiener Mechanik. Sie unterscheiden sich dadurch, dass im englischen System der Hammer auf einer besonderen Leiste sitzt, aus der ihn die Taste herauftreibt, während in der Wiener Mechanik der Hammer direkt lose auf dem Ende des Tastenhebels sitzt.

Streicher'sche Pianofortefabrik. Klavier- und Konzertsaal, nach der Lahn-Sandmann'schen Lithographie

Obwohl Deutschland das Klavichord so liebte mit seiner intimen Sinnigkeit, die wir uns heute eigentlich erst durch neugebaute Klavichorde wieder ganz vorführen könnten, stand doch das deutsche Pianoforte lange Zeit an der Spitze dieser Industrie — es war einer der ersten Triumphe deutschen Fabrikgewerbes, vielleicht gerade deswegen, weil so wenig Fabrikmässiges daran war. In Italien war ja die Erfindung Cristoforis spurlos vorübergegangen, so spurlos, dass, als sich dieses Land erst recht spät entschloss, das Gravicembalo durch das Pianoforte zu ersetzen, die Instrumente dieser Konstruktion dort mit Vorliebe unter dem Beiwort »nach preussischer Manier gebaut« herausgebracht wurden. Neben den Silbermann'schen Klavieren genossen die Friederici'schen aus Gera, die unter dem Namen Fortbien noch vielfach in Klavichordgestalt gebaut wurden, und die Spath'schen aus Regensburg in der zweiten Hälfte des Jahrhunderts einen grossen Ruf. Bald aber, meistens durch Auswanderung, verschieben sich die besten Fabriken ins Ausland und erst bei dem jüngsten Aufschwung der deutschen Industrie, besonders durch Bechsteins und Blüthners Bemühungen, sind die in Deutschland selbst gebauten Klaviere wieder ein Weltgeschäft geworden.

Die grossen französischen, englischen, amerikanischen und österreichischen Pianofortefabriken lassen sich wirklich fast alle auf Deutsche zurückführen. Die drei grossen Pariser Klavierfabriken, die von Erard, von Pleyel und von Pape, sind einfach von Deutschen begründet. Nach Amerika wanderte der Braunschweiger Steinway, um dort die Klaviere zu bauen, die man heute für die besten hält. Nach England brachte Johann Zumpe das Hammerklavier in würdiger Form, das von deutschen Virtuosen dort gespielt und zu Erfolg gebracht wird. Bald folgen dort auch die grossen Konzertklaviere, besonders nachdem Backers die alte Mechanik verbessert hatte, die nun den Namen der »englischen« erhielt. Stodart und vor allem Broadwood vervollkommnen sie weiter — sie ist heute von Europa acceptiert.

Die Fabriken allein hätten nicht den endgültigen Sieg des Hammerklaviers bewirkt, wenn nicht die Virtuosen gewesen wären. Wie Clementi in England, wirkte Mozart in Deutschland und Österreich entscheidend für das Pianoforte. Noch Philipp Emanuel Bach hatte das Klavichord ihm bei weitem vorgezogen. Aber Mozart, der erste Weltvirtuose, der Meister der Konzerte, denkt nur an den Klang im grossen Saal und da schwankt er nicht einen Augenblick zwischen Klavicymbel und Pianoforte. Als 21jähriger, im Jahre 1777, lernt er in Augsburg den Silbermannschüler Stein kennen, denselben, der die Wiener Mechanik erfand. Sie erhielt ihren Namen, als Steins Kinder nach Wien zogen und dort zusammen mit Streicher, dem bekannten Freunde Schillers, das grosse Weltgeschäft einrichteten. Hier in dieser Familie tritt zum erstenmale eine neue Erscheinungsform des musikalischen Interesses vor unsere Augen: es herrscht um den König der Klavierbauer und seine spielfreudige Gattin, um Streicher und Nanette Stein ein reger Verkehr erster musikalischer Geister. Ein Typus, der in unserer Zeit an Bedeutung noch gewonnen hat.

Mit der grösseren Öffentlichkeit der Kunst hebt sich die gesellschaftliche Stellung des Klavierbauers, und für den Einzug des Klaviers ins bürgerliche Haus ist nichts bezeichnender als der Ruhm, den dieser vielbeneidete Wiener Salon genoss.

Es sind zwei Typen: der alte Stein und der junge Streicher. Streicher ist eine romantische Natur, schwärmt für die eben herausgekommenen »Räuber« seines Karlsschulfreundes Schiller, will nach Hamburg, um sich bei Philipp Emanuel Bach im Klavierspiel zu vervollkommnen, aber er kommt niemals bis dahin, da er sich, so lange es geht, mit dem flüchtenden Schiller durch die Städte treibt. Er giebt Musikstunden. Dann lernt er Nanette Stein kennen, heiratet sie, zieht nach Wien, wird Chef der Fabrik, macht »seine« Erfindung, dass die Hämmer von oben schlagen, und wird ein Mittelpunkt des Wiener musikalischen Lebens. Wie sieht gegen diesen modernen Grossindustriellen der alte Stein aus, der in Augsburg wie ein mittelalterlicher Meister an seinen Klavieren arbeitet, an jedem einzelnen Stück mit gleicher Liebe! In einem bekannten Briefe hat ihn Mozart geschildert, und ich setze dies Dokument des letzten patriarchalischen Klavierbauers her, weil es für den Typus nicht minder interessant ist, als für den Stand der Technik.

> Nun muss ich, schreibt Mozart, gleich bey dem Steinischen Pianoforte anfangen. Ehe ich noch von Stein seiner Arbeit etwas gesehen habe, waren mir die Späthischen Claviere die liebsten, nun aber muss ich den Steinischen den Vorzug lassen; denn sie dämpfen noch viel besser als die Regensburger. Wenn ich stark anschlage, ich mag den Finger liegen lassen oder aufheben, so ist halt der Ton im Augenblicke vorbey, da ich ihn hören liess. Ich mag auf die Claves kommen, wie ich will, so wird der Ton immer gleich seyn, er wird nicht scheppern, er wird nicht schwächer, nicht stärker gehen, oder gar ausbleiben, mit einem Worte, es ist Alles gleich. Es ist wahr, er giebt so ein Pianoforte nicht unter 300 fl., aber seine Mühe und Fleiss, die er anwendet, ist nicht zu bezahlen. Seine Instrumente haben besonders das vor andern eigen, dass sie mit Auslösung gemacht sind, womit sich der Hundertste nicht abgiebt; aber ohne Auslösung ist es halt nicht möglich, dass ein Pianoforte nicht schleppere oder nachklinge. Seine Hämmerl, wenn man die Claviere anspielt, fallen in dem Augenblicke, da sie an die Saiten hinaufspringen, wieder herab, man mag den Clavis liegen lassen, oder auslassen. Wenn er ein solch Clavier fertig hat (wie er mir selbst sagt), so setzt er sich erst hin, und probirt allerley Passagen, Läufe und Sprünge, und schabt und arbeitet so lange, bis das Clavier Alles thut, denn er arbeitet nur zum Nutzen der

Musik, und nicht seines Nutzens wegen allein, sonst würde er gleich fertig seyn. Er sagt oft: »Wenn ich nicht selbst ein so passionirter Liebhaber der Musik wäre, und nicht etwas Weniges auf dem Clavier könnte, so hätte ich gewiss längst schon die Geduld bey meiner Arbeit verloren: allein ich bin halt ein Liebhaber von Instrumenten, die den Spieler nicht ansetzen, und dauerhaft sind. Seine Claviere sind auch wirklich von Dauer. Er steht gut dafür, dass der Resonanzboden nicht springt und nicht bricht. Wenn er einen Resonanzboden zu einem Claviere fertig hat, so stellt er ihn in die Luft, Regen, Schnee, Sonnenhitze und allen Teufel, damit er zerspringt, und dann legt er Späne ein und leimt sie hinein, damit er stark und recht fest wird. Er ist völlig froh, wenn er springt, man ist halt hernach versichert, dass ihm nichts mehr geschieht. Er schneidet gar oft selbst hinein, und leimt ihn wieder an, und befestigt ihn recht. Er hat drey solche Pianoforte fertig und ich habe erst heute wieder darauf gespielt. —

Die Maschine, wo man mit dem Knie drückt, ist auch bey ihm besser gemacht, als bey den Andern. Ich darf es kaum anrühren, so geht es schon; und sobald man das Knie nur ein wenig wegthut, so hört man nicht den mindesten Nachklang. — — —

Mozart ist also im Jahre 1777 erstaunt über den Stein'schen Auslösungsmechanismus, der durch Einfügung eines Springers alles Zeitgenössische in Deutschland übertraf und die Grundlage zum Wiener System, das sich brillanter spielte als das englische, aber nicht so nuanciert, geschaffen hatte. Als Pedal finden wir hier einen Kniedrücker, der die Dämpfung aufhob. Die Stein'schen Einrichtungen sind uns heute weniger geläufig, da wir englische Mechanik spielen, die die Wiener mit ihrer konservativeren Klangfarbe besiegen musste. Nur das Verschiebungspedal, für Piano, geht auf Stein zurück: er nannte es »Spinettchen«. Ein paar altertümliche Pedale beobachtet man gut an dem Klavier, das die Firma Erard in Paris 1801 für Napoleon baute. Erard stimmt in Mechanik und Pedalen mit dem süddeutschen und Wiener System überein. Von links nach rechts folgen sich hier: Das Verschiebungspedal, ein Pedal »Basson«, das einen Pergamentstreifen über drei Oktaven legte, das Dämpferpedal, ein Pedal »Celesta«, das einen dünnen Tuchstreifen applizierte, und ein Pedal für Trommel und Triangel, indem ein Schläger auf die Unterseite des Kastens paukte! Auch ein Pianopedal mit Lederdämpfung kommt vor. Orchardson, der englische Maler, besitzt einen Wiener Flügel dieser Zeit mit acht Pedalen. Hier im Süden hält sich noch lange der Geschmack des 18. Jahrhunderts. In England, wo die modernen Formen und Techniken ihre erste Probe bestehen, arbeitet man am fortschrittlichsten. Hier haben die grossen Flügel schon unsere beiden Pedale: Dämpfer und Piano, nur dass beide noch zwei Arten in sich schlossen. Man konnte die Dämpfung teilweise oben und unten oder gänzlich aufheben, und man konnte die Verschiebung von den drei Saiten auf zwei, aber auch auf eine fortführen, so dass man zwei Gattungen von Piano erhielt. So erklärt sich Beethovens »una corda«-Vorschrift an ganz zarten Stellen.

Wie zahlreiche kleine Veränderungen und Verbesserungen mussten vorgenommen werden, bis dieser verwickelte Mechanismus, den doch die Tastenhebel, die Hämmer, die Dämpfer, die Auslöser, die Pedale und die Resonanzen darstellen, zu der selbstverständlichen Leichtigkeit sich entwickelte, die die Blüte der Klaviertechnik um die Mitte des 19. Jahrhunderts ermöglichte. Die Preise der Klaviere sind noch immer ziemlich hoch. Ruckers le jeune bekam noch bis 3000 Fr. für ein Klavier, aber da waren jene reichen Bilder aufgemalt, mit denen sich die Spinette, als sie anfingen Möbelstücke zu werden, so verführerisch schmückten. Auch von den Pariser Klavieren mit Ledertangenten (jeu de buffle) wird berichtet, dass sie in den raffiniertesten Exemplaren bis 3000 Fr. bezahlt wurden. Ein Wagner'sches Klavicymbel aus Dresden, ein sogenanntes Deckenklavier, wo durch fächerartige Verschiebungen von Resonanzdecken der Ton gestärkt und geschwächt werden konnte, wurde mit 660 Thalern bezahlt, und für die ersten Hammerklaviere zahlte Friedrich der Grosse an Silbermann bis 700 Thaler. Stein mit seinen 300 Gulden ist dagegen schon sehr billig. Heute aber 2000 Mark für ein gutes Klavier zu zahlen, ist unter der Wertdifferenz des Geldes eine Verbilligung gegen die damaligen Ansprüche, und erst durch die grössere Popularität ist ja die grössere Nachfrage und der billigere Preis möglich geworden.

Ich komme zu den Werken selbst. Der Schritt fällt sehr schwer und das Urteil wird leicht ungerecht, wenn man den alten Bach eben verlassen hat. Diese Begegnung mit dem Genius, die man da in jedem Takt feiert, diese ernste Grösse, die uns da aus jeder Wendung entgegensieht, hat uns sehr anspruchsvoll gemacht und durstig nach der hohen Schönheit. Im ersten Augenblick wollen uns die Galanten recht klein vorkommen, bis sich der Blick wieder langsam angepasst hat und das Organ für die Lieblichkeiten der kleinen Kunst wieder wach geworden ist. Händel giebt dabei einen guten Übergang. Denn gegen Händel erscheint uns dann Philipp Emanuel Bach als ein überraschendes Genie.

Die Sucht des Publikums, Berühmtheiten gern paarweise zu ordnen, hat nicht bloss Goethe und Schiller, sondern auch Bach und Händel unter ein Joch gebracht. Wie wenig der feine Eremit mit jenem grandiosen Allerweltsmusiker gemeinsam hat, der zuerst das weise Rezept—Ruhm in Italien, Geld bei den Engländern—befolgte, würde schon ein Vergleich ihrer Klavierlitteratur lehren, die ein gerechter Durchschnitt ist. Händel ist der negative Klassiker, der das Wesentliche aus dem Vorhandenen zieht, es auf plastische Klarheit bringt und aus der Seele der Menge schreibt, ohne jede Störung durch die knorrige Innerlichkeit, die überstürzende Erfindung, die intuitive Träumerei, die allen grossen positiven Klassikern gemeinsam ist. Der Bedeutung Händels wird darum nichts genommen, wenn man ihn richtig einreiht.

Händels Klaviersachen sind fabelhaft populär geschrieben. Seine Suiten, die übrigens nicht nur Tanzformen umschliessen, seine Capricci, Variationen und Fantasien fliessen wie eitel »Wassermusik«. Sie sind dankbar, ohne schwer zu sein, und unterhaltsam, ohne anzuregen. Keine Farbe steht am Himmel ihrer Landschaften und kein Sturm peitscht die Bäume. Es ist ein Rollen auf geraden guten Chausseen, und mitunter erinnert die Melodie der Räder an diese oder jene abgebrauchte Wendung aus den Opern oder Oratorien. Selten ist ein Anhalten, ein Aufmerken von nöten. Vielleicht bleiben wir einen Augenblick länger bei mancher singenden Sarabande im Volkston, bei den liebenswürdigen Salongigen, besonders der langen in G-moll, der rechten Virtuosentarantella, oder bei der besseren Fis-moll-Suite mit dem kurzen freien Prélude, dem punktierten Largo, der schmeichlerischen Fuge und dramatischen Gige, vielleicht auch fällt uns die Fuge mit ihren drei Schlägen aus dem E-moll-Prélude auf, aber viel geben will uns das alles nicht und die Bekanntschaft bleibt eine unpersönliche.

Da ist doch der Eindruck der galanten Musik **Philipp Emanuel Bachs** ein ganz anderer. Während sein älterer Bruder Friedemann Bach dem Vater Sebastian in der Art noch etwas näher

Händel

Thomson'scher Stich

stand und Stücke schrieb, wie die C-moll-Fuge, die des Alten nicht unwürdig gewesen wären, ist Philipp Emanuel mit grösserer Entschiedenheit und auch grösserer Bedeutung andere Wege gegangen. Es ist, als ob das Schicksal diese Wendung gestempelt hätte. Sebastian Bach hielt den Friedemann für den tüchtigeren Musiker, aber der verbummelte schon in seinem äusseren Leben. Den Philipp liess er erst Jura studieren, und aus diesem wurde der ernste und energische Komponist. Das Leben Philipps gestaltete sich so einfach, wie das seines Vaters. Als 26jähriger kam er 1740 an den Hof Friedrichs des Grossen, wo er als Cembalist und Begleiter des Königs wirkte. 1767 ging er nach Hamburg, wo er 1788 starb. Er konnte sich in Berlin mit dem König nicht recht vertragen, und man kann auch wahrnehmen, dass er in Hamburg dann freier schuf. Berlin hatte immer Pech mit seinen Leuten. Wäre Philipp Emanuel dort geblieben, so wäre Berlin der erste Klavierplatz Deutschlands geworden und hätte die dauernde Erinnerung an den Ahnen der modernen musikalischen Formen in seinen Mauern. Hätte Mozart später das Angebot Friedrich Wilhelms II. auf die erste Kapellmeisterstelle zu einem aussergewöhnlichen Honorar von 3000 Thalern angenommen, so hätte Berlin dem gesegneten Wien ein Stück Musikleben wegnehmen können. Und hätte man endlich statt dem Rungenhagen dem Mendelssohn, der sich darum bewarb, die Singakademie gegeben, so wäre die berauschende Ruhmeszeit Leipzigs vielleicht an die Spree verlegt worden. So aber blieb der Geist Zelters über Berlin.

Im Jahre 1753 liess Philipp Emanuel seinen »Versuch über die wahre Art das Klavier zu spielen« auf eigene Kosten drucken. Es war das ausführlichste klaviertechnische Buch, welches bis dahin erschienen war. Es war zugleich die endgültige Apologie der Daumentechnik, die zur Grundlage unseres Fingersatzes geworden ist. Nachdem die grosse Bestimmung des Daumens endlich erkannt war, wurde es nicht schwer, systematisch die Stellen seiner Anwendung zu finden. Als Hauptregel musste sich ergeben, dass der Daumen der rechten Hand im Aufsteigen und der linken Hand im Absteigen nach einer oder mehreren Obertasten gesetzt wird, und umgekehrt vor ihnen. Das Setzen des Daumens auf die Obertasten selbst musste vermieden werden; auch das Übersetzen mit anderen Fingern, das früher den Hauptbestand der Fortbewegung bildete, gab man auf;

auf den Daumen, der an der rechten Stelle untersetzt, wurde alle Kunst gebaut. Das Buch Philipp Emanuels, der sich um die guten Bindungen der Töne stets besondere Sorge macht, wurde zu einem Loblied auf den Daumen. In dieser klaren Einsicht, wie in der Anordnung seiner Übungen, die mit Tonleitern und Accorden beginnen, das Unisonospiel beider übenden Hände bevorzugen und so langsam zu leichten Stücken vorschreiten, ist sein Buch in der That noch ein Teil unserer modernsten Klavierstunden. Man könnte vermuten, dass Philipp Emanuel dadurch, dass er seine Daumentechnik an den Tonleitern und gebrochenen Accorden fleissig durchführt, gewisse Leiterfiguren in den Vordergrund der Übungen stellt, die später und namentlich heute gar nicht den nötigsten Bedarf des Klavierspielers darstellen würden. Sie würden nur Trainierung der Hand sein, nicht eine Vorführung der wichtigsten, in der Litteratur vorkommenden Fälle. Ein Blick auf die Werke aller Klaviermeister lehrt uns, dass dem nicht so ist. Dieselben Tonleitern, Kettengänge und gebrochenen Accorde, die das Lernmaterial bilden, sind auch zu Figuren der freien Kompositionen geworden. Einige Modekomponisten mögen sie, weil sie den Spielern lagen, übertrieben verwendet haben, aber auch die Selbständigsten mussten sich ihrer bedienen, weil sie eben von der Natur des Klavieres her die ausgiebigsten und bestklingenden waren. Die alte Zerreissung des musikalischen Materials in Tetrachorde und Quintenstücke war jetzt überwunden, man übte an der Tonleiter und dem Accord. Und da Philipp Emanuel diese natürliche Aufgabe mit methodischer Klarheit durchführte, hat er nicht neben der Litteratur her gelehrt und ist fruchtbar geworden. An seinem Buche kann man deutlich sehen, wie das Klavier mit seiner Temperierung, die dort so dringend nötig war, und seinem so offen daliegenden Gesamttonmaterial, das man nur abzulesen brauchte, zu dem Ausbau der modernen weltlichen Musikanschauung nicht am wenigsten beigetragen hat.

Nicht so steht es mit seiner Behandlung der »Manieren«. Er sagt über ihren Nutzen folgendes: »Es hat wohl niemand an der Nothwendigkeit der Manieren gezweifelt. Man kan es daher mercken, weil man sie überall in reichlicher Menge antrifft. Indessen sind sie allerdings unentbehrlich, wenn man ihren Nutzen betrachtet. Sie hängen die Noten zusammen; sie beleben sie; sie geben ihnen, wenn es nöthig ist, einen besonderen Nachdruck und Gewicht; sie machen sie gefällig und erwecken folglich eine besondere Aufmerksamkeit; sie helffen ihren Inhalt erklären; es mag dieser traurig oder frölich oder sonst beschaffen sein, wie er will, so tragen sie allezeit das ihrige dazu bey; sie geben einen ansehnlichen Theil der Gelegenheit und Materie zum wahren Vortrage; einer mässigen Composition kan durch sie aufgeholfen werden, da hingegen der beste Gesang ohne sie leer und einfältig, und der kläreste Inhalt davon allezeit undeutlich erscheinen muss.« Das ist ein Urteil, welches bei einem so einsichtigen und fortschrittlichen Manne wie Philipp Emanuel befremdet. Er hat nicht die Erkenntnis gewonnen, dass die Verzierungen zu seiner Zeit nur noch Rudimente eines früheren Stils waren. Ein Vorschlag, der die Hälfte oder zwei Drittel seiner Note wegnimmt und also ein ganz gehöriger melodiöser Vorhalt wird, oder ein Doppelschlag, der seinen Ton völlig auflöst und mit einem alten stenographischen Zeichen ausgedrückt wird, ist fossil in einer Periode, die der Melodie schon solche Selbständigkeit giebt. Nicht die Töne, die da erscheinen, sind fossil, sondern ihre Auffassung als Ornament. Was ursprünglich wirklich Ornament gewesen war, in der Blütezeit des Figurierens, war längst im Laufe des 18. Jahrhunderts emanzipierte melodische Phrase geworden. Die Idee des Vorhalts, die sich früher unter der Form des Vorschlags mit angehängter Hauptnote noch verdeckte, konnte jetzt sich offen eingestehen, und der Doppelschlag und Triller konnten einfach sagen, was sie waren, ohne sich immer als demütige Trabanten irgend einer Hauptnote zu geberden. Hätte Philipp Emanuel den Mut besessen, die alte Zeichensprache zu vergessen und die üblichen Ornamente als selbständige Musik zu hören, so hätte er manchen Ballast sich ersparen, manche Konfusion verhüten und allerlei tote Traditionen, die noch bis zu uns laufen, abbinden können. Er, der in seinem Buch eine rührende Wissenschaft und individuelle Behandlung der Manieren durchführt, hat die Grenze zwischen den Manieren und den weiteren Figurationen willkürlich beibehalten müssen, obwohl zwischen dem Doppelschlag und irgend einer anderen melodiösen Linienbiegung gar kein wesentlicher Unterschied mehr ist; er hat kein System in die Bogenbindung oder -Nichtbindung des Vorschlags mit der Note hineinbringen können und er hat, weil er doch merkte, dass es die Wirkung des Vorschlags auch ohne sein Nötchen geben kann, zu dem Satze seine Zuflucht nehmen müssen: »Die Vorschläge werden theils anderen Noten gleich geschrieben und in den Tackt mit eingetheilt, theils werden sie durch kleine Nötchen besonders angedeutet, indem die grösseren ihre Geltung den Augen nach behalten, ob sie schon bey der Ausübung von derselben allezeit etwas verlieren.« An diesem Punkte hätte er merken können, dass eine Systematik der Manieren als solcher nicht mehr möglich war.

Aus Andeutungen Philipp Emanuels geht hervor, dass er in diesen Dingen geradezu absichtlich hinter seiner Zeit war. Er beklagt sich, dass die so bekannten Zeichen bei den Klaviersachen schon anfingen »fremde Dinge« zu sein, und verweist auf die sorgfältige Art, wie die Franzosen ihre Zeichen stets gesetzt hätten. Die Franzosen spielt er überhaupt gern als Meister des Klaviersatzes aus und ärgert sich, dass man ein »übles Vorurteil« gegen ihre Stücke hätte, »die doch allezeit eine gute Schule für Klavierspieler gewesen sind, indem diese Nation durch eine zusammenhängende und propre Spiel-Art sich besonders vor anderen unterschieden hat«. Die Liebe Philipp Emanuels zu den Franzosen ist ein sehr wichtiger Punkt bei der Beurteilung seiner Arbeiten. Nicht nur, dass er für seine galante Art hier die einzige grosse Vorgängerschaft fand, er hat auch durch Überschriften in französischem Sinne und französischer Sprache die Gattung Couperins und Rameaus ausdrücklich fortgesetzt. Ja, seine Sucht, in den Sonaten und Rondi festere Formen mit Reprisen durchzuführen, erscheint nur als eine Fortsetzung des französischen Rondos und, so italienisch auch die musikalische Gestaltung sein mag, bei mehr als einem Stück von ihm müssen wir an die Cyklopen Rameaus denken. Vielleicht ist sein ganzes Buch von Couperins »l'art de toucher le clavecin« angeregt und die Achtung vor dieser französischen Tradition hat ihn verhindert, mit den Manieren, die dort noch ihre Existenzberechtigung hatten, so reinen Tisch zu machen wie mit dem Fingersatz. Sehr amüsant ist daher, wie er sich mit Couperin selbst auseinandersetzt. Er nennt ihn »sonsten so gründlich« und meint damit natürlich die Manieren — »sonsten« sagt er, weil er ihn bedauert, die Daumenmethode noch nicht erkannt und die Finger zu viel auf einer Taste gewechselt zu haben. Im Punkte Ornamentik war er eben der konventionelle, und im Punkte Fingersatz — — nun da stand ja der alte Sebastian, kurz vorher gestorben, zwischen ihm und Couperin.

»Das Fantasiren ohne Tackt«, sagt Philipp Emanuel an einer Stelle seines Versuchs, »scheint überhaupt zur Ausdrückung der Affeckten besonders geschickt zu seyn, weil jede Tackt-Art eine Art

Marie Coswey mit der Orphica, einem Tragklavier, das Anfang des 19. Jahrhunderts eine gewisse Verbreitung hatte

von Zwang mit sich führet.« In dieser Erkenntnis und in ihrer Anwendung liegt für uns heute, äusserlich genommen, die beste Überraschung, die uns Philipp Emanuel bietet. Er hat thatsächlich so manche Fantasie geschrieben, die fast ohne Taktstrich aufgezeichnet ist und dadurch den improvisatorischen Charakter, den sie trägt, sehr logisch zum Ausdruck bringt. Es sind grosse Recitative voll der sinnigen Melodien, der perlenden Staccati, der klingenden Accordbrechungen, die der gewiegte Klavierspieler zu entfalten wusste. Es waren die letzten freien Ausläufer der ungebundenen Formen aus der alten Zeit.

Aber nicht nur in diesen Fantasien, überhaupt in seinem ganzen Schaffen, namentlich während der Hamburger Periode, bekundet Philipp Emanuel diejenige improvisatorische Laune und Freiheit, die den Klavierstücken zu allen Zeiten ihren grössten Reiz gegeben hat. Er hat Erfindung genug, um selten in Verlegenheit zu kommen, und die Stücke aus seinen früheren, noch mehr kontrapunktischen »Württemberger Sonaten« oder dem späteren Hauptwerk, den sechs Heften »Für Kenner und Liebhaber«, haben alle jene Abwechslung und Mannigfaltigkeit im einzelnen, die auch den Sammlungen Sebastians eigen war. Aber stärker als die Fülle der Erfindung wirkt bei ihm die Lust an der Caprice. Er ist unermüdlich in dem launischen Zerpflücken einer Melodie, in den Überraschungen durch Pausen oder merkwürdige Überleitungen. Stellenweise wird seine Sprache geradezu hopserig und man weiss oft nicht genau, ob eine gewisse absichtliche Verrenkung, die ein Deckmantel der Armut wäre, oder wirklich die Laune des Augenblicks ihn zu den Reizen der Bizarrerie führte. In jedem Falle gehört er zu jenen seltenen feinen Naturen, die uns im Augenblicke den echten künstlerischen Konnex geben.

Schon in den Harmonien macht sich seine Freiheit kühn bemerkbar. Philipp Emanuel geniert sich nicht mehr, die einzelnen Sätze in verschiedenen Tonarten zu schreiben, die er oft durch direkte Übergänge verbindet. Die dritte Sonate des ersten Kenner- und Liebhaberheftes steht in Satz 1 in H-moll, in Satz 2 in G-moll, in Satz 3 wieder in H-moll. Die fünfte Sonate, die in F-dur steht, beginnt ruhig mit einer C-mollwendung. Im ersten Rondo des fünften Heftes finden wir den an exponierte Stelle gesetzten Septimenaccord g eis h cis in h-moll, bei dem uns die schönsten Wagner-Erinnerungen aufsteigen. Für solche Dinge zog sich der Meister den härtesten Tadel seiner Zunftgenossen zu.

Was seine Melodie betrifft, so ist sie so liebenswürdig, wie man es nur von einer galanten Musik erwarten kann. Bald hat sie eine reizende Sentimentalität, wozu der stärkere Gebrauch der Vorhalte das

Seine beiträgt, bald tändelt sie neckisch und spielt mit sich selbst — in beiden Arten eine Vorläuferin Mozarts. Besonders charakteristisch für ihn sind zahlreiche melodische Phrasen, die durch Biegungen gerader Linien entstehen — man wird mich verstehen, wenn ich sie die S-linien der Melodie nenne. Sie haben bis zu Wagner ihre bedeutende Rolle gespielt. Am innigsten hat sie Philipp Emanuel in dem schönen Fis-moll-Satz der A-dur-Sonate gebraucht, die als vierte im ersten Kenner- und Liebhaberheft steht. In all diesen Dingen ist er von guter Selbständigkeit und, trotz seines Studiums der Franzosen, kommt es nur selten vor, dass, wie in der Siciliana einer seiner Sonaten im »Musikalischen Allerley« Couperin'sche Wendungen anklingen.

Philipp Emanuel hat die Eigentümlichkeit aller Galanten, sehr viel geschrieben zu haben. Eine recht beträchtliche Anzahl seiner Werke sind schon damals im Druck erschienen, in den Zeitschriften und selbständig, unter denen die Sonaten an Friedrich II., an Karl Eugen von Württemberg, an Amalie von Preussen und die »Für Kenner und Liebhaber« die ersten Stellen einnehmen. Mehr aber noch, als gedruckt wurde, blieb ungedruckt. Prosniz zählt 420 Klavierstücke von ihm, von denen 250 gedruckt wären. Eine moderne zusammenfassende Ausgabe giebt es noch nicht. Die Kenner- und Liebhaberhefte hat Krebs in den »Urtext«-Ausgaben der Berliner Akademie sehr schön wieder aufgelegt. Ausser dem ersten Heft sind diese übrigens ausdrücklich für Pianoforte geschrieben.

Philipp Emanuel ist gewöhnlich genannt, wenn man von den Anfängen der modernen Kammermusik- und Orchesterformen spricht. Das ist richtig, wenn man sich darauf beschränkt, seine Verdienste um die Krystallisierung der beiden Hauptformen des klassischen Satzes festzustellen, der Sonate und des Rondos. Geschaffen aber hat er diese Formen nicht; er fand sie in Frankreich und Italien stark vorbereitet und andererseits handhabt er sie noch so frei, dass die wirkliche Erstarrung erst bei Haydn und Mozart eintrat. Er ist also nur ein Vermittler, auch in diesen Dingen.

Die reguläre Sonate bringt zuerst ein Hauptthema, dann in einer Nebentonart ein Nebenthema, darauf den Durchführungssatz, der sich mit diesen Themen und den Füllmotiven beschäftigt, endlich wiederholt sie die Exposition, wobei aber das Nebenthema des Schlusses wegen in die Haupttonart transponiert ist.

Das Rondo dagegen kennt ein Hauptthema und viele Nebenmotive. Jenes ist meist liedartig, diese wechseln in allen Gestalten zwischen den Wiederholungen der Liedstrophe.

Nach der Sonate und dem Rondo gravitierten allmählich alle älteren Tanz- und Fantasieformen. Die Sonate ist mehr dramatisch, das Rondo mehr lyrisch. Die Rondoform ist, auf ihre innere Logik angesehen, organischer, aber das Strebende und Gipflige fehlt ihr. Die Sonate dagegen ist durch ihre Reprisen weniger innerlich, als architektonisch, doch hat sie den Ernst der Grösse. Gewöhnlich denkt man bei den Formen dieses musikalischen Zeitalters nur an die Sonate, die später in der Regel den ersten Satz stellt. Aber das Rondo wurde ebenso wichtig, und ist ebenso oft im zweiten oder letzten Satze verwendet worden. Reinere Tanzsätze dazwischen als Intermezzi waren jederzeit im Gebrauch.

Bei Philipp Emanuel nun sehen wir eine Vorliebe für die Typen der Sonate und des Rondos, die deren Alleinherrschaft vorbereitet. Er brauchte darin nur eklektisch zu verfahren. Sowohl das französische Rondo wie die italienische Sonate hatten zu der Reprisenform geführt. Philipp Emanuel ging nicht sehr weit über diese Vorbilder hinaus. Ein zweites Thema ist noch bei ihm durchaus nicht ständig, nur die Modulation der Tonarten innerhalb des ersten Teils nach Quinte oder Terz ist fest ausgeprägt. Der Sonatensatz steht bei ihm noch in allen Tempi. In der dritten Kenner- und Liebhabersonate findet sich überhaupt nicht die eigentliche Sonatenform; Allegretto, Andante, Cantabile folgen in freier Weise aufeinander. Dagegen zeigt im folgenden Stücke sowohl der erste wie der letzte Satz Sonatenform, und in der ersten Württembergischen hat nur der letzte Statz strengeren Sonatenstil. Die dritte Sonate des zweiten Kenner- und Liebhaberheftes ist gar bloss in einem Satz geschrieben. Dagegen beginnt schon die zweite Württembergische mit einer richtigen Sonate mit doppeltem Thema, und in der Kenner- und Liebhabersonate III, 2 ist der Typus der späteren Sonate ganz fertig da. Man sieht an diesen Beispielen, dass Philipp Emanuel, obwohl er die Reprise des ersten Teils fast ständig benutzt, doch von der Schablone der klassischen Sonate noch weit entfernt ist, und man wird bei ihm schliesslich nichts

Joseph Haydn

Ein »Physionotrace«-Stich von Quenedey

finden, was nicht schon Rameau oder Scarlatti bietet, oder gar der alte Sebastian.

Das Rondo lag ihm mehr, und hier, wo er recht entwickelte französische Vorbilder hatte, ist nicht zu leugnen, dass er — bei aller Freiheit im einzelnen — die Form dem klassischen Typus bereits stark genähert hat. Beethoven hat die Abwechslung von Emanuels Zwischensätzen und die graziöse Art, in das Lied zurückzukehren und sein Thema ein bisschen zu schaukeln, oft nicht übertreffen können. Philipp Emanuel liebt die ganz einfachen volksmässigen Rondolieder, die wir alle schon einmal gehört zu haben glauben. Als Couplets benutzt er gern technisch dankbare Fugen, die wieder zum Liede in gutem Kontrast stehen. Mit dem Thema scherzt er unermüdlich. Bald lässt er es mittendrin abbrechen, bald sentimental werden, bald fragen, bald auf den Tonarten balancieren. Er holt mit der Zeit seinen ganzen Ausdrucksgehalt heraus, so dass er von einer starren Abwechslung des Themas mit den Couplets weit entfernt ist. In der Fantasie, die das fünfte Kenner- und Liebhaberheft schliesst, vielleicht seinem reizvollsten Stücke, mischt er die Rondoart besonders geschickt mit der freien Form einer Improvisation, und so zeigt er sich von der besten Seite. Nicht minder liebenswert ist auch das letzte Stück des sechsten Heftes, ein Fantasie-Rondo, dessen Hauptthema eine Art Jagdsignal ist. Es wird uns darin erzählt, wie das lustige und launische Jagdtreiben unterbrochen ist von schönen romantischen Neigungen in Andante oder gefühlvollen Schwärmereien in Larghetto sostenuto und wie zum Schluss die sinnige nachdenkliche Stimmung doch die Oberhand behält.

Das Rondo lag ihm so gut, weil er darin mehr seine geliebten »Affeckte« zum Ausdruck bringen konnte. Und Philipp Emanuel war wirklich nicht so sehr formal angelegt, als lyrisch. In seiner Musik ist noch heute ein recht starker seelischer Reiz, den der leise Archaismus gern unterstützt. In seinen Rondi tritt er uns herzlich nahe, nicht minder in jenen kleinen Charakterstücken, die in leichter Tanzform geschrieben, die französischen Muster selbst in der Fassung der Überschriften nachahmten. Wir haben von ihm l'Hermann, la Buchholz, la Böhmer, la Stahl und andere, die Eigennamen tragen. Und dann wieder solche allgemeinere Bezeichnungen: la Xenophone, la

Sibylle, la Complaisante, la Capricieuse, l'Irrésolue, la Journalière und les Langueurs tendres, die ja auch Couperin schrieb. La Sibylle hat eine wundersam schöne Melodie und les Langueurs tendres ist ein so unübertrefflicher Gesang zweier klagenden Stimmen, dass man es unendlich oft wiederholen mag. Es ist nie etwas geschrieben worden, was diese zarte Klavichord-Wehmut überträfe.

Die grosse Bachische Kontrapunktik wird nun merkwürdig schnell vergessen. Der Ahn der folgenden Generation ist Philipp Emanuel, und wo man hinsieht, bei dem Londoner Bach, dem Johann Christian, bei den Österreichern und überall wird in seiner Art gearbeitet. »Er ist der Vater und wir sind die Buben«, sagte Mozart.

Haydn wusste wohl, was er dem Philipp Emanuel verdankte, und hat sich so wenig wie Mozart gescheut, es zu bekennen. Im Grunde genommen hat auch Haydn das Klavier nicht wesentlich weiter gebracht. Fast beobachtet man eine leichte Versandung und erst unter Mozart wird es wieder ganz flott. Haydn war ein Orchestergenie, kein Klaviergenie. Er hat Klaviersonaten geschrieben — man zählt 35 — und andere Stücke mit kombiniertem Klavier, zo zahlreich und leichtflüssig, wie alle diese galanten Musiker. Aber man muss seine Trios den blossen Klaviersonaten vorziehen, es sprüht in ihnen mehr und die Ideen entzünden sich lebhafter an dem kleinorchestralen Geist. Nur die Sonaten von 1790 an, wie die erste Es-dur (Br. & H.), ragen merklich hervor; Haydn hatte Mozart schon erlebt.

Auch ein grosser Virtuose ist Haydn in seinen Stücken nicht. In den Trios weiss er sehr gut durch Arpeggi, allerlei Gänge, volle Accorde und die beliebten Oktavenmelodien den Charakter des Klaviers gegen die Streicher hervorzukehren. Aber eine interessantere Virtuosenleistung wie in den F-moll-Variationen findet sich selten. Das Verzierungswerk ist noch ausgedehnt, doch immerhin beschränkter, und viel wird ausgeschrieben, wie auch die Kadenzen mit den kleinen Noten jetzt lieber deutlich vorgezeichnet sind. Am Ende des Jahrhunderts war der Willkür der Spieler alles genommen, ausser den ganz grossen Kadenzen am Schlusse der Konzertsätze. Philipp Emanuel hatte noch einen letzten wichtigen Schritt gethan, indem er in seinen der preussischen Prinzessin Amalia gewidmeten Sonaten bei den häufigen Wiederholungen musikalischer Phrasen von wenigen Takten die Verzierungen und Veränderungen für das zweitemal

Mozart

Stich von A. Kohl

Wien, 1793

genau vorschrieb, statt sie dem Gutdünken der Spieler zu überlassen. Nach seiner Vorrede zu urteilen, muss die Willkür in diesen Dingen geblüht haben, und er rechnet es sich als ein besonderes Verdienst an, zum erstenmal genau formulierte veränderte Reprisen dargeboten zu haben, die nicht Gefahr laufen, Sinn und Verstand des Stückes zu stören. Interessant bleibt ja sein Ausgangspunkt: Dass es einfach nicht anders möglich ist, als bei Wiederholung einer musikalischen Phrase sie auch zu ändern. Diese Auffassung bestätigen uns in ihren Werken alle Zeitgenossen und Nachfolger im Stile: Haydn und Mozart sind nicht denkbar ohne diese Manier, einen musikalischen Gedanken bei sofortiger Wiederholung durch leichte Umbiegungen und Verzierungen zu verändern. Das Gesetz ist ein ständiges Bewegungsmotiv ihres musikalischen Gedankenganges, auf ganze Strecken hin diktiert es den Fortgang. Tief begründet in der gesamten Variationslust dieser Epoche, lehrt es uns nur wieder jene grosse Entwicklung kennen, die einen Teil der Musikgeschichte ausmacht: die Entwicklung von improvisierten Manieren zu festgeschriebenen Melodien.

In der Form setzt Haydn die angefangenen Wege fort. Immer mehr beschränkt sich die Sonatenform auf den ersten Satz, immer deutlicher krystallisiert sich das zweite Thema, immer beliebter sind die langsamen getragenen Sätze an zweiter und die graziösen rondomässigen an dritter Stelle — ohne dass aber in allen diesen Dingen ein Zwang vorliegt. Aus dem reichen Schatz der Suitenüberlieferung rettet sich allein das Menuett, das Haydn in freier Ausgestaltung so gern als Intermezzo einschiebt. Die alten Formen der Tänze als Tänze werden so schnell vergessen, dass in einem Trio ein feiner langsamer Walzer schon als Allemande bezeichnet wird, deren alte Form mit dem Walzer nicht einmal den Takt gemeinsam hat.

Haydn hat mehr am Klavier gelernt, als er ihm gegeben hat. Er übertrug die zeitgemässen Klavierformen auf das Orchester und wies dadurch diesem die Wege der Symphonie. Kein Zweifel, dass die moderne Symphonie in erster Linie von den Klavierstücken des Philipp Emanuel stammt, und Haydn, der diese Vermittlung besorgte, ist darum der erste geworden, dem es beschieden war, praktischen Nutzen aus der reichen Entwicklung dieser Kammermusik zu ziehen. Klavier und Orchester sehen wir immer eifersüchtig aufeinander emporblühen. In Haydn hat das Klavier das Orchester befruchtet, in Beethoven das Orchester das Klavier, Mozart in der Mitte giebt jedem das Seine.

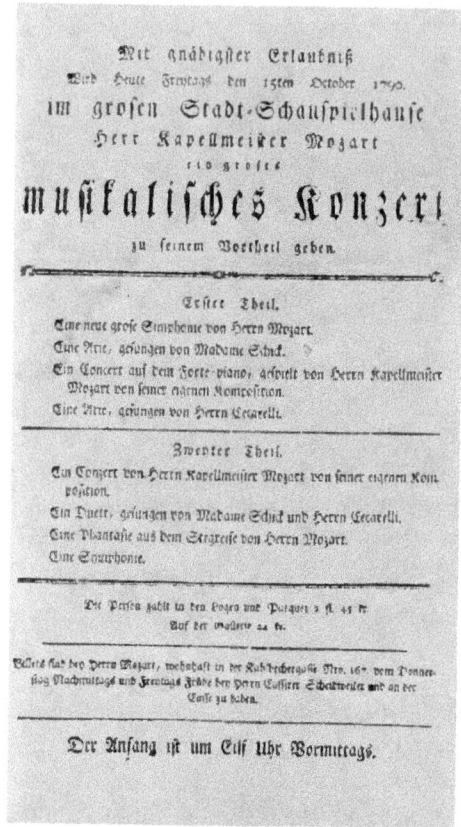

Frankfurter Konzertzettel Mozarts
Nicolas-Manskopf'sche Sammlung, Frankfurt a. M.

Und darum hat er dem Klavier Vieles und Eigenes gegeben. Das Gleichgewicht – Mozart ist immer ganz Gleichgewicht – zeigt sich am wunderbarsten in seinen Klavierkonzerten, die einmal mit Recht den Ruhm geniessen, für eine Gattung »Epoche« gemacht zu haben; besonders das C-moll-Konzert, wo das Klavier eine seiner grössten Emanzipationen erlebte. Hier stand auf der einen Seite das

Orchester, auf der anderen das Instrument, und es ist diesen beiden grossen Rivalen dennoch nichts von ihrem Wesen genommen, sondern ihre Rivalität ist die Ursache ihrer besten Wirkungen geworden. Innerhalb der Kammermusik hatte sich durch Couperin und Rameau, in Deutschland durch Bach, das Klavier schon sehr verselbständigt. Aber das waren kleine Orchester und kleine Konzerträume. Mit dem Raum wächst das Orchester und wächst die Virtuosität des Klaviers. Erst durch Mozart ist das moderne Klavierkonzert klar erfasst worden. Wie sich hier Klavier und Orchester fragen und antworten, wie das Klavier in die Massen der Streicher und Bläser sich hineinschmiegt und wieder einzelne von diesen ihre Stimmen mit dem Klavier vermählen, wie in dem laufenden Wettstreit jedes auf seinen Charakter pocht und eine natürliche Variation der Phrasen und leichte Veränderungen der bestehenden Formen sich ergeben, das geschieht alles mit jener selbstverständlichen Logik, die an solchen Knotenpunkten der Kunstgeschichte ihre inneren Gesetze auszulösen pflegt. Mozart ist der grosse Virtuose, der schon als Kind Europa auf den Kopf stellt, er kann sich mit der blossen intimen Beschaulichkeit des Klaviers nicht begnügen, er reisst es hinaus in die Öffentlichkeit, er braucht die Konzertform, da er grosse Säle braucht. Das neue Fortepiano ist ihm recht für diese Zwecke, mit seinem volleren und nuancenfähigeren Tone, und er ist der erste, der das Hammerklavier endgültig bevorzugt. Auf seine Triumphzüge geht die Popularität des neuen Instrumentes nicht am wenigsten zurück. Der Zauberer Mozart hat die kleinen Siege des Spinetts hinter sich; die öffentlichen Konzerte in gemieteten Sälen, wie sie nun immer beliebter werden, verlangen neue Thaten. Mit grossen Zügen ist zu wirken, mit den scharfen Fortes, den Perlenketten und Pianogeheimnissen, die gerade vom Hammerklavier aus in die Ferne wachsen, den hundert Abstufungen und Kombinationen im Anschlag, dessen süsse Reize am neuen Instrument Mozart zuerst freudig empfindet. Aber inmitten des Konzerttaumels bleibt der Virtuose ein Künstler; der Erfolgreiche ein Empfinder. Wie er sich erst wahrhaft wohl fühlte, wenn er nach dem Rausche der Öffentlichkeit vor einigen Freunden bis in die Nacht hin, einsam, und persönlich, in die Saiten griff, so liegt auch in seinen Konzerten, hinter dem äusseren Glanz, seine Seele beschlossen und seine Sehnsucht nach Versöhnung und Wohllaut. Die schöne Romanze im D-moll-Konzert sieht uns mit einem wunderbaren, unvergesslichen Auge an.

Mozart ist fast in allen Stücken Gelegenheitskomponist. Zu den Konzerten gab die Gelegenheit sein eigenes Auftreten. Zu den vierhändigen und Doppelklavierstücken hatte er von früh auf Gelegenheit durch das Zusammenspielen mit seiner Schwester. Er hat dann auch aus dieser Gattung neue Früchte gezogen. Seine D-dur-Sonate für zwei Klaviere steht einzig da in der geschickten, wirkungsvollen Vermischung beider Partien; seine vierhändigen Sonaten sind in der Individualisierung der Hände überraschend gelungen und begannen erfolgreich eine Klaviergattung, die dann nur zu oft gemissbraucht worden ist. Man wird gegen Vierhändigkeiten leicht eingenommen, wenn man das Klavier als persönliches kleines Orchester liebt. Aber Mozart hat auch hierin eine gesellige Wirkung privaten Ansprüchen nicht ganz opfern wollen.

Durch die entzückende Kammermusik, wo besonders im Quintett für Oboe, Klarinette, Horn, Fagott und Klavier die famose Haltung des Saiteninstruments gegen die Bläser Achtung verdient, durch all die wohllautduftenden Stücke für Klavier und Violine, die Trios, die Quartette, vorbei an den zahlreichen kleineren Klavierstücken, den Modevariationen, den Suitenüberresten, den verstreuten Fugen, den wechselreichen Phantasien, folgen wir Mozart bis zu den 18 reinen Klaviersonaten, die ein echter Miniaturspiegel geworden sind seiner unendlichen musikalischen Erfindung. Man mag sie chronologisch betrachten; hier lohnt es sich zum erstenmale, denn zum erstenmale ist eine starke Entwicklung da.

Am Anfang stossen uns die kühnen Harmonien und Enharmonien an, durch die jeder Neuerer sich bemerkbar macht und die ihm die ersten schlechten Rezensionen eintragen. Aber es ist noch nicht das Packende der späteren Werke. Eine leichte Kontrapunktik geht hindurch, eine gewissenhafte Bearbeitung der Themen, die an gute Lehren mahnt. Es fällt die zwanglose Erfindung der Motive auf, die nach leichtem Ablauf eines Gedankens in voller Frische einsetzen. Sinnige Themen, wie in der B-dur, erinnern noch an die Linie Philipp Emanuels. Die Form wird bestimmter, die Regeln der Sonatenanordnung fester. Zum erstenmal strahlt der ganze formale Glanz

Der siebenjährige Mozart mit Vater und Schwester

Delafosses Stich nach Carmontelle

Anfang der Mozart'schen A-moll-Sonate. Kgl. Musikbibliothek, Berlin

aus der A-moll (1778), die jene wunderbare Proportionalität auch der kleinsten Teilchen hat, welche Mozarts eigenste Eigenheit geblieben ist. Proportion in den wohlabgewogenen Gegensätzen der Themen in allen drei Teilen, in der Geschäftigkeit der pikanten Sechzehntelläufe, die Scarlatti schon weit hinter sich lassen, in der glänzenden und doch so einfachen Virtuosität des letzten Satzes. Und nun drängen sich die Eindrücke. Die unverwüstliche Mozart'sche Laune hat die D-dur geschaffen. Immer gesangsreicher, immer sprechender werden die Motive. In der C-dur hören wir die Phrasen wie gesungen, wir hören Worte mit Atempausen, wie aus einer fernen lieblichen Oper. Die Melodien jagen sich und, was so typisch für Mozart ist, mehr noch als eine innere Entwicklung hält dieser Melodienkranz die Spannung aufrecht, diese Nebenordnung von Arietten, die so leicht und so schnell aus dem Geranke der Arabesken als Blumen emporsteigen. Aber der Garten ist gesetzmässig und die Fülle der Blumen ordnet sich zum italienischen Parterre. In diesem Garten blühen die Variationen der A-dur-Sonate. Ihre Konturen sind von einer unerhörten Lieblichkeit und ihre Düfte zauberisch weich. Der türkische Marsch steht zu ihnen in bunten nationalen Farben, fern von jeder Trivialität, wenn man nur der Janitscharen-Rhythmik ihr Recht werden lässt. Immer breiter werden die Gesänge, immer übermütiger die Pikanterien, bis das Allegretto der B-dur mit seinem Septimenjuchzer als ein Gipfel der alten Philipp Emanuel'schen Rondoform uns erscheint. Da ist jenes helle Lachen, das aus Mozarts Munde uns am wohllautendsten klingt.

 Das war 1779; 1784 kam die C-moll. Mozart ist in die zweite Hälfte seines Lebens getreten, die unglückliche, die mit Unglück wunderbar gewürzte. Neue Töne schlagen an unser Ohr, herbe, grosse, breite, intensivere. Aber alles im Masse der Form. Die Hand wird freier, sie stürzt von den Höhen des Klaviers kühner in seine Tiefen, kühner sind auch wieder die Wendungen, die die Angeln der Gedanken sind. Dazwischen der süsse Rausch am üppigen Klang des Fortepiano, der seelenvolle Gesang, der an Vorhalten reicher wird und immer mehr die Linien annimmt, welche Mozart endgültig der schöngeformten Melodie gegeben hat. Eine seltsame Sprödigkeit, die Sprödigkeit der Reife, liegt über dem sonst so flüssigen letzten Satz; seine ausdrucksvollen Zerrissenheiten lassen neue Dinge ahnen, den

Die Sonaten Mozarts

Sieg des Inneren über die Form; lassen Beethoven ahnen. Und dann treffen wir in dieser Epoche des Figaro und des Don Juan die F-dur, die inhaltschwerste, die er geschrieben, und zu deren beiden Sätzen

Aufrechtes Hammerklavier um 1800, Giraffe genannt. Mahagoni mit Bronze, durchbrochen auf grüner Moiréeseide. Drei Pedale: Forte, Piano und Fagott. Von Josef Wachtl, Wien. Sammlung de Wit, Leipzig

(1788) man nicht unpassend das Rondo hinzuzufügen sich gewöhnte, das 1786 geschrieben war. Die Kontrapunktik ist langsam wieder gestiegen, das Zeichen des reifen Mannes, der seinen Halt sucht. Sie verdichtet das Gewebe zu stellenweise bachischer Solidität. Souverän ist die Herrschaft über die Tonwelt. Die Melodien singen gen Himmel, ihre Linie ist hinreissend, wie im Thema dieses Andante, das unverkürzt aus seiner Seele kam.

Bie, Das Klavier. 2. Aufl.

Wir sind an der Grenze des Galanten, über dessen Gefilde schon schwarze Wolken aufziehen. Aber wir sind auch auf seiner Höhe. In Mozart war das Ideal der populären Musik reicher erfüllt worden, als sich der Vater Philipp Emanuel es je geträumt hat. Seine Ausgeglichenheit hat das Klavier vor der Verflachung bewahrt, und sein früher Tod bewahrte ihn selbst davor, diese Ausgeglichenheit an die Gedankenschwere einer neuen Zeit zu opfern. Sein formaler Sinn hat die Sonate in typischere Gestalt gebracht, aber der unendliche Wohllaut und die frohe Sinnigkeit seiner Musik nahmen der Form alle Schärfe. Keine Musik lässt sich weniger mit Worten beschreiben, als die seine, und darum war sie, als ein grosser, schöner Klang, der beste Inhalt, den die Formen der galanten, der populären Epoche finden konnten. Erst als Erwachsene sehen wir in dieser Ruhe das Gleichgewicht, und erstaunen dann, wie Otto Jahn sagte, über den wunderbaren Reichtum dieser Kunst und über uns selbst, dass er uns so kalt lassen konnte.

Der 31 jährige Beethoven

Beethoven

Als man in Berlin einen Wettbewerb ausschrieb für ein gemeinsames Denkmal von Haydn, Mozart und Beethoven, merkte man den Künstlern wohl an, dass sie sich vor eine zerflatternde Aufgabe gestellt fühlten, aber sie wussten nicht recht, wo da das Heterogene steckte. Sie standen unter dem Einfluss der öffentlichen Meinung, die diese drei Heroen unter ein Joch spannt, und sie wurden das Opfer dieses Einflusses. Die Völker haben ihre rhythmischen Sehnsüchte bei der Einteilung ihrer grossen Männer. Die Alten hatten es mit den Sieben, heute begnügt man sich mit den Zweien oder den Dreien, aber die Zwangsjoche sind darum nicht leichter. Die Schiefheiten sind nicht zu zählen, die sich aus der Symmetrie von Bach und Händel, oder Goethe und Schiller ergeben haben. Das Triumvirat der Haydn, Mozart und Beethoven krankt an allen Fehlern falschen Verständnisses. Haydn und Mozart waren zwar grundsätzlich verschiedene Naturen, jener mehr eine Kammermusiknatur, dieser mehr eine Öffentlichkeitsnatur, aber sie haben doch immerhin noch ähnliche Züge der Zeit. Beethoven gehört zu ihnen, wie der Faust zu Racine. Man braucht sich nur in einem Salon Altwiens umzusehen. Da sitzen lächelnd, freundlich auf einem Sopha der alte Haydn und der alte Salieri, bewegen sich in den vornehmen Formen des 18. Jahrhunderts, haben in ihrer Tracht die Erinnerungen der Zopf- und Schopfperiode keineswegs überwunden und sind in jedem Urteil, in jeder Geste Feinde ungeschliffener Empfindungen. Dagegen steht ein junger Mann ans Klavier gelehnt, in modischer, wenn auch salopper Tracht, die er vom Rheinland her brachte; seine Bewegungen sind echt und holzgeschnitten; seine Haare frei und wirr; er macht wenig Komplimente; das Fremde nimmt er nur in bitterem Zwang entgegen; sein Spiel ist vielleicht zu kräftig und zu empfindungsvoll und die Ideen, die er in seine Werke einsenkt, sind in ihrer Originalität halb revolutionär, halb romantisch. Dieser Neuling ist Beethoven, ein Mensch, so grundverschieden von dem sesshaften Typus, von den »alten Reichskomponisten«, wie er sie selber spöttisch nennt, dass man die Zukunft wohl ahnt, die er heraufbeschwört. Er ist der erste bitterlich ringende Musiker, die erste wunderbar fragmentarische Natur, der erste Tonkünstler, der die Formen der Musik schreiend an der Grösse seiner Empfindungen zerschlägt. Eine seltsam verschlungene Vorsehung schliesst sein Ohr nach aussen, und hellseherisch geworden, irrt er durch die Wälder, bis er sich auf die Moose wirft, still in den Himmel blickt und von der Natur unerhörte Eingebungen empfängt. Wie dieser neue fremde Mensch, dieser wühlende Romantiker an Haydn und Mozart gekettet werden konnte — die populäre Meinung bringt es fertig. Beethoven kam nach Wien, als man Mozart zu vermissen begann. Man gab ihm die Ehre des klassischen Anschlusses. Aber man urteilt schief, wenn man ihn als einen Vollender betrachten würde; er ist der Beginner.

Es muss an dieser Stelle darauf hingewiesen werden, dass die Welt unterdessen recht musikalisch geworden war, weniger musikalisch als musikliebend. Ja sogar, wie einst kirchliche Ereignisse, konnte man nun schon politische mit Musik ausstatten, und das berühmte Konzert, welches Beethoven zu Ehren des Wiener Kongresses geben konnte, war vielleicht die erste grosse Gelegenheit, bei der diese Musik in feierlicher Weise zur Krönung öffentlicher Vorgänge sich verwenden liess. Hier war es nicht mehr eine Festoper, es war zum grossen Teil absolute Musik, und es war die rasche und eifrige Erziehung der Menschen zur Instrumentalmusik durch die Klassiker nötig gewesen, um einen solchen Höhepunkt herbeizuführen. Das Klavier hat bei diesen Dingen seine bedeutende vermittelnde und belehrende Rolle gespielt; es hat die Neuerungen stets schnell in Scheidemünze umgesetzt und unter die Leute zu Hause verteilt, und es hat die Ohren daran gewöhnt, die absolute Sprache der Musik, die sich auf immer weiteren Abstraktionen aufbaute, besser und besser zu verstehen. Die Verleger werden rühriger, die Drucke häufiger, die Bearbeitungen zahlreicher und künstlerischer, so dass sich selbst die Grossen daran beteiligen. Eine häufige Erscheinungsform des Musikhandels, dass Komponisten wie Clementi, Dussek, Pleyel selbst Bureaus eröffnen, sorgt oft mehr als nötig für die Poussierung der Ware.

Der internationale Austausch wird von Jahr zu Jahr lebendiger. Wenn wir nach London hinübersehen, so erblicken wir Joh. Chr. Bach am Werke, der der Sonate die Form finden hilft, wir sehen Haydn und Pleyel in ihrem lebhaften Wettstreit um die Gunst des Konzertpublikums, sehen den Virtuosen Clementi aus Italien Schule auf dem Klavier machen. In Petersburg sitzt indessen der Engländer Field, den wir als einen ersten Notturnoromantiker kennen, und Klengel und Berger, die Deutschen, alle drei durch Clementi hingeführt. Dann trifft man auch J. W. Hässler dort, den ehemaligen Mützenfabrikanten, der uns so anständige Werke hinterliess, dass ihn Bülow als gutes Mittelglied von Mozart zu Beethoven empfehlen konnte. In Paris liebt man es mehr sich mit der Oper geistreich zu unterhalten, unter Gluck den alten Streit zwischen italienischer und nordischer Manier zu erneuern, und die Kammermusik tritt in den Hintergrund: Schobert und Eckard, die zierlichen, werden kaum über die Grenzen hinaus bekannt, und Adam und Kalkbrenner, die den Ruhm französischer Klaviertechnik erneuern, lassen die Kunst beiseite.

In Wien sieht man ein Gewimmel vielfältiger Gestalten. Es bereiten sich dort allmählich die Zustände vor, die im Jahre 1820 W. C. Müller in einem seiner »Briefe an deutsche Freunde« schildert: »Unglaublich ist's, wie weit die Liebhaberei für Musik und besonders für Fertigkeit auf dem Fortepiano geht. In jedem Hause ist ein gutes Instrument. Beim Banquier Gaymüller fanden wir fünf von verschiedenen Meistern, besonders spielen die Frauenzimmer viel.« In der That überrascht ein Blick in die damalige Wiener Gesellgkeit durch die zahlreichen Frauen, die sich vom herunterspielenden Dilettantismus an bis zu wahrhaft künstlerischer Reife um die Grossen und um die Vermittler scharen. Selbst Beethoven, der hässliche, sieht sich von ihnen umschwärmt, er kann sich ihrer nicht erwehren, und er will es sogar des öfteren nicht. Die Baronin Ertmann, die Julia Guicciardi, die Nanette Streicher stehen leibhaftig neben den Fabelwesen weiblichen Geschlechts, die in seinen Anekdoten umherirren. Die Frauen rücken in die erste Linie, wo die Geselligkeit den Boden der Kultur bildet. Die Einladungen schwirren; die adeligen Häuser wechseln ihre Gäste aus; die neuen Kompositionen werden erst in den Salons bekannt gemacht, ehe sie ihren Verleger finden; wenn sie dann erscheinen, subskribieren alte Bekannte. Dieser enge Kreis ist ein wunderbares Milieu für die blühende Kammermusik, und wer genau hinsieht, beobachtet, wie ganz langsam die moderne internationale Musiköffentlichkeit aus diesem älteren Typus eines patriarchalischeren Publikums herauswächst.

Die Namen der besten Klaviermeister sind in aller Munde. Czerny, der die Wiener Technik dann auf ihren Gipfelpunkt führen und der Lehrer eines Liszt werden sollte, erzählt in seinen Memoiren sehr interessant, wie um die Jahrhundertswende in Wien als die besten Lehrer bekannt waren: »Wölffl, durch sein Bravourspiel ausgezeichnet, Gelinek durch sein brillantes und elegantes Spiel, sowie durch seine Variationen allgemein beliebt, Lipawsky, ein grosser Avistaspieler und durch den Vortrag der Bach'schen Fugen berühmt. Ich erinnere mich noch jetzt, als eines Tages Gelinek meinem Vater erzählte, er sei für den Abend in eine Gesellschaft geladen, wo er mit einem fremden Klavieristen eine Lanze brechen sollte. Den wollen wir zusammenhauen, fügte Gelinek hinzu. Den folgenden Tag fragte mein Vater Gelinek, wie der gestrige Kampf ausgefallen sei. O, sagte Gelinek ganz niedergeschlagen, an den gestrigen Tag werde ich denken! In dem jungen Menschen steckt der Satan! Nie hab' ich so spielen gehört. Er phantasierte auf ein von mir gegebenes Thema, wie ich selbst Mozart nie phantasieren gehört habe. Dann spielte er eigene Kompositionen, die im höchsten Grade wunderbar und grossartig sind, und er bringt auf dem Klavier Schwierigkeiten und Effekte hervor, von denen wir uns nie haben etwas träumen lassen. Ei, sagte mein Vater verwundert, wie heisst denn dieser Mensch? Er ist, antwortete Gelinek, ein kleiner hässlicher, schwarz und störrisch aussehender junger Mann, er heisst Beethoven.

Beethoven ist unzufrieden. Er weiss, was in ihm ruht, und muss doch schliesslich sehen, wie die grosse Masse lieber den blendenden Technikern zujubelt, die Wien zu überschwemmen beginnen. Wie mit Gelinek, wird er mit Wölffl in einen Wettkampf gebracht; dessen Ruhm sind die unglaublich langen Finger. Die Wettkämpfe sind ein Zeichen der Zeit. Noch ist die moderne Arbeitsteilung in Komponisten und Interpreten nicht eingetreten. Spiel und Erfindung vereinen sich inniger. Man studiere das Programm der »Akademie«, die Mozart 1770 in Mantua gab: Sinfonie eigener Komposition — ein Klavierkonzert, welches man ihm überreichen und er sogleich vom Blatt spielen wird — eine ihm ebenso vorgelegte Sonate, die er mit Variationen versehen und nachher in einer andern Tonart wiederholen wird — eine Aria, deren Worte ihm übergeben werden und die er im Augenblicke komponieren, selbst singen und auf dem Klavier begleiten wird — eine Sonate für das Cembalo über ein ihm vom ersten Violinisten gegebenes Motiv — eine strenge Fuge über ein zu wählendes Thema, die er auf dem Klaviere improvisieren wird — Trio, in welchem er eine Violinstimme all'improviso ausführen wird — schliesslich die neueste Sinfonie von seiner Komposition. Es kann kein schärferer Gegensatz gedacht werden zum modernen Konzert, fast alles ist hier auf das Vistaspiel und die Improvisation gestellt, auf die momentane Bethätigung der Erfindungs- und Spielfähigkeiten. Darin ist noch viel von der Musikauffassung älterer Zeiten, wo das Setzen und Ausführen dem Fixieren des

Themas an Wichtigkeit voransteht. Allmählich schwindet dann der Bedarf an solchen momentanen Leistungen. Unter Mozart noch war die Kadenz zum Schlusse der Konzertsätze der letzte Zufluchtsort der Improvisation im ausgeschriebenen Stücke gewesen. Beethoven hat sein Es-dur-Konzert ohne improvisierte Kadenz gewünscht.

In einer Zeit, die sich noch so der augenblicklichen Gestaltung freut, sind die Wettkämpfe keine unangebrachte Form. Aber Beethoven hatte unter ihnen mehr zu leiden als andere, da er im Geiste dieser Form schon entwachsen war, da er ein Dichter war, der sich isolieren und seine Gaben intimer darreichen soll. Wie wunderbar hat ihn dieselbe Taubheit, die seinen Geist so viel leichter nach innen wandte, später vor dem öffentlichen Spielen und dem Dirigieren bewahrt. Damals musste er nicht bloss mit Wölffl sich vergleichen lassen, mit Gelinek, mit Hummel, dem gewaltigen Techniker, nein, er wurde auch in Wettkämpfe mit einem so niedrigen Künstler wie Steibelt herabgezerrt. Dieser Steibelt war eine Schande seiner Zeit. Bejubelt, bekränzt zog er durch Europa mit seinen Tingeltangel-Kompositionen, den Schlachten, den Gewittern, den Bacchanalen, die er losspielte, während seine Frau dazu das Tambourin schlug. Die Leute sind hingerissen, denn Steibelt und Frau reizen ihre rhythmischen Nerven, und er tremoliert so unbändig schön. Beim Grafen v. Fries trifft er mit Beethoven zusammen. Man spielt von ihm ein Quintett, von Beethoven das Trio B-dur op. 11, worin die Variationen über ein Thema aus der Weigl'schen Oper l'Amor marinaro sind. Beethoven ist an diesem Abend verstimmt, er spielt nicht. Acht Tage später kommt dieselbe Gesellschaft zusammen. Diesmal wird wieder ein Quintett von Steibelt gespielt, und darauf lässt dieser eine Reihe wild beklatschter Variationen über eben jenes Weigl'sche Thema los. Solche leitmotivische Invektiven aus den Wettkämpfen kennt man. Man weiss, dass Mozart seiner Zauberflöten-Ouverture ein Thema unterlegte, das Clementi schon in seiner B-dur-Sonate verwendete; Clementi hatte sie nämlich in einem Wettkampf mit Mozart gespielt, welcher dem italienischen »Mechanicus« nicht sehr wohl wollte. Beethoven aber rächte sich damals bitter an Steibelt. Nach langem Zureden seiner Freunde tritt er nachlässig ans Klavier, schlägt mit einem Finger ein paar Noten aus der Basstimme des eben gespielten Steibelt'schen Quintetts an, baut und baut darauf und entwickelt eine Fantasie, dass Steibelt den Saal noch vor ihrem Schluss verlässt und ihn nie wieder trifft.

So lebt Beethoven in einer ihm gänzlich unähnlichen Welt. Es giebt Häuser, in denen die bessere Musik eine offenbare Pflege erfährt, wie bei van Swietens, wo Beethoven so oft in vorgerückter Stunde aus Bachs Wohltemperiertem Klavier spielte. Aber die Masse, deren Musikhorizont ganz von der italienischen Oper eingenommen wird, geht mit den blendenden und amüsanten Technikern. Man

Dussek

konnte mit der Diogeneslaterne suchen. Ein besserer Tondichter, Friedrich Wilhelm Rust, der zwischen seinen Philipp Emanuel'schen Capricen manchmal schon auffallend beethovensch sich gebärdet hatte, war in Dessau 1796 einsam gestorben. Ein Franz Schubert lebte neben Beethoven, aber kein Hahn krähte nach ihm. Die von sich reden machen, sind Virtuosen und Schriftsteller des Klaviers. Der einzige Dussek enttäuscht nicht ganz in künstlerischer Beziehung. Er ist schon deswegen merkwürdig, weil er der erste Musiker gewesen zu sein scheint, der fast allein für das Klavier, mit und ohne Begleitung, komponiert hat. Wie weit sind die Zeiten zurück, da wir uns wunderten, wenn ein Stück überhaupt für Klavier allein erschien. Und dieser musikalische Czeche hat in den Grenzen seines Geistes die Poesie des Klaviers zu einer Lebensaufgabe machen können. Es ist, als ob zum erstenmal eine Ahnung Chopins vor uns auftauchte, aber es ist gleichsam nur der äussere Grundriss dieses Lebens, der die Ähnlichkeiten zeigt. Dussek ist der angehende bürgerliche Romantiker, wenn er mit seiner fürstlichen Geliebten jahrelang auf dem Lande zubringt; aber er ist der echte Sohn des 18. Jahrhunderts, wenn er abwechselnd den mäcenatischen Fürsten sich attachiert, besonders dem musikalischen preussischen Prinzen Louis Ferdinand, auf dessen Tod bei Saalfeld er eine mässige Komposition anfertigte. Sein Ton soll edel und voll gewesen sein, und seine Stücke sind rauschender, als man es gewöhnt war. Das Pedal hat er im Gegensatz zu Hummel sehr geliebt, und man findet auf seinen Seiten vielleicht zum erstenmal den genauen Gebrauch dieses gefühlvollen Hebelinstruments angegeben. Die Werke selbst sind recht verschieden. Wo er von seinem nationalen Temperament in die Tanzformen der letzten Sätze etwas hineingiebt, da hat er ganz famose, frische Töne angeschlagen. Er ist einer der ersten, der hier mit dem dankbaren Mittel der Synkopen erfolgreich arbeitet. Aber er hat auch einen letzten Satz geschrieben, den der Es-dur-Sonate in Sechsachtel, welcher über das Tanzartige hinaus einen gediegenen und soliden Wert hat. Erste Sätze liegen ihm weniger, und seine berühmteste Sonate in As-dur, die er »Retour à Paris« nannte, täuscht in dieser Hinsicht die Erwartungen. In den zweiten Sätzen findet er eher Töne, die ihres gemütvollen Charakters wegen im Gedächtnis bleiben; besonders denke ich an den langsamen Satz der D-dur in Zweiviertel.

Immerhin, wenn Dussek unter dem Gesichtspunkt der Ewigkeit, wie ihn eine grosse Litteraturgeschichte haben muss, auch nicht in erster Linie steht, so ragt er doch durch Sinnigkeit und Erfindung unter den Epigonen hervor, denen wir die volle Erstarrung der beliebten Formen zu verdanken haben. Wie ein selbstverständliches Schriftstellerdrama läuft so eine Sonate im Zeitgeschmack ab. Man kennt sie vorher, wenn man ihre ersten Takte hört. Ein vollgriffiges erstes Thema soll gute Stimmung machen, dann geht es glatt rollend durch dankbare Läufe zum zweiten Thema in der Quinte oder Terz, das melodiöser auf einer Begleitungsfigur daherlächelt. Andere Läufe geben den Fingern wieder einige Gelegenheit zur Bravour, vielleicht schaut noch ein drittes Stückchen Melodie heraus, und man ist am Markstein des Schlusses in der Nebentonart. Nun werden einige bequeme Durchführungen arrangiert, die gelehrter klingen, als sie sind, man spaziert mit ihnen durch einen kleinen Wald verträglicher Harmonien, bis ein bekanntes Motiv, das erste Thema, die Figuren am Ohre zupft, sie langsam überredet und man mit einem glatten Rutsch wieder am Anfang anlangt, worauf sich das Schauspiel mit umgelegtem Thema II wiederholen kann. Im folgenden Satz giebt es eine längere Melodie mit Variationen serviert. Und im dritten kitzelt uns ein verführerisch gemeines Thema, das sich zu Zeiten bravourmässig auslässt oder in einer recht unechten Fuge eine Wirkung sich holt, wie eine Chanteuse, die Moral predigt.

Wahrhaft einsam steht Beethoven in dieser Gesellschaft. Er hat nicht ganz das Gewand seiner Zeit fallen lassen. In mancher harmonischen Wendung, in mancher formalen Gestaltung ist er ein Kind dieser Epoche, vor allem in mancher Naivetät — wie Mozart kennt er die Werte des Lebens bisweilen so wenig wie die der Kunst. Er, Beethoven, bewirbt sich um Stellungen, die seiner gänzlich unwürdig sind; er, der Komponist der A-dur-Symphonie, schreibt gleichzeitig die unglaubliche »Schlacht bei Vittoria«; eine bewusste Entwicklung, wie Wagner sie sich stellte, ist ihm unbekannt, und man findet unter seinen vorgerückten Werken mehr Dinge wie das wunderbar mozarteske C-dur-Rondo für Klavier. Aber seine Naivetät wurde eine verbohrte, und so entstanden merkwürdige Mischungen, wie wir sie in Menschen beobachten, die an der Grenze zweier Zeitalter stehen. Sein Charakter wird der komplizierteste, den je ein Musiker gehabt hat, und nur Forscher, die den Dämon des grossen Geistes nicht kennen, vermögen im Ernst solche lächerliche Rettungen vorzunehmen, wie wenn sie die kleinliche Geldgier des Meisters aus humanem Wohlwollen für den berüchtigten, von ihm unterstützten Neffen erklären zu müssen glauben. Eine Seele, wie die Beethovens, ist ein Mysterium, in das wir nur langsam und mit grosser Anstrengung dringen können, und wer weiss — wenn uns einst vielleicht die äussersten Geheimnisse seines »letzten Stils« noch gewohnt und geläufig werden sollten, ob dann schon über diesen seltsam verschlungenen und verbogenen Charakter auch das letzte Wort wird gesagt sein. Beethoven aber komponierte vom Menschen aus. Das war das grosse Neue. Und in den Menschen müssen wir steigen, wenn wir ihn richtig aufnehmen wollen.

Der eifrige Sammler Thayer, der über Beethovens Biographie gestorben ist, wie früher die Menschen über der Musikgeschichte starben, bemerkt einmal sehr gut, wie anders schon Beethoven skizziert als die übrigen. In eiliger Kurzschrift stehen da Motive, Verwendungen von Motiven, tonliche Ideen in Worten, wie ein Maler skizziert oder ein Dichter sich Beobachtungen und Einfälle notiert. Es quillt. Nicht in dem Strom ruhiger Überwindung, wie bei Bach, sondern im ungemessenen und nackten Auftosen der Leidenschaften, welche Überwindung für Konzession und das Mass der Galanterie für Lüge erklären. Durch diesen Menschen sprach die Musik in Worten, nicht in Bildern. Er hatte die unerhörte Kühnheit, seine tiefsten Geheimnisse qualvoll herauszureissen und vor sich hinzustellen. Es war die Kühnheit einer Zarathustra-Natur, und er gehörte noch zu denen, welche sich zu Bacchus hin, nicht zu Buddha entwickelten. Im Besitz Thayers war ein Billet von Beethoven an den Freund Zmeskall von Domanovecz: ».... übrigens verbitte ich ins Künftige mir meinen frohen Mut, den ich zuweilen habe, zu nehmen, denn gestern durch Ihr zmeskall-domanovezisches Geschwätz bin ich ganz traurig geworden, hol' sie der Teufel, ich mag nichts von ihrer ganzen Moral wissen, Kraft ist die Moral der Menschen, die sich vor anderen auszeichnen, und sie ist auch die meinige, und wenn Sie mir heute wieder anfangen, so plage ich Sie so sehr, bis Sie alles gut und löblich finden, was ich thue ...«

Man wird sich Beethovens nur dann inne werden, wenn man die Musik als nichts nimmt denn als Sprache. Es ist kein thörichtes Paradoxon, dass Beethoven die Sprache als Unterlage der Musik in Oper und Lied so wenig kultivierte, weil sie ihm Sprache genug war. Diesem höchsten Instrumentalgenie ging das grosse Geheimnis der absoluten Musik auf, die, gerade weil sie sprachlos ist, unendlich tiefer redet als es Worte können. Worte hindern sie. Wenn Beethoven am Schluss seiner Neunten zur menschlichen Stimme greift, so fühlt jeder, dass sie ihm nur das höchste aller Instrumente ist, mit dem er doch noch mehr wirken kann als mit Posaune und Kontrabass. Es ist der äusserste Triumph des absoluten Musikers, der selbst die Stimme in seine Gewalt zieht.

Die Musik ist ihm eine Sprache, weil er voller Ideen-Associationen ist, die die Töne mit der Umwelt in Beziehung bringen und in tausend Inhalten wiederstrahlen lassen. In seinem Orchester hören wir die Natur, wie wir in seinem Klavier das Orchester hören. Nicht ohne Grund hat Bülow in seiner Beethovenausgabe an mehr als einer Stelle dem Leser das Klavierstück in die Partitur übersetzt, um seinen Inhalt deutlicher zu machen. Das sind Dinge, die es bei Bach nicht gegeben hat. Die Tonwelt hat ihre grosse Einheit geopfert für die grosse Einseitigkeit der unverhüllten Sprache, und ein nie geahnter

Gipfel war erreicht worden jener absoluten instrumentalen Tonsprache, die einst in Venedig und England schüchtern die mittelalterliche Vocalmusik abgelöst hatte. Was die Gabrieli und Bird und Bull und Couperin, jeder in seiner Art, eingeleitet hatten, das war in Beethoven

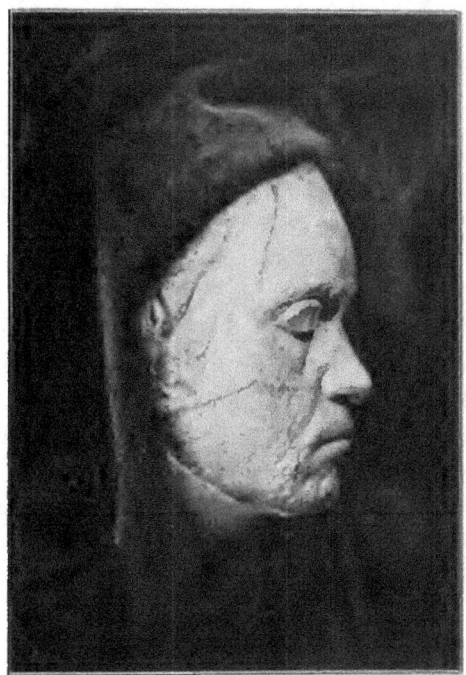

Abguss von Beethovens lebendem Gesicht. 1812

zur Erlösung geworden; hier war der volle Gegensatz zum Mittelalter; hier der Michelangelo, der allein gegen die ganze Antike steht. Die Abstraktionen waren vervollkommnet, die Beziehungen allgemeiner, die Sprache verständlicher, und wenn Beethoven seine erste Symphonie mit einem Septimenaccord begann, so fühlte man, was das sagen kann. Für diesen Mann, der eine Zeit schloss, indem er eine andere begann, für diesen Symphoniker und Kammermusiker musste das Klavier ein Tagebuch, ein Heiligtum werden. Sein Leben hat er uns in den Sonaten niedergelegt. Fern sind alle beschränkenden Worte, der Ton an sich redet.

Wer die Sprache Beethovens verstehen will, der studiere seine Motivführung. Seine Eigentümlichkeiten sind die Eigentümlichkeiten des Naturalisten. Die Melodie steigt zu einem Dominantengipfel und fällt, wie eine Empfindung steigt und fällt. Er nimmt ein Motiv und verkleinert es, bis die Teile ineinander sich schieben, und dann wird es wieder grösser und breiter, bis es sich offen vor uns hinlegt — das ist eine geheimnisvolle, tiefe Sprache, die mit den Tönen als einem Worte, einem Ausdruck verfährt, der uns anblickt wie — ich möchte sagen, wie das Auge gewisser Tiere: wir verstehen uns mit ihnen durch und durch, und doch ist es nicht Sprache von unserer Sprache. Der wichtigste Erreger aber ist die Rhythmik, diese Seele alles Ausdrucks. Sie ist der abgelöste Pulsschlag der Dinge, den draussen in der Welt nur die feinsten Ohren hören; hier liegt er nun in seiner künstlerischen Reinheit da. Die Pausen, die Sprünge, die Synkopen, die gigantischen Parallelschläge, die dynamischen Überraschungen lassen nur noch dünne Scheidewände zwischen dem Diesseits und der Musik. Es ist kein Rückhalt mehr in der Sprache. Einige Sätze giebt es, in denen Beethovens Musik vor den Thoren der Wortsprache steht: das Allegretto von op. 14, 1; der erste Satz von op. 90. Die Worte scheinen auf der Zunge zu liegen, aber es wäre das Ende der Geistererscheinung, wenn man sie spräche.

Über Beethovens Reich liegt die grosse Tragik. Ein zwingender Ernst spricht zu uns, der finstere Grund des Leidens. Breite Schonungslosigkeit, dumpfes Brüten, schreiende Accente und das schauerliche Unisono. Beethoven begann seine Klavierveröffentlichungen mit den drei Sonaten op. 2, die er Haydn widmete: Werke voll unerschöpflicher Einfälle, voll entzückender Jugendfrische. Die zweite ist von scharfen Accenten eingeleitet und jenen breiten Accordausziehungen in Unisono, die Beethovens Eigentümlichkeit geblieben sind. Ein anderer hätte das Stück erst nach diesen tragischen Ausrufen begonnen, mit dem kontrapunktisch sich wiegenden Motiv. Der erste grössere tragische Durchbruch war die gewaltige C-moll-Sonate, die sogenannte Pathétique, die er seinem Gönner Lichnowsky widmete. Auf die gewichtige langsame Einleitung folgt der stürmende erste Satz, dessen eines Thema eine reissende Wut, dessen zweites eine zerrissene Verzweiflung ist; und das Grave schiebt seine mahnenden Erinnerungen dazwischen. Die Einheit des Kolorits wird gewahrt.

Lithographie von C. Fischer,

1843 nach der älteren von Th. Neu, die das Klöber'sche Originalporträt von 1817 vervielfältigt

Über dem zweiten singenden und dem dritten rondomässigen Satze liegt derselbe graue Ton, und es ist ein hart abgerissener Schluss.

Beethoven wühlt im Finsteren, er vergräbt sich in tiefe Töne, wie im Andante der Pathétique oder in der op. 22, trotz ihrer Heiterkeit. Später auf dem herrlichen Broadwoodflügel, den er aus England zum Geschenk bekam, geht er mit Wonne in die seltenen tiefen Regionen. Ein mystisches Tremolo reizt ihn und er schreibt Trios in den Scherzi, wo er sich nur an dem sonoren Rauschen wogender Accorde erregt.

Ein neuer, grandioser Ausbruch des Schmerzes ist der letzte Satz der op. 27, 2 (»Mondschein«), der so ganz Verzweiflung ist, wie der letzte Satz der anderen Sonate dieses wunderbaren Zwillingspaares (op. 27, 1) ganz Stärkung war. Der drohende Nachschlag am Ende der motivischen Läufe, das zitternde Nebenthema, die Risse in den Passagen, die Melodien, welche beruhigen wollen über dem kochenden Bass, das war eine Welt, wie sie das Klavier so ernst noch nicht kennen gelernt hatte.

Aber das war noch ein Stück, ein gerahmtes Stück gegen den naturalistischen Ausschnitt in der op. 31, 2 (Rezitativ-Sonate). Dieser erste Satz ist ein merkwürdiger Niederschlag eines dumpfen Brütens, das immer wieder von Schreien aufgerüttelt ist, bis es sich zuletzt in jener resignierten tiefen Gleichgültigkeit verliert, die eine typische Form tragischer Beethoven'scher Schlüsse wurde.

Es scheint mir zweifellos, dass Beethoven in dem Drang, das grosse Klavierstück zu schaffen, von der Konzertform angeregt worden ist. Das Konzert war in seinem weltlichen Charakter doch nicht ohne Vorteile geblieben: es war freier und breiter als die reguläre Sonate. Es vermeidet die Reprisen im ersten Satz und ordnet die Teile umsichtiger. Schon um den Klavierspieler ruhen zu lassen, muss das Orchester einige selbständige Partien übernehmen; es beginnt mit einem breit angelegten, sozusagen spannend machenden Teil, in dem es verschiedene Themen bearbeitet, und schiebt Stücke dieser Einleitung dann wieder zwischen die grossen Klavierausführungen, zum Teil auch unter diese. Das Klavier selbst legt sich gewöhnlich drei Perioden zurecht, von denen die erste und letzte sich ähneln, die mittlere eine Art Durchführung ist. Noch bei Mozart ist eine strenge Themeneinheit zwischen dem Orchester- und dem Klavierpart nicht immer vorhanden, Beethoven erst hat sie so ziemlich endgültig durchgeführt. Beethoven hat die Konzertform mit sichtlicher Liebe fortgebildet. Es ist kein Zufall, wenn die letzten beiden seiner fünf Klavierkonzerte in G-dur und Es-dur sich heute einer geradezu überschwänglichen Beliebtheit erfreuen. Was Mozart in seinem C-moll-Konzert versprochen hat, lösen sie wunderbar ein. Sie sind ganz auf jene plastische Sinnlichkeit gebaut, die Wesen und Erfolg des Konzertes ist. Ihre Themen sind merkwürdig gleich geeignet für eine polyphone Orchesterdurchführung, für ein melodisches Aufblühen in den ersten Violinen, für ein zartes Nachahmen auf dem Klavier und für die stürmische Vollgriffigkeit. Die Technik ist zu einem Genuss sondergleichen erhöht, die tremolierenden Obertasten, die piano schleichenden Gänge in weichen B-Tonarten, die plätschernden Tonfontänen, die diskreten Klangschönheiten, die hundert Mischfarben des Klaviers mit dem Orchester, das geniesst sich alles selbst, das freut sich seiner wohlgewachsenen Linien. Weit von jeder Koketterie und jedem Zurschaustellen steht die Technik, besonders in dem weltlich-frohen Es-dur, auf einer seltenen Höhe unschuldiger Reinheit. Die stramme Form in dem Rhythmus, der Orchester und Klavier in eine freudige Einheit zwingt, führt die Herrschaft, aber sie ist hier nachsichtig genug, wieder andere Kombinationen der einzelnen Abschnitte zuzulassen, besonders jene Einleitungen durch das Klavier, die sinnige im G-dur, die technische im Es-dur, welche eine äusserst glückliche, sympathische Neuerung darstellten.

Man braucht nun die grosse, Waldstein gewidmete Sonate in C-dur (op. 53) nur mit den Konzerten zu vergleichen, um sofort zu bemerken, dass sie dabei Pate gestanden haben. Es sind nicht bloss Äusserlichkeiten, wie wenn das Klavier ein scheinbar vom Orchester vorgespieltes Thema figuriert, oder wenn grössere Partien mit einem vielfach besetzten Triller schliessen, wie es in allen Konzerten gern die Klavierteile beim Wiedereintritt des Tutti thun, oder wenn mit pianissimo gespielten, geisterhaft huschenden Passagen, auch in Oktaven, eine Wirkung herbeigezogen wird, die in Beethoven'schen Konzerten gern das zarte Klavier gegen das Orchester ausspielt. Nein, in der ganzen breiten Anlage besteht die wichtigste Ähnlichkeit. Die Themen sind in der Regel doppelt vorhanden, wie es im Konzert natürlich ist, die Ausführungen ziehen sich gemächlich und klangfroh lang hin, eine Kadenz, die Beethoven auch schon früher, zum Beispiel in op. 2, 3, in op. 27, 2 verwendet hat, giebt hier dem Schluss des ersten Satzes eine besonders konzertmässige Haltung. Der zweite langsame Satz ist eine kurze, gefühlvolle Überleitung, wie sie Beethoven im G-dur- und Es-dur-Konzert so unvergesslich geschaffen hat, und der letzte Satz, weit entfernt eine Konzession an die leichtgeschürzte Muse zu sein, ist ein überaus geistvolles Virtuosenrondo, in glänzendem Vortragsstil zwar, aber in seiner Steigerung und Verengerung bis zur Stretta und dem Trillerschluss ein echter Beethoven, wie es nur einen giebt.

Indem so die Anlehnung an die breiten Gewohnheiten des Konzertstils dem ersten Sonatensatz eine neue Gestalt gab und eine Ausdehnung, wie er sie bis dahin nicht gekannt, ist es Beethoven möglich, einen tragischen Inhalt ihm einzugiessen, der von der allgemeinen Koloristik der Pathétique und dem brütenden Naturalismus der Rezitativsonate höher emporstrebt. Hier hören wir zum erstenmal jene Kampfrufe gegen das Schicksal, die wuchtigen Roller bei der Wiederkehr zum ersten Thema, die dann in der op. 111 einen so verdichteten Ausdruck fanden, es entwickelt sich eine monumentale Epik über den Konflikt, der den Inhalt erster Sonatensätze zu bilden pflegt, die grosse Form umschliesst das grosse Gemälde.

Was er hier gab, hat er in der op. 57, der sogenannten Appassionata, vertieft und vereinheitlicht. Die Gesamtkoloristik der Pathétique verbindet er mit den Erfahrungen am Konzert. Ein rhythmisch sublimes Thema in schauernder Accordeinfachheit und grandiosem Unisono beherrscht den ersten Satz; auch das zweite Thema, so lyrisch es scheint, ist nur aus den Rippen des ersten gebildet. Geschlagene Accorde, zitterndes Repetieren, geheimnisvolle Pianissimowinde, Meeresaufrauschen dazwischen. Eine ganz verinnerlichte Kadenz führt zu der kolossalsten Stretta, die er je geschrieben: ein wildes Aufbäumen und plötzliches Niedersinken und Verlöschen. Die innere Verbindung mit dem choralhaft beruhigenden Andante con moto ist deutlich. Der sehnende Ton geht durch, erst durch ein Zögern, dann durch ein Heller- und Hellerwerden in diesen tief empfundenen Variationen, die zum Anfang zurückkehren. Den letzten Akt giebt der verzweifelte Schlussatz, eine Riesenmelodie, in zuckende Schreie aufgelöst, die in der Mitte keuchend zusammensinkt, am Schluss in

162 Beethoven

den bacchantischen Taumel ausbricht, wo Lachen und Verderben eins werden.

Dies war das geschlossenste tragische Gemälde, das Beethoven auf dem Klavier arbeitete, und es ist darum auch ein einziges Stück geblieben. Seine Werke sagen uns, dass er die Epoche überwand, die im Genuss des Unglücks besteht. Seine Tragik führt über die

Aus Beethovens As-dur-Sonate op. 25. Kgl. Musikbibliothek zu Berlin

Verzweiflung hinaus — nicht auf indische, sondern auf elysäische Felder. Freudehymnen umklingen ihn. Starke Freude, dionysische Kraft wird das Ziel dieses Faust. Was er einst in dem wunderbaren Selbstgespräch der op. 27, 1 aufzeichnete, wird sein Alter. Auf den elysäischen Gefilden kehrt die mannbare Fuge zu ihm zurück, die den Halt und die Sicherheit giebt. Darin lässt er die Tragödie von op. 106 gipfeln. Oder ätherische, erdauflösende Glorien umglänzen ihn, es sind die hellen heiteren Gänge, die wir aus der E-dur, aus der As-dur kennen, wo sie bald das Thema geben, bald die Figuration, oder im Scherzo sich blumig herunterranken. In ihre Seligkeit lässt er die

Tragödie der letzten Sonate, op. 111, auslaufen. Nach einem Satz des wilden Aufschreies die schlicht ergebenen Variationen, die zuletzt von dumpfen Betchören zu Böcklin'schen Engelsharmonien aufsteigen, um im Glanze ihres Lächelns, in der lichten Sphäre ihrer Erdenlosigkeit zu enden.

Die Tragik ist die Grundfarbe Beethovens. Die Palette des Klaviers gewährt nun alle koloristischen Möglichkeiten. Aus der alten Beschränkung auf den Umfang der Vokalmusik ist es ausgedehnt worden bis in die weiten Grenzen instrumentaler Tongebung. Ein Künstler sitzt daran, der der volle Gegensatz ist zu allem mittelalterlichen Vokalempfinden. Den Alten war das Instrument die Stimme, ihm ist sogar die Stimme ein Instrument. Eine grosse Neugeburt der Formen vollzieht sich. Das Alte wird neu beseelt und das Neue sucht sich seine Gesetze. Die Analyse von Beethovens Formen ist die Analyse seiner Seele.

Und noch einmal wollen wir den langen Weg zurückblicken. Man kann ihn zweimal, kann ihn zehnmal wiederholen und wird zehnmal Neues finden. Seine künstlerische Einheit ist eine prismatische. Der neckische Beethoven der Jugendzeit liegt am Busen der Natur. Dort hört er die entzückenden Imitationen seiner Sonaten an Haydn, das huschend gespenstische Scherzo mit dem schubertisch romantischen Mittelsatz (op. 10, 2), das sprudelnde Rondo der Variationssonate — man muss es von Risler spielen hören, um seine unerhörte Laune zu begreifen und seine Poesie, die ganz auf den sanften Anschlag der Gegenbewegungen basiert ist. Das vollkommenste Naturgebet, eine Pastoralsymphonie auf dem Klavier, ist die op. 28. Nicht nur der zweite Satz mit seinem vogelfröhlichen Mittelteil, der dritte mit seinen vergnügten Schlägern und Juchzern, der vierte mit seiner Hingabe an den Wald, der Jagdlust, dem jauchzenden Schluss sind Bekenntnisse Beethoven'scher Natursymbolik; am tiefsten führt hierin der erste Satz. Ein scheinbarer Walzer mit Läufern, die sich freudig ablösen, lässt er unmerklich den Rhythmus seiner Synkopen in ernste und leise Nachdenklichkeiten übergehen, die auf jener undefinierbaren Mitte zwischen komischem und tragischem Charakter stehen, die stets das Zeichen innerlichster Dichtung ist. Das ist das runde Bild der Welt. Die Beethoven'schen Scherzi, seine eigenste Gattung, die in der Sonate die Menuetts ablösen, stehen auf diesem Boden;

sie sind weltweiser oft, als die Dramen der ersten und die gerahmten Bilder der letzten Sätze.

Mit den Rondi ging eine ähnliche Veränderung vor. An ihnen hatte sich zuerst, schon unter Philipp Emanuel Bach, die Fähigkeit der Tonkunst geübt, ein Thema »sprechen zu lassen«, es auf seinen Ausdrucksgehalt zu verwerten. Beethoven sind darum in der ersten Zeit solche Rondi besonders sympathisch und man kennt sie mit ihren lieblichen Melodien aus den früheren Sonaten. Aber er hat die Form auch noch weiter verinnerlichen können. Statt der Melodien nimmt er richtige Motive von prägnanter Kürze, die er, wie in op. 10, 3, in charakteristischer Sprödigkeit durchführt. Diese Stücke sind von einem überzeugenden Naturalismus gegen das alte spielerische Rondo, zu dem sie sich verhalten, wie sein Scherzo zum Menuett. Bezeichnend ist auch die Liebe zu gewissen diatonisch schreitenden Begleitfiguren, wie in op. 14, 1 oder op. 28; der Eindruck eines regulär harmonisierten Themas wird dadurch vermieden, das naturalistische Motiv siegt über die formale Melodie.

Die Sonaten stellen in der Reihenfolge ihrer Formen einen ganz einzigen Band musikalischer Konfessionen dar. Die übrige Kammermusik, die Violinsonaten, die Trios, das andere, auf das ich hier nur hinweise, konnten die Überwindung der Form nicht so in Angriff nehmen, wie diese freien blossen Klavierstücke. Die als Vorahnung der Neunten geschätzte grosse Fantasie für Chor, Orchester und das konzertmässig behandelte Klavier war eine alleinstehende Regellosigkeit. Die Psychologie der Klaviersonatenform ist eine viel reichhaltigere und sie giebt die wunderbarsten Aufschlüsse. Es ist die Geschichte der zerstörten Sonatenform, aber eine Geschichte, die kompliziert genug ist, um nicht in gerader Linie zu verlaufen.

Bis op. 10 stehen wir ungefähr auf dem Boden der klassischen Sonate. Die ersten Themen kräftig, die zweiten nicht ungern Accordfolgen, in der Art weicher Streicher oder auch romantischer Hörner. In den drei unter op. 10 vereinigten Sonaten passieren die ersten bedeutsamen Unregelmässigkeiten. Sowohl in op. 10, 1 als 10, 2 ist im Durchführungsteil ein gänzlich neues Thema eingeführt, was auf eine Absichtlichkeit schliessen lässt, und in op. 10, 3 findet man jenen wunderbaren, in der Melancholie wühlenden D-moll-Satz, der durch den Versuch einer Stretta im Langsamen sich äusserlich schon von

Die Lyser'sche Zeichnung Beethovens

zeitgenössischen Werken abhebt. Doch war das alles nur im Tone, nicht in der Idee absolut neu, so wenig wie das Grave der Pathétique oder die Variationssonate in As-dur mit ihrer Marcia funebre nella morte d'un Eroe, wo der Mittelsatz durch realistische Trommelwirbel eingeleitet wird.

Eine wesentliche Änderung ist bei den zwei Sonaten op. 27 zu beobachten. Wir sind am Beginn des 19. Jahrhunderts, etwa um die Zeit der Eroica-Komposition. Beethoven fühlte die Freiheit dieser Es-dur- und Cis-moll-Sonate, er schrieb Sonata quasi una fantasia über beide. In der Es-dur begrüsst uns ein zarter Andantesatz, dessen Stimmen fest sich verweben, er entwickelt sich variationsmässig, wird aber einmal unterbrochen durch eine getragene Melodie, ein zweites

Mal durch eine stürmische Episode in C-dur. Was ist aus dem Rondo mit seinen Couplets geworden! Es folgt ein gespenstisch rollendes, pochendes, gigantisches Scherzo, das in C-moll beginnt und in C-dur schliesst. Das C — immer Attacca subito — ist schon die Terz des hellen As-dur-Adagios, das uns freundlich aufnimmt, bis alle diamantenen Regentropfen getrocknet sind: es schliesst der gesunde, kräftige, geschäftige Es-dur-Satz, in einer freien Rondoform gearbeitet, mit der rührenden Erinnerung an das Adagio. Die Zwillingssonate ist die in Cis-moll, die sogenannte Mondscheinsonate, mit ihrem klassischen ersten Satz, der eine einzige Offenbarung der Melancholie war und, durch die Episode des Allegretto nur aufgerüttelt, in jenes verzweifelte Presto agitato mündet, das wir als einen der tiefsten tragischen Ausbrüche Beethovens kennen gelernt haben. Von einer Sonate als einem gerahmten Stück war hier wirklich keine Rede mehr. Es waren Erlebnisse.

Die Erlebnisse Beethovens in der nächsten Zeit, soweit sie im Tagebuch der Klaviersonaten aufgezeichnet sind, tragen den Charakter eines gewissen Archaismus. Der formale Archaismus, eine Verwendung alter Formen in moderner Absicht, tritt zuerst hervor in der G-dur op. 31, 1; es überraschen uns sonderbare Rückfälle, die doch wieder nicht bloss Rückfälle sind. Das rosige Koloraturadagio lässt vergangene Erinnerungen in merkwürdig neuem Lichte aufleben. Der dritte Satz zeigt uns eine Bach'sche Pedaltontechnik in Beethovenscher Beleuchtung. In op. 31, 3 kehrt das Menuett wieder und an anderen Stellen mit einfach geschnittenen Melodien auf Alberti'schen Bässen glauben wir uns eine Generation zurückversetzt. In den »leichten« Sonaten op. 49 und in der Ländlersonate op. 79 gipfelt diese Richtung. Es ist eine Rückkehr zur Natur, ein Einfachwerden, ohne sich das Geringste zu vergeben, die Reaktion, die jeder Reife erlebt. Beethoven hat diese Reaktion nie ganz aufgegeben. Er ist im Alter mozartscher geworden, als er es je in der Jugend war, und er ist bachischer geworden, als Bach selbst war.

Der zweite Weg führt uns nicht in die Form, aber in das Wesen der Jugendepoche Beethovens zurück. Die feine Arbeit des Porzellanzeitalters lebt neu in ihm auf. Vor allem in der entzückenden Fis-dur-Sonate, die er selbst sehr liebte. Da ist es ganz sonderbar, wie in Beethoven der Geist einer vergangenen Zeit unter überraschend neuen Formen lebendig wird: diese graziöse Filigranarbeit mit dem schwebenden erdenlosen Schluss des ersten Teils, ganz auf feine Einfälle, auf pikante Harmonien, auf zarte Modulationen gestellt, sie ist so wunderbar in Farbe aufgegangen, wie es eine Spätblüte nur bieten kann. Und dann die berühmte, seinem Schüler Erzherzog Rudolf gewidmete Sonate Les Adieux in Es-dur. In ihr ist eine Feinweberei, die ihresgleichen sucht. Es ist eine Freude am Kleinen, am Intimen, wie auf einem altniederländischen Bild. Nicht eine Durchgangsnote, nicht eine Modulation, die nicht unter der Lupe gearbeitet wäre. Ich möchte selbst den letzten Satz der Es-dur, das »Wiedersehen«, nicht davon ausnehmen, der in seinen wertvollsten Partien die minutiöse Galanterie einer Elternzeit seltsam aufleben lässt. Man kennt die schönen Eigenheiten dieses Stückes: die durchgeschlungenen Metamorphosen des Dreiton-Themas bis zum Decken des Tonika- und Dominantenaccords, die wunderbaren leeren Sehnsüchte des ersten Teils, die Espressivi des zweiten, der »Abwesenheit«, die zitternde Freude und den jauchzenden Übermut des »Wiedersehens« mit der feinen Verlangsamung gegen den Schluss. Die drei Überschriften fielen nicht auf, eine solche Programmusik war nichts Ungewöhnliches, aber eine innere Einheit war hier erreicht, die nur noch von der Delikatesse der Arbeit selbst übertroffen wurde.

Das Archaische und das Delikate waren Gelegenheitsstimmungen, die uns einige aparte Seiten in Beethovens Buch verschafften. Aber es kamen davon reiche Nebenflüsse in den grossen Strom seiner Menschlichkeit. Von allen Seiten strömt es ihm zu. Von den vergangenen Formen, wie von den Formen der breiten Virtuosität, vom delikaten Kammerstil wie von der Pastosität der grossen Konzerte. Alles, was ward, zwingt er sich zu seinem Ausdruck. Wir erwarten eine letzte grosse Aussprache. Sie erfolgt in den grandiosen Gedichten der letzten sechs Sonaten.

Die erste von diesen, op. 90, ist zweisätzig, wie die letzte: ein sinnender und ein beruhigender Satz. Der erste ohne Reprise, in der Durchführung ein neues Motiv. Der zweite ein langsames Rondo, das Stücke des Themas fugal umbildet, wie es in früheren Zeiten im schnellen Tempo geschah. Ein Werk, das wie alle diese letzten jede Erinnerung an ein »Stück« verloren hat, und in einer Durchsichtigkeit vor uns steht, die die Fasern des Menschen blosslegt.

Op. 101: ein Höhepunkt thematischer Durcharbeitung ist erreicht. Rhythmische Motive genügen. Sie gehen vom dreiteiligen Takt ins Synkopische über, sie leben als Abstraktionen der Melodien in wechselnden Gestalten durch die Seiten. Wie einst in der Appassionata, verwischen sich die Grenzen der Unterschiede erster und zweiter Themen zu Gunsten ihrer Einheit. Dann wieder im Scherzo herrscht das Punktierte. Im Adagio sind es die tristanartigen Verschlingungen des Motivs, im letzten Satz das Fugato. Thematik in allen Formen. Die Fuge wird halb zum Rondo, frei im Ausdruck, lebendig im Charakter. Eine erdenlose schwebende Musik, Töne von Tönen geboren, wallt vorüber; das motivische e a wird ihr eine luftgebaute Stütze. Es ist das Ausströmen innerlichster Tonanschauung, eine eigene Art rücksichtslosen Naturalismus, der noch Zukünfte von Musik in sich schliesst. Man denkt an die »Bagatellen«, die Beethoven in dieser Zeit geschrieben und veröffentlicht hat, Kabinettstücke von ungestutzter Echtheit.

Da plötzlich steigt noch einmal die grosse »Sonate« empor (op. 106). Wir erkennen die alte Bekannte nicht wieder. Sie hat die Formen der Riesenwelt angenommen, sie lacht in ihrer Grösse ihrer Kindheit. Will sie wirklich von Menschenhänden gespielt sein? Wir sind an den geheimnisvollen Grenzen der Klaviermusik. Schlagrhythmen, Terzenmodulationen, Enharmonien, enggeschnittene Accordfolgen sind Beethovens Handschrift. Mit seinen drei Themen operiert der erste Satz, ein olympisches Gedicht, bis zur Stretta. Seine Durchführung steht auf den Fundamenten der Fuge. Das Scherzo, ganz Rhythmus, im Trio ganz Unrhythmus: mystische Farben, schleichende Übergänge von B-moll nach Des-dur, wie in der Neunten von D-moll nach B-dur. Das Adagio als letzte Möglichkeit der alten Form, breit wie das Leben, eine michelangeleske Sehnsucht nach Fis-dur. Der Übergang, wie eine alte Toccata, dies und das versuchend, präludierend, nach festen Gestalten ringend. Die dreistimmige Riesenfuge ist die Rettung, in deren Vorhalten sich die alte Stürmerei noch verbirgt. Aber es ist eine Freude in der kräftigen Pressung dieser Dissonanzen, die Bülow nicht hätte mildern sollen. Thema mit Gegenthema, krebsweiser Kanon, lyrischere Episoden, zartere Gegenmotive, Umkehrungen, neue kanonische Motive, mit der Fuge wieder verbunden, Gegenbewegungen, Engführungen bis zur deckenden

Gegenbewegung: diese alte hohe Tonsprache ist ernst geblieben, sie ist die Zuflucht des Einsiedlers, der zu den Naturgewalten zurückkehrt und im weisen Schauen der Gestirne die Ruhe findet, höchste Kunst für Kunst. Wen kümmert's?

Drei Blumen blühen in diesem späten Garten: drei einzige Dokumente einer reinen Meisterschaft. Eine Spiel-Sonate, eine Landschafts-Sonate, eine Lebens-Sonate. Die erste auf der Höhe freier Technik, die zweite ein geklärtes objektives Bild, die dritte ganz subjektive Innerlichkeit.

Die op. 109 eröffnet mit einem graziös-improvisatorischen Harfenspiel gebrochener Accorde, die zweimal in rezitativischen Ge-

Beethovens letzter Flügel, von Graf in Wien, aus Rücksicht auf die Gehörschwäche vierchörig

sängen sich verdichten. Ein stählernes Scherzo, das einzige richtige Spielstück auf diesen letzten Blättern, steht in der Mitte. Es schliessen die Variationen über jene unvergesslich singende Melodie in E-dur: Variationen, die über sinnige Romantik, frohe Etüdengeschäftigkeit, ernste Fugen, lichte Trillerhöhen zu der gewinnenden Einfachheit ihres Themas zurückführen. Die Ungebundenheit des ersten Satzes und die Gebundenheit des zweiten vermittelt der dritte.

Die As-dur-Landschaft empfängt uns in Opus 110. Über die Fluren streicht der zarte Gesang. Schmetterlinge und Sonnenflimmer begleiten ihn. Eine gesunde Kraft steigt herauf, froh beschwingt. In zögerndem Sinnen kommt sie zur Ruhe; aus der Beschaulichkeit wächst das alte, ewige Klagelied vom Menschen. Aus seinen letzten hingehauchten Tönen erhebt sich die Fuge, das grosse Gesetz der Natur. Noch einmal das Klagelied, zerrissener, ohnmächtiger, mit seinen blinden Wutstössen gegen das Schicksal — um so strahlender wächst die Fuge empor, alles umfassend, die rückhaltslose Wahrheit. So dichtet Beethoven seinen Pantheismus.

Der Pantheismus erscheint gedichtet gegen die unerhörte innere Echtheit und Grösse der op. 111. Der Meister sitzt am Klavier und greift präludierend in die Saiten, weite, drängende, stossende Accorde die sich enger und sinnender zusammenfinden um den Knotenpunkt der Dominante. Aus der Dominante wächst ein Titanenthema hervor, weiter und weiter die Krallen streckend, mit fliegenden Schlangenhaaren, alles Süsse und Milde zerstampfend, bis es furchtbar, wie es kam, zu Boden sinkt, in jenen ohnmächtig diminuierenden Schlägen, ohne jedes ritardando, wie nur er sie erlebte. Aus dem elementaren Gesang des Adagio kommt die Erlösung. In seinen Variationen breitet es sich zu einer weltumfassenden Grösse aus, bis seine Weisheit an den beiden Extremen anlangt: der tiefen Inbrunst und der ätherischen Helle, deren Gegensätze sich auf den letzten Seiten in lapidaren Zügen entfalten. Die Erde bleibt unten, die Mollschlüsse sind vergessen, die Formen dämmernder Traum geworden, nur Seele zu Seele gelangt man in diese Reiche. . . . .

In dieser Zeit hatte der findige Komponist-Verleger Diabelli eine gute Idee. Er machte einen kindlichen Walzer in C-dur und forderte an 50 der »vorzüglichsten Tonsetzer und Virtuosen Wiens und der k. k. österreichischen Staaten« auf, ihn gefälligst variieren zu wollen. Beethoven sandte ihm 33 Stück Variationen, die als op. 120 erschienen. Diabelli mag Augen gemacht haben. Er hatte ja wohl etwas Angst vor dem letzten« Beethoven, von dem damals die Jugend so schwärmte. Aber so etwas hatte er doch nicht erwartet. Vielleicht wusste er nicht einmal, ob es ernst gemeint war. Selbst der Name Beethoven half da nicht viel. Lange Jahre hindurch kümmerten sich die Leute nicht viel darum, sie liessen den sonderlichen Koloss stehen. Erst Bülow, der die feinsten Fühler für die letzte Beethoven'sche Art gehabt hat, riss sie etwas eindringlicher aus dem Versteck hervor. Er merkte es wohl zuerst: diese 33 Variationen sind keine koordinierte Reihe, sie sind ein inneres Drama, wie irgend eine der letzten Sonaten. Es geht von den exponierenden Abschnitten über eine weichere Mollgruppe durch eine Doppelfuge in heitere Regionen hinauf: ein Menuett schliesst, das niemals ein Menuett gewesen ist, auch eine jener wunderbaren Wiedergeburten, die die Liebe des alten Meisters waren. Die Variationen sind ein Testament, wie es die Goldberg'-schen des alten Bach waren. Von der Melodie zum Kanon, von der Schwermut zur Parodie, von Archaismen zu Vorahnungen, von der Popularität zur Einsiedlerweisheit, von der Mystik zum Tanz, vom technischen Glanz zur geheimnisvollen Enharmonie führen sie uns dreiunddreissig Wege verschiedener Königreiche.

Beethoven von Josef Flossmann

Wiener Klaviervirtuosen um 1800
Eberl   Gelinek   Wölffl

Die Technischen

Beethoven spielte naturalistisch. Man hatte bei ihm keine Feintechnik zu bewundern, keine Virtuosenstücke zu loben, aber man war tief ergriffen. In diesem Stossen und Drängen, diesem Flüstern und Lauschen, diesem Leibhaftigwerden der Seele erkannte man einen urwüchsigen Naturalismus des Klavierspiels, der dem Naturalismus seines Schaffens zur Seite stand. Der Rhythmus war das Leben seines Spiels. Auf den Rhythmus hin dachte er alle Technik. In der Berliner Bibliothek findet sich eine Sammlung Cramer'scher Etüden, welche eine Reihe von Anmerkungen des bekannten Beethovenbiographen Schindler enthalten. Die Äusserungen sind so merkwürdig, dass man nicht mit Unrecht darin den Geist Beethovens erkannte. Shedlock hat sie einfach als Beethoven'sche Erläuterungen zu Cramer herausgegeben, dessen Etüden der Meister in der That sehr geschätzt hat. In jeder Etüde wird das Melos, der latente Melodiengesang, der den Figuren zu Grunde liegt, hervorgehoben und die rhythmische Ausgestaltung dieser Figuren wird auf das Genaueste durchgenommen.

Das übrige wird meist der Zeit, dem Fleiss und dem Geschick des Spielers überlassen. So konnte wohl ein grosser Schöpfer Etüden ansehen. Er musste nach einer ganz anderen Seite blicken, als die wirklichen Techniker; er sah zuerst die Auffassung, die Innerlichkeit, und alles, was da konkret in Noten geschrieben war, diente ihm dann nur als ein Mittel zu diesem Ausdruck, dessen Bewältigung die Bewältigung der Interpretation war. So hätte Beethoven seine Klavierschule geschrieben, von der er in der letzten Zeit manchmal sprach. Mit den Fingern und dem Handgelenk hätte sie recht wenig zu thun gehabt.

Diese grosse Aufgabe besorgte eine Reihe von Künstlern, die man nicht unterschätzen darf, weil sie in erster Linie Techniker waren. Gerade dieser Zeit geht die Technik als Kunst erst gehörig auf, und ihr Ernst im Ausarbeiten der neuen Probleme war kein geringer. Sie gewinnen dem Ausdrucksvermögen neue Mittel, sie entfalten die Fähigkeiten des Klaviers zu neuen Wirkungen, und sie offenbaren eine Erfindungskraft in diesen neuen Wegen, die die schönsten Überraschungen bietet. Man muss sie nur von der rechten Seite ansehen und nie vergessen, dass die Entwicklung des Klaviers nur durch die parallelen Fortschritte der geistigen und technischen Leistungen so wunderbar organisch sich gestalten konnte.

Ich habe hier keine andere Absicht, als die Dinge unter einer gewissen species aeternitatis zu sehen. Was Bird, Bull, Couperin, Pasquini geleistet haben, obwohl heute unter tausend Klavierspielern nur einer ihren Namen kennt, ist wichtiger als eine Pollaka des Kalkbrenner oder eine Etüde Ludwig Bergers. Man zieht sich einen gewissen Horizont, und was da nicht hineingeht, bleibt draussen. Es mögen ganze reiche Lebensinhalte versinken, Leiden und Freuden von unendlicher Intensität; sie sind in der Geschichte ein Treibsandkorn. Man wird in meinem Index nicht jeden nachschlagen, der ein Rondo komponiert oder in Moskau Klavierstunden gegeben hat, man muss sich mit denen begnügen, die neben den grossen Rastplätzen ein Denkmälchen am Wege verdient haben, weil ohne sie die Geschichte eine gewisse Lücke hätte.

Eine grosse, grosse Arbeit steckt in den theoretischen Klavierschulen, die diese Zeit zahlreich in knapper Aufeinanderfolge gebracht hat. Schien noch in dem Büchlein des Philipp Emanuel Bach der Beginn eines einheitlichen Systems gegeben, das die Folgezeit nur auszubauen hätte, so wissen wir im Angesicht dieser verschiedenartigsten Theorien aus der ersten Hälfte unseres Jahrhunderts, dass die Klavierschullehre es vor lauter Eifer niemals zu einem wahren System gebracht hat. Es ist von jeher Gewohnheit des Klavierlehrers gewesen, wohl in der Vergangenheit ein angebetetes Ideal zu besitzen, mit der Gegenwart aber grundsätzlich in so schlechtem Einvernehmen zu stehen, dass jeder neue Unterricht mit dem des Vorgängers tabula rasa macht, von vorn beginnt, und den Schüler nach eigenem Ermessen selig werden lässt. Die Klavierlehre hat sich niemals des Vorzuges anderer Wissenschaften erfreut, von Jahrzehnt zu Jahrzehnt, der Eine auf dem Andern auszubauen. Sie ist in der Theorie ein Mosaik geblieben; die Praxis allein hat sie gerettet.

Die Praxis bringt auch ein gewisses System nicht in die Lehre, aber doch in die Geschichte der Lehre. Alle die einzelnen Arbeiter am grossen Werke werden, so sehr sie auch ihre allein selig machenden Predigten halten, doch vom Strome der Zeit und von den Folgen der Erfahrung gleichmässig vorwärts getrieben, so dass der Durchschnitt ohne ihr eigenes Zuthun eine deutliche Entwicklung zeigt. Wenn man die Systeme des 18. Jahrhunderts, die Klavierschulen des Ph. E. Bach, des Marpurg und die diese Gruppe abschliessende des Daniel Gottlob Türk mit den Arbeiten der Epoche vergleicht, in die wir jetzt eingetreten sind, so merkt man klar, wie die Praxis der Theorie ihre Wege wies, dass sie sich immer mehr auf sich selbst besann, ihre Zersetzung in die apriorischen und empirischen Bestandteile mit Vergnügen selbst herbeiführte, und schliesslich sich beschränkte, eine Anwendung von Erfahrungen zu sein.

Adam schrieb seine Pianoforteschule als eine Art Pronunciamento für das mitten in den Revolutionsnöten gegründete Pariser Konservatorium, das in der Zukunft die französische Technik wieder etwas geschätzter und ansehnlicher machte, als sie lange Zeit gewesen war. Adam lässt die »Manieren« schon mehr beiseite, vermeidet auch jenes eifrige Eingehen auf die allgemeine Kompositionslehre, mit der sich die Bücher des 18. Jahrhunderts noch gefüllt hatten, und stellt dafür die Lehre vom Anschlag mehr in den Vordergrund. Das Spinett ist vorbei, das Hammerklavier erobert die Welt und führt die

Theoretiker auf die Untersuchungen der Anschlagsarten, die seinen möglichen Nuancen entsprechen. Auch die Pedale spielen nun ihre Rolle. Adam kennt ihrer noch vier, von denen eines unser die Dämpfung aufhebendes Pedal ist, drei zu Pianowirkungen dienen. Allmählich haben sie sich auf das Dämpfer- und das Verschiebungspedal reduziert.

Die Brüder Pixis, 1800
Stich von Sintzenich nach Schröder

Hummel ist als Gegner jeden Pedalgebrauchs bekannt. Man hat heute nicht mehr nötig zu beweisen, dass das Pedal als integrierendes Mittel des Hammerklaviers keine Abweisung, sondern seine eigene Ästhetik verdient. Aber Hummel steht in theoretischer Beziehung noch so sehr auf dem Boden der Überlieferung, dass dies nicht Wunder nehmen kann. Seine »ausführliche theoretisch-praktische Anweisung zum Pianofortespiel«, die 1828 erschien, ist die Krönung des gesamten klaviertheoretischen Bemühens. Das dickleibige Buch, das eine schwere Verbreitung fand, um schnell genug vergessen zu werden, ist ein bis auf die letzten Grenzen durchgeführtes System aller klaviertechnischen Möglichkeiten, so sehr System, dass hier schliesslich die Theorie auf deduktivem Wege Wirkungen fand, für die ihr die Praxis danken konnte. Es ist ein unerhörter Fall von theoretischem Ausdenken, und doch zuletzt nichts weiter als das überstandene Gebahren des Marpurg und Türk, in breiterer Ausdehnung. Diese vielen Ober- und Unterkapitel, diese aufgezählten Möglichkeiten der Fingersetzung, diese schulmeisterlichen Betrachtungen, die immer wieder von vorn anfangen, sind nichts weniger als eine »Anweisung«, sie sind ganz Abstraktion aus der Überlegung heraus. Wer den ersten Teil durchmacht, hat den zweiten schon in den Fingern, aber der secierende Meister kümmert sich darum nicht und kennt keine Ökonomie in der Lernzeit. Er ist gegen das Auswendiglernen, weil die Finger ungesehen die Tasten finden sollen — so weit noch entfernt von der modernen Auffassung, dass erst die volle Beherrschung eine reine Interpretation ermöglicht. Um eine Wissenschaft des Anschlags schert er sich nicht viel. Die Manieren hebt er wieder sehr hervor, wobei er bereits zum Unterschied gegen das 18. Jahrhundert den Triller mit der Hauptnote beginnen lässt. Eine Systematik des Vortrags liegt ihm noch so fern, dass er schreiben kann: »aufwärts steigende Läufe und Töne werden crescendo, abwärts gehende diminuendo vorgetragen; es giebt aber auch Fälle, wo der Komponist das Umgekehrte oder egale Stärke will«! Hummels Buch liegt heute wie ein erratischer Block da, grandios in seiner geduldsamen Permutationsrechnung, eine tote Sehenswürdigkeit.

Wenn wir dagegen in Kalkbrenners Pianoforteschule aus Paris blicken, die er »allen Konservatorien von Europa« widmete, so sehen wir — ohne schweres Geschütz — allerlei Fortschritte, die die Adam'schen Perspektiven zum Teil erfüllen. Gegen die zehn Hummel'schen Hauptarten der Fingersetzung hat er nur sechs: fünf Noten bei stillstehender Hand; Tonleiter in allen Formen; Terzen, Sexten und Accordformen; Oktaven mit dem Handgelenk; Triller; Übergreifen der Hände. Darin ist schon mehr Knappheit, ohne dass von irgend einer Vollständigkeit die Rede wäre. Die Manieren hören langsam auf, wichtige Kapitel zu füllen. Die Pedale kommen wieder zu ihrem Rechte, denn Kalkbrenner als Pariser hasst den trockenen Ton der Wiener Flügel. Auch der Vortrag beginnt sich zu systematisieren, indem zur Erklärung musikalischer Phraseologie interessante Vergleiche mit der Interpunktation herangezogen werden: Satzschlüsse

Die Wissenschaft der Finger-Mechanik 177

in der Tonika seien wie ein Punkt, in der Dominante wie ein Semikolon, abgebrochene Modulationen wie ein Ausrufungszeichen. Naiv, aber doch wenigstens ein Anfang.

Schon stehen wir in der Zersetzung der Klaviertheorie. War Hummel der grosse Theoretiker, so steht in Czerny der grosse Praktiker auf, ein ganz einziger Mensch, der Heros aller Klavierlehrer, der sämtliche Möglichkeiten des Spiels praktisch übersieht und in einzelnen Teilen ausarbeitet: ein Genie der Etüdenerfindung. Er hat das grosse Geheimnis gefunden, dass keine noch so gelehrte und systematische Auseinanderlegung der Fingersatzarten in der Praxis helfe, sondern dass die Ausbildung der Finger rein auf ihrer mechanischen Gymnastik sich aufzubauen habe. Nicht in welchen theoretischen Permutationen ich überhaupt meine fünf Finger anwenden kann, sondern welches die praktische Verwertung meiner Finger nach ihrem Bau werden kann, ist seine Grundfrage. Keine grauen Übungsregeln, sondern eine Wissenschaft der Mechanik. Damit ist der entgegengesetzte Pol zu Hummel erreicht. Das Klavierlernen, das bei Couperin und Philipp Emanuel Bach noch ein Teil einer musikalischen Bildung mit so weit als nötiger Mechanik war, ist in erster Linie Gymnastik der Finger geworden mit hinzutretender Anschlags- und Vortragslehre. Wie liegen die Zeiten zurück, da das gute Klavier nur benutzt wurde, den Gesang, der doch die eigentliche Musica sey, mässig zu ersetzen. Von der Musica ist man bis zu den Fingern gekommen, man macht eine Wissenschaft von den Fingern, man bildet Finger aus, wie früher nur die Kehle. Die Technik hat sich ihrer eigenen Wege erinnert, sie hat das letzte zu vorderst gekehrt. Die Mündigsprechung der Fingergymnastik war ein geschichtlicher Moment in der Behandlung des Klaviers, die ersehnte Antwort der Theorie auf die Praxis, welche längst die spezifische Kunst des Klaviers kannte. Es war vielleicht der letzte wichtige Schritt in seiner Emanzipation, das Resultat der Praxis war der Boden des Unterrichts geworden. Czerny ist in seiner grossen Pianoforteschule, seinem opus 500, fast ganz frei von der apriorischen Theorie. Die fertige Mechanik überträgt er auf die Musik. Mit Erfolg betrachtet er schon individuelle Fälle, wie das Anfangen von Passagen mit einem nicht in der Tonleiter gegebenen Fingersatz: er rät sofort in den gewohnten Fingersatz einzulenken, um an den äussersten

Noten mit den äussersten Fingern richtig anzulangen und unnötigen Untersatz zu vermeiden. Einer modernen Zeit war es vorbehalten, nicht bloss das vorliegende Notenmaterial mit dem ökonomischen Fingersatz in Einklang zu bringen, sondern auch den Vortrag, der bei Czerny etwas lose an der Fingersatzlehre anhängt, selbst wieder auf die Finger rückwirken zu lassen. Bülow liebt ungewöhnlichen Fingersatz, wo der Vortrag jedes allzu leichte Abspielen verbietet oder ein breiter Ausdruck durch Unregelmässigkeiten in der Fingerfolge gehoben wird.

Die Mechanik der Finger war zum ersten Teil der Klavierlehre heraufgerückt, Anschlag und Vortrag bildeten den zweiten Teil. Man sah ihre Bedeutung als Vermittlung der Mechanik zur Musik ein, und in den »Technischen Studien« von Plaidy (1852) oder in Köhlers grosser »Lehrmethode für Klavierspiel und Musik« (1857) findet man sie so ausführlich behandelt, wie einst die Manieren oder den Generalbass. Jener begnügt sich mit den Rubriken Legato, Staccato, Legatissimo und Portamento, dieser giebt eine mehr mechanische Einteilung je nach dem Gebrauch des Vordergliedes, Knöchelgelenks, Handgelenks, oder Ellbogengelenks, — bei keinem ist Vollständigkeit, bei keinem systematischer Fortbau in der Linie der Vorgänger, und wir müssen staunen über die Divergenzen, wenn wir auf irgend einen theoretischen Punkt hin die zahlreichen Schulen dieser Zeit vergleichend nebeneinander stellen. Auf einen praktischen Punkt hin verglichen, stimmen sie schon eher überein. So ist die Handhaltung von Ph. E. Bach bis heute so ziemlich dieselbe geblieben. Mit winzigen Unterschieden, die das Verhältnis der Aussenfinger zum Mittelfinger und das Profil des Handrückens betreffen, sind Bach, Türk, A. E. Müller, Hummel, Logier, Kalkbrenner, Fétis, Villoing, Köhler, Plaidy, Lebert und Starck über das Gerüst des Armes, der die Hand trägt, und der Hand, die die ungezwungenen mit dem Ballen niedergehenden Finger trägt, einer Meinung. Logier in Paris konstruierte einen »Chiroplast« genannten leistenartigen Handhalter beim Üben, den Kalkbrenner in seinem Guide-mains variierte, aber solche mechanischen Hilfsmittel erfreuten sich keiner allgemeinen Zustimmung. Logiers Spezialität war die Vorschrift, dass der Finger in steter Berührung mit der Taste zu bleiben habe. Es hängt das mit der eigenen

Art eines sinnlich reizvollen Anschlags zusammen, die die Pariser Schule von dem brillanten Spiel der Wiener und dem gemütvollen der Engländer charakteristisch unterschied. Das Streicheln der Taste, das Carezzendo, war eine Liebhaberei Kalkbrenners und Kontskis in Paris. Noch heute steht Risler aus dieser Schule an rein sinnlichem Klangreiz im Anschlag vielleicht allen voran.

Ludwig Berger, Wildt'sche Lithographie. Schüler Clementis, Gründer einer weitverzweigten Berliner Pianistenschule

Wenn wir uns in der ganzen grossen Gruppe von Technikern, die von der älteren Mozart'schen Generation der Wölffl, Wanhal, Kozeluch, Eberl und von den neuen Meistern Thalberg und Liszt begrenzt wird, nach wirklich ersten Geistern umsehen, so bleiben Clementi, der Vater aller Technik, Hummel der Erfinder eines modernen Klaviersatzes, und Czerny, das Lehrgenie, übrig. Wenn wir aber nach den Linien der Bewegung fragen, die durch diese Epoche geht, so beobachten wir den Sieg einer virtuoseren Richtung, die sich auf Hummel zurückführt, über eine schlichtere und geistigere Strömung, die in Clementi ihren Ursprung hat. Die Clementi'sche Gruppe liebt das englische Klavier mit seinem schwereren, aber ergiebigeren Anschlag, die Hummel'sche Gruppe das Wiener Klavier mit seiner leichteren und effektvolleren Tongebung.

Aber es ist nicht möglich, eine scharfe Grenze zwischen den Gruppen zu ziehen. Ein Moscheles dient nicht weniger dem Clementi'schen, als dem Hummel'schen Geiste. Die Einfachheit Cramers, die Kontrapunktik Klengels, die Schlichtheit Ludwig Bergers, die Innigkeit Fields geht in den Kreis des Clementi'schen Einflusses. Die Schüler Bergers, Greulich, Heinrich Dorn, Wilhelm Taubert, Albert Löschhorn, dessen Etüden heute noch leben, setzen die Gruppe bis in unsere Zeit fort. Die Lehre Hummels lebte in Ferdinand Hiller, Benedikt, Wilmers, Baake, dem englischen Ernst Pauer, dem Wiener Pixis fort. Während Beethoven nur den Erzherzog Rudolf und den (ihn anständig nachahmenden) Ferdinand Ries als eigentliche Schüler hinterliess, gerät sein vorübergehender Schüler Czerny ganz in das Hummel'sche Fahrwasser und bringt die Wiener Richtung zu ihrem endgültigen Siege. Kalkbrenner, Moscheles, Weber, Liszt, Thalberg, Döhler, Madame Oury, Madame Pleyel, Th. Kullak, G. F. Pollini, von denen mancher äusserlich der Clementi'schen Schule angehört, gehen als Apostel des Wiener Virtuosentums in alle Lande von Petersburg bis London, von Paris bis Mailand.

Gewisse Zunft- und Unterrichtstraditionen bilden innerhalb der Internationalität mehr oder weniger bedeutende Lokalgruppen. In Prag schätzt man Tomaschek, den Komponisten der Eklogen und Rhapsodien, Dionys Weber, den ersten dortigen Konservatoriumsdirektor und seinen Nachfolger Kittl. Alexander Dreischock, der Spezialist der linken Hand, Ignaz Tedesco, der »Hannibal der Oktaven«, und J. Schulhoff, der Modekomponist, gehen aus Tomascheks Schule hervor. Proksch hält in der Mitte des Jahrhunderts die Prager Tradition aufrecht.

In Frankfurt residieren Vollweiler, der einen verbreiteten Lehrerruhm genoss und dann nach Petersburg ging, und Aloys Schmitt, dessen feine Etüden von Bülow in den Musterlehrapparat aufgenommen werden.

Wien wechselt, ohne an Reichtum je zu verlieren. Berlin und Petersburg gelangen noch zu keiner ständigen Schulbildung. Leipzig erhält sein Kolorit durch die Konservatoriumsgründung mit Mendelssohn und Moscheles, und durch die Mitbürgerschaft Schumanns. England erfreut sich von Clementi bis Moscheles eines ständigen Imports tüchtiger kontinentaler Kräfte. Paris zieht eine bunte Schar von echten und unechten Künstlern in den Umkreis seiner weltbeherrschenden Oper. Der Nimbus der Konservatoriums strahlt weithin. Hüllmandel, ein Strassburger, hatte seit seiner Domizilierung in Paris 1776 den Klavierunterricht zu heben gewusst. Sein Schüler Jadin wird Leiter des Klaviers am neuen Konservatorium. Von 1797 an wirkt hier 46 Jahre lang Adam, den wir aus seiner fortschrittlichen Klavierschule im guten Gedächtniss haben. Er ist ein geschmackvoller Kenner, und bringt den Pariser Ruhm auf die Höhe, Kalkbrenner, der Seiltänzer, erhält ihn. Adams Kollege Pradher wird der Lehrer der schlimmsten Modekomponisten Herz, Hünten, Rosellen, die den Rekord der Seichtigkeit erreichen. Neben ihnen wohnt ein Chopin in denselben Mauern.

Das Leben der grossen Virtuosen spiegelt die Unruhe wieder, die ihr Beruf mit sich bringt. Es ist keine Abenteurerexistenz mehr, wie bei Marchand oder Froberger, es ist System im Wechsel. Auch das Leben der Techniker, nicht bloss die Technik, hat seine Form gefunden. Die Konzertcampagnen bilden den regelmässigen Grundstock, dazwischen wechseln die Domizile in grösseren Intervallen, bis zuletzt, wenn die Konzertlust und die Fingergelenkigkeit nachgelassen haben, irgend ein Ruhepunkt sich findet: die Beteiligung an einer Klavierfabrik oder ein fester Bestand von Unterrichtsstunden. Während der Campagnen gewinnt allmählich auch der Unterricht eine ambulante Form, dem Meister folgen begeisterte Schüler, die ihn an geeigneten Orten verlassen, um dort ihr Heim aufzuschlagen und anderen ambulanten Schülern Platz zu machen. Oder bei einem vorübergehenden und doch ständig wiederkehrenden Aufenthalt des Meisters strömen Schüler -

John Field, 1782—1837
C. Mayer'scher Stahlstich

Sommerstudenten könnte man sie nennen — von allen Himmelsgegenden zu, ein Unterrichtstypus, der dann in Liszts Weimarer Epoche sein berühmtestes Beispiel finden sollte.

Muzio Clementi, 1752—1832, stellt als erster diese Lebensform des Virtuosen in grossem Stile fest. In Italien geboren, findet er durch die Unterstützung eines reichen Engländers zwar in London ein Domizil, aber er ist von der Sesshaftigkeit eines Couperin, Bach oder Beethoven weit entfernt. Das Virtuosentum treibt zur Reise, wie das Komponistentum zur Häuslichkeit drängt. Der Unterschied, der zwischen dem feinen einsiedlerischen Bach und dem kosmopolitischen populären Händel bestanden hatte, tritt zwischen Beethoven und diesen Technikern in ähnlicher Weise hervor. Mozart war zu jung gestorben und zu vielseitig gewesen, um ein Weltklavierlehrer zu werden, Clementi durchlebt aber fast drei Generationen, in denen sich das halbe klavierspielende Europa um ihn und seine Jünger gruppiert.

Die Technischen

Bis 1780 ist er noch Cembalist« an der italienischen Oper in London, dann unternimmt er in den achtziger Jahren zwei grosse Tourneen, die eine bis Wien, die zweite nach Paris. Unterdessen tritt er in eine englische Pianofortefabrik ein, die falliert, sodass er mit Collard bald darauf eine eigene gründet. Er reist mit dem Schüler Field nach Petersburg, setzt ihn dort ab, gewinnt Berger und Klengel unterwegs als neue Jünger, setzt sie wieder in Petersburg ab, heiratet auf einer Tournee in Berlin, um seine Frau sofort zu verlieren, macht 1810 noch eine grosse Rundreise über Wien und Italien, bleibt dann noch einmal einen ganzen Winter in Leipzig, heiratet zum zweitenmal und verbringt die letzten Jahrzehnte, die ihn überwachsen hatten, ruhig bei London.

In dem Leben Hummels, 1778—1837, des geliebten Schülers von Mozart, bedingen die Kapellmeisterstellen bei Esterhazy, in Stuttgart und in Weimar neben einem längeren freien Wiener Aufenthalt die wechselnden Domizile. Weimar als grosser Ruhepunkt erfreute sich durch ihn seiner ersten musikalischen Blüte, die noch halb in die Goethe'sche Zeit reicht. Dazwischen liegen die Konzertreisen nach Dresden, Berlin, Paris, Holland, Belgien, England, Schottland, Petersburg, die, soweit es ein Kapellmeisterurlaub gestatten kann, mit einer gewissen Regelmässigkeit wiederkehren, um zuletzt langsam aufzuhören.

Cramer, 1771—1858, hat zwei längere Londoner Aufenthalte, zwischen denen 1832—45 ein Pariser Intermezzo steht. Seine Konzertreisen gehen nach Wien und Deutschland. Seine Nebenversorgung findet er in einem Londoner Musikverlag, den er von 1828—42 selbst mit besorgte. Umgekehrt ist Kalkbrenners (1784—1849) Domizil Paris von einem Londoner Intermezzo in den Jahren 1814—23 unterbrochen; seine geschäftliche Nebenquelle lag in einer Kompagnie mit Logier zur Ausbeutung von dessen Handleiter und in einer Beteiligung an einer Klavierfabrik. Moscheles (1794—1870) hat keine Geschäftsbeteiligung gesucht. Sein äusseres Leben setzte sich aus der Wiener Jugendzeit neben Beethoven und Meyerbeer, den Aufsehen erregenden 1820er Konzerten in Paris, dem Londoner ruhmvollen Aufenthalt von 1821—46 und der Lehrerstelle am Leipziger Konservatorium zusammen. Von England aus finden Konzertreisen nach dem Kontinent statt.

Ein wirklich einheitliches Domizil hatte von den grossen Virtuosen und Lehrern nur Czerny, 1791—1857, der als 15jähriger Junge schon Wiener Klavierlehrer war, und als solcher in Wien gestorben ist. Auch seine Reisen sind spärlicher.

Czerny bildet darin eine Ausnahme. Sonst hat der internationale Betrieb des Virtuosentums zu einem Austausch und Zusammenwirken, zu einer gegenseitigen Neugierde und Lernlust geführt, die dem Konzertleben dieser Zeit ihr Gepräge geben. Das Zusammenspielen grosser Virtuosen, in der Häuslichkeit oder im Konzert, ist durchaus nichts Ungewöhnliches. Noch ist der reine Interpretator nicht erfunden. Der Spieler hat meist ein persönliches Interesse an dem vorgetragenen Stück und die Freunde helfen bei der Taufe. Es ist die Zeit der Hexamerons. Der Austausch ist oft ein gar zu opferwilliger. Moscheles komponiert für Cramer, mit dem er neben Ries und Kalkbrenner oft vierhändig spielt, einen letzten Satz zu dessen Sonate für zwei Klaviere. Später nimmt er sich diesen Satz wieder zurück und vervollständigt ihn zu seinem bekannten Stück Hommage à Haendel! So darf man sich über so grausige Pasticci wie das folgende nicht wundern, das in einem Londoner philharmonischen Konzert unter Weber gespielt wurde: 1. Stück Cis-moll-Konzert von Ries, 2. Es-dur von Beethoven, 3. ungarisches Rondo von Pixis.

Die beiden Bände Erinnerungen »Aus Moscheles Leben«, welche seine Gattin nach Tagebüchern und Briefen zusammenstellte, geben ein eindringliches Bild des reichen internationalen Konzertlebens um diese Zeit. Jahr für Jahr verfolgen wir das Kaleidoskop der Künstler, die sich wieder sehen und wieder trennen. Ein Triumph der Virtuosität geht durch die Wintersaisons, denen ländliche Erholungen und neue Repertoire-Rüstungen folgen. Die Säle strahlen von Jubel und Wonne, und die Zuhörer, besonders die leicht entzündlichen Wiener, entledigen sich begeistert ihrer Beifallssalven. Die Musik ist ja so populär geworden, und die Stücke sind so wundervoll banal, dass es gewiss nicht oft passierte, wegen Seichtigkeit abgelehnt zu werden, wie es Kalkbrenner einmal in den Pariser Konservatoriumskonzerten neben einer Beethoven'schen Symphonie erfahren musste. Die Dilettanten drängen sich vor, je weiter die Kreise des Unterrichts gezogen werden, je besser und billiger die Klaviere sich stellen. Sie lassen sich mit Künstlern um die Wette in grossen Konzerten hören, wie Moscheles von dem Cellisten Sir W. Curtis und den Pianisten Mrs. Fleming und Oom erzählt, indem er hinzufügt: »ich muss so viel seichte Musik machen und hören«. Musique mise à la portée de tout le monde. Von dem beruflichen Klavierspiel (man konzertierte öfters an zwei Stellen an einem Abend) erholen sich die Künstler mit der guten Laune, die diesen Jahren nicht fehlte. Da sitzt die grosse Sängerin Malibran am Klavier und singt den Rataplan und spanische Lieder, zu denen sie am Klavierbrett die Guitarre klopft. Dann macht sie berühmte Kollegen nach, und eine Duchess, die sie be-

Marcelline Czartoryska, geb. Prinzessin Radziwill, Schülerin Czernys
Stich von Marchi

grüsst, und eine Lady, die mit der »zerbrochensten, nasalsten Stimme von der Welt« das »home sweet home« singt. Thalberg lässt sich am Klavier nieder und macht Wiener Lieder und Walzer mit »obligaten Schnippchen«. Moscheles selbst spielt mit verdrehter Hand und mit der Faust. Die scheinbare Faust verdeckt vielleicht den Daumen, der unter der Handfläche, wie es Moscheles als Spezialität führte, die Terzen mitnahm.

Man spielt immer noch gern eigene Sachen. Komponist und Virtuose haben sich noch nicht getrennt. Wenn freilich Ferdinand Hiller in seinem »Künstlerleben« behauptet, er habe weder von

Hummel noch von Chopin, weder von Thalberg noch von Moscheles je ein fremdes Stück spielen hören, so ist mindestens seine Erfahrung einseitig geblieben. Moscheles spielte sogar Scarlatti schon auf dem alten Harpsichord. Aber im allgemeinen blieb es noch bei dieser alten Sitte, soweit nicht Dilettanten in Betracht kamen, die in den Studienwerken bereits reichlich mit historischem Material versehen wurden. Das Improvisieren blüht weiter, in Konzerten und Soireen.

Prinz Louis Ferdinand
Geiger'scher Stich nach Grassy

Spielen und Komponieren, die im Improvisieren ihre wahre Ehe eingehen, können sich in der Epoche schaffender Virtuosen nur schwer trennen. Kalkbrenner komponierte im Spielen, und spielte im Komponieren, dass man keinen Unterschied mehr fand, und Czerny erfand im Momente während der Lektion die nötige Etüde. So kam es auch — ein heute unerhörter Fall —, dass sich das beliebte Vierhändigspielen mit dem ebenso beliebten Improvisieren verbinden konnte, so sehr sich beides zu widersprechen scheint. Moscheles erzählt von seiner vierhändigen Improvisation mit Mendelssohn. Dieser spielte unten englische Lieder im Balladenstil, jener mischte oben das Scherzo der A-moll-Symphonie seines Freundes hinein.

So wenig noch eine Arbeitsteilung zwischen Spieler und Komponist durchgeführt war, so wenig gab es eine durchgängige Arbeitsteilung zwischen den Gattungen der Musik. Man hat keine Kammermusikabende, keine Klavierabende, keine Orchesterkonzerte. Alles wird gemischt, und die Kammermusik findet dasselbe Publikum wie die Symphonie. Ein Klaviervortrag ohne Orchester war schon eine Seltenheit und die Konzertform fast ein Gebot jeder grösseren Virtuosenleistung. Man sieht das an den Kompositionen dieser Zeit, die in der Regel, soweit sie für einen öffentlichen Vortrag besonders geeignet sind, für Begleitung von Orchester geschrieben wurden. Daneben hatte man für den Hausgebrauch die Ausgaben mit eingefügten Partiturnoten. Das Konzertstück konnte einer feinen intimen Klaviermusik auf die Dauer nicht sehr förderlich sein. Bei dem Mangel an eigenen Klavierabenden waren auch die Instrumente oft nicht leicht zu beschaffen. In Frankfurt lebte eine bekannte alte Dame, die die einzige Niederlage der Streicher'schen Klaviere dort hatte. Man musste ihr Spiel loben, für ihre Ware in die Reklametrompete blasen, sie hofieren und bekatzbuckeln, um ein Instrument fürs Konzert zu erhalten.

1837 wagte Moscheles Klavierabende ohne Orchester einzuführen. Das war ein wichtiger Schritt. Aber man that ihn doch noch nicht ganz. Eine Sängerin musste für die Abwechslung zwischen den Klaviervorträgen sorgen. Wie lange Zeit währte es, bis der Ernst eines Konzertes überhaupt ins allgemeine Bewusstsein übergegangen war! Vielleicht führte hier die Produktion zweifelhafter eigener Werke auf einen thatsächlich niedrigen, seiltänzerischen Standpunkt der Auffassung, und die Interpretation guter fremder Werke, die doch eben die ernsteren waren, rettete den Geschmack. Das Publikum beruhigte sich allmählich und fühlte sich vom Erzieher zum Erzogenen gewandelt. Der Hof nimmt nicht mehr sein Souper während des Spiels ein, die Sängerin schliesst ihre Rouladen nicht mehr mit einem zirkusartigen Lächeln, oder ein Sänger wird nicht mehr ausgepfiffen, wenn er beim Dank seiner Duettistin die Hand zu reichen vergisst. Langsam empfindet man, dass das Konzert nicht Selbstbespiegelung, auch nicht eine Gesellschaftsform, sondern der Dienst einer hohen Sache sei.

Dieses Mixtum-Compositum von Virtuosität bis zur Eitelkeit und von Interpretation bis zur historischen Forschung spiegeln die Kompositionen der Epoche wieder. Auf der einen Seite beginnt man in echter Epigonenart die vorliegenden klassischen Werke, Mozarts und Beethovens Sonaten, allerlei Stücke des Scarlatti, Bach, Händel

Marie Charlotte Antoine Josephe Comtesse de Questenberg

als Studienmaterial zu sichten, man giebt halb vergessene oder schlecht edierte Autoren wie Scarlatti neu heraus, man schreibt selbst Sonaten »im Stil Scarlattis«, man bearbeitet in grosser Anzahl die verschiedensten Kammermusik- oder Orchesterwerke für Klavier. Neben der historischen Tendenz steht, wie so oft, die internationale. Spanische, irische, schottische, russische, italienische, polnische Nationalweisen und Nationalrhythmen werden massenweise in den Kreis der Salonmusik gezogen, es wimmelt von Polonaisen, Boleros, Zigeunerweisen,

Ecossaissen und Tarantellen. Die ganz kommune Musik aber hat ihre Lieblingsetiketten bei einer faden Schöngeisterei gefunden, man verbindet mit den Stücken einen leichten sentimentalen Gruss oder eine geheuchelte Erinnerung. Die mythologischen Etiketten des 17. Jahrhunderts, die realistischen des 18., weichen den sentimentalischen des bürgerlichen Empire. Aber niemals war die Etikettenwirtschaft auf einem niedrigeren Standpunkt, und niemals hat sie den Geschmack der gläubigen Menge so verdorben — wir sind die Reste davon heute noch nicht los. Da sind die Hommages à Beethoven oder à Händel, die den alten tombeaux entsprechen, ohne so ehrlich gemeint zu sein. Dann sind die Brandstücke, eine ganze Kollektion von Feuerwehrwidmungen: Der Brand von Mariazell , Die Brandruinen von Wien-Neustadt« figurieren unter der Salonmusik Czernys. Dann kommen die geographischen Erinnerungsstücke; die zahllosen Souvenirs an alle möglichen Städte, Flüsse, Berge, Menschen. Souvenir de mon premier voyage, les Charmes de Paris, le Retour à Londres. Daneben halten sich echte charakteristische Titel meist nur als Verzuckerungen von Etüden. Am gewissenlosesten sind die beliebten Opernfantasien, die namentlich in der Pariser Schule grassieren; sie reissen den Sängerinnen ihre Arien aus dem Mund, dem Komponisten seine geschlossenen Melodien aus dem Werke, und füttern dies Potpourri mit Passagen, Figurationen und Etüdenfragmenten, mit unechten langsamen Einleitungen und sentimentalen Übergängen, die von dem Wesen der ursprünglichen Gesänge absolut nichts mehr übrig lassen. Es sind wohl die grössten Stillosigkeiten und Geschmacklosigkeiten, die eine Kunstgeschichte je erlebte. Hier lastete der Fluch der Popularität schwer, hier war das äusserste Ende erreicht in jener Konzert- und Gesellschaftspublizität, die das Klavier seit seinem Hammermechanismus-Aufschwung durchzumachen hatte. Künstlerische Knorrigkeit war unbekannt, Erfindung verpönt, Glätte und Ohrenkitzel waren die einzigen Gesetze. Was in Paris die Herz, Hünten, Karr, Rosellen, Kontski und Konsorten darin leisteten, rauschte ebenso schnell auf, wie es verschwand. Hünten erhielt für ein mässiges Heft ein Honorar von 1500—2000 Frs., heute ist er selbst aus dem Salon verstossen. Karr arbeitete hunderte von Stücken nach Bestellung in Form und Melodie, heute kennt kein Dilettant mehr die grosse Fabrik. Und selbst die Zeiten, da Kontskis »Reveil du lion« Schülern in die Hand gegeben wurde, scheinen vorbei zu sein.

Der Zusammenhang von Klavier und Oper war nicht bloss ein äusserlicher. In Paris bildet nicht bloss die Oper mit ihrem weltbestimmenden Einfluss ein musikalisches Zentrum, nach dem alles gravitiert, sondern sie ist selbst dem grossen Stilgesetz dieser Epoche, der Mosaikarbeit und Gefallsucht, unterworfen. Hier war man in den dreissiger und vierziger Jahren in der grossen Oper auf den hohlen Prunk, in der komischen Oper auf die Tanzpas gekommen. »Wohin ist«, schrieb Wagner damals, »die Grazie Méhuls, Isouards, Boieldieus und des jungen Aubers vor den niederträchtigen Quadrillenrhythmen geflohen, die heutzutage ausschliesslich das Theater der Opéra Comique durchrasseln?« Man sah da nichts anders, als was man auf dem Klavier hörte: unmotivierte Situationen, die ihres Effektes wegen vorhanden sind, Tiraden, die mit dem Dankeslächeln von Seiltänzern geschlossen zu werden scheinen, Technik, nichts als Technik. Ein Librettofabrikant wie Scribe ist mit Aufträgen überladen, von Pariser und fremden Komponisten umschwärmt — selbst der junge Wagner hatte einmal an ihn geschrieben. Er versteht die bequemen Unterlagen für die musikalischen Scherze zu schaffen. Man lese daraufhin die späteren Auberopern, wie »Teufels Anteil«. Diese Ouverturen, die ihren ganzen Bau darin haben, dass sie geschickt auf Tänze hinsteuern. Diese Schmierenarbeit im Texte mit den vergilbten Übergangsphrasen, wo eine wirkliche Modulation unbequem wäre. Diese Boleros, die die Menschen in höchster Trauer singen, ohne dass sie auf die Höhe der Ironie sich heben könnten. Diese Etüden-Koloraturen, die an gleichgültigsten Stellen, nur wo sie dankbar wirken, einsetzen und über irgend einen Vokal sich lustig abwickeln. Diese Partituren, die so elend durchsichtig sind, dass man die schnelle Komposition am Klavier und die schablonenhafte Instrumentierung entstehen sieht. Es ist das erste- und hoffentlich letztemal, dass das Klavier der Oper die Hand reicht, eine Wahlverwandtschaft, die die unfruchtbarste von allen ist; Oper und Klavier müssen Feinde sein in ihrem Wesen. Im damaligen Paris, wo die absolute Musik, sowohl die von Berlioz wie die von Chopin, noch eine intime Blüte ist, läuft die Masse des Volks dem leichten Kitzel der Oper nach, und die Masse der Klaviermusik bewegt sich im

Opernschlendrian. Gewiss gab es unter den Parisern wie den Italienern keinen Opernkomponisten, der nicht am Klaviere erfunden und vom Geist des Klaviers in die Oper hinübergenommen hat. Donizetti hat einen interessanten Brief an seinen Schwager Vesselli hinterlassen, der als Inschrift in sein Klavier geheftet wurde: »Um keinen Preis darfst du dieses Klavier verkaufen, denn es schliesst mein ganzes künstlerisches Leben, vom Jahre 1822 an, in sich. Ich habe seinen Klang in den Ohren. Dort murmeln Anna, Maria, Fausta, Lucia . . . . o, lass es leben, so lange ich lebe! Ich lebte mit ihm die Jahre der Hoffnung, des Eheglücks, der Einsamkeit. Es hörte meine Freudenrufe, es sah meine Thränen, meine Enttäuschungen, meine Ehren. Es teilte mit mir Schweiss und Mühe. In ihm lebt mein Genius, lebt jeder Abschnitt meiner Laufbahn. Deinen Vater, deinen Bruder, uns alle hat es gesehen, gekannt, wir alle haben es gequält, allen war es ein treuer Gefährte, und so möge es auch auf immerdar Gefährte deiner Tochter sein als ein Mitgift tausend trauriger und heiterer Gedanken«.

Wir haben von dieser technischen Musik so viel Niedriges vernommen, dass es scheint, als habe sie, wenigstens in künstlerischer Beziehung, umsonst gelebt. Und doch gewann damals eine Form ihre Gestalt, die aus technischen Notwendigkeiten geboren zur Gewohnheit und aus der Gewohnheit zum Stil wurde, so sehr zum Stil, dass sie schliesslich an bestimmender Wirkung mit irgend einem älteren Stil, dem kontrapunktischen, dem thematischen, dem leitmotivischen wohl wetteifern konnte. Wir stehen heute noch in ihrer Gewalt. Diese Form ist die E t ü d e.

Die Etüde ist von den Technikern nicht geboren worden. Sie ist in nuce bei Bach da, sie ist aus der Thematik halb herausgewachsen, nur der Sehwinkel ändert sich mit der Zeit. In einer Bach'schen Inventio oder Sinfonia wird ein Motiv nach freien Gesetzen der Imitation bearbeitet, es wird für alle Stimmen, für alle Finger ausgenutzt. In einem Preludio über irgend ein thematisches Grundsujet, in einer Fuge mit ihrem strengen Codex der kanonischen Aufeinanderfolge geschieht nur dasselbe: das Motiv wird an sich ausgenutzt. Aber zwischen den gebrochenen Accorden des Bach'schen C-dur-Préludes und den gebrochenen Accorden der Chopin'schen C-dur-Etüde ist ein einschneidender Unterschied der Auffassung. Was dort ausgenutzt wird nach motivischen Rücksichten, wird hier ausgenutzt nach technischen Rücksichten. Jener stellt die künstlerischen Möglichkeiten des Themas hin, dieser die mechanischen. Bach schrieb manche seiner Préludes aus Unterrichtsgründen, aber er komponierte sie noch nicht streng nach ihrer vollen praktischen Verwertung. Wie in der Theorie das Musikalische und das Mechanische nicht scharf auseinandergehalten werden, so sind auch die Stücke halb Musikbringer, halb nur Lehrmittel. Das Mechanische musste sich erst emanzipieren, ehe man den Begriff der Etüde rein fasste. Auf der geraden Linie, die sich von der alten Thematik zum Etüdenstil bewegt, änderte sich die Anschauung des Motivs. Man hat jetzt Motive, die man um ihrer technischen Ausgiebigkeit willen bearbeitet. Man sieht vielleicht sogar dasselbe Motiv, das man früher nur kontrapunktisch oder als idée fixe betrachtete, nun auch auf seinen mechanischen Wert an.

Da giebt es Motive, die ein weitfingeriges Interesse haben, oder ein Legato mit dazugeschlagenen Accorden in derselben Hand ist das Thema, oder Gegenbewegung in Doppelgriffen soll abgehandelt werden, oder man müht sich um ein ruhiges Gleiten der Hand über grosse Entfernungen hin, oder der Fingerwechsel auf derselben Taste ist die Grundidee, das Cantabile oder das gleichmässige Binden im Fugato ist der Zweck des Stückes, Oktavenleichtigkeit, perlende Gänge, Pianissimoanschlag, Freiheit der Linken, doppelte Melodie, und wie die hundert technischen Möglichkeiten alle sein mögen. Und es giebt eine trockene Art, die technische Grundidee akademisch durchzuarbeiten, aber es giebt auch eine feine, geniale Art, im technischen Motiv Keime von grosser Tragweite schlummern zu sehen, Kräfte von ungeahnter Pracht zu entwickeln. Der eine hat an einem gebrochenen Accordmotiv nur das Interesse, es in Dur, Moll, Septime und einigen ungewöhnlichen Folgen für die Rechte, dann für die Linke, dann für beide, zuletzt etwa mit Haltenoten zu verwerten. Die Theorie ist erfüllt, ein praktischer Hinweis gegeben, das akademische Gewissen beruhigt. Der Andere aber sieht in den gebrochenen Accorden ihren elementaren, ihren Rheinfluten- und Götterdämmerungscharakter, er lässt sie schlicht aufklingen, weiter und weiter wachsen, dämonische Grösse annehmen, wie ewige Wahrzeichen über die Himmel streichen, Welten umfassen. Dabei giebt es nicht minder alle Nuancen in Dur, Moll, Septime, rechts, links, auf und ab, aber diese technischen Varianten decken sich mit den inhaltlichen so vollkommen, sie werden mit ihnen so identisch, dass man ihre Entstehungen nicht mehr scheiden kann: im Kopfe dieses Genies ist der technische und charakteristische Gehalt unwillkürlich eine Einheit geworden. Dieser Meister nimmt ebenso den zierlichen Fingerwechsel auf demselben Ton zum Milieu einer Rokokoskizze, das Hupfen im Pianissimo zum Elfentanz, die rollenden Gänge in der Linken zum Meeresbrausen mit elementaren Oberstimmen, die rhythmische Verschiedenheit in Rechter und Linker zum graziös gebundenen Reigen, das huschende Gleiten über Obertasten zum Bilde heimlicher Wonne. Hier enthüllt sich die ganze Fruchtbarkeit der technischen Auffassung, die — wer sollte es glauben —, gerade durch die Gebundenheit des Motivs, der charakteristischen Kunst und dem Realismus der Stimmung ganz nahekommt. Hier ist der technischen Subjektivität ihr reiches Feld eröffnet. Verschieden offenbart sich die Persönlichkeit in der Auffassung eines technischen Gehaltes. Man stelle gegenüber Clementi, der oft noch keine Spezifikation kennt und fast niemals der Charakteristik inne wird, einen Hummel, der aus theoretischen Gründen die äusserste Differenzierung an Motiven ausrechnet, Czerny, der dieselbe Vielseitigkeit praktisch erreicht, Cramer, der zuerst aus der Technik zur Musik zurückfindet, und Moscheles, Chopin, Schumann, die keine Technik denken können, ohne Charakteristik zu fühlen.

Tief und geheimnisvoll ist dieser Zusammenhang der Etüde und der Stimmung. Wie die Fuge, geht auch die einfachste Etüde auf jene elementaren Grundwirkungen zurück, die ihren Eindruck nicht verfehlen, auch wenn an ihnen so gut wie nichts komponiert ist. Ich höre irgend eine einfache Bertinische Tonleiteretüde spielen, mit den lapidaren Harmonien, auf denen sie gebaut ist — kein sprühender Inhalt spricht mich an, keine Seele will sich mir eröffnen, und doch ist ein unheimlicher Reiz in diesen ewig wiederkehrenden Grundmotiven aller Musik und ihren in Ewigkeit festgegründeten Fundamenten von Toniken und Dominanten. Der Stumpfe ist bald dadurch ermüdet, der Feinere findet in ihnen ein Ruhekissen und sein Genuss ist ein Naturgenuss, wie wenn er das Ohr in den blossen, unendlich tiefen C-dur-Accord senkt. An diesem Punkte steigt die

Etüde zur Urmutter der Musik herab, sie ist wie die Fuge aus der Natur direkt erwachsen, und das Kriterium ihrer Echtheit ist diese organische Wurzelhaftigkeit. Mit der bewussten Charakteristik wächst die Etüde als Stimmungssammler. In den Studien des Moscheles, in den symphonischen Etüden Schumanns, in den Chopin'schen Etüden schafft die Kunst, was dort die Natur schuf. Aus dem technischen Thema steigt irgend ein seelischer Duft empor, der an eine Stimmung, eine Scenerie, eine Landschaft erinnert; die Stimmung verdichtet sich in der Wiederkehr des technischen Motivs, sie sammelt sich um so enger und gedrängter in dem Rahmen der Etüde, als alle Kontraste und Nebenstimmungen fern bleiben. Es ist eine bestimmte seelische Note, in eine feste Umrahmung gelegt, so kondensiert, wie es weder freie Phantasieformen, noch thematische Sonaten, noch kanonische Fugen je gestatteten. Die Stimmung ist so dicht, dass sie des Rahmens nicht entbehren kann, sie würde auseinander fliessen. Sie hat keine Übergangsfähigkeiten, als fertiger Ausschnitt lebt sie am liebsten.

So wird die Etüde formbestimmend. Sie begünstigt die abgepassten Stücke, die mosaikartig aneinander sitzen oder ihr Rahmenwerk verlangen. Grossen, Beethoven'schen Empfindungsgängen steht sie im Wege, ihr Horizont geht nicht über zwei Seiten. Dem thematischen Urgebären der Bach'schen Erfindung steht sie noch ferner, sie liebt das Plötzliche und Geschlossene, und alles Werden und Übergehen mit seinen mystischen Gesetzen ist ihr unbequem. Sie drängt sich in alle Werke ein, wo die Technik über den Inhalt täuschen oder wo der Inhalt seinen letzten Glanz in der Technik finden will. Die technische Formgebung und die technische Ausgestaltung geht gänzlich ins Zeitbewusstsein über und schafft neue Werke in der Kammermusik, in der Oper, im Orchester. Man vergleiche die Entwicklung einer Weberschen mit einer Beethoven'schen Sonate. Etwa der vierten in E-moll mit der Beethoven'schen op. 28, die in der ursprünglichen Idee, einer sanften melodischen Stimmung, nicht so unähnlich waren, wie sie ausfielen. Bei Beethoven entwickelt sich die erste Melodie auf einem Dreiviertel-Rhythmus, der am Ende des Kreises organisch losgelöst wird; das zweite Thema fällt wie ein natürlicher Kontrast gegen das erste nieder; allmählich setzen sich Figurationen an, die bald ein eigenes vegetabilisches Leben führen, ohne jeden Riss sich aneinander schlingend; alles wächst logisch aus

Clementi, Neidl'scher Stich nach Hardy

sich weiter, im Anfang ist das Ende gegeben, in der Variierung der Fortgang. Bei Weber ist Stück für Stück durchgenommen, das Ganze kein Organismus, sondern ein Pasticcio — das gemütvolle erste Thema wird auf seine nackte melodische Schönheit behandelt, eine Sechzehntel-Etüde schliesst sich an, eine kahle enharmonische Studie führt zum zweiten Thema über, das seinen wiegenden Charakter nach vielen Seiten bearbeitet — erst die Durchführungen bringen das alles ein bisschen zusammen. Und wir wissen, wie selbst bei den Besten dieser Zeit der grosse schöpferische Organismus, in dem jedes Teilchen sein Nebenteilchen bedingt, an einer Vereinzelung und Zerstückelung zerschellt. In den Konzerten hebt nach den überlieferten gegenseitigen Komplimenten des Orchesters und Klaviers das Soloinstrument mit überraschender Plötzlichkeit seine Passagenwerke an, die aus Etüdenstücken besserer oder schlechterer Wahl sich so gut es geht zusammensetzen. Beim Ansagebuchstaben C oder F scheinen sich die Himmel zu öffnen und der ganze Glanz der Technik fällt unvermittelt in das Konzert nieder, der Mozart'sche und Beethoven'sche Organismus bricht darüber zusammen. Die scharfen Übergänge, die schnellen Rückleitungen, die klaffenden Fugen sind nicht nur eine Eigentümlichkeit etwa Schumanns, sondern sie sind Zeitstil. Sie sind der Rahmenstil der Zeit, die das Wandelbild, das Unbegrenzte grosser Empfindungsabläufe nicht liebt.

Sein Vorzug liegt in der konstruktiven Logik im einzelnen. »Echtere« Klaviermusik als eine Etüde kann es nicht geben. Das Wesen des Klaviers ist in ihr zur Musik geworden. Stoff und Zweck bestimmen hier allein die Form, die nun nicht mehr bloss in einer allgemeinen Musiksprache redet.

Das Klavier folgt dem Zuge der Zeit, der nach technischer Reinheit in allen Dingen geht. Man sah in den bildenden Künsten lange die Stilformen herrschen, die in begrenzten Perioden auf alle

Gegenstände gleichmässig und ohne Rücksicht auf Stoff und Zweck übertragen wurden. Die Renaissance, die Gotik, die Antike stattet ihre Kirchen, Gräber, Thüren, Tische, Schränke und Schlüssel in der gleichen Weise aus, ob sie Rundkörper oder Reliefs, Marmor oder Bronze sind. In unserem Jahrhundert beginnt die Technik das erste Wort zu sprechen: ein Stuhl soll ein Stuhl sein, eine Tapete aus dem Zweck der Tapete erschaffen werden, eine Vase aus dem Material der Keramik sprechen und die Malerei in erster Linie Malerei sein. Ein Schrank ist kein Tempeleingang, ein Tischfuss keine Statue. Das sind Einschnitte, wie sie die Kunstgeschichte nicht oft erlebt. Der Musik ging es nicht anders. Der Fugenstil herrschte einst so allmächtig, dass er Kirche, Tanz, Salon, freie Phantasie, Stimmungsbild gleichmässig in seinen Bann zog: die gute Fuge war eine gute Stimmung und die beste Stimmung konnte nur kontrapunktisch ausfallen. Nun hatte sich alles emanzipiert. Die Orgel konkurrierte nicht mehr mit dem Klavier, der Gesang nicht mehr mit der Violine, das Orchester wurde seiner ganzen Macht inne. Was einst die Venezianer schüchtern angefangen, war zur That geworden. Die Kunstform der Etüde wurde das Siegel dieser Individualisierung. Der gefeierte Paganini hatte nicht mehr, wie Corelli, von der Violine aus das Klavier inhaltlich anzuregen. Paganini-Etüden von Schumann waren Klavierstücke, die formell von Paganini nichts borgten, nur eine Grundlage von Noten. Sie streben den Glanz Paganini'scher Technik an, dieser weltverblüffenden, geisterhaften Technik, die auch den Ehrgeiz eines Liszt so wundervoll erregte. Und vom Klavier ging wieder selbst der Glanz einer Technik aus, die das Orchester zu seinen eigenen Triumphen begeisterte. Die Fee Mab, der Mephisto, der Feuerzauber und der Walkürenritt brauchten das Klavier nicht mehr zu beneiden, wenn sie auch ohne den Ruhm der Etüde nicht so strahlend erfunden worden wären.

Wir treten nun den Persönlichkeiten selbst näher. Es ist kein scharfer Schnitt zwischen den Technischen und den Romantischen zu machen, wenigstens sind diese nur durch jene erklärbar. Wir gelangen langsam aus dem Gebiete reiner Virtuosität in das eines inhaltsreicheren Satzes, aus dem Lehrertum in das Dichtertum, aus dem Klavier-Purismus in die Sehnsucht nach poetischen Zusammenhängen, aus dem Konzerttrubel in die Intimität.

In Clementi zeigten sich die Symptome zuerst. Was er zu sagen hatte, war wenig. Desto mehr, was er zu lehren hatte. Er sammelte, er prüfte, er trug seine Erfahrungen aus und legte die historische Brille nicht gern ab. Der erste Epigonenrückschlag auf die angebrochene klassische Musikperiode. Seine Studien waren so fruchtbar, dass sie selbst einen Beethoven nicht unangeregt liessen, wenn es auch viele gab, die seiner Spezialität, den Terzen und Sextengängen in einer Hand, skeptisch gegenüberstanden. Mozart hasste diese Unruhe, er mahnte zu graziösem, leichtem Spiel. Aber die wachsende Technik schüttelte den Rokokozopf ab, sie wollte alles erobern, auch jenseits der porzellanenen Grazie.

Wie Clementi in seinen Enkelschülern heute noch fortlebt, so ist sein Gradus ad Parnassum der Vater aller Studienwerke geblieben, oft aufgelegt, oft bearbeitet. Man erkennt in ihm leicht die altertümlichen Bestandteile. Der Fingersatz ist bei diatonischen und chromatischen Tonleitern noch nicht im Prinzip verschieden, in seinen Anweisungen lässt Clementi die chromatische mit e beginnen. Die Etüden bewegen sich in einem eigentümlichen Mittelzustand zwischen Stück und Übung. Einzelne, wie das famose Presto in Fis-moll (Simrock 24) stehen auf Cramer'scher Höhe. Dann findet man wieder rechte Fugen, damit auch dieser Stil geübt werde. In einer Etüde, wie Simrock 38, sind Cantabile und Triolen als Exercitien gemischt. Oft finden sich drei Stücke als eine Suite zusammen, ein patriarchalisches Festhalten alter Gewohnheiten. Andere sind wieder akademisch trockene und nüchterne Lehrstücke. Man verfolgt dann mit Vergnügen, wie bestimmte technische Probleme im Laufe der Zeit an Inhalt gewannen. Den Fingerwechsel auf einem Ton zum Beispiel übt Clementi noch in einem langweiligen Motiv mit drei Noten (Simrock 20). Cramer (Pauer'sche Ausgabe 41 ff.) hat schon den Reiz erkannt, den über diese Monotonie kleine Haltenoten ausüben, und die Drolerie, die der Fingerwechsel als Charakter in sich trägt, giebt dem Stück seine Stimmung. Chopin, in seiner bekannten C-dur-Etüde op. 10, 7 nimmt die oberen Noten sogar auf jede einzelne der Fingerwechseltöne, wodurch den pikanten Wendungen und dem drolligen Charakter alles frei gegeben wird, ohne der Etüde etwas zu nehmen.

Dem Gradus, als einer merkwürdigen Sammlung verschiedenartigster Einfälle, ohne eigentliches System, stehen kleinere Studienwerke gegenüber, die eine bestimmtere Physiognomie haben. Die vielgespielten Préludes et Exercices nehmen sämtliche Tonarten vor und halten sich wesentlich an Leitermotive. Die Méthode du Pianoforte mit ihren 50 Leçons sammelt allerlei Arien und alte Stücke, die mit einem Fingersatz versehen werden, welcher noch sehr vorczernysch ist. Das Buch ist bemerkenswert als einer der ersten grösseren Versuche, vorhandene Stücke, die nicht Werke des Sammlers sind, als Studienmaterial zu verwerten. Bald kamen auch die Beethoven'schen Sonaten in diese Schubfächer, wo sie nach ihrer Schwierigkeit numeriert wurden. Hier sind Händel, Corelli, Mozart, Couperin, Scarlatti, Pleyel, Dussek, Haydn, Ph. E. Bach, Paradeis, J. S. Bach in usum delphini herangezogen.

Als Jugendsünde, op. 19, hatte Clementi unter dem Titel »Charakteristische Musik« eine Reihe von Préludes sowohl wie Kadenzen veröffentlicht, die im Stile einiger Meister und anderer berühmter Klavierlehrer gehalten waren: im Stile von Haydn, Kozeluch, Vanhall, Mozart, Sterkel und schliesslich Clementi selbst. Es war ein halber Scherz, sogar ein sehr mässig gelungener, aber als Anzeichen einer interpretierenden, sammelnden Richtung bemerkenswert.

Unter den hundert zweihändigen und vierhändigen Sonaten und Sonatinen, die Clementi hinterliess, ist keine einzige, die nicht vom instruktiven Gesichtspunkt aus Interesse und Benutzung verdiente, inhaltlich aber ist höchstens eine, die sogenannte Didosonate, Cherubini gewidmet, die uns heute noch durch Originalität und Geistreichtum (ein kühler Geist) unterhalten kann. In den übrigen Sonaten starrt uns das technische Gerippe eines Beethoven an, ohne sein Fleisch. Es ist das fortgesetzte Wesen Scarlattis, spielerisch und herzenskalt; aber gegen einen Scarlatti, der kurz abmachte, was kurz lebte, pretentiös in seinen ewigen Wiederholungen bei der Enge des Horizonts. Eine Musikmacherei, die von der Didaktik genährt wird. Ein durstiger Stil gegen die satten Wirkungen Hummels.

Der Index der Werke sieht bei Cramer zunächst nicht vielversprechend aus. Die Variationen, Impromptus, Rondeaux, Divertissements; la victoire de Kutosoff; les deux styles, ancien et moderne; le rendez-vous à la chasse; un jour de printemps; Hors d'oeuvre, grande sonate dans le style de Clementi oder die zeitgemässe Sammelkomposition: Cramer, Hummel, Kalkbrenner, Moscheles, Variationen über Rule Britannia verlocken nicht weiter. Die 105 Sonaten kennt man kaum. Seine ganze Bedeutung liegt in seinen Etüden, die vielfach aufgelegt und zusammengestellt worden sind, am schönsten in der Pauer'schen englischen Prachtausgabe, die mit einem feinen Stich Cramers geschmückt ist: im Porträt ganz Geist und Delikatesse, ohne jede böswillige Andeutung der dunkel gefärbten Nase, über die er einst selbst scherzte: C'est Bacchus, qui m'a mis son pouce là; ce diable de Bacchus! Der ganze feine Cramer'sche Esprit weht in diesen Etüden, die bis heute in ihrer Art nicht vergessen uud nicht übertroffen sind. Ihr instruktiver Wert liegt in der Isolierung der technischen Aufgabe, deren Anforderungen sehr geschickt an geeigneter Stelle durch eine ausruhende Gegenbewegung unterbrochen werden, und zugleich steigt der nobelste musikalische Gehalt aus ihnen herauf — Stücke voll Charakter auch ohne Überschrift, die man innig verehren kann. Gegen ihren konkreten Nutzen ist die Cramer'sche Pianoforteschule, die in unzähligen Ausgaben seinerzeit erschien, heute wertlos geworden. Das merkwürdigste, was man darin findet, ist eine Anweisung für Préludes und Codas, die nicht wie die Clementi'sche einfach bewährte Muster kopiert, sondern theoretisch eine Reihe von »Stilen« in solchen Improvisationen aufstellt, von den einfachsten Accorden bis zur melodiösen Ausführung. In der Epoche des öffentlichen Improvisierens waren derartige Lehren nicht unangebracht. Das Präludieren ist heute noch Stil, die Codas schenken wir uns. Damals aber sah man selbst in der direkten Verbindung solcher freien Erfindungen mit dem vorliegenden Stücke nichts Schlimmes. Gerade Cramer war immer noch so altmodisch, dass er bei Mozart sich nicht genierte, allerlei Verzierungen, oft recht kleinliche, wie uns Moscheles erzählt, hineinzuweben.

Gegen Clementi, das didaktische Genie, und Cramer, den geistigen Techniker, steht Hummel als Erfinder des modernen Klaviersatzes. Dussek hatte zuerst durch seinen ungewohnt vollen Klaviersatz die Ohren auf die neuen Dinge gelenkt, Hummel hat die Reize des Hammerklaviers und die Wirkungen der sieben Oktaven zum Besitztum aller gemacht. Was unsere Dilettanten von Chopin her kennen, diesen satten und vollen Klang, diese brennende Koloristik, das ist bei Hummel alles schon vorhanden. Ist das der alte Meister, der nach jedem Konzert seine schwarzseidene Nachtmütze

Hummel in jüngeren Jahren

Nach dem Bilde von Katharina Escherich, gestochen von Wrenk

aufsetzt? der das altmodische Schnupfen so wenig lassen kann? Schnupfen und Klavierspielen führten fürchterliche Kämpfe mit einander. Cramer verunstaltete sich damit seine feinen aristokratischen schmalen Finger; das Kraut fiel in die Tasten, bis sie nicht mehr auf und ab gingen; die Hausfrauen holten nach jedem Besuch die Besen hervor. Und Hummel kam in schwere Not beim Spielen. Die Nase verlangte nach dem Taschentuch, was genierte sie das Konzertpublikum? Da hatte sich der Meister ein feines System ausgedacht. Er wartete eine Stelle ab, die nur eine Hand nötig hatte; flugs operierte die andere an der lieben Nase. Wusste Hummel, dass der musikalische Quacksalber, den uns der treffliche Kuhnau geschildert hat, dasselbe Experiment umgekehrt gemacht hatte? Er hatte seine Dose parat stehen und wenn eine schwierige Stelle im Generalbass kam, die er zu fürchten Grund hatte, schnupfte er eben mit der einen Hand, indem er der anderen eine geringere Ausführung der Bassziffern überliess. Das Gesamtkunstwerk des Schnupfens und Klavierspielens hatte der alte Telemann in Hamburg, wie es scheint, am meisterlichsten gelöst; seine Tasten und seine Kleider gaben nach den Zeugnissen der Zeitgenossen Kunde davon. Schnupfen und Klavierspielen fanden eine gemeinsame Belohnung in den edelsteinverzierten Dosen, die sich als Fürstengeschenke in den Servanten aller Virtuosen bis zur Mitte des 19. Jahrhunderts befanden. Dann siegte endgültig das Klavier, und man hat seither nicht einmal vernommen, dass ein Virtuose im Konzert geniest hätte.

In seiner dicken Pianoforteschule stösst Hummels altes Meistertum und modernes Klavierspiel merkwürdig zusammen. Er systematisiert den Fingersatz in die Abteilungen: 1. Fortrücken mit einerlei Fingerordnung bei gleichförmiger Figurenfolge, 2. Untersetzen des Daumens unter andere Finger und Überschlagen der Finger über den Daumen, 3. Auslassen eines oder mehrerer Finger, 4. Vertauschen des einen Fingers mit dem anderen auf demselben Ton, 5. Spannungen und Sprünge, 6. Daumen und fünfter Finger auf Obertasten, 7. Überlegen eines längeren Fingers über einen kürzeren, Unterlegen eines kürzeren unter einen längeren, 8. Abwechseln verschiedener Finger auf einer Taste, bei wiederholtem und nicht wiederholtem Anschlag, und mehrmals sogleich wiederholter Gebrauch desselben Fingers auf mehreren Tasten, 9. Abwechseln, Eingreifen, Überschlagen der Hände und endlich 10. der gebundene Stil. Welche Arbeit! Und nun wird für jedes Kapitel des Fingersatzes, für jede technische Möglichkeit ein Haufen von Beispielen angefahren, die vollendetste Permutationsrechnung, die es je gegeben hat. 2200 Notenbeispiele stehen im ganzen darin, über 100 Übungen allein entwickeln die Spielmöglichkeiten zwischen c und g. Vor jeder Übung stehen die harmonischen Grundaccorde. Und so passiert das grosse Wunder, dass durch die äussersten denkbaren Kombinationen, durch die hundert chromatischen Nuancen musikalische Figuren sich bilden, die kein Komponist vorher erfunden hat und die zu klanglichen Wirkungen nie gekannter Art reizen. In den Notenbeispielen einer Schule ungeahnte Neuheiten des Klaviersatzes!

Hummel selbst hat sehr bescheiden über seine Kompositionen gedacht. Er wusste, dass er den Weg Beethovens nicht weiter ging, und sonst war kein grosser Weg. »Es war ein ernster Moment für mich«, sagte er einst in Weimar zu Ferdinand Hiller, »als Beethoven erschien. Sollte ich's versuchen, in die Fusstapfen eines solchen Genies zu treten? Eine Weile wusste ich nicht, woran ich war; aber schliesslich sagte ich mir: es ist am besten, du bleibst dir und deiner Natur getreu.« Mit diesem Entschluss begründete Hummel das moderne, üppige, klangfreudige, virtuosenhafte Klavierspiel, in dem selbst der Ernst und die Leidenschaft in Pracht und Prunk daher kommt. Der Glanz hat die Grazie abgelöst, das Pompöse das Tänzerische.

Er komponierte, wie die meisten seiner Zeit, am Klavier, mit Bleistiftskizzen. Aber er hörte es gleichzeitig als Publikum. »Während ich am Flügel sitze«, sagte er, »stehe ich zugleich in jener Ecke als Zuhörer, und was mir dort nicht zusagt, wird nicht aufgeschrieben.« Beethoven brauchte das nicht. Die Wirkung ging nun über die Echtheit. Das Konzert war die Triebfeder des Schaffens. Die zahlreichen Konzerte und Konzertfantasien stehen unter Hummels Werken voran. Sie erschienen auch mit Quartettbegleitung, auch mit zweitem Klavier oder für ein Klavier zusammengezogen. Er hat weniger Sonaten als Konzertstücke geschrieben, im vollen Gegensatz zu Clementi. Allerlei Variationen, Rondos, Capriccios und Amüsements huldigen den Verlegern. Tänze fehlen so wenig, wie bei irgend einem Zeitgenossen. Die zweiklavierige Sonate in As schliesst

Hummel in älteren Jahren
C. Mayers Stahlstich

sich als zeitgemässes Werk an. Erst in der zweiten Jahrhunderthälfte beginnen die Originalwerke für zwei Klaviere nachzulassen, während der vierhändige Satz sich ganz dem Salondienst zuwendet. Schubert war sein Höhepunkt.

In allen Stücken Hummels blühen die Klangeffekte. Es ist eine Vollgriffigkeit, wie im Orchester, wenn die Gruppen der einzelnen Instrumente in harmoniefüllender Zahl besetzt sind. Die Höhe wird zum erstenmal in grossem Stil ausgenutzt, nach der melodischen, burlesken, dämonischen, feuerwerkerischen Seite. Es begegnet uns der echt klaviermässige Reiz scharfer chromatischer Folgen, wo ein Bacchanal von Farben aufzuklingen scheint, ein prasselndes Feuer sinnlicher Effekte. Auf die technische Wirkung hin werden selbst Modulationen gedacht, chromatische Einsätze oder plötzliche Terzenschritte, die in der festen Stimmung des Klaviers verblüffend erfreuen. Die verschiedenen Registerlagen, die ein Klavier hat, die Tiefe, Mitte, Höhe werden zu überraschenden Wirkungen verwendet: ein Ton des einen Registers in das andere geworfen, giebt eine eigene Farbe — Passagen, durch die verschiedenen Register geschnellt, geben ein loderndes Spektrum. Man verfolge eine Entwicklung, wie etwa die des zweiten Soloschlusses im letzten Satz des A-moll-Konzertes. Wiegende Sextentriolen fahren nach unten, von einer schaukelnden begleitungsartigen Figur unterbrochen, die ihre Sekunden mit dem Daumen zusammen anschlägt, aus oberen und unteren Registern tönende und schwirrende Noten einmischt, in scharfen Modulationen sich nachahmt, allmählich gebrochene Accorde von oben hineinreisst, bis sie in eine Triolenbewegung mit Haltenoten mündet, die ihr Forte sofort chromatisch verändert piano wiederholt; ein crescendo führt zu Terzen in beiden Händen, die hinabspringen, um in einem Fortissimo-Terzenlauf staccato bis zum viergestrichenen f aufzutosen, und in chromatischen Terzen von oben, in chromatischen Oktaven von unten sich in der Klaviermitte zu treffen, von wo eine Doppeltrillerkette mit Haltenoten als letzter Übermut der Technik zum Abschluss führt.

Die Konzertstücke Hummels stehen an Gehalt hinter den Solostücken zurück. Seine grosse Konzertfantasie »Oberons Zauberhorn« ist eine banale Bravourleistung mit künstlichen Oberonbeziehungen, das virtuoseste darin das grosse Gewitter mit seinen Klavierdonnern und Klavierblitzen, ein bisschen anders freilich als jener zahme Donner und Blitz in dem altenglischen Virginalbuch. Aber auch die Soloklavierstücke sind ungleich. Modekompositionen, wie die Polonaise »La bella Capricciosa«, die damals verschlungen wurde, sind uns unerträglich geworden. Der bessere Hummel, den wir aus seinem unvergessenen Septett kennen, steckt in gewissen feinen melodischen Wendungen, die uns heute nur noch aus früheren Wagner'schen Opern geläufig sind, aber damals ein Zeitstil waren, der die Melodie Mozarts und die moderne Melodie vermittelte. Den besseren Hummel erkennt man auch in einigen schumanneskin Sätzen voll Feuer und Empfindung, wie in dem frischen, pulsierenden Scherzo »all' antico« der Sonate op. 106, oder schon in dem Schlussatz der Fantasie op. 18. Vielleicht sind die Bagatellen op. 107 sein interessantestes Klavierwerk. Sie sind heute noch von aller Vergilbtheit frei, kein toter Punkt ist in ihnen. Hier zeigt sich der Mozartschüler in den delikaten melodischen Linien, wie sie heute ein Audran wieder aufgenommen hat, hier ist aber auch der Lisztvorläufer schon zu bewundern. In dem letzten Bagatellenstück, dem Rondo all'Ongarese, steht er so recht zwischen den Zeiten. Das echt Nationale, wie es Dussek so

Ein canonisches Impromptu von J. N. Hummel, nach der Originalausgabe seiner Klavierschule

glücklich in seinen Sonaten verwendete, mischt sich mit klassischen Gewohnheiten, wie sie die Schlussphrase deutlich zeigt; Fugatowendungen, die die Überlieferung empfahl, mischen sich mit überraschenden Ahnungen jener Variationsart, die mit diatonischen Melodierückungen operiert, wie wir sie aus Liszts Rhapsodien kennen. Eine solche Janusnatur ist Hummel.

Wie viel einfacher Czerny, der König unter den Lehrern, dessen Leben und Arbeiten erfüllt war von seinem grossen Satze:

jedes Stück muss stets auf jene Art gespielt werden, welche für den vorkommenden Fall die zweckmässigste und natürlichste ist, und teils durch die nebenstehenden Noten, teils durch den Vortrag bestimmt wird. Sein Etüdengenie war so ausgebildet, dass er im Momente für den Schüler, der ein Manko aufwies, die rechte Studie erfand. Wie speziell er dabei verfuhr, lehrt zum Beispiel ein Blick in sein Studienwerk »Höhere Stufe der Virtuosität«. Die Themen der Etüden in Heft 3 heissen: 1. Sieben Noten auf zwei oder drei. 2. Fünf auf drei. 3. Fünf auf drei in anderer Weise. 4. Überschlagen der Finger über Daumen. 5. Untersetzen des Daumens mit schnellem Abwechseln des Spannens und Zurückziehens der Finger. 6. Beweglichkeit einzelner Finger während des Festhaltens anderer. 7. Gebrochene Oktaven legato. Es ist nicht mehr die Grammatik Hummels mit ihrem theoretischen Schachspiel von Möglichkeiten, es ist die Methode Toussaint-Langenscheidt, die vom Gebrauch her ihre Übungen erfindet. In der grossen Pianoforteschule werden die Übungen mitten im Gang des Lehrkursus immer fortgesetzt, die Skalen empfiehlt er zu täglicher Vorübung, das vierhändige Spiel wird gleich in den Kreis der Exerzitien einbezogen. Die erdrückende Menge seiner Studienwerke ist kaum zu übersehen. Zu den zahlreichen allgemeinen Übungsstücken, die in vielfachen Kombinationen erschienen, kommen die spezialen: die Schule der Geläufigkeit, des legato und staccato, der Verzierungen, der linken Hand, des Fugenspiels, des Virtuosen, die Kunst des Präludierens, Anleitung zum Phantasieren, Oktavenetüden, Übung des vollkommenen und des Septimenaccordes in gebrochenen Figuren und wie sie alle heissen mögen. Ein gewaltiges Arsenal mechanischer Hilfsmittel. Bis op. 856 sind seine Noten gezählt. Die Nichtetüden sind in ewige Vergessenheit gesunken, es sind Vielschreiberwerke. Aber auch die grösseren Etüden stehen an musikalischem Wert Cramer nicht gleich. Zuletzt figurieren in der Czernybibliothek die grossen Sammelwerke, die er — ein praktischer Historiker — veranstaltete. Die Bearbeitung des Wohltemperierten Klaviers. Die Scarlattiausgabe. Musikalische Blumengalerie. Decameron. Les Plaisirs du jeune Pianiste. Die Arrangements von Beethoven, Mozart, Mendelssohn für zwei und vier Hände. Fingersatzausgaben von Bach, Cramer, Dussek, Beethoven, oder bloss des plus brillantes Passages aus ihren Werken.

Vier Hefte Etude des Etudes, die brillanten Passagen aus den Werken von Scarlatti, Bach, Händel, Mozart, Beethoven, Hummel, Moscheles, Chopin, Henselt, Thalberg, Liszt. Seine praktische Geschichte des Klavierspiels, die erste, welche geschrieben wurde, bringt er im Schlussteil der grossen Schule, die als »Kunst des Vortrags« erschien, gleich wieder in die lehrhafte Form: jeder Komponist sei nach seiner Art zu spielen und sechs Arten hätte man — Clementi mit regelmässiger Hand, festem Anschlag und Ton, deutlich geläufigem Vortrag, richtiger Deklamation — Cramer und Dussek cantabilmente,

Kriehuber'sche Lithographie 1833

ohne grelle Effekte, mit schönem legato, unter Benutzung des Pedals — Mozart mit seltenem Pedal, klar, mehr staccato, geistreich, lebhaft — Beethoven und Ries charakteristisch, leidenschaftlich, melodiös und auf den Totaleffekt — Hummel, Meyerbeer, Kalkbrenner, Moscheles brillant, geläufig, graziös mit lokaler Deutlichkeit, und verständlicher, aber eleganter Deklamation — als sechste folgen Thalberg, Liszt, Chopin, die grossen Neuerer. Czernys ungeheueres Lehrgenie umfasst das Reich des Klaviers mit einer Vielseitigkeit, die schon nicht mehr menschlich erscheint. Ein grösserer Lehrmeister ist nie dagewesen, als dieser, der alles sammelt, selbst die Werke seiner Schüler, alles übt, selbst sechshändig und vierklavierig, alles bearbeitet, selbst die einzelnen Passagen berühmter Meister, alles komponiert, selbst Pfennigvariationen und chinesische Rondos.

In Kalkbrenner lernen wir den niedrigsten Typus der Epoche kennen. Äusserlich ein Gentleman und Lebekünstler, innerlich hohl bis zum Schwindel. Von dieser entsetzlichen Leere kann man sich jetzt kaum noch eine Vorstellung machen. Man blicke nur in so ein Stück, wie die Charmes de Berlin, um den Tiefstand zu studieren. Neben allerlei Etüden, Konzerten, Sonaten feiert die böseste Salonmusik bei diesem grossen Virtuosen ihre Triumphe: le Rêve, le Fou, la Solitude, Dernières pensées musicales, la Mélancolic et la Gaité, la Brigantine ou le voyage sur mer. Die Opernfantasien führen ganz in den Abgrund. Hier wurde die Geschmacklosigkeit sanktioniert: nach empfindsamen Largoeinleitungen beliebte Melodien in Passagen zu zerfetzen, bis die Kontur ihres Gesanges endgültig vernichtet ist, wobei die gemeinsten Kadenzen-Guirlanden mit ihren künstlichen parfümierten Blumen geschwungen werden, unter denen man glücklich in den Kehraus-Galopp hineintanzt. Die Fantasie, einst der freieste Ausfluss der musikalischen Seele, wird ein elendes Kollaborat von Etüdenfragmenten. Einmal antwortete Kalkbrenner: »Sehn Se, det Janze ist ein Draum, eine Dreimerei; es beginnt mit Liewe, Passion, Leidenschaft, Disperation, Verzweiflung und et endigt mit einem Militärmarsch« — die Erzählung Ferdinand Hillers wirkt wunderbar echt.

Dass man mit Weber bereits ins romantische Märchenland hinübergelangt, ist leider ein Irrtum. Er wäre hinübergelangt, hätte nicht gerade ihn ein früher Tod getroffen, mitten in dem genialen Aufschwung von 1820 an. So aber steht seine Klaviermusik fast ganz unter dem technisch reichen, inhaltlich leeren Stil der Zeit. Lebte er nicht als Opernkomponist und Orchesterdichter noch in unseren Tagen, seine Rolle als Klavierkomponist wäre wohl ausgespielt. Seine Technik ist, so dankbar sie auch ausfiel, nicht einmal so reich, wie die der meisten Virtuosen seiner Epoche. Es ist nicht schwer zu beobachten, dass er auf gewissen Motiven sehr herumreitet: die Verzierung, welche früher Anschlag hiess,' das Vorschlagen der unteren und oberen Note vor dem Hauptton, wie es das Rondo brillant Es-dur bearbeitet — die S-linigen Kurven der Melodie, die eine Umkehrung dieses Anschlags sind — die pickenden Noten über nachschlagenden oder gebrochenen Begleitungen — Haltenoten über gestossenen Accorden — gebrochene Dreiklänge, die sich kettenartig an einander reihen: damit operiert er etwas einseitig. In den Polonaisen Es-dur und E-dur, in zahlreichen Opernvariationen, in Ecossaisen und Ländlern zollt er den Zeittribut. Es ist aber kein Lokalkolorit in den Variationen über die russische Schöne Minka, oder über ein Zigeunerlied; Hummel und Dussek haben ihn darin übertroffen. Die sinnigen Themen, wie das zweite des C-dur-Konzerts, zeigen den grossen Weber wie hinter einem Schleier. Das beliebte Konzertstück op. 79 kann vor einem strengeren Richter nur als ein modisches, freilich sehr geschicktes und sehr dankbares Mosaik von hübschen Etüden mit der nötigen Melodik bestehen. Das hübscheste Mosaikstückchen, den Marsch, hat das Orchester allein, als ob er eben durchaus da hinein gemusst hätte. Liszt fühlte das wohl, als er ihn mitspielte und dabei das Tutti glänzend schlug, also eine Kraftetüde zufügte.

Eichens'sche Lithographie nach Vogel. 1825

Die vier Sonaten, oft recht trivial, sind im Ganzen eine Mischung, die an ihrer Eklektik stirbt. Ich glaube nicht, ungerecht zu sein. Wie bei allen Zeitgenossen sind die ersten Sätze, die Prüfsteine der Innerlichkeit, die schwächsten. Engere Stimmungen, salonmässige Rahmungen machen die anderen Sätze stilhaltiger. Der wirksame Rhythmus von Satz 2 in der C-dur, das gute Menuett-Scherzo, das rührige Perpetuum mobile als letzter Satz sind famose Einzelideen. Die Bedeutsamkeit steigt langsam, die vierte Sonate hat — nicht

Moscheles, jünger

Innerlichkeit, aber eine gewisse Souveränität. Doch was ist diese Romanze, dies Oktavenscherzo mit seinem Schnellwalzertrio, dieser Elfenmaskenball gegen Chopin, Schumann, selbst Mendelssohn. In allem steckt etwas Experimentelles, das man lieben kann, aber nicht überschätzen darf. Sein beliebtestes Stück ist auch sein reinstes: die Aufforderung zum Tanz. Es ist ein Potpourri, wie es die Zeit liebte, und auch diese Art von Titel ist Mode. Aber der Gedanke, das einleitende Adagio als Zwiegespräch zu formen, der glänzende Aufbau in den Tempi vom entzückenden Walzer bis zum bacchischen Taumel, das reine und schliesslich gar nicht virtuosenhafte Festkolorit, welches über dieser glücklichen Erfindung ruht, heben das Werk weit heraus über alles Modische.

Der echte Grenzmann ist Moscheles. Eine Doppelseele, auf der einen Seite voller Konzession gegen den Modegeschmack, auf der anderen sprühend von Erfindung und intensiv musikalisch. Moscheles ist wahrhaft zu falscher Zeit geboren worden. Er hätte die Virtuosität hinter sich haben sollen, um seiner charakteristischen, nicht undramatischen, und grosszügigen Kunst rein leben zu können. Heute kennt man ihn kaum noch, eine Oper rettete ihn nicht in unsere Zeit hinüber. Aber das Studium seiner Werke lohnt mit Gold; wollten unsere Pianisten sein C-dur-Konzert wieder einmal vornehmen, sie würden staunen.

In der Jugendzeit machte er Variationen über den Alexandermarsch, mit denen er noch widerwillig als reifer Komponist die Welt verblüffen musste. Es war eines der umschwärmtesten Konzertstücke. Es ist nicht richtig, dass er mit dem Alter seinen Stil wechselte und anständiger schrieb. Er hat als op. 49 schon seine sehr anständige Melancholische Sonate, in einem Satz, geschrieben mit ihren reizvollen enharmonischen Übergängen, die uns an die Parsifaltremoli erinnern. Und er hat als spätes opus seine Dänischen, Schottischen und Irischen Fantasien (diese über das Volkslied »Letzte Rose«)

geschrieben, die ganz im Modegeschmack Liederpotpourris verarbeiten. Was hätten die Virginalbuch-Komponisten der englischen und schottischen Volksgesänge zu diesen Variationen gesagt! Damit der Modeschein vermieden werde, sind sogar mehrere, tempoverschiedene Sätze gemacht, wie bei einer Sonate. In seiner As-moll-Ballade hat er dagegen diesen Legendenton frei und echt, in einer Art romantischen Rondos, überraschend dramatisch getroffen.

Moscheles, der erste Meister, der einen fremden Klavierauszug machte (den des Fidelio, im Auftrage Beethovens),

Moscheles, älter, 1859

konnte den zeitgemässen Opernpotpourris dann doch nicht entfliehen. Seine Spezialität waren dabei Zusammenstellungen von Arien verschiedener Opern, die die Lieblingsstücke einer Sängerin bildeten. Solche Favoriten-Fantasien schrieb er über das Repertoire einer Pasta, Henriette Sonntag, der Jenny Lind und der Madame Malibran. Es sind recht gemeine Sachen. Und dieselbe Malibran ehrte er nach ihrem plötzlichen Tode mit einem Hommage, das eines seiner wunderbarsten Stücke geworden ist. Eine unheimliche Erfindungskraft bricht hervor, ein dramatisches Leben ist darin, wie von der Bühne abgezogen, der Geist sprüht aus jedem Takte, das Interesse wird ungewöhnlich gehalten bis zu den letzten wehmütig aufsteigenden Querständen, die an Tristans Meeressehnsucht seltsam mahnen.

Er hat viele Salonstücke geschrieben, die die gewohnten vielversprechenden Überschriften tragen: Les Charmes de Paris, la Tenerezza, Jadis et aujourd'hui, la petite Babillarde. Aber er hat ähnliche Titel über seine Etüden gesetzt, die drei Allegri di Bravura (la Forza, la Legerezza, il Capriccio) und die charakteristischen Studien op. 95: Zorn, Versöhnung, Widerspruch, Juno, Kindermärchen, Bacchanal, Zärtlichkeit, Volksfest, Mondnacht an der See, Terpsichore, Traum, Angst. Hier ist der Modesucher arg getäuscht. Es sind Stücke von Schumann'scher Gestaltungskraft, halb Übungen, halb

Charaktere, auf jener höchsten Höhe der Technik, wo Stimmung und Etüde ihre seltsame feste Freundschaft schliessen. Was Cramer begann, ist äusserstes Kunstwerk geworden. Musikalisch von nicht abzuschätzender Wichtigkeit. Denn hier, wo sich historischer Sinn, technische Bildung und poetischer Gedanke vereinen, läuft die eigentliche musikalische Ideenader der Zeit. Ein kunstvoller Bau sondergleichen ist der fugierte »Widerspruch«, ein ergreifendes Stimmungsbild die »Angst«, die wieder Wagner ins Gedächtnis ruft: Siegmunds Flucht, das Walkürenvorspiel.

Die überschriftlosen Etüden op. 70, die als sein bestes Werk gelten, gingen den Studien op. 95 als rechte Vorläufer voraus. Es ist derselbe feine charakteristische Geist in ihnen, eine Galerie von Stimmungsbildern, unter denen die zwölfte Etüde in B-moll unvergesslich bleibt. Ein Schumann'sches Nachtstück. Aber alles ist für Menschenfinger berechnet, nicht für Liszt'sche, wie op. 95. Und hier fühlt man dem Wesen der musikalischen Etüde recht geduldig nach. Man beobachtet den innigen Konnex der mechanischen und der seelischen Bewegung, Ausdruck und Schwierigkeit wachsen zugleich, die Spannung der Finger ist unwillkürlich die Spannung der Seele, ihr glattes Gleiten das Gleiten der Empfindung, der innere Drang löst sich über den Tasten in den Fingermuskeln aus. So treffen sich die Unversöhnlichen.

L. Adam　　　　　　Kalkbrenner　　　　　　Cramer
Pariser und Londoner Pianisten zu Anfang des 19. Jahrhunderts

Ein Schubert'scher Walzer
Berlin, Königliche Musikbibliothek

Die Romantischen

Wo Definitionen fehlen, stellt sich das Wort zur rechten Zeit ein. Das Wort beweist die Existenz der Dinge, auch wenn man sie nicht scharf definieren kann. Das Wort ist die Kunstform für ein schwebendes Gefühl; es wurde geschaffen für Dinge, die bisher namenlos waren; es wurde behängt mit den Associationen, die indessen an diesen Begriff sich hefteten. So ein Wort ist die Romantik. Die Romantik ist nicht Rückkehr zum Volksmässigen, nicht Rückkehr zur Natur, Rückkehr zum Mittelalter, keine Sehnsucht nach Märchen oder Symbolen oder feinsten Formen feinster Seelenregungen — sie war wohl das eine für den einen, das andere für den anderen, aber in Wahrheit ist sie nichts von diesem, und alles zusammen. Wenn ich sage, sie ist ein Gegensatz zur Synthese, sie ist die Intimität nach allen Möglichkeiten hin, so habe ich sie sehr kalt definiert. Aber ein Reaktionscharakter scheint ihr Wesentliches zu sein. Sie will nicht Gebäude errichten, sondern Seelen lesen. Tausend Arten findet sie für dieses Seelenlesen. Man kann diese tausend Arten gar nicht in eine Definition packen, man schlägt nur leise die Saite des Wortes an, die symbolische, mitklingende — ein Gefühlswert, viel zu zart, um analysiert zu werden.

Neben dem grossen Baumeister Beethoven wohnte der erste Romantiker der Musik, der vielgeliebte Franz Schubert. Er ertrug das Pech seines Lebens, wie nur ein Musiker ertragen kann. Seine Trostquellen sprudelten ihm unerschöpflich. Sie sangen ihm Melodien, fast noch üppiger, als Mozart sie gehört hatte, und er that sein Möglichstes, die Melodien ohne viel Gelehrsamkeit und Titanenstolz in Lieder, Symphonien, Quartette und Impromptus, wie es gerade kam, hineinzugeben. Er hatte kein langes Leben zur Verfügung und nutzte die Tage gut aus. Viele, viele Jahre nach seinem Tode hörten erst die Kompositionen auf, zu erscheinen. Sein bester Lehrmeister war das Volk und seine Lieder und Tänze. Die unverfälschte musikalische Empfindung, die in diesem Volksgesang und diesen Ländlern zu Tage trat, die einfachen natürlichen Wendungen, die sprechende Seele, die echte Dramatik formten seine unsterblichen Lieder und gaben auch seiner Klaviermusik den Charakter. In seinen zahllosen Ländlern haben Jahrzehnte geblättert, wie in einer Bibel des Tanzes; es giebt da noch einsame schöne Feldblumen — andere sind von den Virtuosen herausgenommen worden, und in vielfacher Art, nicht immer so stilvoll, wie in Liszts Soirées de Vienne, zur Treibhausprachtpflanze umgewandelt. Seinen vierhändigen Märschen, den caractéristiques, héroiques, militaires ging es ebenso. Wenn man zu ihren Originalformen zurückkehrt, schlägt uns ein überraschender Wiesenduft entgegen. Es ist Rührung in dieser Echtheit, in diesen einfach hingesetzen Melodien, deren entzückende Wendungen wie ein Wunder vor uns stehen, das grösste Wunder der Schlichtheit.

Er lebt ganz in Musik. Aus dem weiten Lande der Erfindung fliessen die Melodien daher, unendlich sich variierend, die Harmonien färbend, und sie fliessen sich bis zum letzten Tropfen aus. Das Ohr kann ihrer nicht genug haben und, voll seligsten Entzückens, folgt es ihrer himmlischen Länge. Im Paradiese giebt es keine Zeit, und diese Melodien sind ein Vorspiel der Ewigkeit. Schubert starb mit 31 Jahren. Sein D-moll-Quartett, eines der unerhörtesten Musikstücke, lässt uns ahnen, dass er der grösste Musiker des Jahrhunderts geworden wäre. So hat er uns nur seine Jugend hinterlassen. Eine Jugend in sinniger Intimität und lachender Sonne. An Feinheit des musikalischen Empfindens ziehen wir diesem Wiener Kinde mit dem Schullehrergesicht niemanden vor. Er steht uns in dem kleinen Kreise der originalen feinen Menschen, deren Geheimnis das Leben der besseren Empfindsamen glücklich macht. Wer keine zarten Finger hat, rühre Schubert nicht an. Ihn spielen können, heisst einen feinen Anschlag haben. Die Tastatur scheint entmaterialisiert, nur noch so viel scheint von der Wirklichkeit des Hebelwerks übrig, als dazu gehört, die Ahnung dieser Schönheit lebendig werden zu lassen. In stillen Stunden geniesst man ihn und gesteht sich ein, dass es keinen Tondichter giebt, den man so wie diesen einfach von Herzen lieben kann.

Dabei scheiden sich die Dinge von selbst aus, in denen Schubert nicht allein seinem Volksliednaturell folgte. Er war zunächst kein Meister oder Gelehrter der musikalischen Faktur. Seine Partituren sind einfach, und sein vierhändiger Satz selbst — er hat die reichste und schönste vierhändige Litteratur hinterlassen — ist stellenweise nur eine Verdoppelung des zweihändigen, sodass der einzelne Spieler taktelang mit einer Hand ausreichen würde. Nie ist Schubert ein spezifischer Künstler des Satzes, aber der Satz fliesst ihm so natürlich aus der Feder, dass es nie eine Differenz zwischen seiner Vorstellung und dem Klange geben wird. Er ist ebensowenig ein besonderer Künstler der Form. Er hat viele Sonaten geschrieben, vierhändige und zweihändige, aber es drängt ihn nicht über die Form hinaus, und wo er seine hübschen Ideen in diesen Rubriken unterbringen kann, wie in den ersten drei Sätzen der vierhändigen B-dur, da interessiert es uns, — geht es nicht, so nimmt er zu den Variationen im Zeitstil oder zu allerlei kühlen Durchführungen seine Zuflucht, und dann ist er schnell veraltet. Wiederum erkennt man, dass er uns eben nur seine Jugend hinterliess. Die letzten Sonaten, besonders die A-dur und B-dur, wie die letzte Kammermusik und die letzten Symphonien, die so ganz schumanneske wundervolle F-moll-Fantasie und die so ganz Beethoven'schen rondoförmigen »Lebensstürme« zu vier Händen sind in der Faktur gewichtiger und zeigen ihn auf dem Wege, mit grossen Gedanken in die Formen hineinzuwachsen: in dieser Art hätte er sich weiter entwickelt.

Die »Wandrerphantasie« steht auf der Scheide. Die Methode über ein Liedthema — diesmal ein eigenes — frei zu phantasieren, wobei die herkömmlichen vier Sätze gewahrt werden, war gebräuchlich. Dass der letzte Satz mit einem Fugato beginnt, welches bald in allgemeinere Virtuosität übergeht, war ebenfalls Zeitstil. In den virtuoseren Passagen, namentlich dem recht konventionellen Schluss, ist Schubert ganz im Banne der Wiener Schule. Die Durchführungen sind mehr in Hummel'scher, als in Beethoven'scher Art — ein Mittelding zwischen beiden. Die Form ist so frei, dass vom Walzer des Scherzo bis zur groben Fuge, vom Lied des Adagio bis zum gemeinen Schluss so ziemlich alle Arten Klaviermusik hineingepackt werden, die es giebt. Aber wenn ein Lied oder ein Walzer oder ein besonderer Klangausdruck kommt, dann merkt man, mit welcher Liebe Schubert an die Stelle herangeht — er bereitet sie mit einer gewissen Spannung vor und er liebkost das neue Thema: beim Eintritt des melodischen Es-dur-Themas im ersten Satze, beim dramatischen tiefen Tremolo im Adagio, beim pp = Des-dur-Walzer im dritten.

Nichts ist bezeichnender für Schubert als die Entwicklung der Fantasiesonate op. 78. Der erste Satz will gar nicht zusammengehen. Ein wundervolles Thema, ganz auf feinen Anschlag gebaut, mischt sich mit leeren und technischen Zwischensätzen. Das Andante ist ein sinniges Volkslied, in der Art gesetzt, wie es die Sonaten zeigen, im ganzen etwas leer behandelt, aber mit plötzlichen kleinen Intermezzi, zuerst in Fis-dur, wo echt Schubert'sche Vorhalte in Mittelstimmen pianissimo herüberklingen. Im Satz III springt uns ein entzückendes Menuett entgegen, ganz in freudigen Rhythmus aufgelöst mit einem Walzerschluss, der ein Viertel Schumann vorausnimmt, und einem zarten Trio in H-dur mit Glockentönen und zauberischen Vorhalten, wie es Schubert selbst kaum übertraf. So ein Gis auf dem Dominantseptimen-Accord, unter dem zierlich die melodische Kette durchgeschlungen wird, war eine Entdeckung, an Wundern reich. Und nun der letzte Satz mit seinem originellen Volkstanz, den er dem Herzen des Volkes unmittelbar ablauschte, wo die Bässe ihr Rumbumbum machen und die Bogen auf den Saiten springen, mit den beiden schmunzelnden Trios, in denen der ganze Johann Strauss steckt, ländliche Reigen mit einer zarten Melodie, die so sehnsuchts-

Nach der Kriehuber'schen Lithographie

voll im innigen Choralton schliesst — solche Bilder kannte die Musik bisher nicht. Man hatte allerlei fremde Nationalweisen künstlerisch umgebildet, und Schubert selbst hat in seinem glänzenden ungarischen Divertissement zu vier Händen ein famoses Zigeunerbild gemalt mit allen seinen Taktchikanen — aber die deutsche nationale Weise war dabei etwas zu kurz gekommen. Hier nun endlich hatte man die deutsche Volksmusik, die in den Wiener Tanzkomponisten ihre populäre, und dann in Schumann ihre künstlerische Fortbildung fand.

Mit seinen Impromptus und Moments musicals, den kleinen impressionistischen Formen, stellte Schubert die Klavierlitteratur auf eine neue fruchtbare Basis. Es ist diejenige Form der Kammermusik gefunden, welche dem Klaviere, als einem Soloinstrument mit voller Harmonie, am eigentümlichsten ist. Keine Sonate, die auf die grossen Gesetze der allgemeinen Tonkunst vereidigt ist; kein Konzert, welches das Klavier vor eine vielköpfige, zerstreuungslustige Menge zerrt; keine Opernfantasie oder Liedvariation, die die Reize freier Improvisation in Noten bannt; keine technisch überlegte Etüde, kein gearbeitetes Fugato — sondern ein Stück, das einige auserwählte musikalische Gedanken in eine kurze künstlerische Form bringt, nicht länger in der Ausdehnung, als es die Klangfarbe des Instruments verträgt, und bei aller inneren Echtheit doch ganz von den besten Klangwirkungen des Klaviers erfüllt, die der einsam dichtende Spieler freudig empfindet. Die Schubert'schen Stücke haben fast alle noch etwas von dem Geist der Zeit an sich, die einen sind eine Art Variationen, die anderen Etüden, die dritten Tänze — aber sie sind stets mehr als das, sie sind ganz auf innere Echtheit gestimmt und viel zu voll an Ausdruck, als dass sie mit dem Namen einer äusseren Kategorie zu decken wären. In Beethovens Leben erkannten wir das Hinauswachsen eines weltumfassenden Geistes über die hergebrachte Form; das Hinauswachsen eines intimen Geistes über den Stil der Zeit stellt uns Schubert dar. Von den Sonaten und der Wandrerphantasie bis zu den Moments musicals liegt diese Entwicklung eingeschlossen. In derselben Epoche, da das Klavier von den Technikern äusserlich emanzipiert wurde, haben es die »Kurzen Geschichten« innerlich freigemacht.

Impromptus sind von Schubert die zwei Gruppen op. 90 und op. 142 erschienen. Die Stücke der ersten Gruppe sind alle tief in unser musikalisches Blut eingegangen. Alle Wege führen uns wieder in das erste Impromptu mit seiner schlichten punktierten Volksmelodie in zwei Teilen, die so unglaublich vielseitig variiert wird, und mit dem gesangesreichen Mittelsatz, der in Wonne verschwimmt, wie man es noch nie auf dem Klaviere gehört hatte — dann das zweite, die leichte etüdenartige Triolenschaukel in Es-dur mit dem kräftigen H-moll-Mittelteil — das dritte mit seiner wunderbar ewigen G-dur Melodie, mit den göttlichen Modulationen und dem himmlisch schlichten Schluss, der aus einem gebrochenen Septimenaccord ungeahnte melodische Wunder zieht — das vierte, eine leichte flatternde Figur mit den kurzen Volksliedintermezzi und dem getragenen melodischen Mittelsatz, so schumannesk wie nur denkbar.

Die zweite Gruppe der Impromptus, op. 142, steht der ersten an Bedeutung nach; Schubert ging es mit guten und schlechten Einfällen genau wie Mozart, er schied sie nicht. Aber immerhin ist das feine zarte As-dur-Stückchen darin, welches nichts verlangt, als einen weichen Anschlag; und in den Variationen des dritten Impromptus, das also gar kein Impromptu ist, kommen wieder schumanneske Dinge zum Staunen vor. Es ist eine eigene Freude Schumann im Schubert zu entdecken, und eine historische Gerechtigkeit, die man vielfach übersehen hat. Glücklicher, und sein Höhepunkt waren die Moments musicals, die schon 1828, in seinem Todesjahr, erschienen. Das erste ein naturalistisch freies Ergehen von Musik, das zweite ein weiches Niedersinken in As-dur, das dritte der bekannte F-moll-Tanz, in dem ein Tanz — man achte wohl darauf — zur ergreifenden, wehmütigen Sprache wurde, dann das Bachische Cis-moll-Moderato mit den Bässen, die unter den Sechzehnteln pp gebunden singen, und dem weichen verschwimmenden Des-dur-Mittelteil; das fünfte als phantastischer Marsch in scharfem Rhythmus und das letzte, vielleicht Schuberts innigstes Klavierstück, diese Träumerei in stillen Accorden, die nur einmal heftiger erschüttert werden, um mit der ganzen Sinnigkeit einer feinen Wehmut, den zarten Bindungen, den singenden Parallelen, den zauberischen Enharmonien, den süssen Melodieblumen, die aus dem weichen Grunde emporsteigen, uns einzuwiegen. Der volkschoralmässige Schluss des Trios mit seiner Terzenharmonisation ist wie manche Harmonieschritte in Oktaven oder Sexten für den populären Satz der Schubertischen Musik äusserst charakteristisch.

Impromptus und Moments musicals

Wir haben in einem Buche geblättert, aus dem Schumann und auch Chopin Jahre ihres Lebens haben füllen können. In Form und Farbe, in Melodie und Satz war ihnen vorgebildet. Dieser bescheidene Mensch, der da einsam in Wien für sich solche Dinge aufgeschrieben hatte, liebte einige gute Freunde, aber die Öffentlichkeit mied er. Ein Komponist, der nicht öffentlich auftritt: hatte man so etwas schon gehört? Beim alten Beethoven verstand man es, aber bei diesem jungen Manne konnte man es nur mit Nichtachtung lohnen. Er blieb herzlich unbekannt, wie es so vielen seiner Leidensgenossen ging, die aus sich heraus, ohne Aufträge und Beziehungen, Künstler sein wollten. Die Zeiten änderten sich in der Musik wie in der Malerei. Das wahre Mäcenatentum des Staates oder der Fürsten verschwindet, die Aufträge werden geringer und unliebsamer, der Künstler wird intimer und die industriellen Formen der Kultur zwingen ihn, seine Werke anzubieten. Angebot und Nachfrage regeln auch die Kunst, und nirgends ist die Kluft so schmerzlich. Pensionen sind peinlich, und Anstellungsgesuche meist schief. Der Kampf um das Ideal, der das Leben des Künstlers ist, wird reiner, als er je war. Der Typus, den Feuerbach und Böcklin in der Malerei vergegenwärtigen, dieser neuzeitliche Typus des Künstlers, der ohne Bestellung und ohne Honorar selig werden kann, ist in Schubert auf musikalischem Gebiete zuerst deutlich zu beobachten. Die Öffentlichkeit, die Beethoven anfangs brauchte und auch weiter benutzt hätte, wenn sein Schicksal ihm nicht zuvorgekommen wäre, ist für Schubert nicht mehr da. Er muss von einer Pension leben, seine Anstellungsgesuche werden abgeschlagen, die Verleger sind zaghaft, und sehr, sehr langsam bahnen ihm die Lieder den Weg. Goethe hat ihm auf seine Lieder nicht geantwortet, und Beethoven, dem er schüchtern seine Variationen op. 10 als »Verehrer und Bewunderer« widmete, lernte ihn erst in den letzten Tagen kennen. Als es anfing, starb er. Die Verleger hatten das ganze Jahrhundert lang noch zu thun, um seine Werke herauszubringen, die sie sehr stilvoll Liszt, Mendelssohn, Schumann widmeten. Als der arme Mann die Augen schloss, wusste er so wenig, wie die andern, dass er mit seiner einfachen lyrischen Ehrlichkeit der Kunst ein neues Reich gewonnen hatte.

Einige Jahre nach Schuberts Tod, im November 1831, erschienen von einem Robert Schumann Variationen als op. 1, die über den Namen Abegg ihr Thema bildeten: A B E G G. Man konnte erfahren, dass die Komtesse Abegg, der sie gewidmet waren, eine Fiktion war statt der gutbürgerlichen Abegg, die der Autor einmal irgendwo als Schönheit bewundert hatte, ohne sich sonst viel um sie zu kümmern. Das Thema war ein wenig zu ängstlich durchgeführt und die Variationen bewegten sich in einem eklektischen Stil zwischen Beethoven'schen, Weber'schen und allgemein zeitgenössischen Virtuoseneinflüssen, aber das Eigene war darin nicht zu verkennen. Es war doch nicht der abgebrauchte Zeitstil der Variationen, und von jenem naiven Dilettantismus, der immer an der Wiege alles Neuen stand, war mancher gesunde Zug zu spüren. Plötzliche Pianissimowirkungen, einzelne ausgewählte technische Motive, ein eigenes Singen mit einer kontrapunktischen Stimme und Nachschlagebegleitung, schnelle Harmoniewechsel durch Septimenaccorde, legendenartige Romantik im finale alla fantasia, allmähliches Aufheben von Accordtasten bis zur obersten: das machte schon neugierig auf das Opus 2.

Das Opus 2 hatte den Titel Papillons, der in der zeitgenössischen Salonlitteratur nicht ungewohnt war. Aber hier war nichts von Salon. Diese Schmetterlinge schienen aus den Gegenden zu kommen, in denen Schubert seine Blumen gepflückt hatte. Sie brachten von dort die Düfte kurzer lyrischer Lieder; sehr konzentrierte Düfte, in knapper Schönheit. Und ein wunderbar sympathischer Herzenston kam von ihnen her. Man hatte es mit einer sinnigen, tief musikalischen Natur zu thun, die von allem, was in der Zeit an Virtuosentum brillierte, himmelweit entfernt war. Eine romantische Seele. Nach der kurzen langsamen Einleitung kam der Walzer, dessen Konturen jeden an Schubert erinnern mussten, aber doch eigen empfunden, geistreich mit dem durchgehaltenen G in der Linken spielend. Melodische Parallelen in Oktaven, im Gesang mit Nachschlagbegleitung bis pp verhallend, eine famose Marschfugato-Vergnügtheit, volksmässige Liedwendungen, neckisches Geflüster, frische Polonaisenrhythmen, die heimlich süsse Wirkung von ganz leisen Vollaccorden, überhaupt Korresponsionen von rein klanglichen Accorden, kanonische Melodienkränze in lebhafter Bewegung, Wiederholungen von früheren Zeilen in späteren Abschnitten, um die äussere Einheit der kurzen Geschichten herzustellen, der Schluss mit dem Grossvaterlied, es verbindet sich kontrapunktisch mit dem ersten Walzer, der Fasching verstummt — das steht plötzlich in Worten dabei — die Turmuhr schlägt sechs (und zwar sehr hoch, auf dem zweigestrichenen A), ein voller Septimenaccord hebt sich ganz allmählich, und es ist aus.

Kein Mensch wusste, woran Schumann im Grunde bei diesen Papillons dachte. Nur, die Briefe von ihm erhielten, bekamen zu hören, dass er dabei in den »Flegeljahren« von Jean Paul lebte. Jean Paul war seine liebste geistige Nahrung und die Adressaten seiner Briefe wussten zu erzählen, dass er kaum einen absandte, ohne darin eine Schwärmerei für den Bayreuther Dichter einzuschliessen. In dieser Mischstimmung zwischen höchstem Ernst und unendlichem Lachen war ihm wohl, liebevolle Ironie und ironische Liebe. Über Unsterblichkeit tiefgründige Betrachtungen anstellen und dabei mit Behagen den süssen Geruch des Waffelkuchens einatmen, den die Frau nebenan in der Küche bäckt: in diesem Zwielicht steht ihm der Dichter da, der sich selbst so charakterisiert hat. Die phantastischen Grenzen der wirklichen und erträumten Welt, der nüchternsten animalischen Sesshaftigkeit und des körperlosesten Himmelsfluges locken ihn. Seine feine Seele flieht zur Natur und die Natur ist ihm — so schreibt er der Mutter — das grosse ausgebreitete Schnupftuch Gottes, gestickt mit seinem ewigen Namen, an dem der Mensch alle seine Schmerzensthränen abtrocknen kann, aber auch die Freudenthränen — und wo jede Thräne in eine weinende Entzückung vertropft.... Woher kommen diese Töne in der Seele eines Musikers? Man hatte sie noch nie vernommen. Man kannte sie aus den litterarischen Kreisen, die sich in romantischen Neubildungen bewegten, wo plötzlich sich ungekannte Regionen zwischen dem Irdischen und dem Märchen zu eröffnen schienen und neue, schmerzlich gewundene neue Worte für die wild zusammenschiessenden Vorstellungen verlangten. Wo längst die reine Musik gewandelt hatte, da waren jetzt die Dichter und Ästheten hingelangt, und nun gab ihnen ein Musiker die Hand, um in ihrer Sprache zu reden? Dies war eine überraschende Wendung. Zu dem musikalischen Dichter kam der litterarische Musiker. Jener konnte nur gewinnen, hatte dieser etwas zu verlieren? Nein, dieser Schumann schien Musiker genug, um nichts zu verlieren. Keiner seiner Freunde, denen er die Lektüre des Schlusses der »Flegeljahre« empfahl, dessen »Larventanz die Papillons eigentlich in Töne umsetzen sollten«, hätte diese echte und rechte Musik von ihm erwartet. Ich glaube, sie haben sich alle den Kopf zerbrochen, was der wilde Jean Paul mit den zarten Musikschmetterlingen zu thun habe. Uns ist es heute noch ferner gerückt. Ein feiner Musiker las den Jean Paul und die grotesken Figuren dieses Walt und Vult verbanden sich ihm mit einer Tonwelt, die in ihm schlummerte, in jenen tiefen, tiefen Regionen der Gefühlsassociationen, die auf dem Grunde des künstlerischen Schaffens sind. Sie gingen dort ein eigentümliches Bündnis ein mit ihrem musikalischen Gegenteil, den schlichtesten, natürlichsten und ungelehrtesten Gebilden, die die Tonkunst je sah: Schubert. An Friedrich Wieck hatte der Student Schumann 1829 aus Heidelberg geschrieben: »Wenn ich Schubert spiele, so ist's mir als les' ich einen komponierten Roman Jean Pauls.« Jean Paul und Schubert sind die Götter in Schumanns ersten Briefen und Schriften. Von der ätherischen Melancholie, der »gepressten« Lyrik in Schuberts vierhändigem A-dur-Rondo kommt er nicht los, er sieht Schubert leibhaftig sein Stück erleben. Keine Musik sei so psychologisch merkwürdig im Ideengang und den scheinbar logischen Sprüngen. Es ist ein seltenes Feuer in ihm, wenn er von Schubert spricht. Wie eifrig forscht er nach neuen Erscheinungen aus Schuberts Nachlass, und während er ein neues Heft seiner Ländler verschlingt, weint er an Jean Pauls Grabe. In den Papillons, hören wir, sei Jean Paul, und was wir darin finden, ist Schubert. Was sollte aus dieser Konstellation werden?

Opus 3 beantwortete diese Frage sehr merkwürdig. Es waren Etüden mit einer textlichen Einleitung, Motive nach Paganini, aber für das Klavier zurechtgemacht. Im ganzen genommen recht technisch, ohne doch den Schumann zu verleugnen. Und die Einleitung? Jeder grosse Pianist hatte ja seine Schule geschrieben oder wollte sie schreiben. Sprachen diese dürftigen Fingersatznotizen für den Virtuosen Schumann?

Opus 4, die Intermezzi, verneinten es. Das war doch echte, reine Musik ohne alle äusseren Prätentionen. Man konnte schon deutlich den eigenen Schumann'schen Stil erkennen, die Charakteristika wiederholten sich. Punktierte Motive, im Fugato aufgebaut; weiche Melodien mit Nachschlagbegleitung und Übersetzen; sinnige Accordruhe; synkopische Rhythmik; Parallelen des Gesanges in Oktaven — das war wie früher. Bei den Terzenschleifern und den Sequenzen und namentlich den diatonischen Läufen, die sich auf ihrer Bahn zu sammeln scheinen, trat noch ein anderes Vorbild als Schubert heraus: Sebastian Bach. Es war etwas darin nicht bloss von seiner absoluten, in sich selbst geborgenen Musik, sondern geradezu von seinen Ausdrucksmitteln. Das konnte wahrlich in dieser Zeit nichts schaden. Im fünften und sechsten Intermezzo schien Schumanns Persönlichkeit schon völlig ausgereift zu sein. Diese Vorhaltsehnsucht, diese pp-Unisoni, diese scharfen Knaller von c cis, d dis, die singenden Legatomittelsätze mit kanonischer Linienführung, die abstrakte Führung gewisser Passagen mit leiterfremden Tönen, die aus isolierten Vorhalten stammen, das war zu einem musikalisch geschlossenen Bilde geworden, einem sehr, sehr sympathischen, wo Seele und Technik sich einten. Drangvoll greifen die Hände gern ineinander, die »gepresste Lyrik« des Klaviers herauszuholen, und ein feiner, vornehmer Geist leitet sie, der seltene Dinge in seltenen Formen zu dichten sich freut. Drangvoll, wie der Stil eines Jean Paul. Und mitten in der Musik, wo eine entsprechende Stimmung einkehrt, schreibt Schumann die Worte über die Noten »Meine Ruh ist hin«. Nicht als Text, nur als Anhalt.

Es kamen opus 5, freie Variationen in duftender Romantik über ein Thema der Klara Wieck, und opus 6, genannt Davidsbündlertänze. Sie waren Walther von Goethe gewidmet und trugen als Motto den alten Spruch: In all' und jeder Zeit verknüpft sich Lust und Leid; bleibt fromm in Lust und seyd dem Leid mit Mut bereit. In der späteren revidierten Ausgabe hat Schumann diesen guten Spruch weggelassen, wie er so viel fortliess aus der ersten, von Herzen kommenden Ausgabe. Oft können zwei Lesarten von gleichem Wert sein, sagt einmal in den Aphorismen Eusebius. Die ursprüngliche ist meist die bessere, fügt Raro hinzu. Warum folgte Schumann seinem Raro nicht?

Raro war der feinste der Davidsbündler. Er war in seiner von Lebensweisheit getränkten Ironie weit erhaben über den Sturm und Drang Florestans und die milde Nachgiebigkeit und stille Einfalt des Eusebius. In Florestan steckte eine Beethovennatur und in Eusebius ein Stück von Schubert. Raro sollte sie in einer höheren Einheit überwinden. Aber Raro ist eben selten.

Die Davidsbündler erklären den Philistern den Krieg und bringen an ihren Abenden ihre Tänze zusammen, die dann leicht vereinigt in einem Hefte erscheinen. Florestan steuert die stürmischen, Eusebius die sanften bei, und Raro ergreift so selten das Wort, wie es im Leben ist. Man kennt solche Bünde der Romantik, man denkt an die Serapionsbrüder des E. T. A. Hoffmann und ihren Eifer gegen die Philister. Herz und Hünten und alle die Salonlöwen der Musik mussten beseitigt werden. Es gab schon noch etwas Musik nach Beethoven. Die Davidsbündler wollten zeigen, was eine Harke ist.

Auch die Unterschriften der Bündler tilgte Schumann in der späteren revidierten Ausgabe. Er lächelte vielleicht über die schöne Phantasie seiner Jugend, wo er Bündnisse dreier Temperamente in seinem Kopf trug. Und doch war dieser fingierte Bund der echteste Ausdruck seiner romantischen Seele, in der lebendige Musik und litterarische Reflexion sich zusammenfanden. Es waren seine Mitarbeiter am Lebenswerke, die er nie hat verleugnen können.

Der Augenblick war gekommen, da man sich schon in etwas weiteren Kreisen mit Schumann beschäftigte. Man fragte wohl nach seinen Lebensumständen und bekam die überraschende, und nun doch nicht mehr ganz überraschende Mitteilung, dass hier ein akademisch gebildeter Mann zum Musiker wurde: ein lange nicht gekannter Fall, nur möglich in dieser neuen Aera der Kunst, wo man sich schon eher aufs Komponieren legen konnte, ohne dass die einzelne Arbeit bestellt war. Schumann hatte regelrecht das Zwickauer Gymnasium besucht und als Achtzehnjähriger sich 1828 in die juristische Fakultät in Leipzig eintragen lassen. Die Klavierstunden bei Friedrich Wieck zogen ihn freilich mehr an, und als er zwei Jahre später nach einem Heidelberger Intermezzo wieder nach Leipzig zurückkehrte, war die Entscheidung gefallen. Der Entscheidungsbrief an die Mutter ist in seinen Ahnungen heute eine wunderbare Lektüre. Natürlich denkt er an eine Virtuosenlaufbahn und, um seine Finger frei zu machen, hängt er beim Spiel einen in eine Schlinge. Der Finger wird gelähmt, bald die ganze Hand, und Schumann ist der reinen Komposition gerettet. Die Komposition verknüpft sich bald innig mit der Liebe zu Klara, der Tochter seines Lehrers Wieck, die ihm durch ihr

Stich von Lämmel

grosses Talent die verlorene Virtuosität ersetzen sollte. Man erinnert sich der Briefe an Klara, die den Schluss der von ihr herausgegebenen Jugendbriefe Schumanns bilden: lyrischere hat es nie gegeben. Er widmet sein Schaffen Klara, sie ist ihm in allen Stücken lebendig, er schafft in ihrem Gedenken. Früher hat er Märchen und Gespenstergeschichten erzählt — »jetzt sieh' deinen alten Robert, ist er nicht noch der Läppische, der Gespenstererzähler und Erschrecker? Nun aber kann ich auch sehr ernst sein, oft tagelang — und das kümmere Dich nicht — es sind meist Vorgänge in meiner Seele, Gedanken über Musik und Kompositionen. Es affiziert mich alles, was in der Welt vorgeht, Politik, Litteratur, Menschen; über alles denke ich nach meiner Weise nach, was sich dann durch die Musik Luft machen, einen Ausweg suchen will. Deshalb sind auch viele meiner Kompositionen so schwer zu verstehen, weil sie an entfernte Interessen anknüpfen, oft auch bedeutend, weil mich alles Merkwürdige der Zeit ergreift und ich es dann musikalisch wieder aussprechen muss. Darum genügen mir auch so wenig Kompositionen, weil sie, abgesehen von allen Mängeln des Handwerks, sich auch in musikalischen Empfindungen der niedrigsten Gattung, in gewöhnlichen lyrischen Ausrufungen herumtreiben. Das höchste, was hier geleistet wird, reicht noch nicht bis zum Anfang der Art meiner Musik. Jenes kann eine Blume sein, dieses ist das um so viel geistigere Gedicht; jenes ein Trieb der rohen Natur, dieses ein Werk des dichterischen Bewusstseins.«

Mit diesen Worten hat sich Schumann ins Herz gesehen und es ist zur Charakteristik seiner litterarischen Musik nichts hinzuzufügen. Der neue Typus war in seiner Reinheit da: der auf der Höhe der Zeitbildung stehende Musiker, den Wagner am grössten repräsentiert hat. Wunderbare Einheit zwischen diesen Antipoden. Was bei Wagner ins Öffentliche ging, ging bei Schumann ins Intime. Wo jener fortreisst und berauscht, ist dieser ein diskreter Genuss für die feinen Seelen. Jener lebt im Orchester und spielt schlecht Klavier, dieser schwärmt erst für das Klavier, dann für den Chor, und hat nie durch das Orchester sich gehörig aussprechen können. Wagner hat nicht geweint, wie Schumann, als er vor der Wanderschaft das letzte Mal auf seinem geliebten Flügel spielte, der alle Leiden und Freuden seiner Jugend gehört hat. Und Wagner hat an Frau Cosima nie geschrieben, wie Schumann an Fräulein Klara: »Du sprichst in Deinem letzten Briefe von einem rechten Fleck«, wo Du mich gerne hinhaben möchtest — versteige Dich nicht zu hoch mit mir — ich wünsche mir keinen besseren Ort als ein Klavier und Dich in der Nähe. Eine Kapellmeisterin wirst Du einmal in deinem ganzen Leben nicht; aber inwendig nehmen wir's mit jedem Kapellmeisterpaar auf, nicht wahr? Du verstehst mich schon. . .«

Dieser zartfühlende Mann, der eine Kultur auf dem Klavier zusammenfassen wollte, war Redakteur einer Zeitschrift, die er im Jahre 1834 in Leipzig begründete, mit einigen Freunden und Gesinnungsgenossen, von denen er besonders den bald verstorbenen Schunke sehr schätzte. Die »Neue Zeitschrift für Musik« hat erst Schumann gedient und seine vornehmen und meist sehr geistvollen Kritiken und Aphorismen gebracht: dann, als Brendel sie ihm abkaufte, diente sie mit demselben Eifer und Erfolge dem Antipoden Wagner. Schumann redigierte sie bis 1844 grösstenteils persönlich und diese Position half der Verbreitung seiner Werke, die so wenig auf breiten Erfolg angelegt waren. Noch förderlicher war die Virtuosenlaufbahn seiner Braut, welche nach bösen Hindernissen erst 1840 seine Frau wurde. Es wurde sein produktivstes Jahr. 138 Gesangstücke entstanden in ihm, und der Heinesche Liederkreis trat als op. 24 die Folge der 23 bisher erschienenen Klavierhefte an. So innig die Braut Klara und das Klavier waren, so innig waren Frau Klara und das Lied verknüpft. Die Lieder stehen so recht in der Mitte zwischen seinen jugendlichen Klavierdichtungen und den orchestralen und choristischen Neigungen seiner späteren Zeit, und fürwahr, das Klavier kommt in ihnen so gut weg, wie es bis dahin kein Lied erlebt hatte. Die Begleitungen von »Du meine Seele« oder gar vom Fis-dur »Ueberm Garten durch die Lüfte« sind minutiöse Kunstwerke.

Die 18 Davidsbündlertänze, Schumanns erstes vollkommenes Klavierwerk, waren 1837 komponiert. Klara hatte die ersten Takte, ein munteres musikalisches Motto, beigesteuert, wie auch sonst Schumann liebte, sich die ersten Takte von guten Freunden schenken zu lassen: eine sinnige Beziehung zur Umwelt. Der Romantiker pflegte solche Eingriffe in die Wirklichkeit, die Poesie im Realen: wie ihn einst die Buchstaben ABEGG interessierten, waren es später die

Lettern = Noten ASCH. Und Gade schrieb er etwas ins Stammbuch über GADE, ADe.

Die Schumann'sche Musik ist mit wenigen Strichen gekennzeichnet, nie ist es schwer gefallen, ihre Physiognomie zu erkennen. Die kranzartigen Melodien, die Vorhaltsehnsüchte, der Humor,

Klara Wieck-Schumann

welcher aus alten Trinkliedern zu kommen scheint, ein kontrapunktisch gestossener Bass, auf dem der weiche Walzer niederschwebt, sinnend lächelnde Schlüsse, synkopisch rastlose Rhythmen, eine süsse Husch-husch-Romantik mit wilden und lustigen Marschmotiven gemischt, volle Quintenanfänge in den gebrochen aufsteigenden Begleitungen, punktiert absetzende Teilschlüsse: die Davidsbündler brachten das alles in der frühlingshaften Reinheit der ersten Schumann'schen Werke. Das »einfache Stück« des Eusebius; das freie Rezitativ in Nr. 7 mit den linken Harpeggien beginnend; dann wenn es »Florestan schmerzlich um die Lippen zuckt« und weiter das unsagbar schöne Es-dur-Stück (14) mit seinem melancholischen Silberduft; das Staccato, welches mit gutem Humor in das »Wie aus der Ferne« übergeht, und endlich, was »zum Überfluss« noch Eusebius am Schluss meint, wobei »Seligkeit aus seinen Augen spricht«: so wunderbar Einfaches, so uralt Neues, so Treues, so Deutsches hatte das Klavier seit Schubert nicht geschildert. Und hier war ein noch modernerer Geist, ein Gemüt, dessen Tiefen nicht einfach von den Strömen der Musik überschwemmt, sondern in der feinen musikalischen Empfindung gebildet waren. Die Faktur sauber und knapp, die Sprache vornehm und diskret, verdichtete Improvisationen eines auf der Höhe der Bildung stehenden Geistes, wie sie vollendeter aus dem Wesen des Klaviers nicht erfunden werden konnten. Ein Gipfelpunkt der Klavierlitteratur.

Nachdem als opus 7 eines seiner frühest komponierten Stücke gefolgt war, die farbenprächtige, ziselierte, gross aufgebaute, technisch wunderbare Toccata, und als Opus 8 ein Konzertallegro, in dem er sich — allerdings recht ungewöhnlich gegen die andere Zeitlitteratur — etwas um die Dankbarkeit abquält und dabei einige Blüten zerstampft, kamen als opus 9 die Scènes mignonnes des Karneval, wo weder technische noch konzertmässige Probleme zu bezwingen waren. ASCH, das Grundthema des Karnevals, war der Wohnort einer musikalischen Freundin und zugleich die Notenlettern in Schumanns eignem Namen. Ein schwirrendes Balltreiben entwickelt sich, Pierrot und Arlequin produzieren sich, ein Valse noble eint die Scharen, die Maske des Eusebius wird sichtbar und die Besänftigung des Herrn Florestan wird vorgenommen, die Kokette hüpft daher, Papillons schwärmen vorüber und jetzt tanzen gar die Buchstaben ASCH einen Prestowalzer. Chiarina und Estrella, nicht unbekannte Personen, stellen sich vor, und Chopin erscheint höchstselbst zwischen ihnen. Eine kleine Erkennungsscene auf dem Takt der Polonaise, wo man zwischen den Marschrhythmen die feinere Causerie hört — das Miniaturballet von Pantalon und Colombine — eine behäbige Allemande, in welche plötzlich Herr Paganini mit seinen ausgelassensten Sprüngen hineinplatzt — von der Ferne noch ein leises Liebesgeständnis: und alles geht wieder zusammen in der galanten und festlichen Promenade der Paare. Es ist Pause. Die Erinnerungen streifen durchs Gedächtnis, unruhig jagt sich die eine Melodie mit der andern, es wird

Platz gemacht, der Schlusseffekt kommt: die Davidsbündler entrieren einen Hohnmarsch auf die Philister, sie brüllen das Grossvaterlied — als der Grossváter die Grossmutter nahm, da wár der Grossváter ein Bräu-äu-tigam — und den Leuten gefällt es, bis sie alle, mit einem Pereant die Philister, in den Gesang einstimmen und eine galoppierende Stretta das Vergnügen schliesst.

Die Überschriften setzte Schumann später darüber. Er hatte seine litterarische Freude, so ein »Estrella« hinzuschreiben, »wie man es auf alten Kupferstichen sieht«. Die Freude des feinsinnigen Geschmacksmenschen an der Etikettierung. Aber er legte kein Gewicht auf die Nomenklatur, die Beziehungen waren schliesslich so weitläufig wie früher, als es keine Etiketten gab. Couperin kommt uns ins Gedächtnis. Seine porzellanenen Miniaturbilderchen waren wie dieses Wandelpanorama von Stimmungen etikettiert, überraschend ähnlich sogar. Und wir wissen, dass dort wie hier die Titel nur gleichsam ein Halt waren in der Fülle musikalischer Vorstellungen, keine Beschränkung, kein Ausgangspunkt. Unter ähnlichen Etiketten gingen Werke in die Welt, die die Verschiedenheit der Jahrhunderte in sich trugen. Fast schienen Schumann die Titel selbst ein wenig zu sehr Theater. Die Davidsbündler verhalten sich zum Karneval, sagte er, wie Gesichter zu Masken.

Unter den folgenden Opera wechseln technische und rein musikalische Gaben. Als 10 kamen wieder Paganinietüden, weitgriffig, kontrapunktisch, in Schumann'schem Geiste umgewandelt. Als 11 erschien die Fis-moll-Sonate. Weder hier noch früher war die Reihenfolge der Publikationen derjenigen der Komposition entsprechend. Die Fis-moll-Sonate war gleichzeitig mit den Impromptus begonnen. Sie ist Klara gewidmet. Eine romantische Vertiefung der Sonatenform, durchweg in jene kleinen lyrischen Abschnitte zerfallend, die der Zeit eigentümlich, hier aber von einer inneren Einheit zusammengehalten sind; man muss diese empfinden, um das Werk nicht zu zerstückeln. Eine ozeanische Weite liegt darüber, deren Ton in der breiten Einleitung angegeben ist. Ein erstes Thema, zur Kontrapunktik drängend, ein zweites vollstimmiger Gesang — die Durcharbeitung halb imitatorisch, halb etüdenhaft neue Gedanken anschliessend. Auf der Terz a, die sich hinüberzieht, beginnt die Aria ihre tiefempfundene Klage, in drei Melodien mit dem echt schumannschen Schlussbogen in die Luft, ein aushauchender Seufzer. Die frische, knallige, punktierte Kanonarbeit des Scherzos reisst uns empor, zwei wundervolle Trios, das zweite mit dem merkwürdigen Rezitativ fügen sich ein. Den Schluss bildet ein spröder Satz, der sich aus einem stürmischen Achtelschlagthema, zwei Cantabiles, einem synkopischen Motiv (von vier Sechzehnteln pausiert das dritte), einem Abschnitt in Vollaccorden und einer Stretta mosaikartig zusammensetzt. Nur indem man einen improvisatorischen Ton anschlägt, wird man die Einheit empfinden. Aber schliesslich, es ist schon so: an einer Schumann'schen Sonate sind uns die Sätze, und an den Sätzen die Stellen das Liebste. Ein Band lyrischer Gedichte.

Die »Phantasiestücke« kamen als nächstes Opus. Wieder vollendete Gemälde, meist breiter als die Gedanken der Davidsbündler, mit denen sie gleichzeitig entstanden, das Ideal von feinen Klavierstücken, wie sie es bis heute geblieben sind. Die süsse Abendruhe, der stürmische Aufschwung, das zarte Warum, die kapriziösen Grillen, die finstere Nachtscene, bei der Schumann gern an Hero und Leander dachte, die Fabel, welche im Ritornell und Staccato abwechselt, die Traumeswirren und das schöne Ende vom Lied, dessen Humor wundersam in der sinnigen Vergrösserung am Schluss nachklingt, das war eine seltene Bildergalerie. Die Höhe der Kunst war in der »Nacht« erreicht, wo die schwarze rollende Begleitung, die einzelnen Seufzer in der finsteren Luft, die tiefen Rückfälle ins Dunkle, milde ausklingende und wild auftosende Schreie und empfindsame Gesänge über der durchgehenden gurgelnden Begleitungsfigur eines der unsterblichsten Klavierstücke malten.

Als ein mehr technisches Werk folgten die Etudes symphoniaques, die 1834 mit dem Karneval gleichzeitig geschrieben waren, über ein Fricken'sches Thema, Variationen von ähnlicher Bedeutung für Schumann, wie die Goldberg'schen für Bach und die Diabelli'schen für Beethoven: ein Brevier aller Eigentümlichkeiten im Ausdruck. Alle seine Specifica, das gestossene Fugato, Haltenoten mit Schlagbegleitung, Cantabile mit gebrochenen Accorden, gestossene Accorde im Kanon, punktiertes Huschen, Oktavenparallelen mit Nachschlag, Triolenaufbauten, Bach'sche Schleifer, Sechzehntel mit Übernoten, duettierende Stimmen zu einer tremolierenden Begleitung, ein Marsch mit kontrapunktischen Durcharbeitungen auf

Orgelpunkten, alles war hier zum Einzelbild, zur feinen Etüde geworden, in der sich jenes Bündnis von Technik und Poesie stets wieder in frischer Form vollzog.

An der »Sonate ohne Orchester« op. 14, die er in der späteren Bearbeitung sehr änderte (sie ist etwas kühl geblieben), war vor allem der starke Bach'sche Einfluss zu bemerken, der den letzten Satz erfüllt. Wer aufmerksam hinsah, konnte in den letzten Werken, besonders den symphonischen Etüden, sich schon öfter an Bach erinnert fühlen. Gewisse schleifende Verzierungsfiguren, gewisse Begleitungsarten, das Spiel mit punktierten und Triolen-Rhythmen, Sextenrezitative, die kanonische Linienführung: es war kein Zweifel, Schumann hatte sich an Bach erzogen, er hatte durch das Studium einer Musik, in der es keine überflüssige Linie giebt, sein musikalisches Gewissen gestärkt. Die Briefe bestätigen das. 1832 schon sitzt er über dem Wohltemperierten Klavier, seiner »Grammatik«, und zergliedert sämtliche Fugen bis in ihre feinsten Zweige: »Der Nutzen davon ist gross und von einer moralisch stärkenden Wirkung auf den ganzen Menschen, denn Bach war ein Mann — durch und durch; bei ihm giebt's nichts Halbes, Krankes, ist Alles, wie für ewige Zeiten geschrieben«. Ein eigentümlicher Prozess geht vor sich. Die abstrakte Musik eines Bach mischt sich mit den romantischen Nebenvorstellungen, die darin um so leichter Eingang finden, als diese absolute Kunst, frei von jedem Wort und von jeder Mode, für den Tiefmusikalischen die ausdrucksvollste ist. Auf dem Grunde der Bach'schen Tonkunst spriessen die blauen und die violetten Blumen, und dort schwellen die Empfindungen so weit, dass sie nie eine reale Grenze finden, es ist das Ur-Reich aller transcendenten Sehnsüchte. »Das Tiefkombinatorische, Poetische und Humoristische der neueren Musik« — so schrieb Schumann 1840 — »hat seinen Ursprung zumeist in Bach: Mendelssohn, Bennett, Chopin, Hiller, die gesamten sogenannten Romantiker stehen in ihrer Musik Bach'en weit näher, als Mozart, wie diese denn sämtlich auch Bach auf das gründlichste kennen, wie ich selbst im Grunde tagtäglich vor diesem Hohen beichte, mich durch ihn zu reinigen und zu stärken trachte.«

Mit Bach traf sich E. T. A. Hoffmann. Eine merkwürdige Wahlverwandtschaft ging in den Sympathien seines Geistes vor sich. Der »tiefkombinatorische« Bach löste Jean Paul ab, und der gedämpfte

Märchenerzähler Hoffmann den Schubert. Die Kreuz- und Querzüge eines Dichters, dessen Sprache man kontrapunktisch nennen könnte, fanden ihre Fortsetzung in dem Musiker, der alle Kontrapunktik in eine bewundernswerte »incommensurable« Harmonie brachte, und die volkstümliche Ehrlichkeit eines Musikers fand ihren Ersatz in den schwärmerischen Lyrismen eines Dichters, der die ganze Musik unseres Jahrhunderts schöner vorgeahnt hat, als sie vielleicht je eingetroffen ist. Dieser Dichter, selbst ja ein Musiker, pries die romantischeste aller Künste, »beinahe möchte man sagen, allein echt romantisch — denn das Unendliche ist ihr Vorwurf; die Musik schliesst dem Menschen ein unbekanntes Reich auf, eine Welt, die nichts gemein hat mit der äusseren Sinnenwelt, die ihn umgiebt, und in der er alle bestimmten Gefühle zurücklässt, um sich einer unaussprechlichen Sehnsucht hinzugeben«. Und der Dichter führt uns in das Zauberreich. In den »Kreisleriana« klingt der Garten voll Ton und Gesang, in den uns der Erzähler geleitet. Der Fremde kommt zum Junker und spricht von vielen fernen unbekannten Ländern und sonderbaren Menschen und Tieren, und seine Sprache verhallt in ein wunderbares Tönen, in dem er ohne Worte unbekannte, geheimnisvolle Dinge verständlich ausspricht. Das Burgfräulein aber folgt seinem Locken, und sie treffen sich am alten Baum, um jede Mitternacht, und keiner wagt den seltsam herüberklingenden Melodien zu nahe zu kommen. Nun liegt das Burgfräulein unterm Baum erstochen, und die Laute ist zerbrochen. Aus ihrem Blute aber spriessen wunderfarbige Moose über den Stein, und der junge Chrysostomus hört die Nachtigall, die seitdem auf dem Baume nistet und singt. Sein Vater begleitet sich daheim auf dem alten Klavicymbel seine alten Lieder, und Lieder und Moose und Burgfräulein verschmelzen ihm in eins. Im Garten voll Ton und Gesang entstehen ihm die inneren Lieder, und der Waldhauch giebt ihnen den Duft. Er bemüht sich um sie am Klavier, aber sie sind versteckt gegen seinen Eifer. Er schliesst das Instrument, und horcht, ob nun nicht deutlicher und herrlicher die Gesänge heraushallen würden, denn — ich wusste ja wohl, dass darin wie verzaubert die Töne wohnen müssten.

Aus solcher Welt fliessen Schumann die Kompositionen, wie einst aus den Flegeljahren Jean Pauls. Es kommen die Kinderscenen, wo wir von fremden Ländern und Menschen hören, und am Kamin träumen, und Haschemann und Fürchtenmachen spielen und zuletzt still uns beugen: »der Dichter spricht«. Schumanns en miniature, von einem unsagbaren leichten Duft — nur Romantiker können Kinder so lieben. Es liebte Schumann selbst ganz besonders diese kleinen Sachen, in denen die Kleinheit das Wesen war.

Es kommen die Kreisleriana, nach Hoffmanns Erzählungen vom grotesken Kapellmeister Kreisler geradezu betitelt. 1834 war das vermeintliche Original des Kreisler, Ludwig Böhner, selbst bei Schumann. Einst »so berühmt wie Beethoven« hat er der Menschen gespottet, bis sie jetzt seiner spotten. In seiner Improvisation schlagen noch hier und da die alten Blitze hervor, sonst ist aber alles dunkel und öde — »hätte ich Zeit«, fährt Schumann fort, »so möchte ich einmal für die Zeitung Böhnerianen schreiben, zu denen er mir selbst viel Stoff gegeben. Es ist zu viel Lustiges und Betrübendes in diesem Leben gewesen.« Hier war eine gute Konjunktur für Schumanns Genius: ein anregendes Stück Leben, seine dichterische Umwandlung durch Hoffmann, und was ihm erst als Litteratur erschienen war, sprang in Musik um, ein Werk wurde geboren, dessen Titel er — wie so oft — einer bestehenden Dichtung entlehnte, mit deren Inhalt er sich schliesslich nur in den Wurzeln traf. Die Kreisleriana wurden sein grösstes Werk: der Künstler, welcher das Leben selbst, leicht von der Litteratur gefördert, in musikalische Empfindung bringt, ist nirgends so markante Persönlichkeit geworden. Das Klavier ist in die Mitte einer Lebenskultur gerückt, tausend Fäden laufen von allen Seiten in dieses intime Gewebe, in dem die ganze lyrische Hingebung einer musikalischen Seele eingeschlossen ist: das Klavier ist ein Herzensorchester. Die Lustigkeiten und Betrübsamkeiten, die in diesen Stücken ausgesprochen sind, wurden niemals souveräner in Form gebracht. Bach half für das äussere, und Hoffmann grüsste den Inhalt. Die Rosengewinde im ersten Mittelsatz, die schimmernden dicken Blüten der Übersetzstelle im zweiten B-dur, die unmessbare Tiefe der Empfindungen in den langsamen Stücken 4 und 6, die taktlos zwischenfahrenden Bässe zum letzten Flüstern sind glücklichste Eingebungen.

Die Kreisleriana sind Chopin gewidmet, die Fantasie op. 17 Liszt. Wir sind auf der Höhe, wo die ersten Künstler des Klaviers einander sich neigen, wo die reinste Atmosphäre dieser intimen Musik weht; am Gipfel einer Kultur, die weltbeherrschend geworden ist.

Louis Böhner, das Vorbild des Schumann'schen Kreisler. Stich von Freytag

Die Fantasie ist wie ein Bekenntnis dieser Weihe. In ihrem ersten Satz eine undefinierbare Waldesromantik, um ein Legendenthema geschlungen (er hiess zuerst »Ruine«), mit geheimnisvollen Gängen, sich antwortenden Stimmen, mystischen Geisterrufen; im zweiten der grosse Triumph, ein Loblied auf Technik und Arbeit — er hiess »das Siegesthor«; im dritten die poetische Verklärung (zuerst »Sternenbild« genannt) mit ihren ätherischen Tänzen und verklingenden Harfen und den in rubato aufgelösten, schwebenden Pedalwolken der gebrochenen Accorde, über die klagende Melodien niedersinken. Der erste Satz nicht frei von zeitgemässer Variationstechnik, der zweite eine Huldigung an die Virtuosität, der dritte ein halber Schubert: man erkennt gegen die Kreisleriana von 1838 einen früheren Stil von 1836 und bewundert die starke Entwicklungsfähigkeit Schumanns, die ihm sonderbarerweise einige absprechen wollen. Aber die Fantasie war so glücklich empfunden, dass sie der Zeit trotzte und heute noch vornan steht. Wie es Etüden giebt, die die Romantik begrüssen, so grüsste hier die Romantik zur Technik hinüber und die Fantasie blieb in ihren drei Typen ein klassisches Denkmal aller zeitgenössischen Klavierströmungen. Als Schumann sie herausgab strich er die alten Überschriften (damals war ihr Ertrag für den Fonds des Bonner Beethovenmonuments bestimmt) und setzte über den ersten Satz das Schlegel'sche Motto: Durch alle Töne tönet — im bunten Erdenraum — ein leiser Ton gezogen — für den, der heimlich lauschet. Es klingt uns, als ob dies Motto immer gewesen wäre.

Im fruchtbaren Jahre 1838 vor den Kinderscenen hatte Schumann drei Hefte »Novelletten« gemacht, die auch jetzt erst als op. 21 erschienen und Henselt gewidmet wurden. Aus seiner glücklichsten Zeit, die Musik fliesst wie selbstverständlich, und die Rahmen sitzen vorzüglich. Es sind gerahmte Stücke, richtige Stücke, die feinsten Stücke für Klavier, die man sich denken kann, und die populärsten

Letztes Stück der Schumann'schen »Kreisleriana«; Hauptsatz. Nach dem Autographenfragment im Besitz der Frau Baronin Wilhelm v. Rothschild, Frankfurt a. M. Von der Druckausgabe verschieden, einfacher und massiver

seiner Kompositionen, hübsche zurechtgemachte Musik. Ihr Bau ist durchleuchtend, die Teile sind auf Kontrast gestellt: im 1. der Marsch, das Cantabile und der Kanon, im 2. der Sechzehntel-Flimmer und das wiegende zarte Intermezzo, im 3. das humoristische Staccato und der wilde H-moll-Teil, im 4. der Ballcharakter und der Gesang nebst den Staccati der Sequenzen, 5. eine Polonaise, wie sonst nicht viele geschrieben, und Intermezzi in Legato, Cantabile und Staccato, 6. und

7. immer die wirksamen Kontraste des Scherzos, Kanons und Cantabile, im 8. Stück sieht man den duettierenden Gesang mit mehreren punktierten Trios wechseln, allerlei Teile werden angehängt, Stimme aus der Ferne, lockere Wiederholungen — als ob alles Übriggebliebene dahinein gethan wäre. Unübertroffene, wunderhübsche Stücke: aber die Kreisleriana waren ein Erlebnis.

Die reizende Glätte der Novelletten war Schumann wohl nicht mehr unsympathisch. Je älter er wurde, desto mehr strebte er nach einer kalten Klarheit, die seinem romantischen Temperament leicht gefährlich werden konnte. Er beginnt seine wurzelechten Jugendwerke zu verachten. Man kann sich bei den letzten Klaviersachen Schumanns eines Angstgefühls nicht erwehren. Wo es früher sprudelte, da fliesst es jetzt allzu gleichmässig; wo es empfunden war, da ist es jetzt gebaut. Ein neues Ideal tritt langsam in den Kreis der Schumann'schen Sympathien: Mendelssohn. Er hat nicht nur dauernd Mendelssohns Grösse bewundert, den er sogar über Chopin gestellt haben mag, sondern er hat ihn auch — das bezeugen seine Arbeiten — um die bezwingende Plastik beneidet, die er vielleicht mit Monumentalität verwechselte.

Mendelssohn ist in der Klavierlitteratur der erste grosse elegante Salonromantiker. Ein Könner von überlegenem, von gefährlichem Schliff. Aus der litterarisch-schöngeistigen Sphäre, wo die Leidenschaft erst nett werden muss und es kein Urteil ohne Liebenswürdigkeit und nur ein lächelndes Gewährenlassen giebt, dringt in die glühende Romantik das Mass dieser Nettigkeit und ein salonfähiges Formhalten. Die alten Volkslieder, die schlichten ewigen Ritornelle, die Sehnsuchtsklänge vergessener alter Weisen, die Tänze der Elfen, die Liebesscenen der Mondnächte werden vor einem Parkett zufriedener Leute aufgeführt. Eine Goldschnitt-Lyrik, ohne die unbequeme Ursprünglichkeit, eine Parfümkunst gegen Bach und Schubert. Die Entwicklung der Stücke soll nicht erschrecken, sie läuft in möglichst selbstverständlicher Weise ab. Es wird eine hübsche Begleitungsfigur gemacht, die einige Takte allein spielt, dann tritt das melodiöse und einschmeichelnde Thema darüber, das sich in einigen Sequenzen wandelt und gern mit veränderter Tonlage sich hin und her wiegt — deutlich scheiden sich die Strophenteile, kleine Kadenzen markieren die Hauptabschnitte, zum Schluss stellt sich ein Miniaturkanon ein oder sonst eine gediegene Wendung, die einen guten Eindruck hinterlässt.

An der Spitze dieser unaufzählbar verbreiteten Klavierlitteratur steht, durchaus ehrenwert, Mendelssohn; seine »Lieder ohne Worte«, von denen sechs Hefte bei Lebzeiten, zwei nach seinem Tode erschienen, haben dieser Kurzen Geschichte zum »Vorspielen« früh die endgültige Form gegeben. Alle die technischen Entdeckungen der Zeit, die Weitgriffe, das Zwischengreifen, die gebrochenen Begleitungen, die Polyrhythmik, sind salonfähig gemacht. Die Volkslieder sind ins Treibhaus gesetzt. Das »Volkslied« in A-moll umgiebt sich gegen Schluss mit Oktaven, die unempfundene Technik sind. Der Trauermarsch dünkt, gegen einen Beethoven'schen, wie für ein Marionettentheater geschrieben. Das Frühlingslied ist auf Draht gebunden. Und alles ist so schön, so schrecklich schön, und es sagt uns immerfort, dass es schön ist, und der Komponist wiegt sich dabei mit dem Kopfe und spricht wieder: o, wie schön das ist. Bis wir es schliesslich, nachdem wir ausgewachsen sind, nicht mehr recht leiden können und höchstens noch einmal dies und jenes Lied in schnellerem Tempo vornehmen, etwa das Spinnerlied, das beste von allen.

Von dieser Mendelssohn'schen Salonromantik ist eines, als für Kinder und Erwachsene gleichmässig und andauernd erträglich, auszuscheiden: die Elfenstückchen. Elfenmusik, lustiges Hüpfen von Kobolden, mit ein wenig sentimentalem Gesang gemischt, lag ihm wunderbar, und er hat ja auch seine Sommernachtsouverture von 17 Jahren an Genialität später nie übertroffen. Es giebt vier solche Elfen- oder Koboldstückchen für Klavier. Das erste in den Charakterstücken, op. 7, beginnt in E-dur, schiesst schnell vorbei und endet sehr hübsch in Moll. Das zweite, op. 16, 2, beginnt umgekehrt in E-moll und schliesst ganz famos in Dur, ein sehr poetischer kleiner Mäusekrieg mit kleinen Fanfaren und kleinen Tänzchen und allerlei Quietschern und Auf- und Abhuschen von entzückender Grazie. Das dritte ist das von allen Klavierspielern zu Tode gehetzte Rondo capriccioso op. 14, das viel netter ist, als es heute in abgespieltem Zustande erscheint. Endlich das Fis-moll-Scherzo, welches fürs »Album des Pianistes« gestiftet wurde, mit punktierten, stacciertem und singenden Themen, als »Stück« hervorragend.

Die Romantischen

Mendelssohn war einer der wenigen grossen Musiker, die aus Glanz und Wonne kamen, und er blieb sein Leben lang in Glanz und Wonne, von seiner glücklichen lichten Jugend an bis zu der europäischen Stellung an seinem Leipziger Konservatorium, auf deren Zenith er sterben durfte. Glanz und Wonne ist in seinen Werken, wo niemals ein Sturm die Balken bricht, niemals ein Seufzer zu Thränen rührt, und Sturm und Seufzer schöner Marmor bleiben. Die Stücke grüssen freundlich nach allen Seiten und sind sich bewusst, freundlich wieder gegrüsst zu werden. So schön, wie ihr Verfasser spielte, der sich in Konzerten nicht oft, aber gern hören liess, bieten sie ihre Technik dar, eine dankbare, die so liebenswürdig ist, schwerer zu klingen, als sie geschrieben. Sie operiert gern mit Halte- und Vorschlagnoten, Vorausnahmen von Tönen der einen Hand durch die andere, einem jener Kombinationseffekte, der in der Technik um die Mitte des Jahrhunderts von den wogenumrauschten, pedal-gehaltenen Mittelmelodien Thalbergs bis zu den gebrochenen Vorhaltsaccorden Chopins in allen Formen sich darbietet. Er findet hier bei Mendelssohn am Schluss der Serenade, im ersten Satz des D-moll-Konzerts, im E-moll-Prélude die dankbarste Ausführung. Dankbar bis zum Beneiden sind seine Konzertstücke, das H-moll-Capriccio (beliebte Fantasie mit Marschschluss), und die beiden Klavierkonzerte, die je in einen Satz zusammengezogen sind, mit teilweisen Repliken, und in ihrer Technik eine Huldigung an Weber zu sein scheinen, den Mendelssohn innig verehrt hat.

Die dritte Gruppe der Mendelssohn'schen Klavierwerke, neben den kurzen Geschichten und den Konzerten, sind die Bachiana, richtiger Händeliana. Historischer Sinn, geschichtliche Ästhetik ist eine begründete Eigenschaft des romantischen Naturells. Mendelssohns Bemühungen um Bach und Händel, die sein grösstes Verdienst geworden sind, spiegeln sich in einigen der »7 Charakterstücke« wieder, mit ihrer sehnsüchtig sanften, weichen, alten Führung der Melodien und dem geschickten Fugensatz, der eine alte Kontrapunktik auf Mendelssohn'sche Harmonien zu setzen scheint. Es gehört hieher die Fantasie op. 28 mit ihren drei kontrapunktischen Sätzen. Auch die berühmte E-moll-Fuge und ihre Kolleginnen im Opus 35, mit dem zugesetzten Choral und der pompös glatten Stimmführung, eine Salonfuge, so ganz anders gebaut, als die von innen wachsende

Fuge Bachs: es ist das Einsetzen eines Fugato in das Gerüst eines Salonstücks. Und endlich erinnern wir uns der Variations sérieuses, 1841 verfasst, — das reinste, gediegenste, massivste Werk, welches Mendelssohn für Klavier geschaffen, ohne jede Ahnung einer Trivi-

Mendelssohns Kopf nach Hildebrand

alität, angefüllt von geistreichen Konturen und Harmonien, ein vorzüglicher Bau, aber — durchaus von Schumann abhängig.

Wir sind wieder bei Schumann, dem Mendelssohn seine Bewunderung so edel vergalt. Dieser elegante Mann, der als Dichter, als Konzertist, als Bachianer immer gleich klar und plastisch war, mochte wohl Schumann wie eine Vollendung seiner eigenen kompositorischen Wünsche erscheinen. Er hatte nicht geschwankt, ob er zum Musiker berufen sei, aber er hatte sich vielleicht das Handwerk flüssiger vorgestellt. An seinen eigensten Sachen hatte er gearbeitet, wie Heine an einem scheinbar leichtfliessenden Gedicht. Es mag ihm oft der Zweifel gekommen sein: wenn es nun stockt? Diesem Mendelssohn floss die Musik so selbstverständlich aus den Fingern und sie stand so unerhört klar und durchsichtig da. Jetzt glaubt er, dass er den Strom nicht hemmen solle, und er freut sich über die Schnelligkeit, mit der er zwölf Bogen in acht Tagen vollschreibt: das wurde die »Humoreske«, welche die frühere zerrissene Romantik äusserlich vermeidet, und alles, Freude und Leid, in einen Topf giesst, dabei sehr bachepigonisch wird und sehr schumannepigonisch, trotz einzelner feiner lyrischer Züge, wie besonders im G-moll-Teil »Einfach und zart«. Wir sind im März 1839. Schumann schreibt an Klara, warum sie ihn immer bei Leuten, die ihn nicht kennen, mit dem Karneval einführe, warum nicht lieber mit den Fantasiestücken, wo nicht eines das andere aufhebe und eine behagliche Breite sei. »Du willst am liebsten gleich Sturm und Blitz, und immer nur alles neu und nie dagewesen.« Damals stellte er auch seine »Arabeske« und sein »Blumenstück« zusammen, das mit Jean Paul nur den Titel gemeinsam hat: wahrlich da war nichts neu und alles dagewesen. Ist es aus mit dem Klavier? Als op. 22 holte er die früher komponierte Sonate in G-moll vor, ein gegen die Fis-moll gänzlich gerundetes Stück von immerhin genügendem Gehalt, und den letzten markigen Satz ersetzte er durch einen hübscheren und glatteren. Es ist betrübsam, ihn in seinen Briefen von den Nachtstücken op. 23 intensiv reden zu hören, ohne dass sie uns etwas Sonderliches geben. Als op. 26 kam dann der Faschingsschwank, der noch einmal den guten Novellenstil brachte, aber in eine Art Sonatendisposition gezwängt. Der grossartige Fis-dur-Appell, die gute Malerei des unruhigen Gewirrs, die schöne Romanze, die feine Knappheit des Scherzo mit seinem kanonisch schlendernden Schluss, das singende Intermezzo, das an Gehalt immerhin Mendelssohn übertraf, liessen den starken Abfall im Finale nicht erwarten. Hier war die letzte grosse Äusserung Schumanns auf dem »subjektiven« Klavier. Indessen hatte ihn das Lied gefangen genommen, das nun seine Blüte erlebte, wie nach dem Liede die Kammermusik, dann der Chor, dann die Symphonie — denn Schumann entwickelte sich beinahe nach Gattungen.

Unter seinen späteren Klaviersachen findet man allerlei verschiedene Art, zum Teil wieder Selbstepigonentum, zum Teil interessante kleine Fortbildungen. Die Fülle der Ideen und Titel überrascht in dem Jugendalbum, den Albumblättern mit dem hübschen Schlummerlied, und den bunten Blättern mit dem originellen Geschwindmarsch. Die feinste Nachblüte der eigentlichen Romantik waren die »Waldscenen« deren »Eintritt«, »Verrufene Stelle« eines musikalischen E. T. A. Hoffmann wert sind — das Jagdlied freilich ist in den Wegen Mendelssohns. Nachblüten der intimen Klavierlyrik sind die trauten Variationen für zwei Klaviere, die man sehr lieben muss, die vierhändigen Bilder aus dem Osten, in denen Chopin eine kleine Gastrolle giebt, und die Gesänge der Frühe, an Bettina, die einen schönen Spätstil haben, oft an der Grenze parsifalischer Motive. Das bedeutsamste aber waren einige Konzerte: das duftige A-moll, dessen erster Satz schon früher komponiert war, in seiner Freiheit und Farbigkeit über Beethoven hinausgehend, zuletzt nicht unbeeinflusst von Chopin, ein vollkommenes Werk in dem hübschesten Novellenstil, Hiller gewidmet; endlich (wichtiger als op. 92) das Konzertallegro op. 134, Brahms gewidmet, ein glänzender Bau, nicht ohne bachische Passagen, mit einem beinahe brahmsischen Thema und so mancher interessanten Fortsetzung früherer Schumann'scher Figuren. Warum hat man es fast vergessen?

Wie Schubert in seiner ganzen Musik, so hat uns Schumann in seiner Kammermusik wesentlich seine Jugend hinterlassen. Er hörte mit ihrer ständigen Übung ungefähr in dem Lebensjahre auf, in dem Schubert starb. Als er vierzehn Jahre später, nachdem eine langsame Abnahme der künstlerischen Frische in den Werken von Gattung zu Gattung sich bemerkbar gemacht hatte, seine geistige Kraft verlor, war er mit der Zusammenstellung einer Anthologie beschäftigt, in der die berühmtesten Dichter der Welt sich über die Musik aussprachen! Als ob ihn ein grausames Schicksal hätte stempeln wollen.

* * *

Damals schrieb jemand: Thalberg ist ein König, Liszt ein Prophet, Chopin ein Dichter, Herz ein Advokat, Kalkbrenner ein Troubadour, Madame Pleyel eine Sibylle und Doehler ein Pianist.

In Paris zählte Schumann noch nicht mit. Es war so gar nichts Eitles in dieser Musik und sie hatte so gar keine Qualitäten, sich die grosse Welt zu erobern. Chopin liess in seinen Unterrichtsstunden die Werke Schumanns fast gar nicht spielen und scheint keinen rechten Geschmack daran gefunden zu haben. Wohingegen Schumann in seiner Zeitschrift eine solche Propaganda für Chopins Werke, schon seit den op. 2-Variationen über »Reich' mir die Hand« eröffnete, dass ihm in Deutschland wesentlich der schnelle und so nachhaltige Erfolg seines einzigen wahren Rivalen zu danken ist.

 Chopin ein Dichter. Es ist eine merkwürdige Unsitte geworden, diesen Dichter unserer Jugend in die Hand zu gehen. Die Konzerte und Polonaisen ausgenommen, eignet sich niemand weniger zur Jugendlektüre, als Chopin. Weil dem jungen Gemüte seine Feinheiten pervers erscheinen müssen, ist er in den Ruf gekommen, ein Kranker zu sein. Der Erwachsene, welcher versteht, Chopin zu spielen, dessen Musik dort anfängt, wo die andere aufhört, dessen Töne die unerhörteste Souveränität in der Sprache der Musik bedeuten, der wird an ihm nichts Krankhaftes entdecken können. Chopin schlägt als Pole wehmütige Saiten an, die dem gesunden Normalmenschen nicht so zahlreich zur Verfügung stehen. Warum soll aber ein Pole weniger recht haben als ein Deutscher? Wir wissen, dass die Blüte der Kultur sich mit den ersten Reizen jenes Duftes der Verwesung mischt; denn erst wo Reife zur Fäulnis da ist, ist überhaupt Reife da. Freilich wissen Kinder das noch nicht. Und Chopin selbst wäre viel zu nobel gewesen, um jemals der Welt seine Krankheiten vorzuspielen. Gerade dass er sich auf der messerscharf feinen Höhe hielt, ist seine Grösse.

 Seine Grösse ist Aristokratie. Er steht unter den Musikern da in seinem tadellosen Kleid, ein Adel vom Scheitel zur Sohle. Die sublimsten Empfindungen, an deren Verfeinerung Generationen von Familien und eine rauschende Reihe von Soireen gearbeitet haben, die letzten Dinge in unserer Seele, deren Ahnung mit dem Geheimnis des jüngsten Tages umwoben ist, haben in seiner Musik Form gefunden. An diesem jüngsten Tage scheint ausgesprochen zu werden, was der Mensch dunkel in sich trug und furchtsam vor dem Lichte hüten mochte. Nun ist es frei geworden, ohne plebejisch zu scheinen, es ist gesagt worden, ohne trivial zu wirken. Dieses Wunder singen

Genien, die nicht marmorkalt sind und so wesenlos schön, dass wir zu unserem Schrecken glauben müssten, es gäbe eine widermenschliche Klassik, nein, die Engel tragen jene feinen Gesichter, wie sie Adel und Lust zusammenweben, polnische Pikanterien, zarte und schillernde Augen von innerem Feuer, mit genussfrohen, schweren Lidern, und leise gebogene Nasen, in denen Stolz und Geist sich zusammenfinden, einen üppigen Mund, der etwas Süsses zu sagen hat, und weiche, zerschmelzende Konturen am Hals und dem freien Nacken, den das offene lockige Haar streicht.

Der Dichter Chopin giebt sehr selten Konzerte. In seiner Jugend — wem schwebte nicht das Virtuosenideal vor? — that er es einigemal, selbst damals nicht mit Eifer. Wenn man ihn in Paris hörte, so waren es meist intime Matineen im Salon Pleyel, zu denen nur beschränkte Plätze verteilt wurden. Die polnische emigrante Aristokratie, die Pariser Kunst- und Schriftstellerwelt, Damen, schöne Damen sassen um ihn und lauschten. Die réunions intimes, diese concerts de fashion, wie sie Liszt nannte, waren die echtesten Klavierkonzerte, die jemals veranstaltet wurden. Der Künstler wusste, vor wem er spielte, und in dem kleinen Kreise gab es eine Resonanz für die diskrete Poesie, die von dem Instrument ausging. Ein feiner Geist hatte dem Klavier seinen reservierten Adel zurückgewonnen. Kein »fracas pianistique«, keine lärmende Zirkusscene vor einem vielköpfigen, unbekannten, unbestimmbaren Publikum, sondern höfische Kultur ohne Hof. Als Chopin 1834 ein grosses Konzert in der italienischen Oper gegeben hatte, war er enttäuscht von dem Mangel an Resonanz, den er fand und — finden musste in diesen weiten Hallen, die sein feines Spiel nur verflüchtigten. Er sagte zu Liszt: »Ich bin nicht geeignet, Konzerte zu geben, da ich von dem Publikum scheu gemacht werde, von seinem Atem mich erstickt, von seinen neugierigen Blicken mich paralysiert fühle, und staune vor diesen fremden Gesichtern; Sie aber, Sie sind dazu berufen, denn wo Sie des Publikums Liebe nicht gewinnen, da vermögen Sie es wenigstens zu erschüttern und zu betäuben.«

Chopin sagte einmal von sich, er komme sich auf dieser Welt vor, wie eine E-Saite der Violine auf einem Kontrabass. Seine fein besaitete Natur suchte sich einzurichten und gerade ihm hatte das Schicksal die Sehnsucht nach Ruhe und Harmonie mitgegeben, die ihm den Kontrabass dieser Welt erst recht schmerzlich machen musste. Chopin zog unruhig von der einen Wohnung zur andern, bis er die schönste zum Sterben am Vendomeplatz fand, er richtete sich ein und wieder ein, rief nach ruhigen, nach perlgrauen Tapeten und liess alle seine dekorativen Geister spielen, die das äussere Dokument einer harmonischen Seele sind. Seine Lebenskunst musste auf Isolierung gehen, auf Einkapselung in die Heiligtümer seiner musikalischen Gedichte, und er hat es verstanden, sein Leben für den äusseren Betrachter so zu nivellieren, dass die Biographen, ausser der einen grossen Emotion, niemals ein Musikerleben so ereignislos darzustellen hatten. Die bekannte Beschreibung, welche Liszt in seiner illusionären, und doch so wahren Chopinbiographie von einem Abend beim Meister giebt, ist an Stimmung so reich, wie es die Wirklichkeit selbst kaum erfinden konnte. Eine zerfliessende Dämmerung im Zimmer, die dunklen Ecken scheinen in die Unendlichkeit sich fortzusetzen, Möbel mit weissen Decken belegt, kein Licht, als um das Klavier und im Kamin. Man unterscheidet Heine, Meyerbeer, den Katholiken und Tenor Nourrit, Hiller, Delacroix, den unbeweglichen Mickiewicz und den greisen Niemcewicz, Frau George Sand mit aufgestütztem Arm in einen Sessel zurückgelehnt. Die Menschen stehen zu Chopin im Dämmerlichte und sie wissen nicht, woher ihnen diese zauberischen Töne kommen.

Man versteht, warum Chopin nur für zwei Hände schreiben konnte. Er widmet sich nicht nur dem Klavier allein — er hat nichts geschrieben, wobei das Klavier nicht mitwirkt —, sondern er bricht auch mit der Sitte, Duos für ein oder zwei Klaviere zu machen. Ein einziges Rondo für zwei Klaviere, aus dem Jahre 1828, fand sich im Nachlass. Wie amüsiert er sich über Czerny einmal, der »wieder eine Ouverture für acht Klaviere und sechzehn Personen komponiert hätte und sehr glücklich darüber sei!« Chopin giebt den zwei Händen eine grössere Welt, als Czerny den 32 geben konnte. Und sehr sorgfältig wählt er unter dem Geschriebenen. Er giebt nichts heraus, was ihm nicht so gewählt erscheint, wie jede seiner Noten ist.

Zwischen der Jugend in Polen, das ihm politisch bald verleidet wurde, und der letzten Reise durch England und Schottland spannt sich der französische Aufenthalt als ruhiger Hintergrund der exklusiven künstlerischen Thätigkeit. Tausend Anekdoten sollten ihn im

Gedächtnis der Nachwelt beleben, aber die Vergleichung und Kritik hat wenigen von ihnen eine Existenzberechtigung gelassen. Niecks hat in seiner Chopinbiographie — es giebt nicht viele so gute Musikerbiographien — mit sauberem Fleiss alles zusammengestellt, was erzählt wird, und was dagegen spricht. Selbst über jene wunderbare Scene, da die Gräfin Potocka den sterbenden Chopin in den ewigen Schlummer einsingt, sind die Überlieferungen verschieden. Briefe schrieb der zurückhaltende Mann nicht zu viel; man erzählte sich, dass er lieber durch ganz Paris ging, um eine Einladung abzusagen, statt abzuschreiben. Und dazu scheinen die besten seiner Briefe bei einer Warschauer Demolierung verbrannt zu sein. Es hat aber einen eigenen Reiz, gerade ihn fortan im Dämmerlichte sehen zu müssen.

Eine süsse Sehnsucht verband ihn mit seinem Vaterlande. Die grundlegende Stimmung dieses Volkes, welches die Vorzüge des Franzosentums und des Slaventums vereinte, diese demütig-ergebene, traurig-rückschauende Stimmung, die der Pole Zal nennt, floss in der freiwilligen Verbannung um so reiner in die Werke des Künstlers ein. Man konnte wahrnehmen, dass fast jede der Kompositionen Chopins, auch ohne dass es eine Mazurka war, von dem Rhythmus und dem Sentiment der Mazurenmusik getragen wurde; aber es war alles in den Geist des Pariser Lebens aufgegangen. Ein eigenes Milieu ergab sich, wie die Kultur nicht viele so reizvoll gemischt sah, das Milieu der schönen Polinnen, die in Paris ihrer Sehnsucht und ihrem Temperamente lebten. Wie es Liszt beschrieb: die Franzosen allein sahen ein noch ungekanntes Ideal aus den Töchtern Polens hervorgehen — die übrigen Nationen ahnten nicht einmal, dass es etwas Bewundernswertes gebe an diesen verführerischen Ballsylphiden, die am Abend so heiter lächelten, aber am Morgen schluchzend zu Füssen des Altars hingestreckt lagen; an diesen scheinbar so zerstreuten Reisenden, die wenn sie die Schweiz durchstreiften, die Vorhänge ihres Wagens schlossen, damit der Anblick der Gebirgslandschaften nicht die Erinnerung an den unbegrenzten Horizont ihrer heimatlichen Ebenen verwische. Ist das nicht die Paraphrase Chopinscher Musik?

Der furchtbar rätselhafte Dämon, den das Schicksal zur Sühne für die Pariser Geistesblüte in seinen Mauern hatte aufstehen lassen, George Sand war die grosse Emotion für Chopin auf dem perlgrauen

Hintergrunde seines Lebens. Die einzige grosse, aber sie traf. Anfänge und Ende ihrer Gemeinschaft sind hundertfach variiert worden, mit dem Hass scheint die Liebe auf seiner Seite begonnen zu haben und mit dem Hass geschlossen zu haben; sie aber hat mit Schwärmerei begonnen, mit Rührung geendet und die Episode ihres Lebens, wie sie sie mit schönem Geiste durchführte, mit schönem Geiste umgedichtet. Wer kann einer Don Juan-Natur Schlechtigkeit vorwerfen? George Sand musste schlecht sein, um ihre Vampyrrolle durchzuspielen. In kleinem Stile hat sie es nicht gethan.

Es war eine höhere Grausamkeit, die diese beiden Menschen zusammenbrachte. Bald in Paris, bald auf Sands Landsitz Nohant, bald auf der Reise spielten sie dem Schicksal diese furchtbare Komödie vor, in der im Grunde keiner den andern wahrhaft kannte und verstand. Die Frau blieb ein Schöngeist, und der Künstler blieb ein Träumer. Und inmitten der Komödie steht das lächerliche Idyll von Majorka, wo diese beiden Menschen in einem alten verfallenen Kloster neben sich her leben, in einem Gefängnis ihrer Seelen. Der Mann schmächtig und zart, mit agilen Gliedern, feinen Händen, feinen Füssen, seidenbraunem Haar, transparentem Teint, feingebogener Nase, stillem Lächeln, gedämpfter Stimme, wie eine »Winde, deren Kelch auf zartem Stil sich wiegt, von wunderbarer Farbenpracht, aber so duftigem Gewebe, dass er bei der leisesten Berührung zerreisst«. Die Frau, auf einem etwas untersetzten Körper ein ideal normal griechisches Gesicht, das aus früheren Zeitaltern übrig geblieben zu sein scheint, wie Heine sie beschreibt, alles jedoch durch Sanftmut, eine überraschende Sanftmut gemildert, Mussets femme à l'oeil sombre. Sie sitzen inmitten der Cypressen, Orangen und Myrthen in dem verlassenen Kloster Valdemosa mit seinen Kapellen, Kirchen, Schnitzstatuen, Gebetstühlen und dem moosigen Quaderwerk, in der Fastnacht kommen die Einwohner und tanzen gespenstische Kastagnettenboleros, und sonst heult der Wind wie verzweifelt und der Regen tropft ohne Unterlass. Das Essen ist unmöglich, Schiffe fahren bei dem Wetter nicht. Ein mühsam herbeigeschaffter Pleyelflügel steht in den öden Hallen, und Chopin sitzt daran und zittert. Er sehnt sich nach Hause, und bald muss sie erkennen, dass nichts sein Brustübel so förderte, als dieser Winter in Majorka, zu dem sie ihn mit bestimmt hatte.

Chopin nach dem Ary Scheffer'schen Porträt

Chopin und George Sand

George Sand in Männerkleidern
Lithographie von Cäc. Brandt

Der Winter in Majorka war der von 1838 zu 39. Man hat lange geglaubt, dass Chopins Préludes dort entstanden sind, man hat sogar in den tropfenden Motiven einiger (eigentlich tropfen sowohl das E-moll, als das H-moll, als das Des-dur) die Wirkung der allerdings sehr aufdringlichen Wassertropfen Majorkas zu erkennen geglaubt. Die Wahrheit ist, dass ein grosser Teil der Préludes schon vorher fertig oder halb fertig war und dass in Majorka nur die letzte Feile angelegt wurde. Ja, es ist sogar möglich, dass die kräftige und feurige A-dur-Polonaise unter Majorkas elendem Himmel geschaffen wurde. Die Datierungen sind schwierig und auch ziemlich belanglos. Chopin zieht so sehr sein Inneres in das Werk, dass er vom Augenblick kaum abhängig ist. Der einzige Fall einer solchen Anregung wäre die Wirkung von der Nachricht der Eroberung Warschaus, unter der er die stürmische C-moll-Etüde gemacht haben soll. Auch dichterische Anregungen, polnische, französische, berühren ihn nur in der Peripherie. Er ist eine fein empfindende Natur, aber keine litterarische.

Dieses Schaffen Chopins aus dem Ganzen verbietet geradezu eine Analyse seiner Werke. Es giebt nur einen ganzen Chopin mit all den Reizen, die man kennt, den weichen gewundenen Melodien, den blühenden Fioritur023, den weitgriffigen Harmonien, den geistvollen Stimmenkonturen, und dieser ganze Chopin nimmt bald diese, bald jene Einzelgestalt an, in der sich aus den Urmotiven immer wieder neue Gebilde zusammenschliessen. In jedem Stück scheint er allgegenwärtig. Er giebt ein paar schwächere Sachen aus seiner Jugend, und Fontana hat aus dem Nachlass, der von op. 66 an zählt, manches herausgegeben, das er nicht gebilligt hätte (er hasste diese Leichenfledderei), aber diese Stücke sind von selbst aus der Übung der Nachwelt verschwunden. Einige Linien lassen sich immer über sein Gesamtwerk ziehen. Man sieht ihn zuerst deutlich in der Gewalt seines einzigen wirklichen Vorgängers, Hummels, den er leidenschaftlich verehrte und dessen Klaviersatz er nur fortgebildet hat, sodass für den scharfen Beobachter noch in Chopins zartesten Koloraturen der Rest der einstigen Manieren und Verzierungen zu erkennen ist. Das Es-dur-Rondo, die Konzertpolonaise und vor allem die beiden Konzerte in E-moll und F-moll gehören zu diesen Hummeliana: das ruckweise Einsetzen etüdenhafter, rauschender Motive, die einfach gebrochene Begleitung zur Kantilene, die blendenden Effekte in den hohen Registern, die leichten salonhaften Wendungen, überraschend mozarteske Lieblichkeiten in melodischen Linien. Aber die Konzerte, diese feenhaftesten in ihrer ganzen Litteratur, weisen schon zu weit aus den Hummel'schen Regionen heraus, als dass man sie mit diesem Kategorisieren je erschöpfen könnte. Kaum chronologisch zu trennen sind von ihnen die reinen Anfänge der echten Chopin'schen Kunst, die in den ersten Mazurken schon vorhanden ist und bis weit in die vierziger Jahre reicht. Selbst diese merkwürdigen, geistvollen B-moll-Variationen von 1833 über ein Opernthema von Herold, in denen Chopin der Mode eine Konzession zu machen schien, entfernen sich nicht einen Zoll breit von der Vornehmheit seines besten Stiles. Im Jahre 1840, dem auch für Schumann so fruchtbaren Jahre, erschienen op. 35—50. Chopin war 31 Jahre alt, im Todesalter Schuberts. Zuletzt hat man mit Recht einen gewissen Spätstil unterschieden, der gedrängter, kontrapunktischer und doch ungebundener ist: seine farbigsten Exemplare trieb er in der wildpoetischen Barcarole, dem espritvollen H-dur-Notturno und der dickblütigen Fantasie-Polonaise.

Das Werk Chopins zeigt nur wenige Parerga, wie den schönen Pasticcio der F-moll-Fantasie, die man improvisatorisch locker spielen muss, die Barcarole, die Tarantelle, den Bolero, die geniale Berceuse, die über ihrer gleichmässigen Begleitung eine Pracht von Motiven auf- und wieder niedersteigen lässt: ein Chopin'sches Brevier Chopin'scher Manieren, wie es die Goldberg'schen, die Diabelli-, die Cismoll-Variationen für Bach, Beethoven, Schumann in ihrer Art waren. Sonst fügen sich seine Stücke gleichmässig zu Gruppen, deren jede ihren ausgesprochenen Charakter hat.

Die Sonaten bleiben uns am fremdesten, sie sind so wenig Sonaten, wie die anderen der Romantiker. Chopin entfernt sich so weit von der Form, dass er die Wiederkehr ins erste Thema vermeidet. Alles zerfällt: die B-moll in ihr wildes erstes, zartes zweites Thema, das kapriziöse Scherzo, den leider der Popularität verfallenen Trauermarsch (der erst nachträglich in die Sonate eingefügt wurde) und das geistvolle Unisono-»Geschwätz« des letzten Presto, das man sotto voce zu verstehen hat, bis auf den ff-Schlusstakt. Aus der H-moll-Sonate aber fallen das schwüle Largo und der letzte Satz, eine Art Riesen-Rudererstück, wohlthätig auf.

Seine rechte Form findet Chopin in den »Balladen« und »Scherzi«. Es ist die improvisatorische Form, die in den »Impromptus« lange nicht so ungebunden ist. Aus freier Erfindung werden die Grenzlinien der Teile gezogen und der Gedanke wird durch kein Schema eingezwängt. Eine künstlerische Anordnung bringt den Rhythmus der Disposition hinein, den der Augenblick hätte entbehren müssen. Der Naturalismus, in die Sphäre der diskreten Kunst erhoben.

Die Préludes zeigen die improvisatorische Form noch reiner, aber anspruchsloser. Eine Folge von musikalischen Aphorismen, von der Skizze bis zum Stück, die die Skala aller Stimmungen durchläuft.

In diesen Balladen, Scherzi, Préludes erleben wir wieder einen jener einsamen Gipfelpunkte in der Klavierlitteratur, wo sich improvisatorische Erfindung und künstlerische Faktur in einer höheren Einheit finden.

Die Etüden krönen die Bestrebungen dieser Epoche, Technik und Stimmung in das ihnen eigentümliche freundschaftliche Verhältnis zu bringen. Während man ihren mechanischen Wert an Polyrhythmik, Weitgriffigkeit, Doppeltrillern, Selbständigkeit der Linken, verschwimmenden Pianowirkungen, Leichtigkeit des Handgelenks, Schnelligkeit des Fingerwechsels bewundert, lobt man ihre dichterische Kraft, die Grazie der C-dur oder den Märchenzauber der As-dur, die Schwermut der Cis-moll oder den Champagnerübermut der Ges-dur, die Titanengewalt der C-moll oder die Melancholie der Es-moll.

Die Notturnos — in ihrer Mitte das Seidengewebe des Des-dur — sind die hohen Lieder der Melodie, die Chopin nirgends so sehnsuchtsvoll schwärmerisch, so breit ausklagend gestaltet hat, wie hier. Die Tänze aber sind die hohen Lieder des Rhythmus, dem noch nie eine so geistreiche Huldigung dargebracht worden war. Die Polonaisen haben den galanten und ritterlichen Zug des alten polnischen

Adels, und so stolz hebt sich in ihnen Chopins Nacken, wie man es von diesem weiblichen Gemüt nicht erwartet hätte. Die Mazurkas aber sind die bürgerlichen kleinen Freuden, halb in Wehmut getaucht, halb im Jubel des Taktes die Schmerzen ertötend — eine unerhört vielseitige Reihe von genialen Einfällen. In den Walzern erkennen wir nur eine höhere Gattung der Mazurken, nicht so volksmässig, nicht so heimatlich, sondern Polen im Pariser Salon. Den langsamen in A-moll hatte Chopin nicht ohne Grund am meisten in sein Herz geschlossen.

Chopins Spiel ist das Entzücken seiner Zeitgenossen. Alle sind darin einig, dass er eine Individualität sei, die sich auch nur durch sich selbst verständlich mache. Wie lange quält sich Moscheles mit den merkwürdigen Harmonieübergängen, die er in Chopins Kompositionen findet. Als er ihn selbst hört, schwindet jeder Zweifel; was ihm gewaltsam schien, erscheint ihm nun selbstverständlich. Chopin spielt zart und duftig, seine Finger scheinen von der Seite her zu gleiten, als ob alle Technik ein Glissando wäre, selbst das Forte ist bei ihm kein absolutes, sondern ein relatives Forte gegen die weiche Stimme des Ganzen und es hebt sich, je älter er wird, desto weniger durch Kraft, als durch Nuancierung des Anschlags heraus. Aller Vortrag ist in eine gewisse freie improvisatorische Poesie aufgelöst, das Rubato verwischt die Taktstriche und die Vertikalabstände der rhythmischen Linien. Man kennt Liszts famose Definition des Rubato: Du siehst diesen Baum, seine Blätter bewegen sich im Winde hin und her und folgen der leisesten Regung der Luft, der Stamm aber bleibt dabei in seiner Form unbeweglich stehen. Chopin scheint das Rubato niemals so übertrieben zu haben, dass dieser Stamm sich auch gerührt hätte. Schon einmal war ein Klavierspieler erschienen, der diese anmutige und duftige Art des Vortrages kultivierte. Field, ein geborener Schotte, Clementis Schüler, ein bleicher und träumerischer Mann, hatte die zarte Weitgriffigkeit Chopin'schen Anschlags vorweggenommen, man war von seinem melancholischen Vortrag mit den scheinbar unbeweglichen Händen bezaubert, und er hatte neben allerlei Sonaten, Konzerten und Rondos von nicht gerade hervorragender Bedeutung eine Reihe liedartiger Stücke veröffentlicht, die er »Notturnos« nannte und in denen er seine sehnsüchtigen Melodien, seine schwärmerischen Portamenti, seine Rosenketten von duftigen Koloraturen vorzüglich zur Verwendung brachte. Gegen Chopins Notturnen müssen uns diese heute recht verblasst und auch recht monoton erscheinen, aber in seinem ganzen Wesen, in der Form seiner Stücke, in der Feinheit seines Anschlags war Field, ähnlich wie in ihrer Art Dussek oder der Prinz Louis Ferdinand ein Vorspiel zu Chopin gewesen. Als Chopin vor dem feinen Alexander Klengel, Clementischüler, einmal spielt, wird dieser lebhaft an Field erinnert. Und als Chopin nach seiner Ankunft in Paris die Idee fasst, bei Kalkbrenner, dessen leichtes Spiel er über alles bewundert, noch Unterricht zu nehmen, meint dieser ebenfalls, der Stil erinnere ihn an Cramer, das Spiel aber an Field — ob er dessen Schüler sei? Chopins Lehrer aber, der vergessene Elsner in Warschau, hatte dazu nichts gethan.

Chopin hat sich sein Spiel wie seinen Stil selbst gemacht. Er hat schon in jungen Jahren für Weitgriffigkeit geschwärmt und auch eine Vorrichtung erfunden, um die Finger gehörig zu spreizen. Das Experiment schlug glücklicherweise besser an als Schumanns Versuch, durch Schlingenhalter die Selbständigkeit der Finger zu erhöhen. Der Unterschied ist bezeichnend: Chopin geht auf den reicheren Eindruck üppiger Vollklänge aus, Schumann auf die Sauberkeit der Stimmführung.

Auf die Gattung des Instruments legt der sinnlich frohe Künstler den grössten Wert. Wie er in der Jugend nur Graf'sche Flügel gern spielte, so in Paris nur Pleyel'sche, deren silbernen verschleierten Klang er liebte. Im Erard'schen Klavier ist ihm der Ton zu vorgebildet. »Wenn ich schlecht disponiert bin, spiele ich ein Erard'sches Instrument und finde dort leicht einen fertigen Ton. Wenn ich aber in Laune bin und kräftig genug, um mir meinen eigenen Ton zu machen, brauche ich einen Pleyel. Auch den Fingersatz legt er sich selber zurecht. Zu Gunsten eines besseren Vortrags geniert er sich nicht, an passenden Stellen mit dem Daumen auf eine Obertaste unterzusetzen oder mit einem Finger über zwei Tasten zu gleiten oder längere oder kürzere Finger ohne den Daumen steigen zu lassen. In seinen Etüden hat er ausdrücklich mehrere solcher naturalistischen Fingersätze aufnotiert.

Die Eigentümlichkeit des Chopin'schen Klaviersatzes, der in dieser Litteratur so sehr Epoche machte, besteht in einer wirksamen

Dreistimmigkeit. Natürlich schreibt er nicht streng dreistimmig, er hat ja gerade vom Unisono in der B-moll-Sonate, dem 14. und 18. Prélude, dem zweiten Satz des F-moll-Konzertes einen immer verschiedenen Gebrauch gemacht, und die einfache Begleitung einer einfachen Melodie findet genug Beispiele bei ihm. Aber der individuelle Reiz seiner Technik beginnt erst bei der gleichzeitigen Verwendung dreier Stimmen (wobei ich Stimmen nicht im kontrapunktischen Sinne verstehe), beim Nebeneinander dreier motivischer Systeme, dreier musikalischer Gedanken, dreier Höhenzüge: wie in der Berceuse zu der einen Stimme über der Begleitung sofort eine zweite tritt und das dreifache Übereinander der Begleitung und der Doppeloberstimme durch alle möglichen Varietäten hindurchgeführt wird, auch dort, wo ein Chopin'scher Zickzacklauf, der zwei melodische Linien fortwährend verbindet, nur einen einzigen Höhenzug darzustellen scheint. In günstigen Fällen, wie in den kühn verzwackten Accorden gegen Schluss des B-moll-Scherzos, erweitert sich diese eigentümliche Linienkontrapunktik bis in die Extreme. Das Verschmelzen unverschmolzener Dinge in Melodie, Rhythmus, Harmonie ist die neue Synthese, durch welche diese Kunst sich fortsetzt. Wenn der Reiz gewisser Chopin'scher Melodien durch Aufnahme leiterfremder Töne, die halb orientalisch, halb kirchentonartig auf uns wirken, gesteigert wird, so ist es eine Verschmelzung zweier melodischer Linien in eine, es sind bald stehengebliebene Vorhalte, bald Moll in Dur, und Dur in Moll: die Hauptmelodie der ersten Ballade, das flüsternde zweite Intermezzo der berühmten B-dur-Mazurka, das D in dem Cis-moll-Notturno, das A im H-moll-Prélude. Es ist ein Rubato der Melodie, ein musikalisches, nicht rhythmisches Rubato. Wenn ein Mazurkateil in op. 30, 3, pp wiederholt wird, passiert es, dass einige exponierte Töne einen Viertelton tiefer erscheinen, gleichsam als hätte die dynamische Schwächung auch eine musikalische zur Folge: eine Wirkung von genial naturalistischem Reize. Überall wird die gerade Linie gern vermieden. Vorhalte werden am Taktschluss kühn übergegriffen, wie in der B-dur-Mazurka oder in der Stretta der G-moll-Ballade. Die Melodien legen sich gern um unsichtbare Achsen gewunden herum, die Fiorituren umspielen wieder die Gerüste der Melodien. Der Takt wird gern ignoriert, inkommensurable Passagen können nur durch das Gefühl eingeteilt werden, Triolen und Zweitakt mischen sich übereinander; eine wundervolle Pseudorhythmik, wie im F-dur-Thema der As-dur-Ballade, lässt uns zwischen zwei Taktempfindungen angenehm schwanken. Stets ist es ein Kombinieren durch die beiden selbständigen Hände oder durch die selbständige Bewegung einer oberen und einer unteren Gruppe von

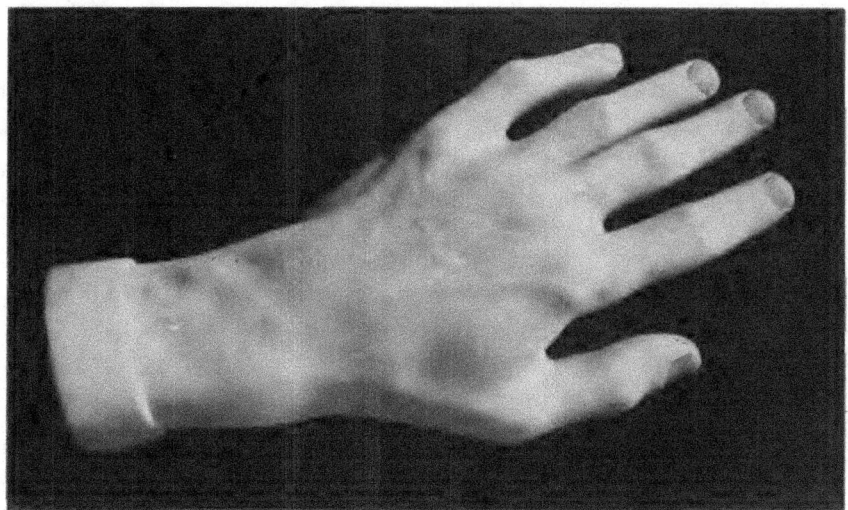

Chopins Hand. Marmor im Nationalmuseum zu Budapest

Fingern einer Hand: die äusserste kunstvolle Stufe des Fingermechanismus an einem harmonischen Instrument.

Der sinnliche Klangreiz der Chopin'schen Musik beruht wesentlich auf diesem Ausnutzen der Fingerindividualisierung. Einst waren die Finger nur Werkzeuge gewesen, den allgemeinen mehrstimmigen Satz auf dem Klavier wiederzugeben. Jetzt war aus dem Wesen der Finger eine Musik entstanden, die dem Klavier ganz eigentümlich war. Das Pedal hielt die so zerlegte Musik wieder zusammen. Die linke Hand führt ihre eigenen melodischen Linien unter der Rechten fort, wie man es im E-moll-Prélude, in der Cis-moll-Etüde, im Mittelsatz der Cis-moll-Polonaise und des B-moll-Sonatenscherzos, im Fis-dur-Impromptu, in Partien der G-moll-Ballade, in einem Passus des As-dur-Walzers op. 34, I, in so vielen Etüden mit charakteristischer Füllfigur in der Linken findet. Oder in Läufen, welche schnell genug gehen, um diese akustische kleine Täuschung zu einem Reiz werden zu lassen, verbinden sich die zwei Melodienzüge oder eine Melodie mit ihren Vorhaltnoten zu jenen Zickzackkonturen, die Chopins geprägtes Zeichen geworden sind: eine lange geistvolle Reihe von den ersten Hummel'schen im E-moll-Konzert über die ätherischen Klänge im Mittelsatz des dritten Scherzos bis zum H-moll-Scherzo, das seinen wilden Hauptsatz durch und durch in dieser Manier gestaltet. Die Schlusstriller der Konzerte, die Harpeggien der weiten Griffe, die Verzierungen inmitten der Accorde nehmen an der Ausnutzung der Polyphonie zu klanglichen Wirkungen teil, bis wir zuletzt das vier- bis fünfstimmige Gewebe in den Schlussteilen der Barcarole antreffen. Man hat an Bach'sche Einflüsse bei diesen letzten Chopin'schen Wendungen gedacht. Und schliesslich musste ja die äusserste Individualisierung der Finger wieder zu Bach führen, wo die Finger angerufen werden, die letzten Möglichkeiten der Mehrstimmigkeit zu verwirklichen. Chopin wusste alle Zeit, dass Bach die Natur in der Musik ist. Wenn er sich zum Konzert vorbereitete, spielte er nicht Chopin, sondern Bach.

"Eine Matinée bei Liszt". Kriehuber'sche Lithographie
Kriehuber — Berlioz — Czerny — Liszt — Der Geiger Ernst

Liszt und die Gegenwart

Eine Budapester Photographie Liszts

Am Anfang der Ära gegenwärtiger Klavierkunst — vielleicht am Ende aller selbständigen, fortschreitenden Klavierkunst — steht Franz Liszt. Die Künstlererscheinung Liszt ist uns noch so nahe, dass sie sogar noch missverstanden wird. Liszt hat heute noch fanatische Freunde und bittere Feinde. Er hat noch blinde Ankläger und diplomatische Verteidiger. Und dabei steht die ganze klavierspielende Welt unter seinem Einfluss.

Es war das möglich, weil Liszt eine verwickelte Künstlernatur war, die dem gewohnten Schema nicht zupasste und von jedem anders verstanden, anders geliebt, anders gehasst wurde. Man möchte drei Künstlertypen unterscheiden. Die einen sind leichte Produzenten, deren neue Gedanken schnell ihre neue fertige Form finden. Die zweiten sind Künstler des Wollens, grosse Anreger, wie Manet und Degas unter den Malern, die eigentlich niemals durch ein erschütterndes Werk, aber Minute für Minute durch ihre persönliche Macht wirkten, die nach dem Tode so unbegreiflich scheint. Die dritten sind Sammlernaturen, Klassiker im historischen Sinne, die eine Synthese alles Bestehenden bilden, eine Einheit der Gegensätze, in welche die Geschichte fortwährend divergiert, ein Hochführen aller angefangenen und gespaltenen Wege, eine lebendig gewordene ganze Kultur einer Zeit. Liszt gehört keinem von diesen Typen an, er gehört den beiden letzten zusammen an, und die Vereinigung des Anregers und des Sammlers macht sein Wesen aus und erschliesst sein Verständnis. Er besass eine doppelte Macht, die die Leute so schwer begriffen, weil sie die eine Hälfte seiner Natur immer vor der anderen nicht sahen.

Liszt der Anreger hat weit in die Welt hinein gesät. Seine künstlerisch fundierte Mäcenatenbegabung hat nicht bloss Wagner und Berlioz die Wege geebnet, hat bis ins kleinste jedem Supplikanten ein Stück Eigenart bestätigt und ein Stück Hoffnung gewährleistet. Er wies der modernen Entwicklungsmusik in einer eigenen Art theoretischer Praxis die Bahnen, die von den revolutionären Grundsätzen des Berlioz in den heutigen populären Musikrealismus leiteten. Er hat über beide Erdhälften eine Saat von intimen persönlichen Belehrungen, von grossen und kleinen Aufschlüssen gestreut, dass jetzt noch eine unendliche Dankbarkeit gegen diesen herzensreinsten aller Künstler über die Länder flutet.

Liszt der Sammler ist ein neuer Liszt. Hier ist der Anreger in einem stillen Winkel der Hofgärtnerei geblieben und der neue Liszt tritt hervor, der reale und geistige Welten in ungeahntem Glanze strahlend durchzieht. Er sammelt Kulturen, ein fürstlicher Sammler, mit der Krone dieser seltsamen Herrscherwürde auf dem stolzen Haupte. Man begreift nicht, dass dieser selbe Mann Zeiten stillen Schaffens und Denkens erleben kann. Er ist ein Weltmann grössten Stiles, ein Schriftsteller von bezaubernder Eleganz, ein Eroberer, der

Titel der Hofmeister'schen Ausgabe von Liszts Opus 1

die Grenzen der Völker vernichtet, ein König, der Königen trotzt, ein Halbgott als Dirigent wimmelnder Musikfeste, und in seinen Werken, die unzählbar, unkontrollirbar, Tag für Tag herauszukommen scheinen, ein klassischer Zusammenfasser alles Gewesenen und Werdenden. Er zieht die Einheiten zwischen dem Komponieren und Interpretieren, der Musik und der Dichtung, zwischen Romantik und Virtuosität, Gott und Mephisto, Beethoven und Paganini. Alles, was die Klaviergeschichte erlebt hatte, die mystischen Ahnungen alter Kontrapunktik, die Variationslust der Bird und Bull, die Zierlichkeit der Couperin und Rameau, die sinnliche Klangfreude Scarlattis, Bachs absolute Kunst, die formenschöne Spielfreudigkeit Mozarts, der nach Erlösung schreiende Schmerz Beethovens, die sinnigen Bekenntnisse des einzigen Triumvirats von Schubert, Schumann und Chopin — alle Strahlen gingen in ihm zusammen. Ein echter Sammler, hat er diese Kulturen nicht gelehrt und akademisch in sich neben einander gestellt, sondern er hat ihr gemeinsames Milieu entwickelt, in dem sie ihre gegenseitigen Wirkungen zu immer neuen Reizen erproben können.

Das Leben Liszts musste ihn für diese grossartige Synthese vorbereiten. Es ist eine Koordination von Lebenskulturen, die — einzeln gelebt — jede für einen gewöhnlichen Sterblichen genügt hätten. Sechs Lebenskulturen hat er in den Abschnitten seines Daseins völlig ausgelebt: als petit Litz das Leben eines reifen, vielgeliebten Kindes — dann in Paris die Tiefen eines romantischen Idealismus, der die Männer dieser reichen Epoche eng zusammenführte — dann mit der Gräfin d'Agoult fünf Jahre eines befreienden, befruchtenden Künstlerwanderlebens — darauf die europäische Virtuosenperiode — dann in Weimar die Wirksamkeit als Bahnbrecher der Modernen — endlich in Rom und Pest und Weimar ein ruhigeres Herrscherleben, auf den Höhen weltlicher Ehren und ebenso auf den Höhen innerer Weltüberwindung, die sogar im geistlichen Ornat ihr Symbol findet. Lina Ramann hat den Mut gehabt, aus diesem unerhörten Leben drei Bände Biographie zu machen, in denen ein ausgezeichnetes Material in einem zweifelhaften Deutsch und mit unkritischer Begeisterung niedergelegt ist. Liszt ist nicht der Gegenstand, sondern der Held ihrer Bücher, und die bösen Weiber! — die d'Agoult bekommt es hier ähnlich zu hören, wie die George Sand in Niecks Chopinbio-

Der junge Liszt

Lithographie von Kriehuber

graphie. Es ist merkwürdig, dass in den Archiven, die nach dem Tode grosser Männer eingerichtet werden, so wenig von Menschlichem und so viel von Richtigem die Rede ist. Ist die sittliche Weltordnung so unerbittlich, dass selbst ihre schönsten Widersacher schliesslich auf sie arrangiert werden müssen?

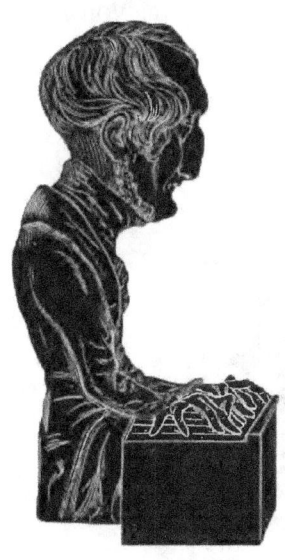

Karikatur von Thalberg nach Dantan
Nicolas-Manskopf'sche Sammlung, Frankfurt a. Main

In den grossen romantischen dreissiger Jahren von Paris dachte man anders. In dieser Freiheit wurde Liszts Persönlichkeit geprägt. In Paris, wo er hängen blieb von der Welttournée seiner Kinderjahre, auf der ihn noch Beethoven geküsst hatte, strömten weltmännische Eleganz und pantheistische Gedankentiefe ineinander. Es wurden seine zwei Pole. Und bald hob ihn schon diese Geistesbildung über die Zeitgenossen in seinem Metier; der einzige Chopin war ihm ehrlich an die Seite zu stellen. Das war ein guter Hebel für die Siege der Virtuosität, die nun kommen sollten, um den feinen Menschen auch zu einem europäischen zu machen. Der Glanz der Virtuosität lag wie die ewige Sonne über Paris. Von Zeit zu Zeit trat ein Ereignis ein, das den allgemeinen Glanz noch überstrahlte. In den zwanziger Jahren die Moscheles-Konzerte, dann die Wunderthaten des kleinen Liszt und jetzt das Auftreten Thalbergs. Thalberg, der natürliche Sohn eines Fürsten, ein entzückender und fortreissender Mensch, Kavalier durch und durch, kam 1835 nach Paris und nahm es im Sturm. Er hatte ein üppiges, faszinierendes Spiel, in dem der seidene Glanz der fontaine lumineuse war, und auch eine Spezialität: die mittlere, vom Pedal unterstützte Melodie, in die sich beide Hände teilen, während sie sie in Accordarabesken einhüllen. In dem Kampf mit ihm wurde Liszt der Ganz-Grosse. Nicht mehr der »petit Litz«, der auf der Höhe der Zeit stand, sondern der reife Liszt mit dem profil d'ivoire, der über die Zeit hinausging. Die beiden Männer, Thalberg und Liszt, haben sich niemals — sie waren beide Gentlemen

— so unangenehm befehdet, wie ihre Parteien, die Paris teilten, wie einst die Gluckisten und Piccinisten. Aber etwas ergreifend Dramatisches hatte ihr Wettstreit, und es lag darin eine noch nie dagewesene Wertschätzung der Klavierkultur. Der Höhepunkt der Spannung war erreicht, als am 31. März 1837 die Fürstin Belgiojoso es wagte, zu einem Wohlthätigkeitskonzert, dessen Billet-Preis von 40 Fr.

Karikatur von Liszt nach Dantan
Aus der Nicolas-Manskopf'schen musikhistorischen Sammlung,
Frankfurt a. M.

mit seiner Gesellschaft im rechten Verhältnis stand, beide, Liszt und Thalberg, aufzufordern. Jeder hatte bisher für sich konzertiert, jeder war für sich bejubelt worden. Sie kamen beide. Sie spielten beide. Das Urteil giebt folgende erhaltene Konversation: Thalberg est le premier pianiste du monde! — Et Liszt? — Liszt! Liszt — est le seul! Es schien eine Remis-Partie. Aber der Fond Liszt'schen Künstlertums siegte unbemerkt. Liszt hatte in einem Artikel die hohlen Kompositionen Thalbergs verdammt. Fétis, der Musikhistoriker, schrieb dagegen und bewies es kräftiglich: nicht Liszt, sondern Thalberg sei der Mann der neuen Schule. Es brauchten nur wenige Jahrzehnte zu vergehen, da genierte man sich schon, Thalberg zu spielen. Über den äusseren Glanz in liebenswürdigem Gewande hatte das breitere

Staub'sche Lithographie 1835

Menschentum der Liszt'schen Kunst den Triumph davongetragen, den die Person Liszts über die Person Thalbergs nicht erringen mochte. Von da an war Liszt oben.

In diesem Jahre 1837 legte Liszt in einem Aufsatz der »Gazette musicale« ein Bekenntnis ab, welches die grösste Schmeichelei war, die das Klavier je von einem seiner Meister gehört hat. Liszt weigert sich, dem Orchester, der Oper näher zu treten — »mein Klavier ist für mich, was dem Seemann seine Fregatte, dem Araber sein Pferd — mehr noch, es war ja bis jetzt mein Ich, meine Sprache, mein Leben.... Seine Saiten erbebten unter meinen Leidenschaften und seine gefügigen Tasten haben jeder Laune gehorcht.... Vielleicht täuscht mich der geheimnisvolle Zug, der mich so sehr daran fesselt, aber ich halte das Klavier für sehr wichtig. Es nimmt meiner Ansicht nach die erste Stelle in der Hierarchie der Instrumente ein: es wird am häufigsten gepflegt und ist am weitesten verbreitet... Im Umfang seiner sieben Oktaven umschliesst es den ganzen Umfang eines Orchesters und die zehn Finger eines Menschen genügen, um die Harmonien wiederzugeben, welche durch die Vereinigung von Hunderten von Musikern hervorgebracht werden.... Wir machen gebrochene Accorde wie die Harfe, lang ausgehaltene Töne wie die Blasinstrumente, Staccati und tausenderlei Passagen, welche vormals nur auf diesem oder jenem Instrument hervorzubringen möglich schien.... Das Klavier hat einerseits die Fähigkeit der Aneignung, die Fähigkeit, das Leben aller in sich aufzunehmen; andrerseits hat es sein eignes Leben, sein eignes Wachstum, seine individuelle Entwicklung... Mikrokosmus und Mikrodeus... Mein grösster Ehrgeiz besteht darin, den Klavierspielern nach mir einige nützliche Unterweisungen, die Spur einiger errungener Fortschritte, ein Werk zu hinterlassen, das einstmals in würdiger Weise von der Arbeit und dem Studium meiner Jugend Zeugnis ablegt. Ich erinnere mich noch recht gut des allzugierigen Hundes bei Lafontaine, der den saftigen Knochen aus der Schnauze fallen liess, um nach dessen Schatten zu haschen. Lassen Sie mich denn friedlich an meinem Knochen nagen. Die Stunde kommt vielleicht nur zu früh, in der ich mich selbst verliere, indem ich einem ungeheuren, unfassbaren Schattenbilde nachjage.«

Facsimile von Liszts

Ungarischem Sturmmarsch

Die Jeune école der Pariser Pianisten nach einer Lithographie Maurins
Stehend: J. Rosenhain, Döhler, Chopin, A. Dreyschock, Thalberg
Sitzend: Ed. Wolff, Henselt, Liszt

Es ist nicht zum wenigsten dem Geigenspiel Paganinis zu verdanken, dass Liszt in dieser Zeit in langsamer, überlegter Arbeit das moderne Klavierspiel schuf. Die Welt war starr vor dem Genueser Hexenmeister auf der Violine; man traute seinen Ohren nicht, etwas Unirdisches, Unerklärliches zog mit diesem Musikteufel durch die Säle. Das Wunder gelang an Liszt, er wagte auf seinem Instrument das Unerhörte hören zu lassen — Sprünge, die keiner vor ihm zu springen wagte, Zerlegungen, die niemand für akustisch vereinbar gehalten hätte. Tiefe Quintentremolos, wie ein Dutzend Pauken, die in wilde Accorde hinaufrauschten; eine Polyphonie, die die harmoniezerstörenden Obertöne fast als ein rhythmisches Element verwendete; die möglichste Ausnutzung der sieben Oktaven in scharf übereinander gesetzten Accorden; Auflösungen gehaltener Töne in unaufhörliches Oktav-Nachschlagen mit zwischengesetzten Harmonien; eine noch nicht erlebte Benutzung des Decimenintervalls zur farbigen Klangfülle; ein rücksichtsloses Hineinwerfen tiefster und höchster Noten zur Schattierung und Belichtung; die denkbar mannigfaltigste Ausnutzung der Klangfarben verschiedener Lagen zur Kolorierung der Tonwirkung; eine gänzlich naturalistische Verwendung des Tremolo und des Glissando; vor allem eine systematische Durchbildung des Ineinandergreifens der Hände, teils zur farbigen Bewältigung von

Der junge Liszt. Carl Mayer'scher Stahlstich

Läufen, teils um durch die Verteilung eine doppelte Kraft zu gewinnen, teils um in engen und weiten Figuren eine bisher nicht geübte Vollgriffigkeit von orchestraler Gewalt zu erreichen. Es ist die letzte für dieses Instrument mögliche Stufe in der von Hummel begonnenen und von Chopin fortgesetzten Individualisierung. Die drei Notensysteme, statt zweier, erscheinen jetzt schon häufiger; thatsächlich spielen die zwei Hände meist eine Gruppe von Noten, die für drei gedacht zu sein scheint. Und gerade dadurch gehen die beiden Hände so miteinander und durcheinander, als ob sie nur ein Werkzeug von zehn Fingern wären. Die Musik scheint wieder ein Gesamt-Tonkörper zu werden, wie sie schon einmal gewesen war, in den ersten Anfängen. Indessen ist sie aus einer allgemeinen Musik eine Klaviermusik geworden. Eine historische Mission ist erfüllt.

Liszt macht sich für seine Zwecke einen Fingersatz zurecht, der kein anderes Prinzip hat, als das des rücksichtslosen Opportu-

Blatt auf Liszt und seine Werke. 1842

nismus. Skalen, mit einem Finger gehauen, Triller mit abwechselnden Fingern gespielt, strenger Parallelismus in den Passagen, die in Oktaven zerfallen, schwerer Fingersatz, um Stellen herauszuholen, die sonst zu leicht gleiten — es ist überall statt der akademischen Regel ein Zugreifen nach der Wirkung des Augenblicks, ein Gestalten nach den Impulsen des Ausdrucks. Und daher ein Beseelen bis in die unscheinbarste Durchgangsnote, dass zwischen Mensch und Spiel kein Rest mehr bleibt. Liszt wirkt die Wunder eines Propheten in seinen Konzerten, dionysischen Versammlungen, in denen es vorkam, dass

Der General Bass wird durch Last in seinen festen Linien überrumpelt u. überwunden.

die Leute bis 1 Uhr nicht vom Platze wichen; und das Wasser lief von den Wänden. Er konnte schon im Jahre 1839 das erste ganz reine Klavierkonzert wagen, nachdem Moscheles der Pionier des gemischten Klavierkonzertes ohne Orchester gewesen war. Er konnte nicht nur den Abend mit diesem Instrument ausfüllen, er konnte 21 Abende in der kurzen Zeit vom 27. Dezember 1841 bis 2. März 1842 mit seinen Vorträgen füllen: es war die Glanzzeit seiner Virtuosenjahre, 21 gemischte Konzerte in Berlin innerhalb dieser Frist. In der Geschichte des Klavierspiels sind es Festwochen, heilige Tage, an denen durch den grössten aller Pianisten eine Weltlitteratur auf den Tasten lebendig wurde, dass Europa davon widerhallte. Damals passierte es einem Rezensenten, dass er sich höchlichst wunderte, wie dieser phänomenale Liszt sogar mit einem Orchester zusammen improvisieren könne! So wenig war man das Auswendigspielen gewohnt, das seit Liszts Auftreten zur selbstverständlichen Regel geworden ist.

Die zahllosen Kompositionen Liszts für Klavier, die in dem Ramann'schen Buche zuerst vollständig genannt wurden, lassen uns an jene drei Künstlertypen denken. Man findet in ihnen den Sammler Liszt, der die Erfahrungen von Jahrhunderten verwertet, man findet den Anreger Liszt, der in Motiven, die wir erst von Wagner zu kennen glauben, in Naturalismen, die die Entwicklungsmusik förderten, in technischen Ausdrucksmitteln neue Wege weist, aber man findet kein Kompositionsgenie, das sich vor Einfällen kaum zu halten wüsste und für den neuen Inhalt mit selbstverständlicher Leichtigkeit neue Formen schüfe. Man wird sich darüber, je weiter die Zeit vorrückt, desto weniger Illusionen machen können. Und Liszt selbst war zufrieden, ein Anreger, kein Schöpfer zu sein. Er ist ein kluger Künstler, der seine Grenzen genau kennt. Er erfindet ein Thema, das geistreich und neu und charakteristisch ist, und nachdem er das Thema erfunden hat, setzt er sich hin und bearbeitet es, er bearbeitet es nach allen technischen Ausdrucksmöglichkeiten, er variiert es in Formen, deren Technik ihr Inhalt ist, so dass Technik und Inhalt ganz identisch werden. Es ist eine letzte Wirkung des Etüdenprinzips, bei der ein Inhalt nicht seine Gestalt, sondern seine Technik in diesem grössten Masstabe gefunden hat.

Am tadellosesten bewährt sich diese eigentümliche Liszt'sche Art in den bis zu 20 gezählten Rhapsodien. Die Magyar Dallok waren früher schon als Studien erschienen. Aber diese Rhapsodien übertreffen sie an Schliff. Ungarische Nationalmelodien mit ihrer fortreissend rhythmisch-unrhythmischen Verve, die hiermit in den

Liszt und Stavenhagen

Kreis der Tonkunst erst ganz rein aufgenommen wurden, geben die Motive her, und über die Motive entwickelt er ein Feuerwerk glänzender Variationen, deren Technik nicht einen toten Punkt hat, von unbeschreiblich feiner und harmonisch interessanter Durcharbeitung.

Die 2., 6., 9. (Pester Karneval), 12. (an Joachim) und 14. (an Bülow) sind nicht mit Unrecht vorgezogen worden. Die 14. mit ihrer verblüffenden Entwicklung vom Trauermarsch zur lustigsten Stretta ist eines der merkwürdigsten Klavierstücke geblieben, in dem eine unerhörte Technik entfaltet ist, ohne doch irgendwie hohl oder überflüssig zu wirken.

Die rauschende spanische Rhapsodie, die chopinartigen Consolations, die wunderbar improvisatorischen Apparitions und Harmonies

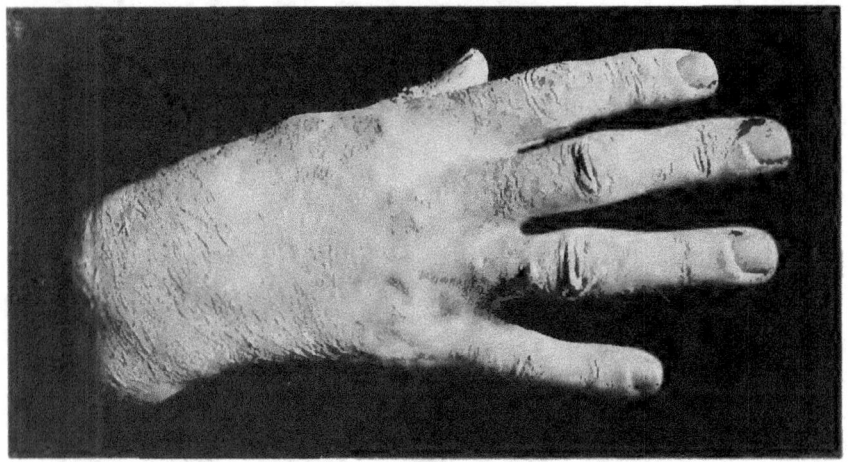

Gipsabguss der Hand Franz Liszts. Weimar

poétiques et religieuses, diese ganze grosse Permutation verschiedener verschieden bearbeiteter und verschieden zusammengefasster Etüden und Salonstücke, die Années de Péleringe (drei Bände) mit der Tarantella, die Paganinietüden mit der Campanella, andere Etüdensammlungen bis zu den 12 études d'exécution transcendente, die Liebestraumnotturnos, die Mephistowalzer und -polkas, die Capricevalses, der Chromatische Galopp — ich will nur auf einige Stücke den Finger legen, die ein besonderes historisches oder künstlerisches Interesse haben. 1834 als erste romantische Frucht erscheint Pensée des Morts in gemischtem Takt — senza tempo — mit Zuschriften aus Lamartine, der neben Chateaubriand seine vorzüglichste litterarische Anregung war. Im selben Jahre Lyon — ein realistisches Stück auf den Lyoner Arbeiteraufstand, und also eine der wenigen auf zeitgenössische Ereignisse zurückzuführenden Klavierkompositionen. Sposalizio und Il Penseroso (1838/9) sind bemerkenswert als Klavierstücke, die durch Eindrücke der bildenden Kunst angeregt wurden; wie die schwache Fantasie quasi Sonata (1837) durch die Lektüre des Dante entstand. Alles romantische Bekenntnisse, in denen die Künste einander freundlich begrüssen. An Bedeutung werden diese weit überragt von den späteren Klavierwerken, vor allem von seinen fünf besten Originalstücken: den Legenden, den Konzerten und der H-moll-Sonate.

Die Legenden von 1866 besingen seinen Schutzpatron, den heiligen Franziskus. Die eine lässt ihn mit einem kirchlichen Thema über die Wogen schreiten, die die gewohnte Variation darstellen. Die andere lässt ihn den Vögeln predigen. Ein wunderbares, improvisatorisch freies Stück, in dem eine kirchliche Melodie dem technisch meisterhaft gezeichneten Vogelgezwitscher gegenübergestellt wird — die Vögel scheinen auf den guten Heiligen zu hören, ihr Zwitschern will auf seine frommen Harmonien eingehen, aber zum Schluss sieht man sie dennoch wieder in einer Fröhlichkeit, die zu einem entzückenden realistischen Vogellärm führt. Es ist das poetischeste Stück, das Liszt für Klavier geschrieben.

Die Sonate in H-moll, 1854 Schumann gewidmet, ist einsätzig, aber sehr polythematisch. Sechs Motive verschiedener Färbung sind in ein Gewebe verknüpft, das sich zu einem schillernden, prächtigen Bilde entfaltet; ein königlicher Glanz liegt darüber. Freier und beweglicher sind die beiden einsätzigen Konzerte: das in A-dur mit seiner charakteristischen Linie cis h c h, die bis in die Kadenzen zu verfolgen ist, ein Hauptthema mit allerlei Nebenthemen, in einer natürlichen dreimaligen Beschleunigung aus nachdenklichen langsameren Ansätzen heraus — und umgekehrt das in Es-dur, dessen charakteristische Linie és d és, d és d des ist (Bülow legte den guten Text unter: »Ihr — könnt alle nichts«), mehr giusto im Wesen, mit langsameren Nebenthemen, namentlich dem schönen Adagio mit dem Tristanschritt und dem Pastoralmittelteil, bacchantisch sich aufschwingend, worauf nach der Rückkehr ins Hauptthema alle Motive sich ins Freudigere verändern, aus dem Adagio ein Marziale entsteht, das Pastorale vom Klavier übernommen und ins Virtuose gesteigert wird. An die Stelle des alten formalen Schemas war ein psychologischer Vorgang getreten, eine innerlich begründete Konversation des Klaviers mit dem Orchester und seinen Instrumenten.

Der Zahl nach noch grösser als die Originalstücke sind die Bearbeitungen, die eine ganze Welt umfassen, Variationen über Themen bis zu ganzen Arrangements, von dem Totentanz über den Cantus des Dies irae bis zu den Rhapsodien, von den Bachbearbeitungen bis zu den Wagnerparaphrasen, von den zahllosen Schubertliedern

Musiksalon in der Altenburg zu Weimar mit Liszts Riesenflügel
von Alexandre, Paris. Im Hintergrunde ein Klavier Mozarts

und seinen Walzern bis zu den Einrichtungen Beethoven'scher Symphonien und der eigenen symphonischen Dichtungen. Ein ungeheures Material, das da durchs Klavier in das Publikum geistreich und kunstgerecht vermittelt wurde. Und in dem Hin und Her der Arrangements liessen sich die verschlungensten Wege beobachten, wie bei den Schubert'schen Märschen, die für vier Hände geschrieben, für Orchester bearbeitet und schliesslich wieder von dieser Orchesterfassung aufs Klavier zurück übertragen wurden. Liszts Arrangements sind keine Übersetzungen mehr, es sind Umdichtungen, durchs Medium des Klaviers gesehen. Er nimmt die vorliegende Komposition ganz in sich auf und reproduziert sie dann auf dem Klavier, als hätte er sie für dieses Instrument mit seinen ganz bestimmten Eigenarten erfunden. Solche Dinge waren oft seine genialsten Würfe.

Von den Übertragungen der Paganini'schen Capricci und der Berlioz'schen Symphonie fantastique beginnt diese grosse Reihe, sie erreicht in den zweihändigen Einrichtungen von Beethovens Symphonien ihren Gipfel — es sind rechte Klavierstücke geworden, in denen eine volle Partitur durch spezifische Weitgriffigkeit, ein

Mittag'sche Lithographie nach dem Bilde des Grafen Pfeil

schwebender Accord durch gebrochene, vom Pedal gehaltene Harmonien wiedergegeben ist. Das Klavier ist nicht mehr bloss der Träger der musikalischen Bildung, es hat aus dieser Vermittlung eine eigene Kunst gebildet. Die eigene Kunst wird noch ersichtlicher, wo es sich nicht um das Übertragen fertiger Werke, sondern um Paraphrasen über gegebene Abschnitte handelt, die aus ihren Werken erst loszulösen waren. Liszt hat sehr viel Opernfantasien dieser Art gemacht und nicht immer ganz dem Zeitgeschmack widerstanden, der eine charakteristische Melodie ungeniert in Floskeln auflöste

Die junge Sophie Menter

oder ein banges zitterndes Motiv virtuosenhaft auftürmte. Sein Tannhäusermarsch und seine Don Juan-Fantasie beweisen es. Aber die Regel ist doch, dass er nichts gegen den Charakter der zu paraphrasierenden Stelle unternimmt, und dass er, wie am gelungensten in der Rienzi-Fantasie, selbst die Kadenzen und Überleitungen aus dem Wesen des ganzen Stückes empfindet. Er bindet nur diejenigen Teile der Oper in seiner Paraphrase an einander, die in einem inneren Verhältnis stehen; sie wird nun ganz von einer leitenden Idee getragen, und sie verhält sich zu der früheren äusserlich zusammengestellten Opernfantasie ähnlich, wie die symphonische Dichtung zur Symphonie.

Langsamer als Liszt selbst, eroberten sich seine schweren Werke den Konzertsaal. Klara Schumann und Sophie Menter gehörten zu den ersten Mutigen. Heute überschwemmen sie fast die Konzerte, dass man manches Minderwertige mitnehmen muss, was eine ruhigere Zukunft, in der Liszt nicht so sehr durch seine Noten, als durch seine Persönlichkeit fortleben wird, streichen mag. Wie es noch niemals in der Klaviergeschichte eingetreten war, hat er einen ausgeprägten Konzerttypus geschaffen, der oft bis auf — die Haare nachgeahmt wird. Seine Missionäre gingen aus den Kreisen, die er enger oder weiter in den Weimarer Sommermonaten um sich schloss, über die Erdteile. Ihr Ideal ist seine Schöpfung: die vollendete, gedächtnisstarke, technisch und stilistisch ausgeglichene Beherrschung der grossen, vielseitigen Klavierlitteratur,

Clotilde Kleeberg, 1888

Liszt in seinem Hofgärtnerei-Zimmer

Weimar 1884

Carl Filtsch, phänomenales Wunderkind, Schüler von Chopin, starb noch als Knabe

ohne Schranken der Jahrhunderte und der Nationen.

Aus der Liszt'schen Zeit sind die Konkurrenten-Virtuosen auf dem Klavier fast vergessen. Ihr Name schwindet wie ein Schauspielername. Andere kamen an ihre Stelle, Generationen lösen eifrig einander ab. Da war der wilde leichtsinnige Mortier de Fontaine, der zwischen seinen kulinarischen Genüssen als erster gewagt hat, Beethovens op. 106 öffentlich zu spielen. Die Doehler, Dreyschock, Rosenhain, Jaell und Frau, und unter den Frauen weiter Wilhelmine Clauss-Savardy, an Objektivität ihr ähnlich Sophie Menter, die bewegtere Annette Essipoff, dann Gemahlin von Leschetizki, der jetzt in Wien das Zentrum des Klavierunterrichts inne hat. In unserer Zeit Frau Carreño, ein Mann in ihren überzeugenden Interpretationen, und als Gegenstück Clotilde Kleeberg, die sympathische und feinsinnige, echt weibliche Vortragskünstlerin von Schumann und Chopin.

Frau Essipoff war eine Schülerin Anton Rubinsteins, von dem ein Nebenstrom zu den Liszt'schen Allerweltsschülern ausging. Rubinsteins Spiel und Bülows Spiel stellten die Differenzierung dar, die von der klassischen und geistreichen Auslegung der Klavierwerke sich bildete und bilden musste. Rubinstein war der gewaltige Subjektiv-Künstler, der ganz der augenblicklichen Stimmung nachgab und im Moment fortreissen konnte, um einer nachherigen kühlen Kritik nicht stand zu leisten. Bülow aber wurde der grosse Objektive, der Didakt und Ausschäler aller Geheimnisse, der Entwickler auch der verknotetsten Fäden in den letzten Beethovenwerken, die er aus dem Innersten verstand, und bei seinem Spiel hatte der Kopf das wunderbare Vergnügen einer unendlichen, winterklaren Schärfe, ohne dass das Herz noch lange nachher stärker vibrierte. Beide Künstler in ihrer Art ganz fertig und rund, und beide von unschätzbarem Einfluss auf

Bie, Das Klavier. 2. Aufl.

Generationen. Der Impressionist Rubinstein und der Zeichner Bülow hatten jeder die Technik, die ihnen zustand. Jener rauschte und raste, und eine kleine Unsauberkeit war die natürliche Folge des impressionistischen Temperaments; dieser aber zog sorgsam die Fäden aus den Tasten, unter Umständen sie lächelnd seinen Zuhörern weisend und jeder Ton und jedes Tempo standen eisenfest, jede Linie war schon da, ehe sie noch gezogen wurde.

Aufnahme aus dem Jahre 1879

Rubinstein und Bülow waren beide Interpreten-Naturen. Rubinstein hat viel komponiert, Bülow wenig. Jenes ist hohl, dieses bröckelig. In den Kompositionen kamen beide Persönlichkeiten auf eine schiefe Ebene, das Pathos Rubinsteins wurde papieren, die Strenge Bülows Eigensinn. Das beste, was Bülow für Klavier schrieb, war der Klavierauszug vom Tristan, der an Peinlichkeit ohne gleichen ist; das allerbeste aber waren seine Anmerkungen zu Beethovens Sonaten und Variationen. Rubinsteins zahllose Tänze und Nationalreigen spielt

Decker'sche Lithographie des 12 jährigen Rubinstein

Rubinsteins letzte Aufnahme

man wohl, aber man vergisst sie, seine Tarantellen, Barcarolen, Serenaden, Sonaten, Konzerte nehmen von Jahr zu Jahr mehr Wasser an.

Rubinsteins Erlebnisse, seine Petersburger Thätigkeit, sein Pensionsaufenthalt zuletzt in Dresden, sind mehr äussere Veränderungen als innere gewesen. Doch konnte er später mehr seinen gigantischen

Plänen Rechnung tragen. In einem Cyklus von sieben Klavierabenden unternahm er es, ein ganzes Bild der historischen Entwicklung seiner Kunst zu geben. Man weiss, mit welcher Opferwilligkeit Rubinstein konzertierte, und wie ehrlich er das einzige Prinzip verfolgte, das grosse Virtuosen sich materiell stellen sollten: von denen, die es haben, sich seine Kunst so bezahlen zu lassen, dass man sie denen, die es nicht haben, zum Geschenk machen kann.

Bülows Erlebnisse sind andere, sind innere. Sein Wechsel von Wagner zu Brahms wird von jedem Kenner grosser Seelen nicht als Fahnenflucht, sondern als Erlebnis betrachtet werden. In Bülows Natur lag im Grunde nichts Wagnersches, und es mag wohl sein, dass er Wagner niemals anders ansah, als durch die Brille des Konzertes, des Vortrags, der Auslegung, nicht der Bühne, der Sinnlichkeit. Bülow war kein Mensch mit Theaterblut, oder gar mit einem Kopf voll Philosophie der Bühne, er war ein Tüchtiger, ein Arbeiter, ein Lehrer, dem das Lehren so nahe ging, dass er eine zeitlang zugleich bei Raff in Frankfurt und Klindworth in Berlin unterrichtete. Wenn er öffentlich spielte, packte er nicht wie Rubinstein eine Klaviergeschichte in ein paar Abende, sondern er nahm gern einen Autor, er nahm Beethoven und spielte nur die fünf letzten Sonaten, oder

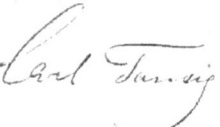

er entfaltete den ganzen Beethoven historisch in vier Abenden. Am liebsten hätte er jedes Stück wiederholt. Dieser grosse Zeichner hasste alle Zwischentöne und Kolorismen, er spitzte seinen Stift sehr sauber und sein Papier war sehr weiss. Wenn er seine Zeichnung hinsetzte, so war es immer eine kleine That, und wen er spielte, der war ein gemachter Mann. Auf den Variationen Tschaikowskis stand oben zu lesen: joué par M. Bülow dans ses concerts.

Lehrer und Virtuose teilen die grossen Pianisten in zwei Gruppen, mindestens in zwei Temperamente. Auch diesen markanten Unterschied prägten die Erscheinungen von Bülow und Rubinstein aus. In allen vollzieht sich die Scheidung nach Naturanlage und nach der inneren Entwicklung. Wohl kommt über jeden Virtuosen zu einer bestimmten Zeit der Wunsch, nur noch im kleinen Kreise lehrend sich zu bethätigen, aber man beobachtet auch andererseits, dass die Entscheidung zum Lehrerberuf in den Künstlern sofort sich einstellt, die keine Öffentlichkeits-Begabung haben oder den Wettkampf nicht aufnehmen wollen, der heute zugespitzter ist denn je. Das Extrem des Virtuosentypus stellt sich in gewissen internationalen Erscheinungen dar, die weniger die Liszt'sche, als die Thalberg'sche Linie fortsetzen. Thalberg hatte schon in den fünfziger Jahren, wie

Der junge Reinecke, nach dem Seel'schen Bilde, berühmtester moderner Mozartspieler, später Direktor des Leipziger Konservatoriums

Henri Herz in den vierziger Jahren, in Amerika und Brasilien konzertiert. Auch Rubinstein besuchte in den siebziger Jahren Amerika. Der wanderlustigste war übrigens der irländische Pianist nnd Komponist Wallace, der — zur Heilung einer Krankheit — Australien, Neuseeland, Indien, Südamerika, die Vereinigten Staaten, Mexiko konzertierend durchreiste, noch lange vor Thalbergs Brasilienfahrt. Heute gehört eine Amerikareise fast zum selbstverständlichen Apparat jedes Virtuosen. Länder wie Frankreich und Italien verschliessen sich von selbst einem grösseren internationalen Virtuosenverkehr, da ihr Konzertleben, und besonders die Klavierkultur, unter der Vorherrschaft der Oper sich niemals so recht entfaltet hat. England heisst, wie vor hundert Jahren, die Grossen des Kontinents herüberkommen und entlässt sie mit Schätzen reich beladen. Als Pianisten in London stehen der Bülowschüler Hartvigson, Borwick und Dawson voran. Russland, vorher eine Kolonie fremder Verschlagener, ist durch Anton Rubinsteins Gründungen in Petersburg und die ähnliche Wirksamkeit seines pianistisch hochgeschätzten Bruders Nikolaus in Moskau zu einem ganz schönen Konzertleben erwacht, in dem die Chancen der beiden Hauptstädte merkwürdig gegeneinander schaukeln. Es konnte nicht ausbleiben, dass in den näheren und ferneren Staaten immer zahlreichere Schüler deutscher oder Pariser Meister sich niederliessen und als Lehrer wirkten. In Amerika kannte man bereits in den sechziger und siebziger Jahren eine grosse Reihe einheimisch gewordener Pianisten, unter denen Wolfsohn durch seine 18 Abende historisch geordneter Klaviermusik, die er 1877 schon in Chicago gab, besonders auffällt.

Der Lisztschüler Tausig, der durch seine strahlende Technik und sein hervorragendes Stilgefühl die Zeitgenossen in Staunen setzte, verschiedene gute Bearbeitungen und allzu virtuosennackte Kompositionen hinterliess, ein geborener Warschauer, starb mit 30 Jahren. Er würde für unsere Zeit eine erste Lehrkraft bedeutet haben. Die Krone unserer Zeit errang sich Eugen d'Albert, 1864 geboren, ein kleiner Mann von Riesenkräften, ein liebenswürdiger Mensch von erstaunlichem künstlerischen Ernst. Dieser Lisztschüler hat Liszts Erbe unserer Generation erhalten. Seine grösste Tugend ist sein klassisches Naturell. In dem Reservoir seines Gedächtnisses ruhen gesichert die ersten Werke von Bach bis Tausig. Nimmt er eines heraus, so nimmt er die Sphäre mit heraus, in der es sich unversehrt erhielt, den Stil seines Vortrags. Das Stück steht fest in seinem Bau, dass auch nicht eine Wendung unorganisch scheint, auch nicht ein Rhythmus zufällig. Der Ernst Brahms'scher Konzerte, das Säuseln der Chopin'schen Berceuse, die Titanengewalt seiner A-moll-Etüde, die Grazie der Liszt'schen Soirées de Vienne, Bach'sche Feierlichkeit berühren sich unter seiner Hand im Konzert, ohne sich das geringste zu nehmen. Es ist die Objektivität, ohne dass man nach Subjektivismen verlangt, es ist die Persönlichkeit, ohne dass man den Rapport mit der Ewigkeit verliert.

Auf ähnlichem Boden als allgemeinere Interpreten sich zu bethätigen, versuchten Reisenauer, der in diesen Jahren sich wieder zu seiner ganzen Bedeutung erhoben hat, Stavenhagen, der nun dem Kapellmeisterberuf sich mehr widmete, aber eben noch mit einem grossen Klavierkonzert in die Öffentlichkeit trat, Frederic Lamond, ein Pianist von weiten ernsten Zielen, als Interpret von Brahms in erster Linie zu nennen, Ansorge, an Intelligenz und Selbständigkeit einer unserer Edelsten. Andere wieder hatten und haben ihre Spezialität: Paderewski, der in England und Amerika angebetete, als zarter empfindsamer Salonspieler, Sauer als geschliffener Bravourpianist, Siloti als Pfleger russischer Klaviermusik, Friedheim als Lisztspieler, der graziöse Karl Heymann, der saubere Bülowschüler Barth, Rosenthal als verblüffender Techniker, J. Weiss als Brahms-Konzertist, Gabrilowitsch, der mit Rubinstein'schen Pferden kutschiert, Wladimir v. Pachmann, der bei aller Übertreibung wenigstens seine Chopin'schen Mazurken mit unleugbarer nationaler Echtheit vorführt, Busoni in seiner überschäumenden Leidenschaft, Lütschg mit seinem starken Handgelenk, als Wunderkind die kleine unerhört musikalische Szalit, welche

Fugen aus dem Kopfe transponiert, Josef Hofmann, der aus einem Wunderknaben zum erschreckend individualistischen Künstler wurde, und das Ehepaar Rée, das das Spiel zu zwei Klavieren mit seiner reichen Originallitteratur von Bach, Mozart, Schumann, Grieg, St. Saëns, Chaminade, Liszt, Brahms, nebst den vielfachen Bearbeitungen, zu einer eigentümlichen harmonischen Kunst ausbildete. Eduard Risler, seit Plantés Erfolgen der erste französische Pianist von Weltruf, ein Schüler des bevorzugten Lehrers Diémer, ist unter allen Jüngeren der Anregendste. Rislers Grösse ist sein unnachahmlich feiner Anschlag. Er hat die delikaten letzten Nuancen gefunden, die sich zwischen den Ton und die Stille schieben. Töne, die nicht anzufangen und nicht aufzuhören scheinen, aus ätherischer Seide gewebt. Wie d'Albert mit dem ganzen Oberkörper spielt, die

Paula Szalit

Tasten sucht und festklammert, die Forzatos emporspringt, die Pianos abschmeichelt, so ist Risler die Statue am Klavier, äusserlich ein Stoiker, aber seine spielerisch gleitenden und sich kreuzenden Finger, sobald sie nur den ersten Accord angeschlagen haben, werden die sensibelsten Fühler einer empfindsamen Seele. In Rislers Auffassung wird das Gewohnte ein verführerisch Neues. Aus der Vogelpredigt Liszts zieht er den letzten poetischen Duft, Beethoven badet er in einem eigenen satten Glanze, und um nicht des Parfüms angeklagt zu werden, legt er mit dem Meistersingervorspiel auf dem Klavier los, dass das Orchester dazustehen scheint und man inne wird, nicht eine schamhafte Weichheit, sondern das aktive künstlerische Erfassen sei es, welches seinem Anschlag diese unvergessliche Seele giebt.

Das Klavierspielen musste bei solchem unerhörten Aufschwung ein Beruf werden, der bald böse verlockte, bald glänzend belohnte. Ein Beruf, der auf einer Seite zu königlichen Reichtümern führte, auf der andern zu jenem grössten Elend, das alle Kunst zur Hälfte ist. Der Zusammenstoss, den die Industrie und die Kunst in unseren Jahrzehnten erfahren mussten, deckte die entsetzlichen Abgründe auf, die zwischen den Forderungen eines Berufes und denen einer Kunst bestehen. Während man in Frankfurter Blättern Annoncen liest, in denen sich eine junge Klavierlehrerin zu zwei wöchentlichen Gratisstunden anbietet, gegen Gewährung des täglichen Vieruhrkaffees in der Familie, giebt der neunjährige Hofmann in New York allein innerhalb dreier Monate 35 Konzerte, bei denen sein Impresario aus einer Gesamteinnahme von über $^1/_2$ Million Mark 200000 Mark einstreicht.

Das Klavier ist ein Lebensfaktor geworden. Diejenigen, welche nicht Klavier spielen, stehen heute ausserhalb einer grossen Gemeinschaft, die dies Hausmittel der Musik kultiviert. In klavierlosen

Eugen d'Albert

Nach dem Bilde von Antoon van Welie

Wohnungen scheint eine fremde Atmosphäre zu sein. Heute brauchen wir das Klavier nicht mehr, wie in den vergangenen Jahrhunderten, aus der Kirche oder dem Theater, aus dem Ballet oder Volkslied, aus dem Kunstgesang oder dem Violinspiel zu erklären; heute ist es im Gegenteil ein wirksames Zentrum geworden, das unserer ganzen musikalischen Bildung die Form — noch mehr, das sogar unserer Musik-Anschauung die Prägung gegeben hat, bei allen Laien und bei vielen Musikern. Ob sich das junge Mädchen die Zeit vertreibt mit dem Chopin'schen Es-dur-Notturno, ob eine falsche Sentimentalität sich an dem Gebet der Jungfrau oder den Klosterglocken aufregt, ob die Walzer von Lanner eine stille Seele erfreuen oder Strauss zum Tanze ruft, ob die eifrige Schülerin ihren gesunden Sport an Cramer'schen, Schmitt'schen, Czerny'schen Etüden treibt, der angehende Virtuose sich nach d'Alberts Muster mechanisch in Skalen übt, während er gleichzeitig neue Noten liest, oder wie Henselt Bach spielt, während er die Bibel liest, ob Dilettanten sich mit dem Klavierauszug Opernfragmente lebendig machen oder ob Künstler wie die Kapellmeister Fischer und Sucher ihre durchlebten Wagnerfantasien darbieten, ob der feine Kenner sich die Genüsse entlegener Klavierlitteratur gestattet oder im Konzert vor Tausenden die Standardwerke der Klaviergeschichte vorgeführt werden, — das sind Kulturdinge, sind Erscheinungen, die ein Bild geben jenes intimer gewordenen Zusammenhangs der Musik mit dem wirklichen Leben, der sich seit

der Entzunftung dieser Kunst so reich und fruchtbar entwickelte und sie auf einen ganz neuen Boden stellte. Freilich, je allgemeiner die Klavierkunst wurde, desto mehr wurde sie wiederum als Beruf ausgenutzt, und desto leichter wurden ihr die Flügel gebunden. Auch unsere Ersten haben aufgehört im Konzert zu improvisieren, nur »Konzertkomiker« besorgen es noch. Und von einer privaten bezaubernden Improvisationskunst, wie man sie von Beethoven und Liszt kannte, hört man heute weniger. Die Konzerte gehören grösstenteils der Vorführung bekannter Werke, die sich oft — wie Beethovens Es-dur-Konzert — bis zur Übersättigung wiederholen. Es wird gelehrt, es wird vorgespielt, aber es kocht nirgends vom Drange des Schaffens. Das Klavierspiel ist ein Weltberuf bis in die äussersten Peripherien des Dilettantismus, der keinen Accord zusammen anschlagen und keine Noten punktieren kann. Eine ungeheure Kette von der kleinen gähnenden Schülerin über die Lehrer, die treppauf, treppab laufen, zu den Virtuosen, die im Winter spielen, im Sommer unterrichten. Mit dem Eifer kommt die Sünde. Nirgends in einer Kunst wohl wird so viel gesündigt, als bei der heute beliebten Wahl des Klavierlehrers. Den Unfähigsten wird aus falscher Sparsamkeit die musikalische Bildung — eine so schwierige und so tiefe Bildung! — anvertraut, und Vermögen werden verschleudert, um die Musik in einem Kinde zu ruinieren. In einem Künstlerblatt las man einmal eine nicht unwitzige Klavier-Satire (als »Gebrauchsanweisung«), die über die Lehrer sich äusserte: Für Anfänger empfiehlt sich die Wahl eines Lehrers — es giebt davon zu allen Preislagen — ganz gute Lektionen erhält man schon für fünfzig Pfennige — Klavierlehrer mit sehr langen Haaren kosten aber auch drei Mark und mehr — für männliche Erwachsene empfiehlt sich die Wahl einer Lehrerin, weil hierdurch Lust und Liebe geweckt wird.

Um dem Lehrdilettantismus vorzubeugen, hat sich in letzter Zeit eine Bewegung gebildet, ungeprüften Lehrern die Anstellung zu versagen. Doch fehlt noch die gesetzliche Regelung. Kullack, Klauwell in Köln, Breslaur in Berlin, der verstorbene Herausgeber der 23 Jahre alten Fachzeitschrift »Der Klavierlehrer«, und andere haben Unterrichts-Seminare für angehende Lehrer eingerichtet. In Köln konnte 1896 von 400 Schülern im ganzen nur 30 die Unterrichtsbefähigung gegeben werden, — ohne dass ein Mittel vorläufig existiert, die anderen am Unterricht zu verhindern.

Man bedenke das Riesenproletariat, das aus unseren Musikschulen hervorgeht. Ein verschwindend kleiner Teil der Schüler darf sich zur Virtuosenlaufbahn entschliessen. Die Hälfte bleibt Dilettant, die andere Hälfte ergreift die Lehrercarriere. Die Überschwemmung ist leicht zu berechnen. Die grösste Musikschule Englands, Guildhall school of Music, hatte bisher 140 Professoren, 42 Säle, 2700 Schüler und wird jetzt auf 69 Säle und 5000 Schüler erweitert sein. Ich habe bei einem Berliner Konservatorium, dem Klindworth-Scharwenka'schen, Stichproben auf den Klavierunterricht gemacht. Die Zahlen mögen nur in kleinen Differenzen ungenau sein. 1895/6 nahmen von 387 Schülern 41 männliche, 208 weibliche blossen Klavierunterricht; 8 männliche, 15 weibliche lernten Klavier neben anderen Fächern. 1896/7 lernten von 383 Besuchenden 40 Schüler, 239 Schülerinnen bloss Klavier, 4 Schüler, 8 Schülerinnen mit anderen Fächern gemischt. Von diesen 247 Schülerinnen sind übrigens ungefähr 43 englischer und amerikanischer Herkunft. Da man im Durchschnitt zweijährige Kurse rechnen kann, gehen also von dieser Schule allein im Jahre über 50 Lehrerinnen in die Welt. Einige von ihnen holen sich vielleicht ein zweifelhaftes Zeugnis in einem teuer bezahlten

Madame Carreño

Berliner Konzert; andere, die sich auf das Virtuosentum spitzen, mögen nach schlechter Erfahrung sich zum Lehrer selbst degradieren. Von der Häufigkeit des Klaviervortrags in Konzerten geben folgende Ziffern eine Vorstellung. Ich habe von neun beliebigen Wochen die wichtigeren Berliner Konzerte gezählt — 159 im ganzen. Darin sind 58 Klavierkonzerte enthalten, teils selbständige, teils mit anderen Vorträgen gemischt, teils durch die Persönlichkeit des Pianisten von Interesse, blosse Liederbegleitung natürlich nicht mit gerechnet.

Die Zahl der Musikschulen vergrösserte sich besonders in den Hauptstädten. Im Ausland schätzt man die Pariser alte Hochschule, die Moskauer und Petersburger Konservatorien, die Academy of Music in London, das Brüsseler Konservatorium unter Leitung des auch als Herausgeber alter Klavierwerke verdienten Dupont. In Deutschland konkurrieren das Hoch'sche (Bernhard Scholz) und Raff'sche (Max Schwarz) Konservatorium in Frankfurt, Stuttgart hat durch den Tod von Lebert und Starck, den Herausgebern der grossen theoretisch-praktischen Schule, etwas eingebüsst, Köln dagegen unter Wüllner an Bedeutung stark zugenommen. In Leipzig hatte einst unter Mendelssohn, Moscheles, Plaidy das Klavierspiel einen ersten Platz; neue technische Versuche, wie mit dem Pedalklavier (Fusstasten für tiefe Töne) wurden bereitwillig zugelassen, wie auch in unseren Tagen die Jankoklaviatur; aber mit dem reaktionären Verfall dieser Schule hat auch ihre geistige Bedeutung für die Klavierkunst merklich nachgelassen. In Berlin erfuhr die Königliche Hochschule (Barth, Raif, Rudorff, und andere) ein ähnliches Schicksal. Private Schulen traten in den Vordergrund: Tausigs Schule für höheres Klavierspiel (von 1866—70), aus der auch Joseffy in New-York und Robert Freund in Zürich hervorgingen; die von Theodor Kullak begründete Neue Akademie, die sein Sohn Franz durch ein anderes Institut ersetzte; das Stern'sche, jetzt von Gustav Holländer geleitete Konservatorium mit Jedliczka; die Klindworth'sche Schule, an der zeitweilig Bülow und Moszkowski thätig waren; das Scharwenka'sche Konservatorium mit Ansorge, Wilhelm Berger, Xaver Scharwenka, das mit dem Klindworth'schen Unternehmen vereinigt wurde.

Wie die praktischen Schulen, sind die theoretischen ins Unermessliche gestiegen. Ich nenne als die bemerkenswertesten Erscheinungen die von Bischoff neu herausgegebene Adolph Kullak'sche »Ästhetik des Klavierspiels«, ein einzigartiges Buch in der Vertiefung der Theorie des Klavierspiels, wie sie sich durch jahrhundertelange Erfahrung und durch die eigenen sorgsamen Beobachtungen des Verfassers gestaltete, — Hugo Riemanns Vergleichende Theoretisch-Praktische Klavierschule, System, Methode und Materialien in einer historischen und organisatorischen Zusammenstellung darbietend, — und unter den zahllosen Schulen und Übungswerken die verschiedenen einsichtigen Arbeiten Germers, Mertkes, Pischnas und die dreibändige Klavierlehre von Weckenthin. In dem grossen Studienmaterial herrscht eine Spezialisierung, die Czernys Etüden in noch engere Kanäle fortleitet. Eschmann konnte in seinem, jetzt von Ruthardt überarbeiteten Wegweiser durch die Klavierlitteratur 44 Rubriken aufstellen, nach den verschiedenen technischen Spezialitäten, in die er das gesamte Etüdenmaterial einteilte. In den gedruckten Klavierschulen selbst ist eine Systematik, die an die Organisation wirklicher Schulen erinnert. Es giebt höhere Schulen und Elementarschulen, Universitäten und Privatunterricht, und innerhalb der Anstalten wieder die ganze Stufenfolge von Klassen. Das ganze grosse existierende Notenmaterial ist von pädagogischen Gesichtspunkten untersucht worden, der oben erwähnte »Wegweiser« ist der ausführlichste und solideste Versuch einer solchen Gesamtübersicht für Lehrzwecke. Zwei Grundsätze treten in der neuesten Wendung der Schulpraxis besonders hervor. Einmal die systematische Durchführung — nicht mehr bloss einer musikalischen Mechanik der Hand,

sondern geradezu ihrer turnerischen Gymnastik. Es war der natürliche Fortschritt, der die Lehren Czernys weiter führte. Die Hand wird — Thilo, Virgil, Stoewe und andere haben ihre Systeme ausgebildet — durch Turnen der Finger, Spreizen der Gelenke für das Klavierspiel fähig gemacht und ein grosser Teil der gymnastischen Durchbildung wird erledigt, ehe die eigentlich musikalische Thätigkeit beginnt. Dabei haben sich die stummen Klaviaturen, die heute mit grossem Raffinement (Kontrolle des Legato, verschiedene Anschlagsschwere) gebaut werden, besonders nützlich erwiesen. Der zweite Grundsatz ist die Individualisierung des Unterrichts auf die gegebene Hand des Schülers. Es geht nicht an, für alle Hände gemeinsame Übungen vorzuschreiben, da der einen dies, der anderen jenes not thut. Derselbe Prozess vollzieht sich im modernen Gesangsunterricht, wo man sich immer mehr dazu bekennt, die Stimmbildung nicht auf dem Allerwelts-A vorzunehmen, sondern auf demjenigen Vokal, der dem Organ des Betreffenden am reinsten und natürlichsten gelingt. Leschetizki geniesst den Ruhm, der sicherste Individualist der Hände zu sein.

* * *

Die Tastenanordnung ist eine heilige Überlieferung von Jahrhunderten. Sie projiciert das Tonsystem als Skala in die Breite und erscheint als der naturgemässe Ausdruck einer melodischen Musikanschauung. Dabei hat sich die Verteilung der Unter- und Obertasten nach einem gewissen theoretischen Prinzip vollzogen, das die Verschiedenheit der Lage unserer Tonleitern über die Ober- und Untertasten etwas verwickelt erscheinen lässt. Unsere Tastatur ist ganz auf die C-dur-Skala gebaut, die nicht leitereignen Töne sind nach oben geschoben und sehen inferior aus; daher haben alle anderen Skalen ein bizarres Bild und einen oft gewaltsameren Fingersatz. Seit dem 17. Jahrhundert ist aber die Musikanschauung aus einer melodischen allmählich eine harmonische geworden, wir hören auch vertikal statt nur horizontal, wir hören die Schönheit aller Accorde als Zusammenklang und legen selbst unbewusst unter jede Melodie ihre Harmonien. Es wäre natürlich gewesen, wenn die Tasteninstrumente dieser veränderten Musikauffassung sich angepasst und die breit projizierte Skala zu Gunsten harmonischer Bequemlichkeiten aufgegeben hätten. Jedoch ist nichts langsamer als ein Entschluss, schulmässig gepflegte Technik von Grund aus umzuwälzen, da keiner den plötzlichen Bruch

und plötzlichen Anfang machen will. Frühere Versuche hatten schon das Monopol der C-dur-Skala aufzuheben begonnen und eine reguläre chromatische Tonleiter von zwölf gleichen Tasten geschaffen. Jetzt hat Paul von Janko dieses System dadurch verbessert, dass er jede reguläre chromatische Reihe dreimal terrassenförmig übereinander wiederholte, sodass nicht nur weitere Griffe, sondern auch ohne grosse Handbewegung eine überraschende Vollgriffigkeit und Passagenfertigkeit zu erreichen ist. Dieses engere Zusammenrücken der Töne unter Aufhebung des C-dur-Tastenmonopols bezeichnet einen entschiedenen Fortschritt im Sinne der modernen Musikanschauung. Sie scheint noch einen Kompromiss darzustellen zwischen der alten Skalentastatur und einer zukünftigen, auf harmonisches Denken gebauten Anordnung der Tasten. Die Jankoklaviatur beginnt ganz langsam Anhänger zu gewinnen. Grosse Fabriken, wie Ibach, Duysen, Kaps, Blüthner liessen sich darauf ein. Hausmann in Berlin, Wendling in Leipzig sind ihre Hauptpropagandisten. In Amerika erzählt man sich von besonderen Erfolgen. Allein durch Fortbildung einer solchen neuen Tastatur, die sich die Ansprüche moderner Musikanschauung vollkommen klar zu machen hat, wird es möglich sein, neue Klangwirkungen dem Klavier abzugewinnen, dessen letzte Fähigkeiten in seiner jetzigen Gestalt durch Liszt erschöpft scheinen.

Indessen ist der Bau der Instrumente zu einer beispiellosen Vollendung fortgeschritten. Hundert Jahre sind es erst her, seit Stein seine mühsamen handwerklichen Versuche am neuen Fortepiano anstellte. Heute ist ein Netz von Fabriken über die Welt ausgebreitet, in denen eine Unzahl tadelloser Instrumente hergestellt wird, die alle Erfahrungen in Holz- und Saitenbehandlung sich zu nutze gemacht haben. Die modernen Klaviere haben das Ideal des Hammermechanismus bereits so vollkommen erreicht, dass man sich nach den vergessenen Klängen des Cembalo zurückzusehnen beginnt. In Paris haben diese Bestrebungen in Diémer, der auf Clavecins seinen Couperin spielt und daneben der Oboe d'amour und der Viola da gamba im Kammerkonzert neuen Ruhm schafft, ihre hauptsächlichste Stütze, schon fängt man an, Kielflügel zahlreicher neu zu bauen und in ihrem süssen Rauschen eine reaktionäre Sensation gegen die Allgewalt des Pianofortes zu suchen.

Es ist nicht mehr möglich, die Klavierfabriken beider Hemisphären zu übersehen und alle Neuerungen zu registrieren: der wichtigste moderne Fortschritt lag in der Einführung des Eisens ins Klavier, besonders des eisernen Rahmens, der die dauerhafte gute Stimmung allein garantieren konnte. Die Zeiten sind vorbei, da ein Klavier noch während des Konzertes gestimmt werden musste. Man datiert die Einführung des Eisens auf 1820, durch William Allen, der bei Stodart in London arbeitete. Verwickelte Patente verdunkeln hier die Geschichte der allmählichen Vervollkommnung, genau wie bei der Erfindung der kreuzsaitigen Bespannung, die von mehreren in Anspruch genommen wird. Ein nicht zu unterschätzender Vorteil ist auch die moderne Verlängerung der Tasten, die eine gleichmässigere Abnutzung und eine nuanciertere Anschlagsart ermöglicht. Die Mechaniken, die jetzt gebräuchlich sind, zerfallen in drei

Aufrechtes Hammerklavier, italienisch, Anfang des 19. Jahrh.
Die zwei Pedale: Dämpferaufhebung und »Jalousieschwellung«. Reiche
Einlegearbeit. Eingravierte Kronen auf den Tasten-Vorderplättchen
Sammlung de Wit, Leipzig

Gattungen, die sich allmählich entwickelten und vielfach variiert wurden: die einfache Auslösung, die sich langsam aus Cristoforis System vervollkommnet hat und die man jetzt »englisch« nennt. Dann die doppelte Auslösung, von Erard in Paris eingeführt, von Herz verbessert, die ein nochmaliges Anschlagen ermöglicht, ohne die Taste ganz heben zu müssen, daher »Repetitionsmechanik Endlich das besondere System für die aufrechtstehenden Klaviere, die wir Pianinos nennen, das auf Wornum zurückgeht, nachdem John Isaac Hawkins, ein Anglo-Amerikaner, die Grundlagen davon schon 1800 sich hatte patentieren lassen. Doch hat es aufrechte Klaviere älterer Systeme zu jeder Zeit gegeben. Das alte Tafelklavier verschwindet, der Flügel hat die gestutzte Salon- oder die grössere Konzertform. Bösendorfers »Imperial« scheint das grösste existierende Klavier zu sein: fast 3 Meter lang und 8 Oktaven breit. Die Befilzung der Hämmer, das Herstellen der Saiten aus Gusstahl, das Umspinnen der tieferen mit Kupfer, das Steinway'sche dritte Pedal, das einzelne Töne ohne Störung der anderen aushält, die Benutzung »sympathetisch« mitschwingender Saitenteile oder hinzugefügter Saiten (Blüthners Aliquotklavier), seien noch vom technischen Gesichtspunkt genannt. Die Bechstein'sche Fabrik in Berlin steht an der Spitze der deutschen Fabrikation; Duysen, Blüthner, Schiedmayer und Söhne, Irmler, Westermayer, Kaps, Ibach und zahllose andere, Bösendorfer in Wien, Knabe in Baltimore und Steinway in New York (die die Chickering'schen Klaviere in ihrem Weltruf ablösten) besorgen den Bau ausser den vielen älteren fortbestehenden Firmen. Bechstein, der fundamental sichere, und Steinway, der patentiert vollklingende, sind die beiden Wetteiferer um den Lorbeer unserer Epoche.

Henry Engelhard Steinway, ein geborener Braunschweiger, begann in den fünfziger Jahren sein New Yorker Geschäft in sehr kleinen Verhältnissen. Ein dreistöckiges Hinterhaus als Fabrik, und ein Klavier in der Woche fertiggestellt. 1859 schon baut die Firma ein grosses Etablissement, das jetzt nach mehrfachen Vergrösserungen 175140 Quadratfuss umfasst. Die Produktion stieg gewaltig, zahlreiche Patente wurden auf Verbesserung des Resonanzeffekts und der Volltönigkeit aufgenommen, das 25000te Klavier kaufte 1872 Kaiser Alexander III., das 50000te 1883 Baron Nathaniel v. Rothschild in Wien. Ausser der Fabrik besitzt die Firma in Astoria grosse Lagerplätze, deren Holzvorrat auf nicht weniger als 7 Millionen Quadratfuss angegeben wird. Ebendort sind die Werften, Bassins, Mühlen zum Sägen und Fournieren, Giessereien, Fabriken für Metallbestandteile, Mechaniken, Holzbiegen, Schnitzereien untergebracht. Von Astoria kommen die Teile in die New Yorker Fabrik, wo sie zusammengesetzt werden, um dann in der Steinway-Hall an der

14. Strasse als fertige Instrumente zum Verkaufe zu stehen. Über 90000 Nummern wurden bisher gezählt, von denen ein Teil durch die Londoner und Hamburger Filiale nach Europa vermittelt wurde.

Bechstein hat eine ähnliche Teilung vorgenommen in zwei Fabriken, von denen die eine, vorstädtische zur Herstellung der Teile und zur Trocknung des Holzes, die städtische zur Zusammensetzung

Bechstein'sches Pianino in englischem Stil

verwendet wird und mit dem Magazin verbunden ist. Auch Karl Bechstein begann in den fünfziger Jahren in kleinen Verhältnissen, und ebenso gründete er 1860 schon seine grosse Fabrik in der Johannisstrasse. 1880 erwarb man den ersten Abschnitt des vorstädtischen Terrains, auf dem heute vier Fabriken stehen. Der ganze siegreiche Glanz moderner Technik liegt über dem Etablissement. Die Quarantäne, die das Holz in den Höfen, dann den Trockenräumen, den Lagerböden, und schliesslich in geleimtem Zustande auf den Repositorien der Fabriksäle durchzumachen hat, ehe es endlich verwendet wird, ist eine grandiose Bürgschaft seiner Brauchbarkeit. Zwei wichtige Räume stehen unter Dampfkraft: Die Hobelei, wo erschreckend gewaltige Maschinen Böden und Deckel in Einem glätten, dass die Spähne — wie in einer Schlacht des Holzes — zentrifugal herumsausen, um durch Exhaustoren der Heizung zugeführt zu werden; und die Schlosserei, wo von der Bohrung der Gussrahmen bis zur Herstellung der Schrauben das Eisen in seiner zermürbenden Thätigkeit wahrhaft frohlockt. Dann, in den höheren Stockwerken, in den weiteren Fabriken, beginnt sich allmählich aus den rohen Teilen das Klavier zusammenzufügen. Die Mechanik wird von einer getrennten Fabrik geliefert, die Nürnberger Saiten werden gesponnen, die Wände der Flügel in zwölf bis zwanzig Holzdickten zusammengeleimt, der Rahmen bronziert, das Holz fourniert, die Ornamente aufgelegt, jedes Schräubchen, jede Achse mit seltener Liebe behandelt, bis das Instrument seine Sprache bekommt und in isolierten Räumen auf die letzten Feinheiten geprüft wird. Nach Fertigstellung des letzten Fabrikgebäudes rechnet man auf eine jährliche Produktion von nicht weniger als 3500 Instrumenten, an denen über 800 Arbeiter beschäftigt sein werden. Das Verhältnis der Flügel zu den Pianinos ist 3:4, ein Beweis für die ungeheure Verbreitung des Pianinos, das als Möbel so leicht zu placieren ist, aber selbst in seinen besten Exemplaren dem Musiker die Tonfülle und Resonanzfähigkeit eines Flügels niemals ersetzen kann. Dabei ist die Nachfrage nach Bechstein'schen Instrumenten grösser, als sie von der Fabrik erfüllt werden kann. Es ist interessant, dass die Hälfte der Bechstein'schen Klaviere durch die Londoner Filiale nach England und den englischen Kolonien geht, während Deutschland, Österreich, Russland, Italien, Spanien, Südamerika sich in die andere Hälfte teilen. Bei Weltgeschäften ist solche Einsicht in die Bücher keine Reklame mehr, sie ist eine notwendige Statistik des ganzen Betriebes.

So lange das Klavier ein Instrument für mehr oder weniger begabte Musiker war, hatte es sich selten die Frage vorzulegen, die heute, wo es allgemeines Gesellschafts-Vergnügungsmittel geworden ist, im Vordergrund steht: seine Behandlung als Möbel. Das Tafelinstrument hat ja nur einige Teile, nämlich die unteren Extremitäten, an denen der Stil der Zeit zum Ausdruck kommen konnte. Die Füsse und die Fussstege waren zur Zeit der Ruckers barock, wie sie zur Zeit der Streichers Empirecharakter und heute Renaissanceformen annahmen. Der übrige Körper war durch die gegebenen Naturformen in seinen Hauptlinien bestimmt und hat sich in architektonischer Beziehung im Lauf der Jahrzehnte wenig verändert. Das Klavier war in der glücklichen Lage, schon in den Zeiten, da man noch nicht das feine Gefühl für konstruktive Logik hatte, ein Bau zu sein, der aus seinem Zweck die schönste Form gewann. Mit seinen

Bechstein'scher Prachtflügel »Rheingold«, 1896

reizvoll gebogenen Wänden und seiner natürlichen und doch so charakteristischen Gestalt stand der Flügel in mancher Einrichtung der trockenen fünfziger oder der protzigen achtziger Jahre als einziges ehrliches und gesundes Stück, in mancher zerbrechlichen und illusorischen Wohnung als einziges solide gefügtes und sorgsam durchgearbeitetes Möbel. Das Pianino dagegen, welches leider zu oft nichts als ein Möbel sein soll und mit seinen verkleidenden Holzwänden dem Modegeschmack nur allzu viel Platz bietet, ist tief in die Stilwirtschaft versunken und bis heute noch nicht ganz aus diesen lügnerischen Einflüssen befreit worden. So lange es bestand, hat es zweifelhaften künstlerischen Experimenten ein Feld dargeboten. Bald ist es ganz als Büffett behandelt worden, bald nur als ägyptische Pyramide, bald als Altar mit figürlichen Malereien, bald als Versuchsstätte ominöser Blümchen-Marqueterien. Ein Pianino, das sein Wesen charakteristisch herausbringt und ohne Grimassen seine Form entwickelt, ist der englische, von Bechstein in den Handel gebrachte schlichte Typus, dessen Füsse sich über die Klaviatur hinaus sehr geistvoll als Lichterträger fortsetzen. Die moderne dekorative Bewegung beginnt auch hier ihre Korrekturen vorzunehmen.

Unangenehme Dinge gingen vor sich, wenn der Flügel zu kunstgewerblichen Versuchen reicherer Gattung benutzt wurde. Schreiend treten dann die Widersprüche seiner schlichten Form und der Ornamentenprotzerei hervor. Frühere Zeiten sahen wohl ein, dass die Flügelwände und -Decken am besten als Flächen gelassen und mit Malereien geziert werden. Heute aber sind die Fälle zahlreicher geworden, in denen besonders reiche Flügel mit plastischem Zierrat in allen Stilen, mit Säulen, Reliefs, Masswerk, Fialen und Krabben so sorgsam belegt werden, dass man über die vergebliche Arbeit nur lächeln kann. An der überreichen Rokokoverzierung, die ein früher von Bechstein für die Kaiserin Friedrich in einen bestimmten Raum gearbeiteter Flügel darbot, wird ein verwöhntes Auge heute keinen Gefallen mehr finden. Erträglicher sind die mit Malereien stark versetzten Prachtflügel, an denen in Deutschland Max Koch in erster Linie beteiligt ist: das Wagnerbemalte Klavier für den Fürsten von Anhalt-Dessau, oder das Rheingoldklavier (beide von Bechstein), das die Rheintöchter zu Füssen hat, mit einem Wellenornament an den Wänden und mit geschnitzten Schilfblumen am Deckel verziert ist: eines der interessantesten Monstreklaviere, die in letzter Zeit gebaut wurden. In England ist Alma Tadema der gesuchteste Klavierbemaler geworden. Für Henry Marquand in New York stellte er ein bemaltes und edelsteingeschmücktes Instrument her, das auf 15000 ₺ geschätzt wurde. Sein eigenes Klavier ist dadurch, dass in der Art mittelalterlicher Mosaiken eine kostbare Flächen- und Intarsienverzierung gewählt worden ist, recht ansehnlich geworden — das berühmte Stück hat unter dem Deckel gerahmte und verzierte Pergamentstreifen, auf denen sich Liszt, Tschaikowski, Gounod und andere einschrieben. So kam es auch auf die Taxe von 2500 ₺. Ein für Carmen Sylva in London gebautes Klavier erhielt Füsse aus Elfenbein. Vielleicht wäre eine diskrete Ebenholz- und Elfenbeinverzierung, die doch von der Erscheinung der Tasten ausgeht, unter Beachtung des vornehmen Flächencharakters aussichtsvoller als aller Belag mit Rokoko und Gotik. Die Elefanten sind ja nun einmal stark für das Klavier engagiert. Zu den jährlich in 170 Londoner Pianofabriken hergestellten 90000 Instrumenten sind 10000 Zähne erforderlich.

* * *

Die Klaviere sind begehrter geworden, seit die Kompositionen dünner wurden. Der Markt ist freilich reichlich besetzt. In einem Jahre erscheinen über 2500 zweihändige Klavierhefte, an 2000 Liederhefte mit Klavierbegleitung, über 250 vierhändige Hefte, an 300 Hefte für Klavier und Violine. Darunter figurieren viele Neuausgaben älterer Werke, die heute schon eine ganze Litteratur bilden. Das Verarbeiten des durch die Geschichte überlieferten Materials, wie es dem Berufe des modernen Pianisten seinen Charakter giebt, spiegelt sich darin wieder. Wir haben ausgezeichnete Ausgaben, wie die Berliner »Urtexte«, den Steingräber'schen Bach von Bischoff, die Klindworth'schen Chopins bei Bote & Bock, die Bischoff'schen und Neitzel'schen Schumanns, die Bülow'schen Beethovensonaten. Breitkopf & Härtel haben ihre Volksbibliothek aufs Weiteste durchgeführt. Ihren Klavierverlag stellten sie in einer einheitlichen Klavier-Bibliothek zusammen, die bald 10000 Bände umfassen wird. Ja, man kann die Mondscheinsonate heute schon für 10 Pfennig haben. Und dennoch muss man sagen, dass wirklich schöne, bibliologisch wertvolle Ausgaben nicht zu finden sind. Eine Ausgabe in künstlerisch feinem Umschlag, auf starkem Papier, in elegantem Stich, nur nach dem besten Original hergestellt, ohne alle instruktiven, aber grässlich verunzierenden Fingersatz- und Phrasierungsbezeichnungen, dabei ohne jede Störung zum Umwenden gut eingerichtet, und für vollendete typographische Bilder auf jeder Seite berechnet — warum giebt es keinen solchen Beethoven, während es Klaviere für eine Viertel Million giebt?

Wo sich der historische Zug so bemerkbar macht, pflegt das naive Schaffen nachzulassen. Seit der Mitte des Jahrhunderts ist viel und viel Tüchtiges für Klavier geschrieben worden, aber man muss gestehen, dass alles schliesslich epigonenhaft geblieben ist und keine Persönlichkeit, eine durchbrechende Persönlichkeit wie Chopin, Schumann oder Liszt sich zu erkennen gegeben hat. Fast alle moderne

Produktion popularisiert die Wege Liszts, oder hält sich in einer anständigen Mitte zwischen Chopin und Schumann. Ferdinand Hiller begann die unendliche Reihe dieser Eklektiker. Der letzte der Knorrigen aber war der alte Alkan, ein einsam lebender, vergrabener, schrulliger, interessanter Kerl, 1813 in Paris geboren, wo er stecken blieb, einer der vielen Schüler des bescheidenen, aber wirkungsreichen Zimmermann. Bülow schätzte seine Sachen und reihte ihn auch in die Skala der von ihm empfohlenen Etüdenmeister ein. Aus seinen Stücken, meist Etüden und Préludes, spricht eine urkräftige, realistische Berlioznatur. Zwischen Chopin und Liszt vermittelt er in seiner Art. Nummern, wie das originelle op. 39, I vergisst man nicht leicht. In den zwölf Etüden, die Fétis gewidmet sind, findet man als siebente eine für ihn äusserst bezeichnende Chopinballade im Berliozstile, mit Pauken, Quintenfolgen und den eigenartigsten harmonischen und orchestralen Effekten. Im »Allegro barbaro« der fünften Etüde lässt er seiner Neigung zu exotischen, national gefärbten Wendungen freiesten Lauf. Dann wieder operiert er mit gespenstischen langen Unisonos oder mit schneidenden kletternden Nonen. Durch und durch Romantiker liebt er es nicht bloss mit Worten wie Mors mitten in die Stücke erklärend hineinzufahren, sondern er hat auch wohl die originellsten Titel gefunden, die je eine associative Klaviermusik sich gefallen liess: Pseudonaiveté — Fais Dodo — Héraclite et Démocrite — Chemin de fer — Odi profanum vulgus — Morituri te salutant. Seine Technik ist von talmudischer Schwierigkeit.

Eine ganze Reihe von etüdenspielenden oder stückchenmachenden Romantikern reicht aus jener Zeit in unsere hinüber. Zuerst der sinnige Volkmann und der allzu miniaturhafte Kirchner, der richtige Mann der Albumblätter, der es in seiner Schumannverehrung bis zu neuen Davidsbündlern« und dem neuen »Florestan und Eusebius«

brachte. Adolf Henselt, der eine wunderbare Dehntechnik ausübte, ist durch sein nicht langweiliges F-moll-Konzert und durch die Etüden op. 2 und 5, darunter die vielgespielte vom Vöglein, heute noch geschätzt; sein Domizil wurde Petersburg. Stephen Heller, in Paris domizilierend, hat an 149 opera geschrieben, fast nur für Klavier — nicht mehr als eine gemeinfassliche Vereinigung von Schumann, Mendelssohn und Chopin. Viel Wasser fliesst darin, aber man stösst auch auf recht lohnende Einfälle. Seine oft gespielten Saltarellos, Tarantellen, die dankbare Forellen-Fantasie, die

St. Heller   Ferd. Hiller   Ad. Henselt

guten Waldscenen, Ständchen, Spaziergänge eines Einsamen sind im Zeitgeschmack; wichtiger war seine hübsche Idee in den Freischützstudien, Opernmotive und Etüdenarbeit in organischer, poetischer Einheit zu verbinden.

Die kleinen Romantiker und Romanticisten arbeiteten in Paris emsig weiter. Eine Gruppe fruchtbarer Klavierkomponisten führt diese Gattung bis in unsere Tage hinüber. Fauré, Widor, Vincent d'Indy, Chabrier, César Franck, Dubois, Cécile Chaminade, Paul Lacombe sind die ersten Namen. Die Salonromantik, die in den Stücken der Chaminade leider oft auf einen zu seichten Boden gerät, mischt sich mit einem mendelssohnisch-klassicistischen Zug, der in der Toccata derselben Cécile Chaminade und in Lacombes Toccatina sehr hübsche

Tschaikowski

Proben hervorbrachte. Die Litteratur zu zwei Klavieren besitzt in Chabriers Romantischen Walzern ein geistvolles, nicht gewöhnliches Werk. César Francks symphonische Variationen, ernst und trocken, und die Konzerte St.-Saëns', in der effektvollen Technik interessanter als in ihrem Inhalt, ragen aus der Orchesterklavier-Litteratur hervor.

Eine ähnlich bedeutsame Gruppe bilden die Russen. Sie werden geführt von dem durchaus sympathischen und innigen Tschaikowski, den Bülow nicht zu Unrecht mit seiner besonderen Liebe beehrte. Die Variationen Tschaikowskis sind eines der gediegensten modernen Klavierstücke, und das Bülow gewidmete B-moll-Konzert hat einen unleugbaren fortreissenden Schwung. Seine Sonate ist nicht nur durch die Verwendung nationaler Themen, sondern namentlich durch die nationale Färbung der Zwischenteile, bis in die schattengebenden Figuren, eines der seltsamsten Stücke für Klavier geworden. Leichter und populärer hielt er sich in seinen zahlreichen Salonwerken, die stets durch eine geistvolle Wendung, eine ungewohnte Harmonie belohnen. Die Schar der älteren und jüngeren Neurussen bewegte sich in diesen selben dankbaren Bahnen weiter: Borodin, Cui, Liadoff, Rimsky-Korsakoff, Mussorgsky, Glazounow, Naprawnik, Arensky, Scriabine. Dvorak's Bedeutung liegt mehr in der Konzertlitteratur, der Kammermusik und dem Vierhändigen: Slavische Tänze, Legenden, Aus dem Böhmerwald.

Eine dritte Gruppe bilden die Skandinavier, die nicht bloss in Dichtung und Malerei, auch in der Musik um die Mitte des Jahrhunderts für Europa von Wichtigkeit wurden. Nur dass sie die Angeregten blieben. Der Führende ist hier Grieg, der ein vielgespieltes Konzert schrieb, op. 16, das trotz gewisser Bizarrerien einen sehr flüssigen und gemeinfasslichen Verlauf nimmt. Seine Themen sind

Johannes Brahms

Nach einer Amateurphotographie von Marie Fellinger, Wien

rechte Beispiele für eine Musik, die nicht erlebt, sondern erfunden ist. Allerlei Variationen und hübsche Einzelstücke halten sich in derselben angenehmen Mitte zwischen Schlichtheit und Interessantheit. Sie sind markanter immerhin als Gades mendelssohnhafte Aquarellen, Idyllen und Fantasiestücke. Lange nicht so bekannt, aber bedeutend echter und tiefer als Grieg ist Halfdan Kjerulf, dessen Sachen man neuerdings öfter herausgegeben hat. Unzählige Stückchen in der nachromantischen Art, aber von packendem Geist und, was das grösste Lob für einen Romantiker ist, von Schubert'schem Gemüt. Unter den Späteren sind Ludwig Schytte und Sinding (vierhändige Suite op. 35) keine allzu neuen Wege gegangen; Stenhammer, auch als Virtuose bemerkenswert, hat Werke von markiger Physiognomie geliefert, die heute unter den ersten rangieren dürfen.

Italien hat in Sgambati seinen hauptsächlichsten Vertreter gefunden, dessen Schulung die romantische ist. Bosso, Longo und Polleri stehen ihm nahe, während Floridia mehr nach Frankreichs graziösem Stil gravitiert.

In England und Amerika sind in letzter Zeit als Kleinromantiker Graham Moore, der von Trivialitäten nicht ganz frei ist, und Mac Dowell hervorgetreten, der feinsinniger erfindet und ein sehr anständiges Klavierkonzert geschrieben hat. Deutschland dagegen darf sich immer noch rühmen, die Hegemonie zu besitzen.

Aus der Gruppe der deutschen Nachromantiker, die in Franz Brendel einen besonders fruchtbaren Komponisten von programmierten Stimmungsbildern besass, lösten sich zwei wichtige Persönlichkeiten los. Adolf Jensen wurde der Erbe der Schumann'schen Empfindung, Johannes Brahms der Erbe Schumann'schen Musiksatzes. Der sympathische Jensen, dessen Satz die Grenze hält zwischen Chopin und Schumann, hat in seinen scharf geschnittenen und prächtig durchgearbeiteten Suiten, in den feinempfundenen Wanderbildern und Idyllen, in dem eigenartigen Erotikon, das die verschiedenen Gattungen der Liebe in einzelnen Sätzen charakterisiert, in der vierhändigen liebenswürdigen und gehaltvollen Hochzeitsmusik Klavierwerke hinterlassen, die nicht vergänglich sein werden. Brahms aber erbte von seinem Patron Schumann nicht die Jugend, dieses selige Dichten und Sinnen, sondern die Mannesjahre, in denen die Musik eine absolute, in sich selbst gegründete Welt wurde. Den Tonsatz, der das unberührte Spiegelbild sich webender Klänge darbot, pflegte er ohne jede Spur virtuoser Anwandlung, ohne jede Ahnung einer Konzession an das Verständnis der Nicht-Tiefmusikalischen. Seine

Sonaten und Konzerte, das sprühende Scherzo op. 4, die Variationen über das Händelthema, vor allem die Paganinivariationen, ein Klavierbekenntnis von klassischer Grösse, die Balladen, Rhapsodien, die Etüden, selbst die vierhändigen Walzer und die einzig dastehenden Liebesliederwalzer für vier Hände mit Solostimmen — es ist in dieser Zeit wenig Musik geschrieben worden, die so frei von der geringsten

Prostitution wäre. Knorrig, abweisend unter Umständen, selbst im Lächeln nicht sehr dankbar, sucht sie keine Proselyten zu machen; aber wen sie als Freund gewinnt, den hält sie fest und gestattet ihm

den seltensten Genuss, den kühlen Lauf aristokratischer Linien in ruhigem Entzücken zu verfolgen.

Diesen beiden Echten steht Joachim Raff als Eklektiker gegenüber. Man hat sich gewöhnen müssen, ihm daraus keinen Vorwurf zu machen, denn niemand erfuhr das Elend der Kunst bitterer. Seine grosse Hinterlassenschaft an Klaviersachen wird wenigstens

ein gutes Zeitbild geben, in dem sich die gemeinsten Forderungen der Kunsterpressung mit den seelenvollsten Schreien so mischen, wie sie sich nur heute mischen. Es ist ein langes Register der Tugenden und Sünden von der unglückseligen Polka de la Reine zu den Sonaten, die für Klavier allein und besonders mit Violine ihm in ergreifender Grösse gelangen; von den entzückend graziösen Suitensätzen zu der Gartenlaubenromantik seiner lyrischen Gesänge. Und über allem liegt die Not des Tages. Stückchen für Stückchen ist Tag für Tag gearbeitet, und die Nähte reissen.

Unter den lebenden Deutschen kann man im allgemeinen dieselben zwei Hauptgruppen unterscheiden: die Künstler des ernsten, sich selbst genügenden Tonsatzes, und die Poeten in dem leichteren nachromantischen Genre. Rheinbergers gediegene Sonate und kleinere Klavierstücke sind die reinsten Vertreter einer mehr absoluten Musikauffassung und gar sehr achtenswert. Reinecke's Variationen und Fugen, die Werke Kiel's, Herzogenberg's Arbeiten, Huber's 4 händige Präludien und Fugen würden in dieselben Klasse gehören. Auch Richard Strauss ist in seinen ersten Jahren mit einigen nicht gewöhnlichen Klaviersachen herausgekommen, besonders einer kernigen Burleske für Orchester und Klavier, die eine starke absolute Musikempfindung verrieten. Wilhelm Berger tritt unter den Jüngeren auffällig hervor in ähnlichen ernsten und soliden Bestrebungen, die sich wie der Mittelteil seiner hervorragenden Variationen für zwei Klaviere nur vor allzu weitgehender Beredsamkeit hüten müssen, welche die Klippe alles absoluten musikalischen Empfindens ist.

Eugen d'Albert hat eine Brahmsische Natur. Sie zeigt sich am deutlichsten in den acht massiven Klavierstüsken seines op. 5, die in einer innerlichen Musik leben und darin unter die ehrlichsten Früchte moderner Klavierlitteratur zu zählen sind. Diese Neigung zur absoluten Musik kam schon in seinem op. 1, der sehr unterhaltenden Suite, zum Ausdruck und hat in einigen Bachbearbeitungen, die neben den Busoni'schen heute vornan stehen, weitere Bethätigung gefunden. Unter seinen Klavierkonzerten ist das zweite, in einen Satz gefasste, an Reichtum der Erfindung und koloristischer Mischung der Instrumente mit dem Klavier, unter den nachlisztschen Werken ohne viel Wettbewerb. In dem Intermezzo und dem Walzer seines op. 16 hat er neuerdings zwei entzückende Proben eines geistvollen, halb improvisatorischen Stils geliefert.

Paderewski stellt sich etwa auf die Scheide zwischen den strengeren absoluten Musikern, in deren Geschmack er seine Variationen und Humoresken à l'antique komponierte, und den feineren Salonromantikern, denen er namentlich in zahlreichen feurigen Polentänzen sich beigesellt. Sein Konzert in A-moll ist sehr wirksam ganz in diese Nationalität getaucht.

Xaver Scharwenka hat eine ähnliche Note. Etwas von Gross-Chopin lebt in ihm weiter und sein Konzert in B vor allem hat ihm einen guten Namen auch als Komponist gemacht. Sein Bruder Philipp verleugnet das virtuose Element und tritt mehr als Geschmackbildner und Erzieher auf. Er hat eine reiche Klavierlitteratur geschaffen, die sich gern in graziösen und galanten Formen ergeht und von allen Revolutionen und Gewittern sich möglichst fern hält. Scharwenka hat das besondere Verdienst, die vierhändige Klaviermusik erfolgreich kultiviert zu haben und seine »Herbstbilder« und die »Abendmusik« gehören in dieser Gattung zu den geschmackvollsten Erzeugnissen. Unter seinen vielgestaltigen Jugendstücken sind die mehrbändigen Kinderspiele am gelungensten geraten. Diese Erziehungslitteratur spielt heut mit dem steigenden Bedürfnis zu lernen und zu lehren ihre grosse Rolle. Schumann hatte sie noch in einer höheren litterarischen Form inauguriert. Volkmanns Lieder der Grossmutter, die zahlreichen Arbeiten von Reinecke, St. Heller, auch Tschaikowski bereicherten das Material für die »kleinen Leute«. Auch Wilhelm Kienzl ist zum Teil hierher zu rechnen, einer unserer fruchtbarsten Klavierdichter. Sein illustrierter Cyklus »Kinderliebe und-Leben«, der mit viersprachigem Text erschien, sucht die Methode des Anschauungsunterrichtes auf das Klavier anzuwenden. Der Cyklus »Aus meinem Tagebuche« giebt das beste Beispiel für den besonders nuancierten Anschlag, durch den Kienzl seine orchestralen Detailwirkungen erzielt, während die beiden Hefte »Dichterreise« als seine reifste Gabe anzusehen sind.

Moritz Moszkowski, der auch seinen Virtuosenruhm noch nicht hinter sich gelegt hat, und soeben mit einem neuen Klavierkonzert hervortrat, ist unter der Schar moderner Klavierpoeten einer der markantesten. Eine feine geschliffene Virtuosität, wie sie sich in der Tarantella, den Etincelles und all den anderen »Morceaux« zeigt, verbindet sich mit charakteristischer Gestaltungskraft, die seine vierhändigen spanischen Tänze und die Tänze aus aller Herren Länder so populär gemacht hat. Vielleicht darf man Eduard Schütt, den netten Mignonromantiker, neben ihn setzen. Ein grosser Romantiker — weiland — Felix Dräseke, der mit seinen kleinen Geschichten, den Ghaselenkränzen, den Dämmerungsträumen und vor allem der gewaltigen Sonate op. 6 die Welt in seinem Bann hielt, ist nun in das andere Lager übergegangen und »absolut« geworden. Er wird wissen, warum.

Die Geschichte beweist, dass das Klavier nur gedeiht in einem ausgesprochenen Gegensatz zur Oper, dem andern Extrem, dem lauten Triumph aller vereinigten Künste. In der Oper wird das Unmögliche möglich zu machen gesucht, eine Welt von Kräften wird aufgeboten, um die Höhen des Lebens sinnlich greifen zu können. Ein Titanentrotz liegt in der Oper, aus Sand Berge bauen zu wollen, ein Rausch, ein unerhörtes Siegesbewusstsein beflügelt dieses Experiment aller Experimente. Ein gewaltiger Mann kam, er machte Dionysos zum Herrn und aus der Bühne suchte er Weltenspiegel und Weltenehre zu holen. Wir stehen auf der schönen Ruine seines herrlichen Ungestüms. Wir haben gelernt; wir sind gehoben worden; aber die Tragik des Theaters ist zu tief. Da kommen die Stunden, in denen wir uns an den Kamin der Kammermusik flüchten, zu ihren feinen, einsamen Webelinien, in denen wir alles Leben gross und ganz enthalten finden, da es sich selbst schildert und nicht des fremden Apparates bedarf. Das Klavier wird weiter der Sammel-

punkt dieser Selbsteinkehr sein. Keine Konzerte, in denen das zarte
Instrument vor die Masse gezerrt wird und mit dem Orchester Krieg
spielen soll. Trotz aller, aller schönen Kompositionen — das Klavier
ist kein Konzertinstrument. Es muss feine Ohren dort beleidigen.
Es wird sich im Saal, an der Virtuosität, gegen das Orchester nicht

zu neuen Ideen sammeln. Es soll keusch werden, es soll sich zu Bachs
Wohltemperiertem Klavier, dem alten Testament, und Beethovens
Sonaten, dem neuen Testament — wie Bülow sagte — gläubig wenden.

Es ist bezeichnend, dass in Schyttes »Silhouetten«, Variationen
über dasselbe Thema in der verschiedenen Art berühmter Meister,
nichts so misslungen ist, als Bach, der mit Vorhalten in Mittelstimmen,
und Beethoven, der mit Trauer-Rhythmik charakterisiert wird. Man

hat die Route verloren. Die Linie Bach-Beethoven-Schumann-Brahms ist der fruchtbare Weg des Klaviers; ist die opernloseste Linie der Musikgeschichte. In diesen Naturen ist eine tiefe Scheu gegen die Oper, ob sie es selbst wissen oder ob nicht — und Brahms, dessen Nekrologe sagten, es sei der letzte seiner Leute, wird einst vielleicht als das Bindeglied zu einer neuen Musikkultur angesehen werden. In der Kammermusik sehen wir die Früchte unserer Sehnsucht reifen. Blut von unserem neuen Blut. In stiller Abgeschlossenheit befragen wir das Klavier und es wird zu solchen neuen Wendungen wieder seine Impulse geben. Aus dem Improvisatorischen heraus, das der Mutterboden musikalischer Fruchtbarkeit ist.

Nachwort

In dieser neuen Auflage sind von Änderungen und Hinzufügungen zu bemerken: ausführlichere Daten über die Geschichte des Instruments, die in den Zusammenhang verteilt sind, und die nötigen laufenden Vervollständigungen, die sich von selbst ergaben. Von Bildern wurden einige entfernt und dafür eine grössere Anzahl neue eingefügt.

Die kurze Zeit, die genügte, um diese neue Auflage nötig zu machen, hat mir bewiesen, dass ich mit meinem Buche der Empfindungsweise einer nicht zu kleinen geistigen Gemeinde begegnet bin. Ich möchte wiederholen, dass mir niemals an etwas Anderem gelegen war. Weder zu philologischen Akribien noch zu einer Popularisierung fremder Anschauungen fühle ich mich im Grunde veranlagt. Ich hatte nur gewünscht eine Art Liebhaberbuch — äusserlich wie innerlich — zu geben, wie sie die anderen Kunstgattungen ja längst kennen: das Buch einer Kultur. Habe ich nachgewiesen, dass meine Erfahrungen genügende sind, um mir meinen Geschmack zu gestatten, so darf ich vollkommen zufrieden sein, um so mehr, als ich jetzt für alle Philologica auf die zweibändige Geschichte der Klaviermusik verweisen darf, die Max Seiffert in diesen Jahren erscheinen lässt.

OSCAR BIE.

NAMEN- UND SACHREGISTER

(wozu auch die Illustrationsverzeichnisse zu vergleichen sind)

Accompagnatostil 87
Adam, L. 150, 174, 180
Agricola, M. 38
Alkan 296
Allen, W. 288
Ansorge 278
Arcadelt 7
Archicembalo 74
Arensky 298
Arie 70
Arne, Th. A. 34
Aspiration bei Couperin 53
Associationen bei der altfranzösischen Musik 42
Attaignant 38, 47
Auslösung 125

Baake 179
Bach, Friedemann 128
Bach, Johann Christian . . 138, 149
Bach, Joh. Seb. **82**
  Leben 86. Kontrapunktischer Grundgedanke 86. Accompagnato 87. Art der Arbeit 88. Bau der Stücke 102. Technik 107. Klaviersatz 108. Bach und das Hammerklavier 112. Originalausgaben 94. Toccaten 90, 91. Symphonien und Inventionen 89. Fugen 91. Kunst der Fuge 94. Wohltemperiertes Klavier 94, 101, 102, 103 ff. Chromatische Fantasie 95. Andere Fantasien 101, 103, 108. Partiten 96. Englische Suiten 97. Französische Suiten 98. Ouverture nach französischer Art 100. Italienisches Konzert 101. Préludes 103. Programmusik 104. Goldberg'sche Variationen 108. Verschiedenes 106, 108 ff.

Bach, Philipp Emanuel . 119, 122, **128**
  Leben 129. »Versuch« 129. »Manieren« 130. Harmonien 131. Melodie 132. Werke 132. Sonate und Rondo 136. Amaliasonaten 138.
Barth 279, 284
Bebung auf Klavichord 17
Bechstein 290
Beethoven 112, **147**, 196, 205, 217, 257
  Als Reformator 148. Wesen 155. Sprache 156. Tragik in seiner Musik 158. Konzerte 159. Scherzi 163. Formen 164. Verschiedenes 164. Bagatellen 168. Spiel und Technik 172. op. 2: 158, 161. op. 10: 163, 164. op. 13: 158, 161, 165. op. 14, 1: 158, 164. op. 22: 159. op. 26: 163, 165. op. 27, 1: 159, 162, 165. op. 27, 2: 159, 161, 165. op. 28: 163, 193. op. 31, 1: 166. op. 31, 2: 159, 161. op. 31, 3: 166. op 49: 166. op. 53: 160. op. 57: 161. op. 78: 166. op. 79: 166. op 81 a: 167. op. 90: 158, 167. op. 101: 168. op 106: 162, 168. op. 109: 162, 169. op. 110: 162. 169. op 111: 161, 163, 170. op. 120: 170
Bembo, Pietro 71
Benedikt 179
Berger, Ludwig . . . 149, 179, 182
Berger, Wilhelm 302
Bertini 192
Besardus 10
Bird, William **24**, 34
  Carmans Whistle 27. Sellingerrondo 28.
Bischoff 285, 295
Blow, John 34
Blüthner 290
Böhner 231
Bösendorfer 290

Namen- und Sachregister

Bononcini 68
Borodin 298
Borwick 277
Bosso 299
Brahms 299
Brendel, Franz 299
Breslaur 283
Broadwood 124, 159
Bülow . 178, 180, **273**, 285, 298, 305
Bull, Dr. John **28**, 34
    The Kings Hunt 32.
Busoni 279, 303

Caccini 69
Carissimi 72
Carreño 273
Cavalieri 71
Cavalli 70
Chabrier 297
Chambonnières 47
Chaminade, C. 297
Chopin **240**
    Etüden 190, 196. Chopin u. Hummel 198.
    Leben 242. Werke 245 ff. Spiel 248.
    Klaviersatz 249.
Clavecin 22
Clauss-Savardy 273
Clementi 124, 149, 152, 181, **196**, 205
    Gruppe Clementi 179.
Collard 182
Corelli 75
Couperin, Fr. . . 45, **48**, 138, 227
    Inhalt der Stücke 54. Formen 60. L'art
    de toucher **59**, 132.
Couperin, Louis 49
Couplet im Rondo 51
Cramer . 172, 182, 183, 196, **197**, 205
Cristofori **112**, 123
Cui 298
Czerny . . . 112, 182, **203**, 242
    Schule 177.

Dacapo 77
D'Agoult 256
D'Albert, Eugen 278, 279, 281, 303
Dandrieu 45, 62

D'Anglebert 62
Daumentechnik 130
Dawson 277
Diémer 279, 288
Dilettantismus, Anfänge . . . 119
    Im Lehren 283. S. Mäcenaten, und
    Kenner u. Liebhaber.
D'Indy, Vincent 297
Diruta 22, 74
Doehler 273
Donizetti 190
Dorn, H. 179
Dowell, Mac 299
Dräseke, Felix 304
Drehleier 18
Dreyschock 180, 273
Dubois 297
Dulce melos 16
Dupont 284
Durante 81
Dussek **153**, 202, 205
Duysen 288
Dvorak 298

Eberl 179
Eckard, Joh. 44
Eckard (Paris) 149
Elisabeth von England als Virginal-
    spielerin 3
Elsner 249
Englische und französische alte
    Musikbeziehungen 36
Englische alte Klavierstücke . . 24
Erard 124, 249, 289
Ertmann, Baronin 150
Eschmann 285
Essipoff 273
Etiketten von Stücken im 19. Jahr-
    hundert 188, 227
    S. Titel.
Etüde, Wesen der Etüde . . . 190
Exaquir 16

Fantasien, altenglische . . . 14
Fantasien, italienische 74
Farnaby 32

310 Namen- und Sachregister

Farrenc 47
Fauré 297
Field 149, 182, 248
Fingergymnastik 285
Fingersatz in älterer Zeit 22
   Bei J. S Bach 107. Bei Ph. Em. Bach 129.
Fischer, Kapellmeister 281
Fischer 83
Fleischer, Oskar 36
Floridia 299
Fortbien 123
Franck, C. 297
Französische Charakterstücke 122, 137
Französische Musikbeziehungen zu
   Altengland 36
Frescobaldi . . 37, 68, 70, **74**, 83
Freund, Zürich 284
Friederici 123
Friedheim 279
Froberger 83, 104

Gabrieli 73, 83
Gabrilowitsch 279
Gade 299
Galilei, Vinc. 71
Gallot 47
Galuppi 81
Gasparini 66
Gaultier 36, 46
Gelinek 150
Generalbass 72
Germer 285
Gibbons 33
Glazounow 298
Gorlier 13
Graf (Klaviere) 249
Gravicymbel 20
Greulich 179
Grieg 298
Guicciardi, Julia 150

Hackebrett 112
Händel 128
Hässler 149
Hammerklavier, Erfindung . . 112

Harpsichord 22
Hartvigson 277
Hasler 83
Hasse 12
Hausmann 288
Hawkins, J. I. 290
Haydn **138**, 149
Hebenstreit 112
Heller, St. 297, 303
Henselt 281, 297
Herz 180, 188, 277, 289
Herzogenberg 302
Hexameron 183
Heymann 279
Hiller, Ferd. 179, 296
Hipkins . . 16, 19, 22, 111, 113
Historische Sammlungen älterer
   Litteratur . . 187, 197, 204, 295
Hofmann, Jos. 279, 280
Honorare für Kompositionen . . 188
Huber 302
Hüllmandel 180
Hünten 180, 188
Hummel 112, 182, 197, **198**, 204, 246
   Theorie 175, Gruppe 179.

Ibach 290
Improvisation in Bach'scher Zeit . 120
   Um 1800 151, später 185, 198.
Instrumentalmusik gegen Chormusik 8
   Altvenezianische 23.
Internationales Leben in der Musik,
   Ende 18. Jahrh. 149
Internationales Leben in der Musik
   im 19. Jahrh. 179, 277
Irmler 290
Isaac 83
Italienische Formen 73, 78
Italienische Kammermusik . . . 71
Italienische Kultur in London . . 11
Italienische Musikbohème im Vergleich mit Frankreich 68
Italienisches Musikempfinden . . 67
Jadin 180
Jaell 273

Namen- und Sachregister

Janko 287
Jannequin 44
Jedliczka 284
Jensen, Ad. 299
Joseffy 284
Judenkunig 10

Kalkbrenner (Schule 176), 150, 178, 180, 182, 183, 185, 197, **205**, 249
Kammermusik, altenglische . . . 12
Kammermusik, altitalienische . . 71
Kaps 290
Karr 188
Kenner und Liebhaber . . . 119
Kiel 302
Kienzl 303
Kirchliche Musik 6
Kirchner 296
Kirnberger 122
Kittl 180
Kjerulf 299
Klauwell 283
Klaviatur, stumme 286
Klavichord 17
Klavicymbel 20
Klavier
    Beruf des Pianisten 280. Fabriken, moderne 288. Geschichte des Instruments 16, 110, 122 (wiener und englische Mechanik), 288. Klavier als Lebensfaktor 280. Als Möbel 292 (Prachtklavier 294). Klavier und Oper 189, 190, 304. Klavier und Orchester 10, 11, 12, 139. Klavierpreise, alte 11. Klavierunterricht 282. (Konservatorien 283, 284).
Klavierbüchlein 120
Klavierkonzerte, moderne . . . 284
Klavierlehrer, Zeitschrift . . . 283
Klavierlitteratur-Markt 295
Klaviermanuskripthefte (erste) . . 13
Klavierschulen im Anf. d. 19. Jahrh. 173
Kleeberg 273
Klengel 149, 179, 182, 249
Klindworth 284, 295
Knabe 290
Koch, Max 294

Köhler 178
Kontrapunktik bei Bach . . . 86
Kontski 179, 188
Konzert, altenglisch 12
Konzert, italienisch 65
Konzertform und Virtuosen um 1830 186
Kozeluch 179, 197
Krebs 135
Kreuzsaitig 288
Krieger, Johann 83
Kuhnau, Sonaten 83
    Bibl. Histor. 84, 104, 110. Quacksalber 119.
Kullak, Adolf 285
Kullak, Franz 284
Kullak, Th. 180, 283, 284
Kurze Oktave 22

Lacombe 297
Lamond, Frederic 278
Lasso, Orlando, Virginalbearbeit. . 23
Laute im Mittelalter 9
    Tänze 23. Züricher Lautenbuch 43.
Le Begue 62
Lebert 178, 284
Leschetizki 273, 286
Liadoff 298
Liederbücher, alte 38
Lipawsky 150
Liszt 181, 203, 207, 212, 242, 248, **253**
    Anreger und Sammler 254. Leben 256. Klavierbekenntnis 259. Klaviersatz 264. Konzerte 266. Kompositionen 266 ff.
Locatelli 75
Loeilly 62
Löschhorn 179
Logier 178, 182
Longo 299
Louis Ferdinand, Prinz . . . 153
Lütschg 279
Lully 39, 43

Madrigal 7, 13
Mäcenatentum in Altitalien . . 71
Mäcenatentum des Adels und Bürgertums 119

312 Namen- und Sachregister

Mäcenatentum d. Instrumentenbauer 124
Mancherley, Zeitschrift . . . 121
Marchand 62, 69, 82
Marius 113
Marpurg 174
Mendelssohn 185, **235**
Menter, Sophie 272, 273
Mertke 285
Merulo 73
Meyerbeer 205
Mittelalterliche Musik, Charakter . 26
Monochord 17
Monteverde 72
Moore, Graham 299
Morley, Th. 34
Mortier de Fontaine 273
Moscheles 182, 183, 185, 186, 197, 205, 208
Moszkowski 285, 304
Motiveinheit bei Bach 102
Mozart **140**, 196, 205
   Mozart und das Hammerklavier 124, 126.
   Klavierkonzerte 140, 159. Sonaten 142.
   Verschiedenes 142, 151.
Müller, A. E. 178
Muffat 98
Mulliner-Buch 13
Munday, John 32
Mussorgsky 298

Naprawnik 298
Neitzel 295

Oper, italienische 70
Opernfantasien 188
Orgel im Mittelalter 9
Oury, Madame 180

Pachelbel 83
Pachmann 279
Paderewski 279, 303
Paganini 195, 262
Pape 124
Paradeis 81
Parthenia 14
Pasquini 66, 68, 70, 74
Pauer'sche Ausgaben 14

Pauer, Ernst 179
Pedal 126, 290
   Bei Dussek 154. Bei Adam 175.
Pedalklavier 284
Penna, Lorenzo 22
Peri 70, 72
Philipps, Peter 33
Pianino 290, 293
Pianoforte s. Hammerklavier und
   Klavier.
Pièces croisées 54
Pischna 285
Pixis 179, 183
Plaidy 178
Planté 279
Pleyel 124, 149, 249
Pleyel, Madame 180
Polleri 299
Pollini, G. F. 180
Porpora 81
Pradher 180
Programmusik, alte 44
Proksch 180
Prosnitz 24
Purcell, H. 34

Raff 301
Raif 284
Rameau . . . 62, 69, 78, 83, 132
Reading, Mönch v. 12
Rebel 40
Rée 279
Register des Klaviers 20
Reinecke 302, 303
Reisenauer 278
Reproduzieren, Anfänge . . . 120
Rheinberger 302
Richardson, Ferd. 32
Riemann 285
Ries 179, 183, 205
Rimsky-Korsakoff 298
Risler 179, 279
Romantik 211
Rondo, altfranzös. 51
   Bei Ph. Em. Bach 137. Bei Beethoven
   164, 166. Rondo und Sonate 136.

Namen- und Sachregister 313

Rosellen 180, 188
Rosenhain 273
Rosenthal 279
Rubinstein, Anton 273
Rubinstein, Nicolaus 277
Ruckers 20, 111, 127
Rudolf, Erzherzog 179
Rudorff 284
Rust, F. W. 153
Ruthardt 285

Saint Lambert 60
St.-Saëns 298
Sand, George 244
Sauer 279
Scarlatti, Alessandro . . . 65, 70
Scarlatti, Domenico . . . **64**, 197
   Sonaten 78. Technik 79. Katzenfuge 81.
Scharwenka, Ph. und X. . . 285, 303
Scheidt 37
Schiedmayer und Söhne . . . 290
Schmitt, Aloys 180
Schnupfen und Klavierspielen . . 199
Schobert 149
Scholz, Bernh. 284
Schröter 113
Schubert **212**
   Verschiedenes 213. Wandrerphantasie
   214. op. 78: 214. Impromptus und
   Moments 215, 216.
Schudi 111
Schütt, Eduard 304
Schulhoff 180
Schumann **218**
   Schumann und Schubert 216, 220 und
   Jean Paul 219, und Bach 221, 229, und
   E. T. A. Hoffmann 229. Leben 222.
   Klara 222, 272. Zeitschrift 224. op. 1:
   218. op. 2: 218. op. 3 u. 4: 220.
   op. 5 u. 6: 221. op. 7, 8, 9: 226.
   op. 10, 11: 227. op. 12, 13, 14: 228,
   229. op. 15, 16: 231. op. 17: 231.
   op. 21: 232. Anderes 237, 238, 239.
Schwarz, Max 284
Schweller, venezianischer . . . 111
Schytte 299, 305
Scriabine 298

Seiffert, Max 83
Senfl 83
Sgambatti 299
Shakespeare und die Musik . 5, 8, 14
Silbermann . . 113, 114, 123, 127
Siloti 279
Sinding 299
Sonate da camera, da chiesa . . 72
   Altitalienische Sonate 74. Scarlatti'sche
   78. Kuhnau 83 Sonate und Suite 96. Im
   18. Jahrh. 118. Sonate und Rondo 136.
   Bei Ph. E. Bach 136. Haydn 139.
   Mozart 142. Beethoven 158. Krystalli-
   siert sich 139. Schablone 154.
Spath 124
Spinett 22
Spitta 94, 107
Starck 178, 284
Stavenhagen 278
Steibelt 152
Stein 124, 126
Steinert 19
Steinway 124, 290
Stenhammer 299
Sterkel 197
Stodart 288
Stoewe 286
Strauss, Rich. 302
Streicher 124, 186
Streicher, Nanette 150
Sucher 281
Suite (s. Tanz) 96
Suspension bei Couperin . . . 54
Sweelinck, Virginalstücke 23, 34, 37
Swietens 153
Symphonia 16
Szalit 279

Tadema 294
Tallis 23
Tanz, altenglisch 14
   Tanz u. französ. Klaviermusik 36. Erste
   Instrumentaltänze 38. Französ. Tän-
   zerinnen 40. Älteste Tanzhefte 47 (s.
   Suite). Alte Tanzformen (Allemande
   etc.) 50.
Tasten-Anordnung 286
   Behandlung 18. Mechanismus 16.

Namen- und Sachregister

Taubert, W. 179
Tausig 278, 284
Technik, Schätzung in Altitalien . 68
   Für später s. Couperin, Ph. E. Bach,
   Fingersatz, Tasten, Klavierschulen und
   d. einzelnen Meister.
Tedesco 180
Temperierte Stimmung . . . 94
Thalberg 185, **257**, 277
Thilo 286
Tielman, Susato 43
Tinctoris 12
Tischer 119
Titel von Liebhaberstücken . . . 119
   S. Etiketten.
Titulaturen auf alten Stücken . . 45
Tomaschek 180
Tschaikowski 276, 298
Türk, D. G. 174
Turini, d. ältere 78
Turini, d. jüngere 81

Variation in der modernen Musik . 37
Variationen, altenglische 14
Venezianische Instrumentalmusik . 23
Verzierungen, alte 18
   Bei Bull und Bird 30. Englisch-franzö-
   sisch 36. Couperin 51. J. S. Bach 100.
   Strenger 121. Bei Ph. E. Bach 131.
   Ende 18 Jahrh. 138.
Viadana 72
Vicentino 74
Villoing 178
Vinci, L. 70
Virdung 17
Virgil 286
Virginal 16, 22

Virginalbücher 13, 14
Virtuose und Lehrer 276
Virtuosenleben 181
Virtuosen, zusammenspielende . . 182
Virtuosen und Konzerte 186
Vivaldi 75
Volkmann 296, 303
Volkslieder in Messen und Motetten 7
Vollweiler 180

Wagner (Instrumente) 127
Wallace 277
Wanhal-Vanhall 179, 197
Weber, C. Maria . . . 193, **206**
Weber, Dionys 180
Weckenthin 285
Weiss, J. 279
Wendling 288
Westermayer 290
Wettkämpfe, musikalische . . . 151
Widor 297
Wiederholung in der Musik . . . 77
   S. Dacapo.
Wiener Musikleben 150
Willaert 73
Wilmers 179
Wölffl 150, 151, 169
Wolfsohn 278
Wornum 290
Wüllner 284

Zeitschriften für Noten 121
Zimmermann 296
Zumpe 124
Zusammenspielen der Virtuosen . 183

VERZEICHNISSE DER ABBILDUNGEN

I. Verzeichnis der Einschaltbilder

Titelbild: Porträt Franz Liszts. Photogravüre nach dem Gemälde von Veit Baur.
Junger Gelehrter und Frau. Gemälde von Gonzales Coques (1614—1684), in der kgl. Galerie zu Cassel 8
Dame am Klavier. Gemälde von Dirk Hals († 1656), im Rijksmuseum zu Amsterdam 12
Le maître de musique. Gemälde von Jan Steen (1626—1679), in der National Gallery zu London 42
Konzert. Gemälde von Gerard Terborch (1617—1681), im kgl. Museum zu Berlin 50
J. Ph. Rameau. Stich von J. G. Sturm (Nürnberg, 1742—1793) 56
Ein Duett. Nach einer Zeichnung von Portail 60
Klavierunterricht. Gemälde eines unbekannten holländischen Meisters des 17. Jahrhunderts, in der kgl. Gallerie zu Dresden 70
Domenico Scarlatti. Anonyme Lithographie 78
Joh. Seb. Bach. Büste von Carl Seffner, mit Benutzung des Originalschädels modelliert 94
    Nach His, Joh Seb Bach (F. C W Vogel, Leipzig)
Faksimile der Titelseite des Bach'schen Manuskriptes vom Wohltemperierten Klavier, in der kgl. Musikbibliothek zu Berlin 102
Georg Friedr. Händel. Stich von Thomson 128
Josef Haydn. Stich von Quenedey 136
W. A. Mozart. Stich aus dem Jahre 1793 von C. Kohl (1754—1807) . . . 138
Der siebenjährige Mozart mit Vater und Schwester. Stich aus dem Jahre 1764 von J. B. Delafosse (geb. 1721), nach L. C. de Carmontelle († um 1790) 142
L. van Beethoven. Lithographie von C. Fischer, nach dem Originalporträt aus dem Jahre 1817 von A. Kloeber (1793—1864) 158
Joh. Nep. Hummel. Stich von Fr. Wrenk (1766—1830), nach dem Portrait von Kath. v. Escherich (Anfang des 19. Jahrhunderts) 198

Verzeichnis der Textabbildungen

Franz Schubert. Lithographie aus dem Jahre 1846 von J. Kriehuber
(1801—1876) 214
Robert Schumann. Stich von M. Lämmel 222
F. Chopin. Anonyme Lithographie nach dem Porträt von Ary Scheffer
(1795—1858) 244
Der junge Liszt nach einer Lithographie von Kriehuber 256
S. Thalberg. Lithographie aus dem Jahre 1835 von Staub 258
Liszt in seinem Hofgärtnereizimmer zu Weimar, 1884. Phot. Naturaufnahme 272
Der 12jährige Rubinstein nach einer Decker'schen Lithographie 274
Eugen d'Albert. Porträt von Antoon van Welie 280
Johannes Brahms. Phot. Aufnahme nach dem Leben von Marie Fellinger,
Wien 298

II. Verzeichnis der Textabbildungen

Guido v. Arezzo und sein Protektor Bischof Theobald beschäftigen sich mit dem Monochord . . . 1
Orlando Gibbons, Altengländer . 6
Nach Grignons Stich in Hawkins' History of Music
Parthenia, Titelblatt der ersten englischen gestochenen Klaviermusik 1611 15
Aus dem Weimarer Wunderbuch:
Klavichord, um 1440 18
Primitives Spinett, um 1440 . . 19
Ein Konzert 21
Gestochen v. H. Goltzius (1558—1617)
Seite aus der „Parthenia", dem ersten englischen gestochenen Klaviernotenheft. 1611 25
Dr. John Bull. 26jährig, 1589 . . 28
Nach dem Caldwall'schen Stich in Hawkins' History of Music
Sog. Guidonische Hand mit einer früher sehr verbreiteten Aufzeichnung der Scalen 33
D'Anglebert nach Mignard . . . 35
Claude Gillot, Entwurf zu einem Spinettdeckel 39
Fr. Couperin le Grand 49

Titel eines Dandrieu'schen Klavierheftes 53
Titel eines alten Klavierheftes mit Bearbeitungen italienischer Arien 55
Louis Marchand 59
Stich von Dupuis nach Robert
Rameau geht spazieren 63
Alter Stich
Allegorie: Die Species Contrapuncti 64
Alter Stich nach Wagnigers Zeichnung
H. Frescobaldi im 36. Jahre . . . 69
Stich von Mellan
Nähkasten-Virginal von Valerius Perius Romanus 1631 gebaut . 73
Italienisches Cembalo, aus einem Kloster, 18. Jahrh. 75
Concert italien 77
Satirischer Stich mit Scarlatti und bekannten Zeitgenossen
Oktav-Spinett (eine Oktave höher gestimmt). 18. Jahrh. 81
Deutsches Klavichord, gebunden. 17. Jahrh. 82
Konrad Pau(l)mann, † 1473 . . . 84
Originalhandschrift Frobergers . . 85
Johannes Mattheson im 37. Jahre . 89
Stich von Fritzsch

Verzeichnis der Textabbildungen

Faksimile der Originalhandschrift
v. Joh. Seb. Bach's XV. Sinfonia . . 93
Klavicymbel der Maria Theresia mit
venezianischem Schweller . . . 99
Clavicytherium aus dem Museum
Donaldson 105
Pedalklavichord von Johann David
Gerstenberg, 1760 109
Bundfreies Clavichord von Chr. G.
Hubert, Bayreuth 1772 . . . 115
Philipp Emanuel Bach in seiner
Hamburger Zeit 117
Streicher'sche Pianofortefabrik:
Klavier- und Konzertsaal . . . 123
   Nach der Lahn - Sandmann'schen
   Lithographie
Marie Coswey mit der Orphica . . 133
Frankfurter Konzertzettel Mozarts . 140
Faksimile des Anfangs der Mo-
zart'schen A-moll-Sonate . . . 143
Aufrechtes Hammerklavier um 1800,
»Giraffe« genannt, von J. Wachtl,
Wien 145
Der 31jährige Beethoven 147
   Stich von Riedel. 1801
Dussek 153
Abguss von Beethovens lebendem
Gesicht, 1812 157
Faksimile aus Beethovens As-dur-
Sonate op. 25 162
Die Lyser'sche Zeichnung Beetho-
vens 165
Beethovens letzter Flügel, von Graf
in Wien 169
Beethoven von Josef Flossmann . 171
Wiener Klaviervirtuosen um 1800.
Eberl. Gelinek. Wölffl 172
Die Brüder Pixis, 1800 175
   Stich von Sintzenich nach Schröder
Ludwig Berger, Schüler Clementis . 179
   Wildt'sche Lithographie
John Field 181
   C. Mayer'scher Stahlstich
Marcelline Czartoryska, geb. Prin-
zessin Radziwill, Schülerin Czernys 184
   Stich von Marchi

Prinz Louis Ferdinand 185
   Geiger'scher Stich nach Grassy
Marie Charlotte Antoine Josephe
Comtesse de Questenberg . . . 187
Clementi 194
   Neidl'scher Stich nach Hardy
Hummel in älteren Jahren . . . 201
   C. Mayer'scher Stahlstich
Ein canonisches Impromptu von J.
N. Hummel, nach der Original-
ausgabe seiner Klavierschule . . 203
Carl Czerny 205
   Kriehuber'sche Lithographie, 1833
Carl Maria von Weber 207
   Eichen'sche Lithographie nach Vogel,
   1825
J. Moscheles, jünger 208
J. Moscheles, älter, 1859 209
Pariser und Londoner Pianisten zu
Anfang des 19. Jahrh. L. Adam.
Kalkbrenner. Cramer 210
Faksimile eines Schubert'schen
Walzers 211
Klara Wieck-Schumann 225
   Staub'sche Lithographie
Louis Böhner, das Vorbild des
Hoffmann'schen Kreisler . . . 232
   Stich von Freytag
Letztes Stück der Schumann'schen
Kreisleriana ; Hauptsatz . . . 233
   Nach dem Autographenfragment im
   Besitze der Frau Baronin Willi.
   von Rothschild in Frankfurt a. M.
Mendelssohns Kopf u. Hildebrand 237
George Sand in Männerkleidern . 245
   Lithographie von Cäc. Brandt
Chopins Hand 251
   Marmor im Nationalmuseum zu Bu-
   dapest
»Eine Matinée bei Liszt.« Kriehuber
— Berlioz — Czerny — Liszt —
Der Geiger Ernst 253
   Kriehuber'sche Lithographie
Eine Budapester Photographie Liszts 253
Titel der Hofmeister'schen Ausgabe
von Liszts Opus 1 255
Karikatur v. Thalberg nach Dantan 257

Verzeichnis der Textabbildungen

Karikatur von Liszt nach Dantan 258
Faksimile von Liszts Ungarischem
    Sturmmarsch 260, 261
Die Jeune école der Pariser Pianisten 262
    Nach einer Lithographie Maurins
Der junge Liszt 263
    C. Mayer'scher Stahlstich
Blatt auf Liszt und seine Werke, 1842 264
Der General-Bass wird durch Liszt
    in seinen festen Linien über-
    rumpelt und überwunden . . . 265
    Anonyme Lithographie
Liszt und Stavenhagen 267
Gipsabguss der Hand Franz Liszts 268
    Weimar, Lisztmuseum
Musiksalon in der Altenburg zu
    Weimar mit Liszts Riesenflügel
    und Mozarts Klavier 270
Th. Döhler 271
    Mittag'sche Lithographie nach dem
    Bilde des Grafen Pfeil
Die junge Sophie Menter . . . 272
Clotilde Kleeberg, 1888 272
Carl Filtsch, Wunderkind, Schüler
    von Chopin 273
Hans von Bülow 274
    Aufnahme aus dem Jahre 1879

Rubinsteins letzte Aufnahme . . . 275
Carl Tausig 276
Der junge Reinecke 277
    Nach dem Seel'schen Bilde
Alfred Reisenauer 279
Paula Szalit 280
Frederic Lamond 281
Ed. Risler 282
Josef Hofmann 283
Madame Carreño 284
Ferruccio B. Busoni 285
J. J. Paderewski 287
Aufrechtes Hammerklavier, italien.,
    Anfang des 19. Jahrh. . . . 289
Bechstein'sches Pianino in eng-
    lischem Stil 291
Bechstein'scher Prachtflügel »Rhein-
    gold«, 1896 293
Joachim Raff 296
St. Heller. Ferd. Hiller. Ad. Henselt 297
Tschaikowski 298
Xaver Scharwenka 300
Philipp Scharwenka 301
Dr. Wilhelm Kienzl 302
Maurice Moszkowski 305
Felix Vallotton, Le Piano . . . 306
    Holzschnitt

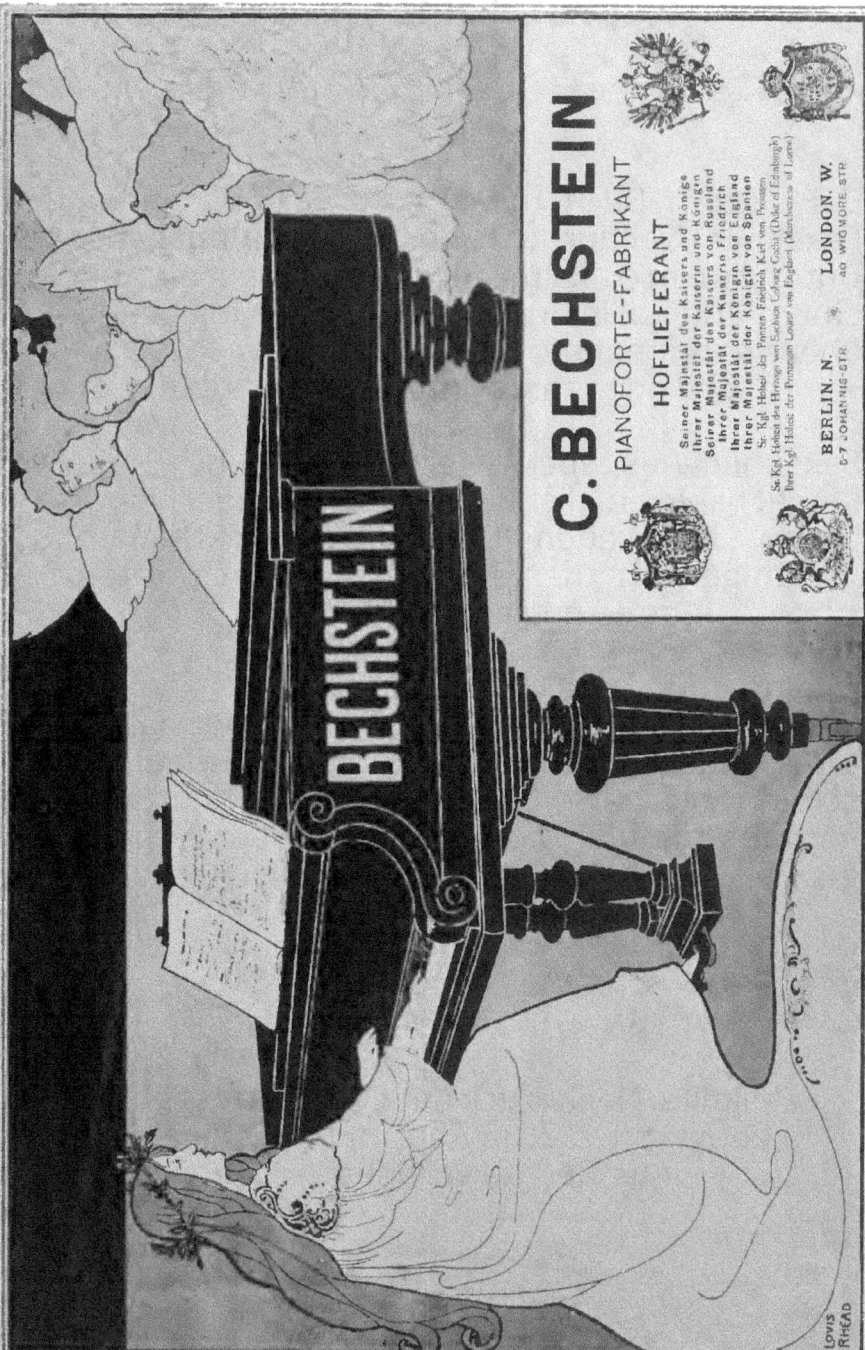

Klavier-Plakat von Louis Rhead

Reprint Publishing

Für Menschen, Die Auf Originale Stehen.

Bei diesem Buch handelt es sich um einen Faksimile-Nachdruck der Originalausgabe. Unter einem Faksimile versteht man die mit einem Original in Größe und Ausführung genau übereinstimmende Nachbildung als fotografische oder gescannte Reproduktion.

Faksimile-Ausgaben eröffnen uns die Möglichkeit, in die Bibliothek der geschichtlichen, kulturellen und wissenschaftlichen Vergangenheit der Menschheit einzutreten und neu zu entdecken.

Die Bücher der Faksimile-Edition können Gebrauchsspuren, Anmerkungen, Marginalien und andere Randbemerkungen aufweisen sowie fehlerhafte Seiten, die im Originalband enthalten sind. Diese Spuren der Vergangenheit verweisen auf die historische Reise, die das Buch zurückgelegt hat.

ISBN 978-3-95940-201-9

Faksimile-Nachdruck der Originalausgabe
Copyright © 2016 Reprint Publishing
Alle Rechte vorbehalten.

www.reprintpublishing.com

www.ingramcontent.com/pod-product-compliance
Lightning Source LLC
Chambersburg PA
CBHW071950220426
43662CB00009B/1075